J. Kabat-Zinn, M.G. Williams, B. Bodhi,
G. Dreyfus, A. Olendzki, J. Dunne, J. Teasdale,
M. Chaskalson, M. Fennell, Z. Segal, C. Feldman,
W. Kuyken, M. Batchelor, E. Maex, S. Salzberg,
M. Bush, S. Santorelli, P. Grossman,
N.T. van Dam, R.A. Baer y R. Gethin

Mindfulness

Su origen, significado y aplicaciones

Edición a cargo de Jon Kabat-Zinn y J. Mark G. Williams

Traducción del inglés de Juan Manuel Cincunegui

editorial Kairós

Título original: MINDFULNESS. *Diverse Perspectives on its Meanings, Origins and Applications*

Revisión: Amelia Padilla
Fotocomposición: Grafime. Mallorca, 1. 08014 Barcelona
Diseño cubierta: Katrien van Steen
Impresión y encuadernación: Ulzama digital

Primera edición: Mayo 2017
Tercera edición: Octubre 2022
ISBN: 978-84-9988-547-6
Depósito legal: B 6.153-2017

Este libro ha sido impreso con papel que proviene de fuentes respetuosas con la sociedad y el medio ambiente y cuenta con los requisitos necesarios para ser considerado un "libro amigo de los bosques".

Sumario

Prefacio

¿Cómo deberíamos definir la práctica del «mindfulness»? ¿Existe una visión unificada o una definición procedente de las culturas originales de donde proviene, o acaso existen diversas perspectivas de la práctica? ¿De dónde salieron las actuales aplicaciones «seculares» del mindfulness? ¿Por qué razón sería importante saber y entender esta historia y las fuentes de estas prácticas en sus expresiones clásicas en diferentes corrientes culturales? Estos son algunos de los interrogantes vitales a los que intenta responder este volumen.

El libro apareció primero como una edición especial de la revista *Contemporary Buddhism*, como el volumen 11, número 1, 2011, y fue distribuido a sus suscriptores, bibliotecas e individuos en todo el mundo. Rápidamente se convirtió en la edición más popular y demandada, con más descargas de artículos individuales en los primeros tres meses de lo que había ocurrido antes con otras publicaciones durante toda la historia de la revista. Muchas personas nos dijeron que debía publicarse en formato de libro con el fin de llegar a una audiencia más amplia.

Su popularidad e impacto representan el interés continuado en la práctica del mindfulness que tienen los investigadores, científicos, instructores y practicantes. Ofrecemos algunas referencias sobre este extraordinario fenómeno en nuestro capítulo introductorio.

Aun así, todavía hay razones para sorprenderse de su popularidad. Los capítulos que el lector encontrará en este volumen no tienen un tono clínico o práctico, ni eluden las dificultades o los temas controvertidos. Se está leyendo este material porque va más allá de los textos introductorios sobre el mindfulness, aunque estos últimos sigan siendo importantes para muchas personas. De hecho, muchos temas difíciles son abordados aquí directamente, de manera fascinante y convincente. La popularidad que suscitó este volumen, cuando se lanzó como edición especial de la revista, representa la maduración de un campo que ahora intenta entender los orígenes y la historia profunda del mindfulness, así como sus más amplias aplicaciones contemporáneas, y, de este modo, nutrir la práctica misma, y su encarnación en enseñanzas dentro de un amplio y creciente espectro de tentativas profesionales.

Cada vez más, aquellos que practican y aquellos que buscan enseñar el mindfulness están comprendiendo algo inmensamente importante: que hay riquezas no articuladas que pueden develarse, al ser expuestas y comprendidas las enseñanzas antiguas, junto con las nuevas comprensiones que surgen de la filosofía, la historia y la ciencia del mindfulness; especialmente cuando estas comprensiones se llevan a cabo dentro del contexto del propio cultivo de la práctica de mindfulness en la vida cotidiana, bajo la guía de un maestro meditador experimentado o un mentor sabio.

Este libro provee, para todos nosotros, un lugar donde se encuentran las enseñanzas de sabiduría, la filosofía, la historia, la ciencia y la práctica personal de la meditación. Esperamos que disfruten explorándolo y descubriendo por ustedes mismos la riqueza y los desafíos de estos ofrecimientos.

Mark Williams y Jon Kabat-Zinn

1. Mindfulness: diversas perspectivas sobre su sentido, sus orígenes y múltiples aplicaciones en la intersección de la ciencia y el *Dharma*

J. Mark G. Williams y Jon Kabat-Zinn

Los editores presentan este libro sobre Mindfulness explicando su lógica, propósitos e intenciones. La integración de los enfoques basados en mindfulness en los ámbitos de la medicina, la psicología, la neurociencia, el cuidado de la salud, la educación y el liderazgo empresarial se ha convertido en un campo floreciente. El creciente interés en las principales aplicaciones contemporáneas de prácticas meditativas antiguas, asociadas tradicionalmente con perspectivas y propósitos culturales y filosóficos específicos, plantea preocupaciones acerca de la misma esencia de estas prácticas y perspectivas, las cuales podrían ser involuntariamente desnaturalizadas debido a la ignorancia o a la aprehensión errónea, y potencialmente explotadas de modos inapropiados o imprudentes. Los autores sugieren que este es un momento en el desarrollo de este nuevo campo, el cual está emergiendo a partir de la confluencia de dos poderosas y potencialmente sinérgicas epistemologías, en el que sería particularmente fructífero hacer una pausa y sopesar lo realizado. Quienes contribuyen en este libro, todos expertos en el campo de la investigación budista, la investigación científica, o la implementación del mindfulness en los ámbitos del cuidado de la salud o la educación, han aceptado el reto de identificar las áreas más prominentes de potencial sinergia y potencial disyunción. Nuestra esperanza es que, a partir de estos intercambios, reflexiones y conversaciones colectivas, surgirán nuevas comprensiones y emergencias que proveerán dirección y beneficio a este campo prometedor.

Nos complace presentar este libro, el cual apareció, primero, como una edición especial de la revista internacional *Contemporary Buddhism*. El libro está dedicado exclusivamente a contribuciones de maestros budistas y eruditos contemplativos, además de a profesionales del mindfulness, tanto clínicos como investigadores, que escriben sobre el extenso tema del mindfulness y las diversas cuestiones que surgen a partir de su creciente popularidad e integración con las principales corrientes de la medicina, la educación, la psicología y la sociedad en su conjunto. Que dos científicos clínicos, ninguno de ellos identificado como budista, ni erudito budista, hayan sido invitados como editores es en sí mismo un acontecimiento que merece destacarse, y un signo de la buena voluntad y de amplitud de miras del editor de la revista, John Peacocke. Le agradecemos la profunda oportunidad y la fe que puso en nosotros.

Durante muchos años, desde la temprana década de 1980 hasta los tardíos 1990, el área que denominamos aplicaciones basadas en mindfulness creció de manera pausada, al principio bajo la égida de la medicina conductista. El número de artículos que anualmente se publicaban seguía una trayectoria lineal con una muy pequeña pendiente. En algún momento de la década de 1990, el crecimiento se volvió exponencial, y esa tasa exponencial continúa (Véase figura, pág. 13). El interés y la actividad no se limitan ya a la disciplina de la medicina conductista, o la medicina mente-cuerpo, o incluso a la medicina a secas. Los desarrollos más importantes ocurren ahora en la psicología clínica y en el ámbito de la salud psicológica, la terapia cognitiva y la neurociencia; y de manera creciente, aumenta el interés, aunque por el momento a un nivel menor, en la educación primaria y secundaria, la educación superior, la ley, la justicia y el liderazgo. De hecho, en Gran Bretaña, el Servicio Nacional de Salud (SNS)[1] ha implementado la terapia cognitiva basada en el mindfulness como tratamiento de elección para pacientes específicos de la población que sufre desórdenes de depresión severa. Aún más, en un encuentro científico dedicado a la investigación sobre el mindfulness en el marco de la neurociencia, la medicina clínica y la psicología, en Madison, en octubre de 2010,[2] solo los delegados del Instituto Nacional de Salud (INS)[3] subvencionaron más de 150 proyectos de investigación sobre el mindfulness durante los cinco años anteriores. El crecimiento del interés por el mind-

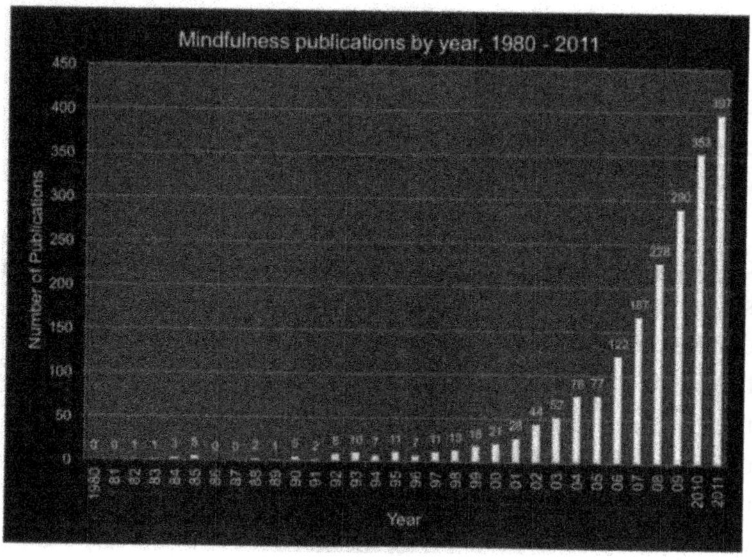

Resultados obtenidos a partir de la búsqueda del término «mindfulness» en los resúmenes y palabras clave de la base de datos de la web de conocimiento ISI el 19 de marzo de 2012. La búsqueda se limitó a publicaciones con resúmenes en inglés. La figura fue preparada por David Blach, MPH, Ph.D., Cousins Center for Psychoneuroimmunology, Semel Institute for Neuroscience & Human Behaviour, Universidad de California, Los Ángeles.

fulness en los últimos 10 años ha sido enorme y, en muchos sentidos, extraordinario.

Desde la perspectiva de 1979, cuando la Reducción del Estrés Basado en Mindfulness (MBSR)[4] nació en la Clínica de reducción de estrés en el centro Médico de la Universidad de Massachusetts, en Worcester, Massachusetts, la idea de que la meditación mindfulness se integraría en la corriente principal de la medicina y la ciencia en la forma que lo ha hecho, que la INS subvencionaría la investigación sobre el mindfulness en los niveles en los que actualmente lo hace, así como que celebraría un simposio de todo un día en su campus en mayo de 2004 titulado «La meditación del mindfulness y la salud», y que el SNS en Gran Bretaña obligaría a implementar una terapia basada en el mindfulness a lo largo de todo el país, son circunstancias que no pueden ser juzgadas de otro modo sino como sorprendentes. Este interés no se limita a Norteamérica y Gran Bretaña, está ocurriendo en el mundo entero.

En realidad, dado el *Zeitgeist* de finales de 1970, la probabilidad de que las perspectivas y prácticas de meditación budistas se integraran con las principales corrientes de la ciencia, la medicina y la sociedad en su conjunto, en la medida en que lo han hecho efectivamente en la actual coyuntura, y de tan diferentes modos, percibidos como potencialmente útiles e importantes de investigar, parecía en aquel momento menos probable que la subrepticia detención de la expansión cósmica del universo y su reversión contraria al big-bang; en otras palabras, infinitesimal. Y, sin embargo, por improbable que haya sido, ocurrió, y el despliegue de este fenómeno continúa en numerosos frentes. Desde una perspectiva amplia, señala la convergencia de dos epistemologías y culturas diferentes: la de la ciencia, y la de las disciplinas contemplativas, y en particular la meditación; y más específicamente, de las formas budistas de meditación y su marco de referencia asociado con su despliegue y práctica. Como las prácticas de meditación budista tienen como objeto la atención encarnada y el cultivo de la claridad, el equilibrio emocional (ecuanimidad) y la compasión, y como todas estas capacidades pueden ser perfeccionadas y desarrolladas afilando y desplegando intencionalmente la atención, las raíces de la práctica de meditación budista son, de hecho, universales. Por este motivo, argumenta Kabat-Zinn en la contribución final, es apropiado introducirlas en los ambientes seculares al servicio de la reducción del sufrimiento, los estados mentales que lo acompañan y comportamientos que lo agravan, y hacerlo sin ignorar ni faltarle el respeto al muy sofisticado y bello marco de referencia epistemológico en el que anida. Al contrario, haciendo uso de su profundo marco de referencia de manera no provinciana, y de manera coherente con su esencia.

El surgimiento del interés por las prácticas meditativas y su potencial aplicación dentro de la ciencia y la medicina representa la convergencia de dos maneras de conocer: el modo de las ciencias empíricas occidentales, y el del empirismo de lo meditativo o de las disciplinas de la consciencia y sus marcos de referencia asociados, desarrollados durante milenios. El mundo solo puede beneficiarse con esta convergencia y confluencia de corrientes, siempre que los más altos estándares de rigor y empirismo original de cada corriente sean respetados. La promesa de una comprensión más profunda y una aproximación novedosa a los temas teoréticos y prácticos es mayor cuando pueden utilizarse diferentes lentes para tratar los viejos temas considerados insolubles.

Al mismo tiempo, esta confluencia de corrientes y el creciente e inesperado interés y entusiasmo traen consigo un conjunto de posibles problemas, algunos de los cuales pueden socavar seriamente e impedir el potencial más profundo y creativo de este campo emergente obstaculizando su desarrollo pleno. Es en este contexto en el que esperamos que esta edición especial incentive el actual diálogo y la conversación entre disciplinas que habitualmente no se comunican entre ellas, y de la misma manera incentive una investigación introspectiva entre todos aquellos ocupados en la interfaz entre, por un lado, las que han sido llamadas «la experiencia en primera persona» y, por el otro, «la perspectiva de tercera persona» que adoptan los científicos que estudian aspectos de la experiencia humana desde un punto de vista más tradicional (Varela y Shear, 1999). La promesa de convergencia y fertilización mutua de estos dos modos de comprensión del mundo y la experiencia humana es enorme. En la actualidad, se está convirtiendo en una corriente prominente de pensamiento e investigación en la ciencia cognitiva (Varela, Thompson, Roach, 1991; Thompson, 2007) y la neurociencia afectiva (Lutz, Dunne y Davidson, 2007). En paralelo y de manera solapada, desde 1987 el Instituto Mind & Life ha estado realizando diálogos entre el Dalái Lama y científicos y clínicos, junto con eruditos budistas y filósofos, sobre un conjunto de temas relacionados con la confluencia de estas corrientes (véase Kabat-Zinn y Davidson, 2011; www.mindandlife.org).

Si el incremento en el interés y popularidad con respecto al mindfulness y sus expresiones en disciplinas profesionales inevitablemente traerá consigo un conjunto único de desafíos y problemas potenciales —el estrés del «éxito», para llamarlo de algún modo–, entonces, las cuestiones sobre las que debemos reflexionar en esta coyuntura son las siguientes: ¿existen peligros intrínsecos que deben tenerse en cuenta?, ¿existe la posibilidad de que algo inestimable se pierda a través de las aplicaciones seculares de aspectos de una cultura más amplia que tiene una larga y venerable, uno podría decir, sagrada tradición propia? ¿Cuáles son los efectos negativos potenciales de la confluencia de estas diferentes epistemologías en este momento? ¿Debemos estar preocupados por que un número creciente de profesionales jóvenes estén siendo atraídos de esta manera al mindfulness (o sus colegas de alto nivel esperen que utilicen o estudien las intervenciones del mindfulness) porque estas son percibidas como un campo de moda en el cual es posible trabajar, y no debido a una motivación asociada con su esencia intrínseca y su potencial transformativo? ¿Puede ser explotado o apropiado indebidamente en modos que pueden ser dañinos de alguna manera, sea por omisión o comisión? ¿Puede que haya incluso elementos de duelo y pérdida por parte de algunos, mezclados con regocijo ante un aparente «éxito», como ocurre a menudo cuando el éxito surge rápidamente y sin expectativas?

Si podemos plantear preguntas como estas, difíciles e incluso incómodas, y si podemos discernir tanto los elementos de peligro posibles, como las promesas en las que no pensamos anteriormente, y si entablamos una conversación e incluso una colaboración entre dominios en los que tradicionalmente ha habido muy poco o ningún discurso, quizá esta confluencia de corrientes dé lugar a su máxima promesa, mientras permanecemos atentos a los peligros potenciales asociados a la ignorancia o indiferencia respecto a algunas de las profundas preocupaciones y perspectivas expresadas por quienes contribuyen a esta edición especial. El hecho de que una revista erudita dedicada al budismo acoja esta clase de conversación interdisciplinar es en sí mismo un diagnóstico de la disolución de las barreras entre áreas de erudición e investigación que, hasta hace muy poco, estuvieron muy separadas.

Este libro, por lo tanto, ofrece una oportunidad única para todos aquellos involucrados en este campo, así como para aquellos que se introducen en él por primera vez, con el fin de dar un paso hacia atrás en este momento crítico de la historia y reflexionar de qué manera se está llevando a cabo esta intersección de las enseñanzas budistas clásicas y la cultura occidental, y de qué modo puede ser conducida hacia su siguiente nivel de florecimiento, precaviéndonos del daño y potenciando su mayor beneficio.

Nuestra primera tarea como editores fue reunir un equipo internacional que contribuyera con ensayos originales, incluidos autores que expondrían temas de los cuales algunos de nosotros ni siquiera éramos conscientes, tanto desde la perspectiva erudita como cultural; temas que podrían arrojar algo de luz al modo en el cual este campo puede ser enriquecido o profundizado. Con este propósito, invitamos a eruditos budistas, científicos, clínicos y maestros que, consideramos, podían dirigirse de manera profunda a dos audiencias: en primer lugar, a aquellos en la comunidad budista que pueden no estar muy familiarizados con el uso actual y la influencia creciente del mindfulness en entornos profesionales, o que podrían estar un tanto perplejos o inquietos acerca de ello; en segundo término, a docentes e investigadores dentro de la medicina occidental, científicos, psicoterapeutas, entornos educativos o corporativos, a quienes le gustaría estar más informados acerca de las actuales áreas de debate dentro de la erudición budista.

Con este objetivo en mente, organizamos los ensayos en una cierta secuencia, comenzando con eruditos del budismo que pueden ayudarnos a situar los debates contemporáneos en un contexto histórico, continuando con las perspectivas de docentes y clínicos y científicos, para finalizar regresando al contexto histórico y a los interrogantes en torno al mejor modo de honrar las tradiciones de donde surgieron la más refinada articulación del mindfulness y su valor potencial, y al mismo tiempo, haciéndolo accesible a aquellos que no lo explorarán dentro del contexto budista.

Del Abhidharma a la ciencia psicológica

En el primer ensayo, Bhikkhu Bodhi examina la etimología y el uso del término *sati* en los textos fundacionales con el objetivo de ayudar a transmitir la amplitud y profundidad del mindfulness. Explora las diferencias en el tratamiento de *sati*, señalando que estos sistemas enfatizaron la memoria en el mindfulness, la cual requiere reinterpretación, en contraposición con aquellas otras que pusieron mayor énfasis en lo que él llama «consciencia o atención lúcida». Examina pasajes de Nyanaponika Thera para mostrar los peligros del uso de la «atención desnuda» como explicación adecuada del *sati*. En este contexto, su artículo se centra en la belleza y el desafío inherente que implica la integración del mindfulness en el cuidado moderno de la salud, la educación y la neurociencia. Su artículo establece un importante trabajo preparatorio para comprender el significado y uso de palabras relativas al mindfulness en los textos, y ofrece una perspectiva única para evaluar lo que es y lo que no es importante al importar estas prácticas a Occidente.

El ensayo de Georges Dreyfus explora los peligros de una comprensión incompleta del mindfulness, desde una perspectiva teorética y, también, lo que es sin duda más preocupante, en un nivel experiencial. En particular, argumenta que las definiciones actuales que enfatizan exclusivamente uno de los temas presentes en la tradición histórica –la consciencia libre de juicios centrada en el presente– podrían perder de vista alguna de las características centrales del mindfulness. Explora las implicaciones que podrían resultar para la práctica actual el tener en cuenta las explicaciones completas de los textos budistas, las cuales presentan el mindfulness como una práctica para la que el pasado es tan relevante como el presente, incluida la capacidad de atención sostenida que puede tener el objeto tanto si este está presente, como si no lo está.

Andrew Olendzki continúa el examen del mismo tema utilizando primero el sistema del Abhidharma, tal como se encuentra en la obra pali *Abhidhammatthasaṅgaha* en la cual el mindfulness es visto como un estado avanzado de experiencia construida, y una sabiduría que surge solo bajo condiciones especiales; contrastándolo con el texto sánscrito *Abhidharmakośa*, en el cual el mindfulness y la sabiduría son enumerados como factores «universales», y por ello «surgen y desaparecen en cada momento de la mente». Esto tiene importantes implicaciones a la hora de entender lo que hacemos cuando meditamos, porque la última aproximación asume que, aunque el mindfulness y la sabiduría están ocultos durante la mayor parte del tiempo, debido al apego, la aversión y el engaño, la mente ya está fundamentalmente despierta y es inherentemente sabia. Como dice Olendzki: «la práctica se convierte en un desvelamiento de la pureza original de la mente». De este modo, sugiere que es esta última perspectiva la que provee la base para un modelo innatista del desarrollo, y critica este modelo desde una perspectiva constructivista.

¿Qué es lo que el maestro contemporáneo de intervención basada en mindfulness debe hacer con este debate? ¿Cuáles son sus implicaciones?

El artículo de John Dunne habla directamente sobre este tema. Se centra en la práctica «no-dual» en relación con las descripciones más corrientes que se encuentran en la literatura del Abhidharma, examinando el no-dualismo budista, incluidas las actitudes y teorías acerca de los pensamientos y los juicios y el modo en el cual surgen y son afectados por la práctica. Toma los argumentos esgrimidos en el artículo de Georges Dreyfus señalando de qué modo los análisis de Dreyfus, aunque son una excelente presentación del enfoque clásico del mindfulness que encontramos en el Abhidharma, no encajan bien con el enfoque innatista del mindfulness que son los inmediatos precursores del mindfulness practicado por los clínicos y estudiado por los científicos en Occidente, como son discutidos por Jon Kabat-Zinn en su descripción del conjunto de influencias budistas en el desarrollo del programa de reducción de estrés basado en mindfulness (MBSR).

John D. Teasdale y Michael Chaskelson han contribuido con dos ensayos en los cuales afrontan el desafío de hacer confluir la teoría budista y la práctica clínica. El primer artículo ofrece una manera de mirar la primera y la segunda de las Cuatro Nobles Verdades desde la perspectiva del interrogante «¿qué relación tiene esto con aquellos que se acercan a las clases de MBSR o MBCT (Terapia Cognitiva Basada en Mindfulness)?».[5] Después de todo, nos dicen, quienes participan en las clases tienen como objetivo principal la reducción del estrés, el alivio de sus enfermedades, o desean estar bien después de la depresión; no se acercan pidiendo una resolución a sus sufrimientos existenciales.

Los autores llevan esta pregunta más allá: ¿De qué modo las Cuatro Nobles Verdades son relevantes para los clínicos? Su artículo enfatiza la manera en la cual nuestras mentes están construidas de tal modo que hace que sea muy difícil ver claramente la naturaleza de nuestro propio sufrimiento, y el modo en el cual empeoramos el sufrimiento, debido a la forma en la que reaccionamos momento a momento a la experiencia. También muestran la cualidad compulsiva de nuestros apegos, expresados en el lenguaje de los «debería», «debes» y «si solo pudiera»; cuán absortos estamos deseando que las cosas sean diferentes al modo en el que las encontramos. Al hacer esto, los autores ofrecen una más profunda significación de la noción de terapia «cognitiva», más allá de las imágenes que a menudo son confundidas como conocimiento y comprensión real del enfoque. No solo esto, sino que el análisis nos recuerda hasta qué punto el dolor emocional en el mundo occidental surge de las mismas condiciones en las que siempre han operado, y de qué manera, como los autores lo expresan, «los patrones de la mente que nos mantienen cautivos en el sufrimiento emocional son, fundamentalmente, los mismos patrones de la mente que nos separa a unos de otros, y nos aleja del potencial florecimiento de una manera de vida más profundamente satisfactoria». Por último, el artículo habla directamente a los docentes dedicados a las intervenciones basadas en mindfulness: ¿Por qué necesitan los docentes saber estas verdades? Apuntan los peligros de intentar enseñar sin un «mapa del camino» de comprensión y de experiencia.

El segundo artículo de Teasdale y Chaskelson analiza las enseñanzas budistas clásicas desde una perspectiva de los procesos psicológicos subyacentes, y en particular la manera en la que opera la memoria (a lo cual también se refirió Georges Dreyfus en su artículo). Revisitan y ratifican la teoría de los Subsistemas Cognitivos Interactivos (SCI)[6] de Teasdale y Barnard con el fin de ofrecer un marco de referencia para entender de qué manera la mente transforma el sufrimiento. SCI reconoce dos tipos de sentido: uno explícito y otro específico (expresado en proposiciones simples del tipo «el gato está sentado en la esterilla»), y el otro implícito y holístico (sentido en el lenguaje del poeta y el narrador).

Teasdale y Chaskelson muestran de qué forma el sufrimiento puede ser visto en términos psicológicos como una respuesta a «los patrones particulares de información» (por ejemplo, patrones que transmiten ciertos significados «cargados afectivamente»). Si la «memoria de trabajo» puede asir piezas de información separadas y luego integrarlas en un patrón más amplio, entonces el sufrimiento puede ser transformado cambiando los patrones mismos de información que lo producen: «la memoria de trabajo provee un lugar donde esos patrones se pueden mantener e integrar con otros patrones para crear nuevos patrones que no producen sufrimiento». En términos de SCI, mindfulness es una manera de crear este tipo de patrones nuevos de significados implícitos y holísticos. Para los lectores que ya están familiarizados con el modelo SCI, esta reafirmación será bienvenida. Para aquellos lectores que no la conocen, el artículo es una estupenda oportunidad para adentrarse en el modelo.

El matrimonio entre las enseñanzas budistas y la práctica contemporánea de mindfulness

El siguiente grupo de artículos explora los desafíos inherentes que supone la articulación viva de las profundas verdades últimas y las prácticas del Dharma en el contexto secular del trabajo clínico cotidiano con personas, examinando de qué manera las intervenciones basadas en mindfulness (terapia cognitiva basada en mindfulness) combinan, por un lado, la necesidad de ser fiel a los recientes descubrimientos científicos sobre la depresión y, por el otro lado, la extensa tradición fundacional de práctica meditativa y la comprensión budista.

Melanie Fennell y Zindel Segal señalan frente a esto que la Terapia Cognitiva Basada en Mindfulness (MBCT) y las enseñanzas budistas constituyen un matrimonio inusual. ¿Qué ocurre cuando una de las partes del matrimonio es la meditación del mindfulness, arraigada en el pensamiento y la práctica budista, y la otra parte viene de la tradición occidental de la ciencia cognitiva y clínica? Como docentes de mindfulness en el contexto de MBCT cuyo entrenamiento profesional original fue la terapia y la ciencia cognitiva, estos autores están bien posicionados a la hora de ver las posibles tensiones inherentes al matrimonio, y cartografiarlas con precisión y claridad.

Los autores examinan puntos de congruencia y divergencia entre las dos tradiciones. Resulta particularmente útil el breve y acreditado resumen de los orígenes y prácticas actuales de la Terapia Cognitiva (TC), sus fundamentos e interrelaciones con el mundo de la psicoterapia. Su discusión nos recuerda que el desarrollo de las intervenciones basadas en mindfulness para la depresión que incorporan y extienden el uso de la TC, con el fin de lograr disipar de manera definitiva el sufrimiento recurrente, necesita tener en cuenta y respetar aquellas comprensiones y éxitos en sí mismos, y en sus propios términos, y no hacer comentarios despectivos acerca de las áreas de la psicoterapia (como la terapia cognitiva) simplemente porque ha tomado un camino diferente al modelo basado en mindfulness. El artículo de Fennell y Segal nos recuerda que la terapia cognitiva es un modelo complejo y valido en sí mismo que comparte características comunes con mindfulness. Ellos caracterizan MBCT como un matrimonio de asociados en condiciones iguales, y sugieren que, más allá de las apariencias, es un matrimonio que puede perdurar.

Kuyken y Feldman se centran en un aspecto particular de las intervenciones basadas en el mindfulness: la compasión. ¿Qué es la compasión? En sus palabras, se trata de una «orientación de la mente» y una «capacidad de respuesta». En la compasión, la mente está orientada a reconocer el dolor en la experiencia humana y cultivar la habilidad de responder con benevolencia, empatía, ecuanimidad y paciencia. Mientras que Fennell y Segal proporcionan la prueba de la eficacia de MBCT a la hora de reducir los riesgos de depresión en general, Kuyken y Feldman construyen sobre esa base para mostrar, a partir del trabajo clínico con aquellos que buscan ayuda frente a su depresión, de qué manera, a través del cultivo de la compasión, las personas pueden aprender a cambiar sus perspectivas y lograr cierta libertad respecto a condiciones duraderas que antes han sido absolutamente incapacitantes. En la actualidad hay evidencias de que, incluso cuando en las intervenciones basadas en mindfulness no se incluyen prácticas específicas enfocadas en la bondad o la compasión, la encarnación de estas cualidades por parte de los propios instructores en todos los aspectos de sus enseñanzas del currículo y su interacción –desde la bienvenida inicial a las clases, pasando por la guía formal de las prácticas y su interacción– capacita a los participantes para cultivar las respuestas compasivas frente a su propio sufrimiento. La investigación ha demostrado que la efectividad del programa del mindfulness a la hora de reducir el riesgo de una futura depresión depende del grado en el cual los participantes hayan sido capaces de cultivar una respuesta compasiva (Kuyken *et al.*, 2010).

El artículo de Martine Batchelor ubica los recientes desarrollos en la aplicación clínica del mindfulness en el contexto de sus propias experiencias como monja en la tradición del Zen coreano. Estudió budismo Zen bajo la dirección del difunto maestro Kusan Sunim y se convirtió en intérprete y traductora. Después de su muerte comenzó a escribir extensamente acerca de lo que considera el núcleo del pensamiento y la práctica budista. Su artículo cuenta cómo, en 1992, como parte de su investigación para un libro sobre las mujeres y el budismo (*Walking on lotus Flowers*, 1996, reeditado como *Women on the Buddhist path*, 2001) en el que entrevistó a mujeres de diferentes tradiciones budistas (asiáticas y occidentales, monjas y laicas), descubrió que «las técnicas de meditación que utilizan no parecen tan relevantes como su sincera dedicación como practicantes del Dharma». Sugiere que no importa la tradición budista que sigamos, la práctica de *samatha* ('serenidad y estabilidad') y *vipassanā* ('discernimiento profundo') conducirá al cultivo del mindfulness.

Sobre la base de este análisis desarrolla una propuesta aún más radical: que el examen de los «cuatro grandes esfuerzos» descritos en el *Sutta Mahasatipatthana* se extiende como un paraguas que engloba intenciones comunes y descubrimientos dentro de las diferentes tradiciones budistas que incluyen los enfoques terapéuticos que se encarnan dentro del MBCT y MBSR, y además la terapia cognitiva conductista tradicional. Cada una de estas tradiciones, afirma Batchelor, «comparte un enfoque pragmático e independiente hacia la vida que reconoce el gran valor de la aceptación y la compasión».

Edel Maex se impone una tarea similar en su artículo, pero, para decirlo de algún modo, desde el otro extremo. Llegó al Zen como psiquiatra practicante inmerso en los ajetreos del trabajo clínico. Más tarde, anhelando poder ofrecer a sus pacientes algo que les permitiera acceder a comprensiones y prácticas tan liberadoras semejantes a las que él encontró, se cruzó con los escritos de Jon Kabat-Zinn. En el libro de Jon, *Vivir con plenitud las crisis* (Kabat-Zinn, 1990), encontró algo que, como expresa en su entrañable lenguaje realista, ¡le ahorró al menos diez años de trabajo! Maex señala los peligros de adoptar la práctica del mindfulness fuera del contexto budista: el riesgo consiste, en este caso, en entorpecer la posibilidad de que los pacientes aprecien el poder del Dharma experimentalmente, convirtiéndolo en su defecto tan solo en otra técnica, desnudada de la profundidad y la sabiduría que él considera portadora de un poder creativo del mindfulness. ¿Qué es lo que descubrió entonces en el discurso moderno que encontró auténtico, como practicante de Zen, y como clínico ajetreado?

Titula su artículo como un ejercicio en «traducción inversa» en el cual algunos conceptos del mindfulness «clínico» son traducidos de regreso a conceptos budistas básicos. Su intención fue escribir para docentes contemporáneos del mindfulness, con el propósito de ayudarles «a reconectar con algunos de los tesoros que están presentes en nuestras raíces», y también para sus amigos del Zen y otros colegas con el fin de reasegurarles que los enfoques contemporáneos no han expulsado el Dharma en una carrera para ser relevante. Concluye: «Como muestra la historia del budismo, este está en un proceso continuo de reformulación, de acuerdo con las necesidades presentes de aquellos que están frente a nosotros».

Sharon Salzberg contribuye a la renovación de nuestras intenciones recordándonos en su artículo de qué manera el mindfulness y la bondad se cultivan intrínsecamente al unísono. Mindfulness no es solo «saber lo que está pasando», como al escuchar un sonido, sino saber en cierta forma –libres del apego, la aversión y el engaño–. Es esta libertad la que provee la plataforma para una transformación continua y para lograr una comprensión profunda. Mindfulness, nos dice, «nos ayuda a atravesar las leyendas, los mitos, los hábitos, los sesgos y las mentiras que se han tejido alrededor de nuestras vidas. Podemos eliminar la persistencia de estas distorsiones, y su familiaridad, y llegar a ver de una manera mucho más clara lo que es verdad. Cuando podemos ver lo que es verdad, podemos dar forma a nuestra vida de un modo diferente». El refinamiento y la expansión de la bondad lo acompañan, porque profundizar en nuestra comprensión incluye, también, ver de qué manera todo en nuestra vida está inextricablemente interconectado, permitiéndonos de este modo un cuidado más inclusivo. Sharon Salzberg no solo afirma esto; su artículo lo plasma, con una dulzura y una gracia en sus historias y ejemplos que nos invitan a responder.

Mindfulness en la educación y la medicina: los desafíos de un cambio institucional

Comenzamos esta introducción indicando de qué modo mindfulness se ha convertido rápidamente en una práctica popular. Un centro catalizador para este crecimiento ha sido la disposición a adoptar enseñanzas que han sido transmitidas en los monasterios en Asia durante siglos, para luego enseñarlas en centros de retiro durante varias décadas, en contextos como hospitales y clínicas que no las habían demandado explícitamente, o ni siquiera sabían de su existencia. Como hemos visto, a partir de las contribuciones presentadas hasta aquí, llevar las enseñanzas del mindfulness al mundo fuera del monasterio, o los centros de retiro, requiere de una constante traducción y traducción inversa. Este trabajo nunca se termina, porque los sistemas, las instituciones y las personas cambian; diferentes lenguajes, imágenes y metáforas necesitan ser esculpidas, tratadas, refinadas, usadas y luego descartadas (al menos por un tiempo) cuando pierden su poder de comunicar.

Este punto lo ilustra de manera notoria Mirabai Bush, quien, en su artículo, se basa en ideas reunidas durante los 13 años en los que dirigió el Center for Contemplative Mind in Society y su programa pionero, dedicado a promover y apoyar la innovadora integración de prácticas contemplativas en cursos y currículos educativos novedosos a lo largo de un amplio espectro de escenarios en la educación superior. Describe cursos que integran prácticas y perspectivas contemplativas a través de una gama diversa de disciplinas –desde la arquitectura a la física, desde la economía a la poesía–. Algunas de estas prácticas son impartidas por eruditos budistas; otras, por autoridades dentro de sus propias disciplinas; cada una de ellas tiene una práctica personal de meditación. Las prácticas meditativas incluyen varias formas de meditación, yoga y visualización, así como prácticas únicas surgidas de las propias disciplinas en el marco donde se imparten: en economía conductual, por ejemplo, las prácticas de autoconsciencia revelan las emociones inconscientes que gobiernan las decisiones económicas; en arquitectura, la meditación promueve diseños del ambiente construido que armonicen con el hábitat natural.

Mirabai Bush analiza de qué modo el centro desarrolló y aún apoya este movimiento, mostrando qué preguntas suscita esta experiencia de educación contemplativa acerca de su futuro impacto en la academia. El artículo culmina con un magnífico resumen del *languaging* (los procesos cognitivos para producir y negociar significación) del mindfulness en la clase: la manera en la cual los docentes han explorado imágenes y metáforas de la historia de la filosofía de su propia disciplina (por ejemplo, un docente científico enseñando mindfulness del sonido, hablando de la «ecología acústica»). De este modo, nos muestra que el docente hábil y creativo puede definir e introducir prácticas de una manera accesible en la que puedan aún resonar con la profunda sabiduría de las tradiciones en las cuales se originaron.

Una institución de educación superior donde el mindfulness parecía haber consolidado su presencia, al menos exteriormente, era el Centro Médico de la Universidad de Massachusetts, la institución donde se desarrolló originalmente el MBSR. Solo por esa razón, la historia que nos cuenta Saki Santorelli en su artículo es extraordinaria. En 1998, el Hospital de la Universidad de Massachusetts, hogar de la Clínica de reducción de estrés desde comienzos de 1979, se fusionó con otro hospital. Después de varios años, debido a severos ajustes presupuestarios, la Clínica de reducción de estrés fue de un golpe eliminada del sistema clínico. De un día para otro, la clínica que había desarrollado, a través de la visión y el trabajo encomiable de muchas personas, un programa mundialmente reconocido, basado en una extensa investigación clínica, y que había transformado la vida de cientos de miles de personas, directa o indirectamente, estaba amenazada con extinguirse.

Saki Santorelli comenzó su elegante y electrizante recuento con un correo electrónico que cualquiera en una posición de liderazgo sentiría pavor de recibir. Llegó tres meses después de haber asumido la dirección del Centro de Mindfulness. De improviso, el corazón de toda la empresa, la Clínica de reducción de estrés, estaba amenazada, y con ella, todo lo demás, todas las personas que trabajaban en el centro y habían dedicado sus vidas a ese trabajo. ¿Cómo responder ante ese desafío? El ensayo de Santorelli revela lo que la práctica de mindfulness puede significar –de hecho, lo que significó– en una situación de crisis como esta, y a través de él podemos ver con penetrante claridad de qué modo el liderazgo se refina no en los tiempos prósperos, sino cuando toda esperanza parece agotarse y no parece haber nada más que hacer excepto honrar «nuestra capacidad innata para residir en el corazón en carne viva y abierto, recordando la verdadera fuente de sabiduría y poder».

¿Cómo transmitir al menos una pizca de esa sabiduría a los participantes de un programa de clases cuya duración son ocho semanas? Parece increíble. Sin embargo, la prueba, publicada en revistas científicas alrededor del mundo, sugiere que los participantes, guiados por instructores que han aprendido a encarnar ellos mismos algunas de esas cualidades de las que habla Saki Santorelli, pueden y experimentan de hecho transformaciones que nunca hubieran imaginado. Quizá es, en parte, lo que explica la enorme popularidad y el impacto creciente del mindfulness en el mundo.

¿Podemos definir, investigar, medir el mindfulness sin desnaturalizarlo?

Como ya hemos señalado, la introducción de la práctica budista de meditación en la medicina convencional y otras disciplinas está forzosamente asociada con un conjunto particular de difíciles circunstancias relacionadas con los cambios culturales y epistemológicos que inevitablemente engendra. En particular, los eruditos budistas pueden sentir que el significado esencial del mindfulness puede haber sido explotado o distorsionado, o abstraído de su nicho ecológico esencial, de modos que pueden amenazar su sentido profundo, su integridad y su valor potencial. Esto puede o no ser el costo inevitable del desarrollo operacional de los nuevos portales seculares basados en el Dharma, como el MBSR y el MBCT, dirigidos a individuos cuyas vidas pueden ser transformadas de algún modo por prácticas auténticas, pero que nunca hubieran llegado a ellas si se las hubiesen ofrecido en el marco o con el vocabulario budista tradicional. Este tema surgió en la descripción de los diferentes lenguajes en los que los eruditos de diversas disciplinas están enseñando la relevancia de la práctica del mindfulness a sus estudiantes, y es un tema que es repasado en el artículo final de Jon Kabat-Zinn.

Tras haber introducido el mindfulness en el escenario clínico y en otras disciplinas, como la educación superior, y tras haber comenzado a evaluarlo científicamente, era casi imposible que las mismas reglas para recoger pruebas empíricas a través de la investigación científica no requirieran de la construcción de nuevos puentes entre dominios que previamente no habían tenido comunicación o discurso intelectual. Por ejemplo, en psicología, hay reglas acerca de los métodos cualitativos que gobiernan lo que puede y lo que no puede hacerse cuando se realiza una entrevista a los participantes, y acerca de lo que puede inferirse a partir de las transcripciones de dichas entrevistas. También hay reglas acerca de cómo debe prepararse un estudio clínico para probar cuantitativamente la hipotética eficacia de un programa de mindfulness. Construir este tipo de puentes con una mente abierta puede ser un proceso doloroso para aquellos involucrados en los dos lados de la divisoria epistemológica.

En este sentido, Paul Grossman y Nicholas van Dam presentan, de manera elocuente, un llamamiento a la precaución. Están particularmente preocupados por que la impaciencia por definir la meditación del mindfulness en la psicología occidental pueda acabar desnaturalizándola de maneras fundamentales, de modos insospechados para aquellos que hacen uso del término en los escenarios clínicos y en laboratorios, a menos que ellos mismos hayan experimentado el Dharma profundamente, en primera persona, a través de su propia práctica personal, su estudio y exploración. Su artículo considera, primero, de qué manera los psicólogos están caracterizando actualmente el mindfulness. Luego, exploran cuestiones relativas a esas caracterizaciones, si son o no son compatibles con las enseñanzas budistas originales o el mindfulness. Luego, consideran si las caracterizaciones científicas del mindfulness se ajustan a los criterios empíricos de la metodología de la ciencia contemporánea. Su conclusión es que hay una enorme cantidad de trabajo fundamental que debe realizarse en esta área, que una mirada renovada respecto al modo en el cual redactamos los cuestionarios de informes personales y sus subescalas que reivindican la medición del constructo «mindfulness» es necesaria, además de la precaución y la paciencia necesaria «para no cosificar y trivializar conceptos que podrían tener una riqueza de la cual puede que no seamos completamente conscientes».

El artículo de Ruth Baer presenta una perspectiva alternativa convincente, y empíricamente poderosa. Articula el desafío fundamental presentado por la evidencia médica y psicológica: necesitamos dar cuenta del hecho de que algo que parece producir cambios, los produce, y por ese motivo nos invita a explorar, a través de cualquier método que tengamos a nuestra disposición, qué procesos pueden subyacer a estos cambios. Esto es importante porque la mayoría de las terapias cuentan con algún efecto beneficioso que tiene poco que ver con lo que el clínico, de hecho, cree que es el ingrediente crítico. Es el tantas veces denostado y poco apreciado efecto placebo. El efecto placebo es uno de los efectos más poderosos en medicina. En general, los docentes y terapeutas son reacios a la hora de reconocer su influencia potencial, porque preferiríamos que fuera la enseñanza y la terapia que ofrecemos las que transformaran las vidas de nuestros pacientes. Una investigación sobre el asunto puede resultar muy aleccionadora.

En este sentido, se pregunta Baer: ¿Cómo debe hacerse esta investigación y qué es lo que aprendemos si no aceptamos el desafío de intentar evaluar la comprensión de la persona, o la profundidad de su práctica de mindfulness (al menos tal como es enseñada en un programa o intervención clínica basada en mindfulness), y luego evaluamos si el entrenamiento lleva a un cambio de esas cualidades y de las tendencias generales a la hora de responder de modo plenamente atento (*mindfully*) a las experiencias de la vida cotidiana? Si esto pudiera hacerse, ¿veríamos también si estos cambios están correlacionados con mejoras en la salud mental, como se observa habitualmente? Su artículo resume elegantemente la búsqueda y desarrollo de cuestionarios de mindfulness que sean válidos y fiables, y la investigación hasta la fecha acerca de cuán útil pueden o no ser estos, y los continuos desafíos de su interpretación.

Una nueva visita a la enseñanza tradicional y su aplicación contemporánea

Los últimos dos artículos nos llevan en un círculo completo de regreso a la conexión entre las enseñanzas tradicionales y las aplicaciones contemporáneas.

Rupert Gethin repasa algunas fuentes budistas tradicionales para ver cómo entendían el mindfulness, explorando cómo encaja su comprensión –o no encaja– con algunas de las maneras en las cuales mindfulness se presenta en el contexto de las intervenciones basadas en mindfulness. Comenzando con las fuentes bien conocidas, como el *Satipaṭṭhāna Sutta*, continúa prestando atención a algunos detalles de la comprensión del mindfulness en el sistema de pensamiento budista tardío. Estos detalles, aunque menos conocidos, proporcionan importantes claves acerca del enfoque budista tradicional en lo que concierne al cultivo del mindfulness. En particular, exploran la comprensión del mindfulness como «no enjuiciador». Convincentemente, cartografía la totalidad de la extensión del territorio y los temas potencial en la interrelación en la convergencia de las corrientes epistemológicas:

> De qué modo uno entiende la adaptación de la práctica budista del mindfulness al contexto de la clínica moderna para el tratamiento del estrés y la depresión dependerá de la perspectiva particular que uno cultive. Desde un tipo de perspectiva budista, la abstracción del mindfulness de su contexto dentro de un extenso espectro de prácticas meditativas parecería como una apropiación y distorsión del budismo tradicional que pierde de vista la meta budista que consiste en erradicar la codicia, el odio y el engaño. Desde otra perspectiva budista, parecería un ejemplo de los llamados «medios hábiles» (*upāya-kauśalya*): los cuales proveen una manera de dar a los seres la oportunidad de un primer e importante paso inicial en el camino que lleva a la cesación del sufrimiento. Desde otro punto de vista, quizá también budista, pero que podríamos caracterizar como «modernista»,

> se desnuda al budismo de su bagaje cultural e histórico innecesario, enfocándose en lo que es esencial y útil. Una perspectiva no-budista consideraría la eliminación del bagaje histórico y cultural innecesario como una revelación final de la esencia útil que habría estado hasta ahora oscurecida por la religión budista. Finalmente, podemos considerar la confluencia de las prácticas derivadas del budismo con los métodos de la ciencia cognitiva moderna como la ocasión que nos proporciona la posibilidad de un verdadero avance que reemplaza, y convierte en superfluas, las prácticas budistas tradicionales. Como los observadores de la historia social, podríamos también verla como un ejemplo del cambio, desde una situación cultural en la cual vamos de la religión que sana nuestra alma a otra en la cual nos centramos en la medicina y en la ciencia.

El artículo final de Jon Kabat-Zinn relata algunos episodios de la historia del MBSR, el modo en el cual surgió a partir de su propia perspectiva personal, y enfatiza su visión respecto a las oportunidades y peligros asociados con los intentos de traducir el Dharma, en su expresión más universal, a la cultura dominante, y sus intuiciones con respecto a los modos en los que puede catalizarse potencialmente un aprendizaje profundo, una sanación creciente y una transformación. Desde el principio, el objetivo fue contribuir al giro en los estándares de la sociedad hacia niveles de mayor sanidad, bienestar y bondad, engendrando lo que designo en otro lugar como (Kabat-Zinn, 1990) «una rotación ortogonal en la consciencia», tanto en los individuos como en las instituciones, a nivel local y global. Se refiere a uno de los temas que Mirabai Bush también trae a colación en su artículo, me refiero a la cuestión del lenguaje mismo que usamos cuando hablamos del mindfulness. La terminología y el énfasis siempre han cambiado a lo largo del tiempo, a medida que el Dharma se introducía en nuevas culturas, y esto está ocurriendo una vez más en nuestra era. Una de las preguntas que esto suscita es cómo utilizar conscientemente el lenguaje en la enseñanza del mindfulness, incluidas las dimensiones implicadas, elegantemente evocadas y descritas en el segundo artículo de Teasdale y Chaskalson. ¿Cómo podemos expandir el significado de términos como «mindfulness» en nuestro lenguaje, para que vehiculice el sentido del «Dharma» en su integridad, se pregunta Kabat-Zinn?[7] ¿Es posible hacerlo auténticamente, sin caer prisioneros del engaño o la ignorancia? ¿Puede resultar un enfoque hábil para catalizar una comprensión más universal, auténtica y liberadora de la mente y su potencial de sabiduría, compasión y libertad? ¿Puede un enfoque de estas características ser efectivo tanto en el reconocimiento como en la movilización de nuestras capacidades individuales como seres humanos para realizar todas las dimensiones de nuestro ser en esta vida, lo que algunos llaman «nuestra verdadera naturaleza»?

Por supuesto, este fue el propósito original al introducir el término «mindfulness» en la medicina dominante. Uno de los riesgos de ello fue que algunos han conjeturado que mindfulness estaba siendo descontextualizado y se estaba promoviendo como el único elemento importante de la práctica budista. Kabat-Zinn habla directamente sobre este tema en su artículo, y sugiere que, en lugar de una descontextualización del Dharma, el MBSR es un intento por re-contextualizarlo en su esencial plenitud. Si el MBSR hubiera utilizado el lenguaje budista tradicional, o hubiera insistido en que los pacientes médicos referidos por los profesionales de la Clínica de reducción de estrés debido a su sufrimiento, debían ser introducidos en la práctica del mindfulness a través del explícito marco de referencia de las Cuatro Nobles Verdades, el Óctuple Sendero o las cuatro fundaciones del mindfulness, por ejemplo, esto hubiera evitado que el MBSR, como otras intervenciones en la medicina y la psicología, echara raíces en primer lugar.

Una perspectiva de este tipo puede tener alguna relevancia en los debates y las diferentes visiones que contiene esta edición especial. Ahora que hay un extendido interés y actividad alrededor del mindfulness y sus aplicaciones potenciales en la vida secular, la clase de examen pormenorizado y la potencial aclaración de las diversas dimensiones tradicionales, atributos, virtudes e implicaciones de diversos elementos del mindfulness que han sido articulados y discutidos en este foro, el primero de este tipo, se vuelven importantes, en realidad, absolutamente necesarios, para la profundización y el florecimiento de este campo como totalidad.

Observaciones finales

Mindfulness, tal como es enseñado en las intervenciones basadas en mindfulness, siempre ha estado asociado con elementos de lo que técnicamente se conocen como la «comprensión clara» y el «discernimiento». No es mera atención desnuda, aunque la atención desnuda es una parte íntima de ella. No es exclusivamente conceptual, cognitiva, o basada en el pensamiento. En realidad, esencialmente, es la consciencia misma, una capacidad enteramente diferente; uno podría incluso decir: más extensa que el pensamiento, debido a que todos y cada uno de los pensamientos y las emociones pueden ser aprehendidos en la consciencia. Ambas son poderosas dimensiones de la experiencia humana. Aunque recibimos una gran cantidad de formación en nuestro sistema educativo en pensamientos de todo tipo, no tenemos prácticamente contacto alguno con el cultivo de la intimidad, con esa otra capacidad innata nuestra que llamamos «consciencia». La consciencia es virtualmente transparente para nosotros. Solemos ser inconscientes de nuestra propia consciencia. Con gran facilidad, la damos por sentada. En raras ocasiones se nos ocurre que es posible explorarla sistemáticamente, y refinar nuestra relación con la consciencia misma, o que pueda «habitarse». Esta es un área profunda, tanto para la investigación en primera persona como para la perspectiva en tercera persona, como para el debate.

En el cultivo del mindfulness en escenarios seculares, el espíritu de autoindagación y el de autocomprensión son centrales. Esta es una de las razones por las cuales nos produce un enorme placer el encuentro entre eruditos budistas, científicos, educadores y clínicos en este formato, y somos optimistas acerca de su valor. Nuestro anhelo es que este tipo de investigación y diálogo interdisciplinar continúe, produzca nuevos frutos y nutra nuestro entendimiento y nuestra práctica continua de las disciplinas meditativas que descansan firmemente en una base de respeto por las comprensiones tradicionales del Dharma, permaneciendo fieles a aquellas comprensiones de maneras apropiadas y novedosas.

El enorme interés en la teoría y práctica del mindfulness dentro de la ciencia, la medicina, el cuidado de la salud y la educación en Occidente continuará trayendo consigo nuevos desafíos y también nuevas oportunidades. Modos antiguos y modernos, orientales y occidentales, de indagación e investigación, están ahora en conversación, fertilizándose mutuamente como nunca antes había ocurrido. En realidad, podemos decir que el campo de las aplicaciones del mindfulness está en su infancia y que existe una gran promesa de que continuará ofreciéndonos nuevas revelaciones y avenidas de investigación a medida que se desarrolle en múltiples direcciones. Por ejemplo, hay psicólogos occidentales que están utilizando nuevas metodologías para mostrar de qué modo la mente y el cuerpo generan tanto engaño como claridad. Consideremos, por ejemplo, el fenómeno de la ceguera del cambio. Los estudios demuestran que, cuando la visión que alguien tiene de una persona es ocultada por un segundo o dos, el observador no se dará cuenta de que una nueva persona ha tomado el lugar de la persona original, incluso mientras la conversación continúa (Simons y Levin, 1998). También podemos considerar los experimentos que muestran que si somos inducidos a inclinar nuestra cabeza de manera inadvertida cuando escuchamos la expresión de alguien, estamos mostrando probablemente nuestra aprobación sin saber que nuestra opinión fue experimentalmente manipulada (Briñol y Petty, 2003; Wells y Petty, 1980); o los recientes descubrimientos que muestran que los procesos conceptuales pueden tener consecuencias adaptativas extraordinariamente negativas, como ocurre con alguien con un desorden alimentario que se siente más pesado de lo que realmente está (Rawal, Park y Williams, 2011).

Todos estos estudios contienen demostraciones convincentes de la capacidad que tiene la mente para engañarse a sí misma. Ninguno de estos estudios necesita una interpretación explícitamente basada en el Dharma; aun así, son coherentes con las perspectivas basadas en el Dharma, y proporcionan importantes ejemplos potencialmente reveladores sobre la propia mente para personas que nunca leerán un texto budista. A su manera, estas líneas de investigación señalan la importancia de prestar atención, de manera consistente y compasiva, a la capacidad de la mente de engañarnos, momento a momento.

Los ensayos en este libro atestiguan la necesidad de una continua investigación, traducción, renovación y diálogo. Podríamos decir que las enseñanzas se mantienen vivas debido a nuestra continua voluntad de probarlas. Si se convierten en un dogma, darán un falso consuelo a algunos por un tiempo, pero seguramente acabarán osificándose, creando disputas innecesarias, y perdiendo su potencial animado y liberador. Una flor seca puede ser muy hermosa, pero no es útil para una abeja.

Como coeditores, nuestro rol en esta introducción ha sido prologar la motivación original de este libro y darles una prueba de sus contenidos, articulados por un grupo diverso y apasionado de expertos que han contribuido a él. De igual modo, nuestro propósito ha sido ofrecer una visión anticipada de algunas de las creativas tensiones inherentes en una empresa de estas dimensiones y magnitudes, y hacerlas explícitas. Porque es precisamente desde dentro de las «tensiones» entre el Dharma del Buda, con todos sus sofisticados desarrollos y diversas tradiciones y linajes, y lo que uno podría llamar el «Dharma universal vivido» en el idioma cotidiano donde el potencial de comprensión, curación y transformación emerge; una transformación que puede ser vista, día a día, en aquellos que se acercan a los programas clínicos basados en el mindfulness, buscando ayuda frente a su sufrimiento, y quienes, a través de su propio cultivo del mindfulness, y su implícita exposición al Dharma, incluso si nunca han oído la palabra, experimentan cambios profundos que continúan asombrando e invitando a la humildad a todos los involucrados.

BIBLIOGRAFÍA

BRIÑOL, P. & PETTY, R.E. (2003). «Overt head movements and persuasion: A selfvalidation analysis». *Journal of Personality and Social Psychology*, 84, 1123-39.

KABAT-ZINN, J. (1990). *Full catastrophe living: Using the wisdom of your body and mind to face stress, pain and illness* (ed. 15.º aniversario, 2005). Nueva York: Dell.

KABAT-ZINN, J. & DAVIDSON, J. (edits.) (2011). *The mind's own physician: A scientific dialogue with the Dalai Lama on the healing power of meditation.* Oakland, CA: New Harbinger.

KUYKEN, W., WATKINS, E., HOLDEN, E., WHITE, K., TAYLOR, R., BYFORD, S. y otros (2010). «How does mindfulness-based cognitive therapy work?». *Behaviour Research and Therapy, 48,* 1105-12.

LUTZ, A., DUNNE, J. & DAVIDSON, J. (2007). «Meditation and the neuroscience of consciousness: An introduction», en M. ZELAZO, M. MOSCOVITCH & E. THOMPSON (edits.). *Cambridge handbook of consciousness.* Nueva York: Cambridge University Press.

LUTZ, A., LACHAUX, J.-P., MARTINERIE, J. & VARELA, F. (2002). «Guiding the study of brain dynamics by using first-person data: Synchrony patterns correlate with ongoing conscious states during a simple visual task». *Proceeding of the National Academy of Sciences USA, 99,* 1586-91.

RAWAL, A., PARK, R. & WILLIAMS, J. (2011). «Effects of analytical and experiential self-focus on stress-induced cognitive reactivity in eating disorder psychopathology». *Behaviour Research and Therapy, 49* (10), 635-45.

SIMONS, D. & DANIEL, T. (1998). «Failure to detect changes to people during a real-world interaction». *Psychonomic Bulletin and Review, 5,* 644-9.

THOMPSON, E. (2007). *Mind in life: Biology, phenomenology, and the sciences of mind.* Cambridge, MA: Harvard University Press.

VARELA, F. & SHEAR, J. (1999). «First-person accounts: Why, What, and How», en *The view from within: First-person approaches to the study of consciousness,* F. Varela & J. Shear (edits.). Thorverton, UK: Imprint Academic.

VARELA, F., THOMPSON, E. & ROACH, E. (1991). *The embodied mind: Cognitive science and the human experience.* Cambridge, MA: MIT Press.

WELLS, G. & PETTY, R. (1980). «The effects of overt head movement on persuasion: Compatibility and incompatibility of responses». *Basic and Applied Social Psychology, 1,* 219-30.

2. ¿Qué significa verdaderamente el mindfulness? Una perspectiva canónica

Bhikkhu Bodhi

El propósito de este artículo es determinar la significación y función de la meditación mindfulness, utilizando como fuente de investigación el Canon Pāli, la colección completa más antigua de textos budistas que ha sobrevivido intacta. Mindfulness es el factor central en la práctica de *satipaṭṭhāna*, el más conocido de los sistemas de meditación budista. En las descripciones de *satipaṭṭhāna* son recurrentes dos términos: mindfulness (*sati*) y comprensión clara (*sampajañña*). Una comprensión de estos términos, basados en los textos canónicos, es importante no solo desde un punto de vista filológico, porque esta comprensión tiene consecuencias a la hora de la práctica meditativa. La palabra *sati* significa originalmente 'memoria', sin embargo, el Buda adscribe a este viejo término un nuevo significado, determinado por los propósitos de sus enseñanzas. Este significado, sostiene el autor, puede ser caracterizado como «consciencia lúcida». Y cuestiona la explicación habitual del mindfulness como «atención desnuda», señalando problemas que acechan detrás de las palabras en esta expresión. También discute brevemente el rol de la comprensión clara (*sampajañña*), y muestra que sirve como un puente entre la función observacional del mindfulness y el desarrollo de la comprensión profunda. Finalmente, aborda la cuestión en torno al uso legítimo del mindfulness al extraerlo de su contexto tradicional y emplearlo con propósitos seculares. Sostiene que estas aplicaciones no tradicionales del mindfulness son aceptables e incluso admirables a partir del hecho de que alivian el sufrimiento humano, pero alerta también contra la comprensión reduccionista del mindfulness, al tiempo que urge a los investigadores a respetar la tradición religiosa donde echó sus raíces.

1. El mindfulness en el camino budista

La entrada de la práctica sistemática del mindfulness en el campo de la reducción de estrés y la psicoterapia ha alterado de manera rotunda las perspectivas de la medicina moderna en lo que concierne a nuestra capacidad para regular y superar las vulnerabilidades humanas. Mindfulness debutó como disciplina terapéutica en 1979, cuando Jon Kabat-Zinn introdujo su programa de «Reducción de estrés basado en Mindfulness» en el centro médico de la Universidad de Massachusetts. Desde entonces, su uso para reducir el dolor y el estrés ha sido adoptado por cientos de centros médicos, hospitales y clínicas alrededor del mundo. La aplicación del mindfulness en el ámbito clínico se extendió más allá de la reducción de estrés hacia la psicoterapia, donde ha probado ser un instrumento potente a la hora de ayudar a los pacientes a lidiar con condiciones de desórdenes como la depresión, la ansiedad y la obsesión compulsiva.

Aunque el uso de mindfulness con propósitos médicos puede parecer inicialmente una innovación moderna, en realidad, sus raíces se remontan veinticinco siglos hasta las enseñanzas del Buda, quien vivió y enseñó en el noreste de la India en el siglo v a.C. El Buda ofreció sus enseñanzas, llamadas el *Dhamma* (*Dharma,* en sánscrito), no como un conjunto de doctrinas que exigían fe, sino como un cuerpo de principios y prácticas orientadas al apoyo de los seres humanos en su búsqueda de felicidad y libertad espiritual. En su núcleo, encontramos un sistema de entrenamiento que lleva a la comprensión profunda y superación del sufrimiento. Este entrenamiento se expandió a través de Asia junto con el propio budismo, y a medida que el budismo echaba raíces en diferentes tierras, varias líneas de meditación florecieron en los países donde sus enseñanzas eran abrazadas. Muchos de estos linajes han continuado hasta el presente, preservados en monasterios y ermitas, por monjes y monjas dedicados a la vida contemplativa.

A finales de la década de 1960 y durante la década de 1970, el bajo precio del transporte aéreo facilitó un intercambio cultural que traería consigo consecuencias de largo alcance. Maestros asiáticos de budismo, yoga y otras disciplinas espirituales llegaron a los Estados Unidos atrayendo a gente joven desencantada con el materialismo, el militarismo y lo amorfo de la modernidad. También hubo jóvenes occidentales que viajaron a Asia y estudiaron meditación con maestros budistas, y luego regresaron a sus países de origen comenzando a compartir lo que habían aprendido con sus compatriotas. Cuando la meditación ganó popularidad, captó la atención de los profesionales de la medicina, los neurocientíficos y los psicoterapeutas, embarcándolos en una conversación emocionante que reunió a los practicantes de la espiritualidad oriental y de la ciencia occidental.

En el corazón de todos los sistemas budistas de meditación hay una disciplina en particular que ha llegado a conocerse como mindfulness. El mismo Buda le dio a la práctica de mindfulness una particular prominencia al incluir, en el Noble Óctuple Sendero, la cuarta de las Cuatro Nobles Verdades en las que comprimió sus enseñanzas: el sufrimiento, su origen, su cesación y el camino que lleva a su cesación. La recta atención o mindfulness (*sammā sati*) es el séptimo factor del camino en el que, introducido entre el recto esfuerzo y la recta concentración, conecta la aplicación energética de la mente con su quietud y unificación.

Los discursos del Buda, tal como se preservaron en los pāli Nikāyas, las colecciones tempranas, emplean un estilo mnemotécnico, escueto y formulario. De este modo, encontramos la recta atención (*mindfulness*) definida de manera sistemática por medio de una fórmula fija en este sentido:

> ¿Qué es, monjes, la recta atención (mindfulness)? Hete aquí, un monje permanece contemplando el cuerpo en el cuerpo, vehemente, comprendiéndolo claramente, atento, tras haber eliminado la codicia y el disgusto con respecto al mundo. Permanece contemplando los sentimientos como sentimientos... contemplando la mente en la mente... contemplando los fenómenos en los fenómenos, vehemente, comprendiéndolos claramente, atento, tras haber eliminado la codicia y el disgusto con respecto al mundo. Esto es lo que llamamos recta atención (mindfulness).[8]

El texto más influyente del Canon Pāli sobre la práctica sistemática del mindfulness, el *Satipaṭṭhāna Sutta*, el «Discurso sobre la aplicación del mindfulness», se inicia con una proclamación, destacando el propósito y la metodología del entrenamiento:

> Monjes, este es el camino de una vía para la purificación de los seres, para la superación del dolor y la lamentación, para la di-

> solución del sufrimiento y el disgusto, para el logro del método, para la realización del *nibbāna,* esto es, las cuatro aplicaciones del mindfulness. ¿Cuáles cuatro? Hete aquí, un monje permanece contemplando el cuerpo en el cuerpo... los sentimientos en los sentimientos... la mente en la mente... los fenómenos en los fenómenos, vehemente, comprendiendo claramente, atento, tras haber eliminado la codicia y el disgusto con respecto al mundo. Esto, monjes, es el camino de una vía para la purificación de los seres... para la realización del *nibbāna,* esto es, las cuatro aplicaciones del mindfulness.[9]

En esta declaración, el Buda indica que la *meta* de la práctica es la extinción del sufrimiento y el logro del *nibbāna* (*nirvana* en sánscrito), un estado de goce y de paz trascendente. El *método* son las cuatro *satipaṭṭhānas,* las cuatro aplicaciones del mindfulness. De la fórmula para la recta atención (mindfulness), podemos deducir dos factores importantes acerca de la práctica, uno relacionado con su aspecto objetivo, el otro con su aspecto subjetivo. Desde el punto de vista objetivo, vemos que la recta atención (mindfulness) implica la contemplación reflexiva de la propia experiencia, incluida bajo los cuatro dominios objetivos del cuerpo, los sentimientos, los estados mentales y los fenómenos experienciales. El último de estos es llamado, en pāli, *dhammā,* una palabra que podemos entender como designación de fenómenos experienciales organizados en ciertos grupos, determinados en función de los objetivos de las enseñanzas del Buda, *el Dhamma* en su sentido más amplio.

Desde el punto de vista subjetivo, la fórmula muestra que la «aplicación del mindfulness» implica no solo mindfulness, sino también una constelación de factores mentales que funcionan al unísono. Mindfulness, en el contexto de la práctica de *satipaṭṭhāna,* siempre ocurre como parte de una *anupassanā,* una palabra que aclara su rol. Habitualmente traducimos la palabra *anupassanā* como 'contemplación', pero puede ser también iluminador comprenderla de manera más literal como un acto de «observación». La palabra está conformada por el prefijo *anu,* que sugiere repetición o cercanía, y la base *passanā,* que significa 'ver'. De este modo, mindfulness es parte de un proceso que implica una observación cercana, repetitiva del objeto.

En el «estribillo de *satipaṭṭhāna*», varios factores mentales entran en esta *anupassanā,* señalados por la frase, «vehemente, comprendiendo claramente, y atento [mindful]» (*ātāpi sampajāno satimā*). Cada una de estas palabras, de acuerdo con los comentarios clásicos, representa un factor mental específico. «Vehemente» (*ātāpī*) implica energía, la fuerza para comprometerse con la práctica. Mindfulness (*sati*) es el elemento de vigilancia, de consciencia lúcida de cada evento que se presenta a sí mismo en las sucesivas ocasiones de la experiencia. El factor cognitivo es indicado por la palabra *sampajāno,* 'comprendiendo claramente', un adjetivo relacionado con el sustantivo *sampajañña,* 'comprensión clara'.

Los dos términos, *sato* y *sampajāno,* habitualmente se presentan en continuidad, implicando con ello una afinidad entre sus respectivos sustantivos, *sati* o mindfulness y *sampajañña* o comprensión clara. Para distinguirlos, describiré mindfulness como consciencia clara del campo fenoménico. Sin embargo, con el fortalecimiento del mindfulness sobreviene la comprensión clara, lo cual suma el elemento cognitivo. En la práctica meditativa de comprensión profunda (*insight meditation*), el meditador comprende claramente la naturaleza y cualidades de los fenómenos que surgen, y los relaciona con el marco de referencia definido por los parámetros del *Dhamma*, las enseñanzas como una totalidad orgánica. La expresión «comprendiendo claramente» sugiere entonces que el meditador no solo observa fenómenos, sino que *interpreta* el campo de presentaciones, de manera que establece los fenómenos que surgen en un contexto significativo. A medida que la práctica avanza, la comprensión clara adquiere un rol cada vez más importante, evolucionando eventualmente en una visión directa (*vipassanā*) y sabiduría (*paññā*).

2. El significado de *sati*

Un problema hermenéutico, con una resonancia íntima en la práctica de la meditación, está relacionado con el sentido preciso de la palabra *sati*, en general, y en relación con la actividad contemplativa budista. Tomamos la traducción 'mindfulness' de manera acrítica hasta tal punto que, en raras ocasiones, inquirimos acerca de los precisos matices del término inglés, aun dejando de lado la cuestión relativa a la adecuación del término original en pāli a su versión anterior. La palabra «mindfulness» es en sí misma tan vaga y elástica que sirve casi como una cifra en la cual puede entrar virtualmente todo lo que queramos. Por lo tanto, en raras ocasiones reconocemos que la palabra fue elegida como interpretación para *sati* en un punto particular del tiempo, después de que otros términos hubieran sido escogidos y descubiertos como inadecuados.

En la psicología india, aparte del budismo, la palabra *smṛti*, el equivalente sánscrito de la palabra pāli *sati*, normalmente significa 'memoria'. En ese sentido, Monier-Williams, en su *Diccionario sánscrito-inglés*, define *smṛti* como «recuerdo, reminiscencia, pensando en, pensando acerca de, trayendo a la mente [...] memoria».[10] Los discursos del Buda también preservan este significado en ciertos contextos, tal como veremos. Pero no debemos dar a ello excesiva importancia. Cuando ideaba una terminología que pudiera transmitir los puntos principales y las prácticas de sus propias enseñanzas, el Buda inevitablemente hubo de extraerlo del vocabulario que tenía a su disposición. Para designar la práctica que se convertiría en el principal pilar de su sistema meditativo, eligió la palabra *sati*. Pero aquí *sati* ya no significa 'memoria'. Por el contrario, el Buda asigna a la palabra un nuevo significado, en consonancia con su propio sistema de psicología y meditación. Por ello, sería un error fundamental insistir en leer el antiguo significado de memoria en el nuevo contexto.

No será, en cambio, un error intentar determinar de qué modo la palabra *sati* adquirió su nueva aplicación sobre la base de un sentido más antiguo. Desafortunadamente para nosotros, los Nikāyas o colecciones de discursos tempranos no definen formalmente *sati* de la manera expositiva, clara, en la que estamos acostumbrados a encontrarla en los manuales de texto modernos, o en los estudios eruditos de la práctica de meditación. Durante cuatro siglos, las escrituras budistas fueron preservadas y transmitidas oralmente, de una generación de recitadores a la siguiente. Este método de transmisión requería que los compiladores de los discursos del Buda comprimieran los puntos principales en fórmulas repetitivas, simples, que llevaran a una fácil memorización. Por ello, cuando consultamos los textos para descubrir qué es lo que querían decir con *sati*, lo que por lo general encontramos, en lugar de una explicación lúcida, son *demostraciones operacionales* que indican, en términos prácticos, cómo funciona *sati* en la psicología budista y en la práctica de meditación. Es desde aquí desde donde debemos desenredar las implicaciones de la palabra, contrastándola con otras y evaluándola a través de la reflexión personal y la experiencia.

Parece que el primer erudito que tradujo la palabra *sati* como 'mindfulness' fue el gran traductor británico T.W. Rhys Davids, fundador de la Pali Text Society. Su comentario en la introducción de su traducción del *Mahāsatipaṭṭhāna Sutta* todavía muestra una remarcable perspicacia:

> Desde el punto de vista epistemológico, *sati* es 'memoria'. Pero, como ocurrió con el surgimiento del budismo a tantas otras expresiones de uso ordinario, una nueva connotación fue agregada a la palabra, una connotación que le dio un nuevo significado, y hace de «memoria» una traducción inadecuada y engañosa. Se convirtió en la memoria, recolección, traer a la mente, ser consciente de, ciertos hechos específicos. De ellos, el más importante es el carácter no permanente (el llegar a ser como resultado de una causa y, nuevamente, la extinción) de todo fenómeno, corporal o mental. E incluye la repetida aplicación de esta consciencia, a cada experiencia de la vida, desde un punto de vista ético.[11]

Los Nikāyas emplean dos fórmulas de manera recurrente para ilustrar el significado de *sati*. Una se remonta al viejo significado de la memoria; la otra se refiere a su existencia en relación con las cuatro *satipaṭṭhānas*. Encontramos la primera en SN 48:9, que provee un análisis de las cinco facultades espirituales: fe, energía, mindfulness (atención plena), concentración y sabiduría. El *sutta* define brevemente cada una con una formula breve, la «facultad de mindfulness» (*satindriya*) del siguiente modo:

> Monjes, ¿qué es la facultad del mindfulness? Hete aquí, el noble discípulo es mindful (plenamente atento), posee suprema atención (mindfulness) y alerta, es aquel que recuerda y tiene presente lo que fue hecho y dicho mucho tiempo atrás. Esto es lo que llamamos la facultad del mindfulness.[12]

Aquí, la expresión operativa en pāli es *saritā anussaritā*, 'uno que recuerda y hace presente'. Ambas palabras son sustantivos de agente, derivados del verbo *sarati*, 'recordar' o 'ser o estar mindful' (estar atento a); el primero es simple, el segundo es un prefijo con *anu*. Mientras que las dos palabras, tomadas de manera aislada, pueden ser interpretadas como refiriéndose a recuerdo o mindfulness, la frase «lo que fue hecho y dicho mucho tiempo atrás» (*cirakatampi cirabhāsitampi*) favorece aquí la interpretación de *sati* en términos de memoria.

Sin embargo, en el siguiente *sutta*, SN 48:10, las cinco facultades son definidas nuevamente. La facultad del mindfulness (atención plena) es primero definida, como en el *sutta* precedente, como la habilidad de recordar lo que fue hecho y dicho mucho tiempo atrás. Pero, luego, como admitiendo que esta definición es inadecuada, el texto agrega una fórmula del repertorio de las cuatro aplicaciones del mindfulness: «Él mora contemplando el cuerpo en el cuerpo... los fenómenos en los fenómenos, vehemente, comprendiendo claramente, tras haber eliminado la codicia y el disgusto con respecto al mundo. Esta es llamada la facultad del mindfulness».[13] Esto indica que los compiladores de los textos no estuvieron satisfechos con la definición simple en términos de memoria, sino que sintieron la necesidad de suplementarla con otra definición que subrayara su conexión con la práctica de meditación. El siguiente *sutta*, SN 48:11, plantea la cuestión: «¿Qué es la facultad de mindfulness?». Y responde: «El mindfulness que uno obtiene sobre la base de las cuatro aplicaciones del mindfulness: esto es lo que llamamos la facultad del mindfulness».[14] Aquí, *sati* entendida en términos de memoria no es traída a colación de ningún modo. Podría sugerirse que *sati*, como mindfulness, en el sentido de consciencia lúcida del presente, permite a *sati* funcionar como memoria. Aunque esto puede ser objetivamente verdadero, los textos mismos no hacen este tipo de sugerencia, sino que simplemente yuxtaponen ambas formulaciones sin explicación.

Encontramos que esta ambivalencia en el significado de *sati* emerge de dos exposiciones que, por lo demás, son paralelas, sobre los siete factores de la iluminación (*satta bojjhaṅga*). El primer factor de la iluminación es mindfulness (*satisambojjhaṅga*), que es seguido en orden por investigación, energía, alegría, tranquilidad, concentración y ecuanimidad. El *sutta* temprano, SN 46:3, empieza con el Buda ensalzando los beneficios de asociarse con monjes plenamente realizados en el entrenamiento, siendo uno de los beneficios el poder escuchar el *Dhamma* de su boca. Tras haber escuchado el *Dhamma* de su boca, «el monje recuerda ese *Dhamma* y piensa sobre él mismo. De esa manera, en esa ocasión, el monje despierta, desarrolla y cumple con el factor de la iluminación del mindfulness».[15] En este pasaje, invisible en la traducción inglesa, mindfulness (*sati*), como un factor de la iluminación, se deriva del acto de recolección y reflexión sobre las enseñanzas que se han escuchado. Los dos verbos que se utilizan son *anussarati* y *anuvitakketi*. El primero es una forma aumentada de *sarati*, 'recordar', de donde el sustantivo *sati* se deriva; el segundo es la base del sustantivo *vitakka*, 'pensamiento o reflexión'. El discurso continúa a través de los otros seis factores de la iluminación, y termina con los frutos de la práctica.

Tomado de manera aislada, este texto parece reforzar la interpretación de *sati* como un ejercicio de memoria. Sin embargo, en otro *sutta*, SN 54:13, el Buda trata cada una de las cuatro aplicaciones del mindfulness como un trampolín hacia los siete factores de la iluminación. Y entonces, cuando un monje «mora contemplando el cuerpo en el cuerpo... los fenómenos en los fenómenos, en esta ocasión el monje despierta, desarrolla y cumple con el factor de la iluminación del mindfulness».[16] Una vez ha surgido el mindfulness, los otros factores de la iluminación surgen en su turno, culminando en «verdadero conocimiento y liberación». Este texto tiene el mismo andamiaje que el anterior, pero aquí el factor de la iluminación del mindfulness emerge no de la memoria, no por el traer al presente las enseñanzas que uno ha escuchado, sino de la contemplación directa del cuerpo, los sentimientos, la mente y los fenómenos experienciales.

Hay una palabra pāli utilizada en los comentarios para aclarar el sentido de *sati* que –creo– da fe del intento de subrayar el nuevo rol que le es asignado. Esta palabra es *upaṭṭhāna*.

Upaṭṭhāna significa, en primer lugar, 'la aplicación, el establecimiento de', que es lo que uno hace con mindfulness. Ya en los Nikāyas la palabra está íntimamente conectada con *sati.* La palabra compuesta *satipaṭṭhāna* esta ella misma compuesta por *sati* y *upaṭṭhāna.* Los cuatro *satipaṭṭhānas* son cuatro aplicaciones del mindfulness, un proceso de establecimiento del mindfulness, distinguido de manera cuádruple en relación con sus dominios objetivos. Este análisis indica que el establecimiento del mindfulness no consiste en recordar algo que ocurrió en el pasado, sino en adoptar una postura particular hacia la propia experiencia presente. Caracterizó esto como una postura de *observación y vigilancia* respecto a la propia experiencia. Uno incluso podría considerar la postura de *sati* una «torsión» de la luz de la consciencia en dirección al sujeto de la experiencia en sus dimensiones física, sensorial y psicológica. Este giro o «torsión» sirve para iluminar los eventos que ocurren en estos dominios, elevándolos fuera de la zona de penumbra de la inconsciencia hacia la luz clara de la cognición.

El sentido de «presencia» relacionado con la palabra *upaṭṭhāna* surge de manera más explícita en una obra exegética canónica llamada *Paṭisambhidāmagga,* que glosa cada una de las cinco facultades con otro término a través del cual debe ser «directamente conocido» (*abhiññeyyam*). En consecuencia, la facultad de la fe debe ser conocida directamente como convicción; la facultad de energía, como esfuerzo; la facultad de mindfulness, como presencia (*upaṭṭhānaṭṭhena satindriyam*); la facultad de la concentración, como no distracción; y la facultad de la sabiduría, como ver.[17] Aquí, *sati* es equiparada con *upaṭṭhāna,* no en el sentido que el meditador «establece el mindfulness», sino más bien en el sentido de que mindfulness es en sí mismo un acto de establecimiento de presencia. Mindfulness establece la presencia del objeto y, de este modo, lo hace disponible para el escrutinio y el discernimiento.

Esta interpretación saca a la luz el impacto que la práctica de *sati* tiene en su campo objetivo. Por un lado, podemos decir que pone entre paréntesis la «objetivación» del objeto que ocurre en nuestra interacción cotidiana con el mundo, por la cual tratamos a los objetos como cosas que están «allí fuera» subordinadas a nuestros propósitos pragmáticos. Por otro lado, *sati* hace «presente» a la consciencia el campo objetivo como una extensión de los fenómenos, exhibiendo sus propias características distintivas fenoménicas, así como también los patrones y estructuras comunes de todos los fenómenos condicionados. El efecto neto consiste en hacer claramente disponible el campo objetivo para su inspección. La *Visuddhimagga* apoya esta hipótesis cuando dice que *sati* tiene, como su manifestación, el hecho de «afrontar directamente el dominio objetivo» (*visayābhimukhabhāvapaccupaṭṭhānā*).[18] Nosotros podemos caracterizar el mindfulness en este sentido, en términos sencillos, como *consciencia lúcida*.[19]

Creo que es este aspecto de *sati* el que proporciona la conexión entre sus dos sentidos canónicos primarios: como memoria, y como consciencia lúcida de las ocurrencias presentes. *Sati* hace que el objeto aprehendido se presente vívida y distintamente ante la mente. Cuando el objeto conocido pertenece al pasado –cuando es aprehendido como algo que fue hecho, percibido o dicho en el pasado–, su vívida representación toma la forma de la memoria. Cuando el objeto es un proceso corporal como la inspiración y espiración de la respiración, o el acto de caminar de un lado a otro, o cuando es un evento mental, como un sentimiento o pensamiento, esta representación vívida toma la forma de una consciencia lúcida del presente.

En los *suttas* pāli, *sati* tiene aún otros roles en relación con la meditación, pero estos refuerzan su caracterización en términos de consciencia lúcida y presentación vívida. Por ejemplo, los textos incluyen, como tipos de mindfulness, la memoria del Buda (*buddhānussati*), la contemplación del carácter repulsivo del cuerpo (*asubhasaññā*) y la atención plena (mindfulness) de la muerte (*maraṅassati*); en cada uno de estos casos se lleva el dominio objetivo vívidamente frente a la mente. El *Metta Sutta* se refiere incluso a la meditación del amor bondadoso como una clase de mindfulness.[20] En cada uno de estos casos, el objeto es un fenómeno conceptual –las cualidades del Buda, el carácter repulsivo del cuerpo, la inevitabilidad de la muerte, o el carácter amoroso de los seres vivientes–, aun así, la postura mental que atiende a estos fenómenos es designada como mindfulness. Lo que los une, del lado del sujeto, es la lucidez y vivacidad del acto de consciencia, y del lado del objeto, su presentación vívida.

Aparte del contexto meditativo, *sati* entra en el Óctuple Sendero con otro rol, el cual no puede pasarse por alto si hemos de determinar su significado exacto. En este caso, se trata de ser el garante de la práctica correcta de todos los otros factores. MN 117 distingue entre las versiones erróneas (*micchā*) y correctas (*sammā*) de los cinco primeros factores del sendero, desde la recta visión, a los rectos medios de vida. Después de realizar cada distinción, explica que la recta visión, el recto esfuerzo, la recta atención (mindfulness) ocurren asociados con cada factor del camino. Tomando la recta atención como ejemplo, el texto dice: «Uno entiende la intención errónea tal como es y la recta intención tal como es; esta es la propia recta visión [...]. Uno se esfuerza por abandonar la intención errónea y adquirir la recta intención: ese es el propio recto esfuerzo. Plenamente atento, uno abandona la intención errónea, y plenamente atento, uno adquiere y permanece en la recta intención; en esto consiste la recta atención (mindfulness)».[21] La misma estipulación se establece con respecto a los otros factores, incluyendo el recto discurso, la recta acción, los rectos medios de vida, asegurando de este modo que uno abraza con plena atención (*mindfully*) los constituyentes éticos del camino.

Esta explicación vuelve problemática la interpretación habitual del mindfulness como un tipo de consciencia vacía intrínsecamente de discriminación, evaluación o juicio. Aunque esta caracterización del mindfulness ha logrado adeptos en la literatura popular sobre la meditación, no cuadra bien con los textos canónicos y puede incluso conducir a una visión distorsionada acerca del modo en el cual el mindfulness debe ser practicado. Hay ciertas ocasiones en las que el cultivo del mindfulness requiere que el practicante suspenda la discriminación, la evaluación y el juicio y adopte en su lugar una observación simple. Sin embargo, para cumplir con su rol como parte integral del Óctuple Sendero, mindfulness tiene que trabajar al unísono con la recta visión y el recto esfuerzo. Eso significa que el practicante del mindfulness debe, en ciertos momentos, evaluar las cualidades mentales y las acciones intencionales, juzgarlas, y comprometerse con acciones significativas. Junto con la recta visión, mindfulness permite al practicante distinguir las cualidades saludables de las insalubres, las acciones buenas de las malas, los estados beneficiosos de la mente de los dañinos. Junto con el recto esfuerzo, promueve la eliminación de las cualidades mentales insalubres, y la adquisición de cualidades saludables. Únicamente de este modo la práctica de mindfulness puede sentar las bases para que surja una correcta sabiduría y extirpe las raíces del sufrimiento.

3. Mindfulness y atención desnuda

Muchos comentaristas que enseñan y practican en el contexto del movimiento contemporáneo de *vipassanā* intentaron transmitir el sabor experiencial del mindfulness a través de la expresión «atención desnuda». Con ciertas reservas (que discutiré más adelante), considero que esta caracterización es aceptable si se entiende como una directiva procedimental para cultivar mindfulness de acuerdo con ciertos métodos. Le ayuda a un meditador principiante que se ha embarcado recientemente en una empresa desconocida a lograr cierto domino sobre el modo apropiado de observar el campo fenoménico. El propósito de la expresión puede entonces verse como pragmático, en vez de doctrinal, como pedagógico, en vez de definitivo.

Sin embargo, cuando se la considera a la luz de las fuentes canónicas, es difícil ver la expresión «atención desnuda» como una descripción teorética válida del mindfulness aplicable a todas sus modalidades. Como mostré anteriormente, mindfulness es una cualidad mental versátil que puede ser desarrollada de diversas maneras. Mientras ciertos métodos enfatizan un tipo de consciencia que puede ser pragmáticamente descrita como «atención plena», en el espectro completo de técnicas meditativas budistas esta es solo una entre una serie de maneras alternativas de cultivar mindfulness, muchas de las cuales no esquivan la utilización del pensamiento conceptual y un esquema explícito de valores. Hemos visto que mindfulness puede ser desarrollado atendiendo al carácter repulsivo del cuerpo, contemplando la muerte, o extendiendo hacia todos los seres un amor bondadoso. Lo que une a todas estas prácticas –incluida la atención desnuda– es la cualidad de consciencia lúcida que permite que el objeto se presente de manera vívida y distinta.

Un problema adicional que surge cuando la expresión «atención desnuda» se toma como algo más que un dispositivo pedagógico es que implica un cruce de términos técnicos que en un despliegue riguroso de terminología budista deberían mantenerse a parte. Un intento influyente por establecer una equivalencia teorética entre mindfulness y «atención desnuda» lo encontramos en un pasaje del popular libro de Henepola Gunaratana titulado *Mindfulness in Plain English* (edición castellana: *El libro del mindfulness*), habitualmente citado en internet. Aquí encontramos que el mindfulness se identifica con el breve momento preconceptual de la consciencia que, en la teoría cognitiva budista, precede el comienzo de la determinación conceptual.

> Cuando en un primer momento te vuelves consciente de algo, hay un instante fugaz de pura consciencia justo antes de conceptualizar la cosa, antes de identificarla. Este es un estado de consciencia. Por lo general, este estado es muy breve. Es ese instante fugaz, justo cuando fijas tus ojos en la cosa, justo cuando fijas tu mente en la cosa, justo antes de objetivarla, de aprisionarla

mentalmente, y segregarla del resto de la existencia. Tiene lugar justo antes de que comiences a pensar acerca de ello; antes que tu mente diga: «¡Ah, es un perro!». *Ese momento fluido, suavemente enfocado de pura consciencia es mindfulness* [...]. El momento original de mindfulness rápidamente pasa de largo. Es el propósito de la meditación *vipassanā* entrenarnos para prolongar ese momento de consciencia.[22]

Más adelante, el autor enfatiza la cualidad no conceptual, no discursiva del mindfulness, que identifica explícitamente con la atención desnuda:

> Mindfulness es consciencia no conceptual. Otro término inglés para *sati* es «*bare attention*» (atención desnuda). No es pensar. No se involucra con pensamientos y conceptos [...]. Por el contrario, es la experiencia directa e inmediata que está ocurriendo, sin la mediación del pensamiento. Surge antes del pensamiento en el proceso perceptivo.[23]

Estos pasajes parecen combinar dos funciones mentales que, en las descripciones de la cognición del budismo clásico, son consideradas como distintas. Una es la inmediata aprehensión preconceptual de un objeto, que ocurre tan pronto como el objeto aparece en el espacio de la cognición. Este acto ocurre automática y espontáneamente. Es éticamente indeterminado, común para el ladrón y el santo, para el niño y el pensador, el sensualista y el yogui. Por otro lado, mindfulness no ocurre automáticamente, sino que se trata de una cualidad que debe ser cultivada (*bhāvetabba*). Surge cuando el proceso cognitivo del objeto ya está en curso y, lejos de ser espontáneo, es producto de un esfuerzo deliberado. También tiene una función ética, es parte integrante del intento por eliminar lo insalubre y establecer lo saludable.

Como mindfulness desempeña un rol clave en las meditaciones, tales como el recuerdo del Buda, la percepción del carácter repulsivo del cuerpo y la consciencia de la muerte, también es difícil ver de qué modo mindfulness puede ser esencialmente no conceptual y no discursivo. En ciertos tipos de práctica del mindfulness, la conceptualización y el pensamiento discursivo pueden ser suspendidos en favor de la observación no conceptual, pero hay escasas pruebas en el Canon Pāli y en sus comentarios, de que el mindfulness, por su propia naturaleza, este vacío de conceptualización. En algunos tipos de práctica del mindfulness se enfatiza la simple observación de lo que está ocurriendo en el presente, en otros, menos.

Incluso en la postura simplemente observacional, hay una dicotomía en el modo en el cual mindfulness se aplica. Mindfulness puede centrarse sobre un solo punto de observación, como ocurre con el mindfulness en la respiración, especialmente cuando se desarrolla con el propósito de lograr concentración (*samādhi*), pero puede también, el mindfulness, estar abierto, indirectamente, acceder a cualquier otro fenómeno que aparece, sobre todo cuando se aplica con el propósito de desarrollar la visión profunda (*vipassanā*). Otros tipos de prácticas de mindfulness hacen un extenso uso de la conceptualización y el pensamiento discursivo, aunque lo aplican de una manera diferente al modo en que lo despliega el pensamiento corriente. En lugar de permitir que los pensamientos vayan a la deriva, azarosamente, gobernados por las emociones contaminadas, los patrones habituales y las necesidades prácticas de la supervivencia, el meditador deliberadamente usa el pensamiento y los conceptos con el fin de mantener el objeto frente a él.

Según tengo entendido, la primera persona que utilizó la expresión «atención desnuda» para caracterizar mindfulness fue el monje alemán, Nyanaponika Thera, mi propio maestro espiritual, con quien viví doce años en su ermita en Sri Lanka. Nyanaponika fue probablemente el primer escritor occidental sobre el budismo que exploró la práctica del mindfulness extensamente, tanto en su influyente libro titulado *The Heart of Buddhist Meditation,* como en su tratado *The Power of mindfulness.* Nyanaponika no pretendía hacer de la «atención desnuda» una traducción de *sati* (utilizó la traducción estándar «mindfulness»), sin embargo, acuñó el término para destacar el estadio inicial en la práctica de *satipaṭṭhāna.* Para distinguir los dos componentes de la práctica, *sati y sampajañña,* escribió que «mindfulness» (*sati*) se aplica preeminentemente a la actitud y práctica de la atención desnuda, en un estado puramente receptivo de la mente [mientras que] la comprensión clara (*sampajañña*) se vuelve operativa cuando cualquier clase de acción es requerida, incluidos los pensamientos reflexivos activos sobre las cosas observadas».[24] Más abajo diré algunas cosas sobre la comprensión clara. Por el momento, me centraré en la cuestión de la atención desnuda.

Nyanaponika define la atención desnuda muy sucintamente del siguiente modo:

> La atención desnuda es la consciencia clara y concertada de lo que ocurre y nos ocurre actualmente, en los sucesivos momentos de la percepción. Se llama «desnuda» porque atiende solo a los

> hechos desnudos de la percepción, tal como estos se presentan, sea a través de los cinco sentidos físicos, o a través de la mente [...]. Cuando atendemos a las impresiones sensoriales de estos seis sentidos, la atención o mindfulness se mantiene en el registro desnudo de los hechos observados, sin reaccionar ante ellos por medio de acciones, palabras o comentarios mentales, los cuales serían auto-referenciales (agrado, desagrado, etc.), juicio o reflexión.[25]

A diferencia de lo que ocurre con algunos maestros contemporáneos de *vipassanā*, Nyanaponika no consideraba la «atención desnuda» como no conceptual y no verbal. El sistema de meditación de la visión profunda de Mahasi Sayadaw, que él había practicado, enfatizaba la importancia, precisamente, de etiquetar los elementos constitutivos de la propia experiencia, y Nyanaponika desarrolló esta metodología a su manera, con su aguda perspicacia psicológica. Aunque subrayaba la actitud abierta, receptiva y desprejuiciada inherente a la atención desnuda, también sostenía que la designación verbal precisa jugaba un rol crítico en las tres tareas de conocer, modelar y purificar la mente.

En *The Power of Mindfulness,* Nyanaponika llamó a este proceso «poner orden en la casa de la mente».[26] Señaló que este trabajo requiere que examinemos «las esquinas desordenadas y oscuras de la mente», que son «los escondites de nuestros más peligrosos enemigos», las contaminaciones mentales de la codicia, el odio y el engaño. Dicho examen es la tarea del mindfulness como atención desnuda, que implica llamar a las cosas por su verdadero nombre:

> La mirada observadora y calmada del mindfulness descubre los demonios en sus escondites. La práctica de llamarlos por sus nombres los saca al descubierto, a la luz cenital de la consciencia. Allí se sentirán avergonzados y obligados a justificarse a sí mismos, aunque en este estadio de la atención desnuda no hayan sido sometidos aún a ningún cuestionamiento profundo, excepto por lo que respecta a sus nombres, a su identidad. Si son forzados al descubierto, a pesar de estar en un estadio incipiente, serán incapaces de soportar el escrutinio y desaparecerán en la distancia. Por lo tanto, una primera victoria sobre ellos habrá sido lograda, incluso en un temprano estadio de la práctica.[27]

Aunque veo diferencias significativas entre la interpretación del mindfulness de Nyanaponika y las interpretaciones populares en las presentaciones de la meditación, aún considero que fue un error por su parte utilizar la expresión «atención desnuda» para describir el estadio preliminar del mindfulness. Hago esta afirmación por dos razones, una, relacionada con la palabra «atención», y la otra, con la palabra «desnuda».

Mi reserva con respecto al término «atención» se deriva del uso de esta palabra como traducción estándar de otro término técnico en el análisis budista de la mente, *manasikāra,* el cual designa una función mental cuyo rol es bastante diferente al del mindfulness. El rol principal de *manasikāra* consiste en girar la mente hacia un objeto. Es una función automática y espontánea ejercitada cada vez que un objeto se precipita sobre las facultades sensoriales o emerge en «las puertas de la mente». Se traduce como «atención», en el sentido de un girar la atención hacia un objeto, la advertencia de un objeto por la mente.[28] Este, sin embargo, no es el rol de *sati.* Al explicar *sati,* incluso en su estadio rudimentario, como «atención desnuda», Nyanaponika funde su significado con el de *manasikāra*. Pero, mientras *manasikāra,* en general, predomina al comienzo del proceso cognitivo, *sati* sobreviene en un estadio posterior, sosteniendo la atención en el objeto, y haciéndolo aparecer vívidamente a la cognición lúcida.

Nyanaponika fue un erudito perspicaz del sistema de la psicología budista conocido como Abhidhamma y, en consecuencia, su elección de «atención» para caracterizar *sati* no puede haber sido fruto de un descuido. Sospecho que la razón subyacente para su elección fue una fusión de palabras en las lenguas europeas en las que escribió, alemán e inglés. En sus trabajos más tempranos, escritos en alemán, tradujo *sati* como *achtsamkeit,* que significa «atención, cautela... mindfulness, cuidado».[29] De esta manera, aunque el mindfulness puede ser considerado sinónimo de atención en el sentido de atención sostenida, cuando es glosado como «atención desnuda» se corre el riesgo de confundir *sati* con *manasikāra,* el mindfulness deliberado con el acto automático de advertir. Creo que fue esta combinación de dos términos técnicos lo que llevó a Gunaratana, en el pasaje citado más arriba, a identificar mindfulness con el breve momento de consciencia no conceptual que precede el surgimiento de conceptos y pensamientos discursivos.

Mis reservas con respecto al uso de la palabra «desnuda» para cualificar este tipo de atención descansan en una cuestión más filosófica. Creo que la expresión «atención desnuda» puede ser utilizada de manera pragmática para guiar a los principiantes en el método de establecer mindfulness, y esto es lo que, presumiblemente, Nyanaponika tenía en mente cuando escribió que la atención desnuda «es mantenida en el registro desnudo de los hechos observados, sin reaccionar ante ellos por medio de acciones, palabras o comentarios mentales». Sin embargo, desde una perspectiva teorética es cuestionable que haya un acto de atención o cualquier otro acto mental que, literalmente, sea «desnudo». Tal como lo veo, casi todo acto intencional está necesariamente sujeto a un vasto conjunto de determinantes, internos y externos, que gobiernan el modo en que funciona. Ocurre encarnado en una persona particular con una biografía y personalidad únicas, y ocurre incrustado en un contexto histórico, social y cultural particular, que da una orientación específica de la cual su misma identidad depende.

Nosotros podemos, por ejemplo, distinguir orientaciones contextuales dependiendo de si la práctica es llevada a cabo por un budista tradicional que se suscribe a una cosmovisión budista clásica, o por un occidental contemporáneo que aborda la meditación contra el trasfondo de una perspectiva secular holística. Gil Fronsdal resume con claridad la diferencia:

> Más que enfatizar la renuncia del mundo, ellos (los maestros occidentales laicos) enfatizan el compromiso con él, y la libertad *dentro* del mundo. Más que rechazar el cuerpo, estos maestros occidentales abrazan el cuerpo como parte de un campo holista de práctica. Más que enfatizar las metas espirituales últimas, como la completa iluminación que pone fin al ciclo de los renacimientos, el logro de diversos estadios de santidad, muchos maestros occidentales tienden a enfatizar los beneficios inmediatos del mindfulness, y la tranquilidad, la presencia ecuánime, en medio de las vicisitudes de la vida.[30]

Seguramente, estas diferencias de orientación influirán y moldearán la experiencia del mindfulness. Podría argüirse que la consciencia o atención a la respiración es consciencia o atención a la respiración, no importa quién está respirando. Aun cuando no podría discutir esto, de todos modos, creo que es probable que una vez que el meditador vaya más allá de los estadios preliminares, las presuposiciones y las expectativas, inevitablemente, entrarán en juego.

En lugar de pensar en el mindfulness exclusivamente en términos de «desnudez», prefiero pensar en ello como extendido en un largo espectro, con una variedad de capas de contenido conceptual que van, de las más «pesadas», a las más «livianas», hasta «cero», dependiendo de los estilos particulares de mindfulness que sean practicados. Incluso el mismo sistema de *satipaṭṭhāna* muestra estas variaciones. En ciertos ejercicios de *satipaṭṭhāna*, el contexto determinante y la orientación pueden ser «pesados», en otros, «livianos». Por ejemplo, en la contemplación sobre el carácter repulsivo del cuerpo, la atención a los cuatro elementos, o las meditaciones en el osario, la orientación hacia el desencanto y la disolución de la pasión, está muy cargada desde el principio. Desde el comienzo, mindfulness funciona asociado estrechamente con pensamientos y exámenes (*vitakka* y *vicāra*) que requieren del empleo de una sofisticada actividad conceptual. El estilo de la meditación de la visión profunda [*insight meditation*] que enseñaba Mahasi Sayadaw hace un uso más ligero de la conceptualización. El meditador comienza notando exclusivamente la expansión y contracción del abdomen, y luego, gradualmente, extiende el acto de notar a cualquier cosa que se precipite sobre su consciencia.[31] En un sistema que tiene como objetivo el logro de los *jhānas*, el contenido conceptual será mucho más fino y, efectivamente, se disolverá con el logro efectivo de *jhāna*, incluso mientras el mindfulness se vuelve más puro y claro.

Sin embargo, en todos los casos, si mindfulness puede calificarse como la «recta atención» (*sammā sati*) del Óctuple Sendero, tendrá que estar conectado con una red de factores que le dan dirección y propósito. Como componente del camino, tiene que estar guiado por la recta visión, el primer factor del camino, que conecta la práctica a la comprensión. Debe ser dirigido por la recta intención, el segundo factor, la aspiración a liberarse de la pasión, la benevolencia y el cultivo de un carácter inofensivo. Debe estar fundado en los tres factores éticos: recta palabra, recta acción y rectos medios de vida. Y debe estar unido con el recto esfuerzo (*sammā vāyāma*), el empeño por eliminar las cualidades mentales insalubres, y despertar y lograr cualidades saludables.

En seguida, la expresión «atención desnuda» parece errónea en dos sentidos: primero, porque confunde dos factores mentales distintos, *sati* y *manasikāra*, y, segundo, porque ningún acto de cognición está jamás enteramente vacío de factores que le impartan orientación y sentido. En relación con la práctica de *satipaṭṭhāna*, podría hablarse, quizá, de diferentes grados de coloración, diferentes «pesos» del contexto determinante. Sin embargo, no creo que podamos jamás dejar de lado todos los determinantes y alcanzar un estado de absoluta apertura, vacuidad e indeterminación.

4. ¿Qué dicen los *suttas*?

No obstante, pese a mis reservas acerca del uso de la expresión «atención desnuda» como una expresión alternativa para *sati*, si consideramos de qué modo mindfulness debe ser practicado en el sistema presentado en el *Satipaṭṭhāna Sutta*, podemos encontrar apoyo considerable a la idea de que la tarea inicial de *sati* consiste en mantener «el registro desnudo de los hechos observados» tan libre como sea posible de las elaboraciones conceptuales distorsionantes. El problema, tal como yo lo veo, no es la conceptualización misma, sino más bien las conceptualizaciones que adscriben erróneos atributos a los objetos y al acto experiencial mismo. Un evento experiencial puede ser visto como un campo distribuido entre dos polos, el dato objetivo y el acto subjetivo que lo conoce. De modo ordinario, en el funcionamiento espontáneo de la consciencia no iluminada, esta polaridad es cosificada en la forma de una afilada dualidad sujeto-objeto. El polo subjetivo parece incorporarse a un «yo» substancialmente existente, un ego-sí mismo que flota en el trasfondo como una entidad autónoma e independiente. El polo objetivo se presenta a sí mismo como un objeto que está allá «para mí», listo para servir u oponer mis propósitos; es decir, se convierte en un objeto potencial de deseo o aversión. Este proceso es a lo que se refieren los *suttas* como «la fabricación del yo» y «la fabricación de lo mío» (*ahaṃkāra mamaṃkāra*). La tarea de la meditación consiste en desmantelar estas estructuras penetrando la naturaleza vacía de sí de todos los fenómenos, tanto si pertenecen estos a los polos objetivo o subjetivo de la experiencia.

Aunque solo *paññā,* o la sabiduría, puede erradicar las distorsiones cognitivas, *sati* nos ayuda a mantenerlas a raya. Poniendo en el foco el campo experiencial, *sati* ilumina el objeto sin la capa habitual de elaboraciones conceptuales distorsionantes que oscurecen su naturaleza real. La instrucción inicial del mindfulness de la respiración, el primer ejercicio de contemplación del cuerpo, lo ejemplifica. El meditador se sienta, mantiene su cuerpo recto, y establece mindfulness frente a sí. De este modo, «tan solo atento (*mindful*) inspira; tan solo atento espira» (*sato va assasati, sato passasati*). La expresión *sato va* es enfática: *simplemente* atento, *tan solo* atento, *exclusivamente* atento. Aquí, contrariamente a su sentido original, *sati* no puede significar 'recordar'. Lo único que el meditador debe estar recordando es mantener la respiración en mente. La respiración es algo que ocurre en el presente, no en el pasado, lo cual significa que, en este contexto, *sati* consiste en prestar atención al suceso presente, no en recordar el pasado.

La instrucción continúa: «Cuando el monje inspira largo, sabe: "yo inspiro largo"; y cuando espira largo, sabe: "yo espiro largo"». Lo mismo se dice respecto a las respiraciones cortas. La palabra clave aquí es *pajānāti,* 'uno sabe'. El verbo es la fuente del sustantivo *paññā,* usualmente traducido como 'sabiduría', sin embargo, está claro que a estas alturas *paññā,* como 'sabiduría', aún no ha surgido. En todo caso, lo que ocurre es un simple (incluso mínimo) discernimiento de la cualidad de la respiración. Podemos ver dos fases involucradas en este proceso. Primero, mindfulness, como la cualidad de *upaṭṭhāna* o consciencia lúcida, ilumina la presencia de la respiración. Luego, de manera casi simultánea, una simple cognición, indicada por *pajānāti,* entra en escena y registra la respiración, al entrar y al salir, como larga o como corta. Podemos ver esto como un acto rudimentario de *sampajañña*, comprensión clara.

El mismo método de descripción lo encontramos en la sección sobre los sentimientos y los estados de la mente. Cuando el meditador experimenta un sentimiento particular –placentero, doloroso o neutral–, sabe lo que siente. Cuando un estado particular de la mente ha surgido –una mente con lujuria, odio o engaño, o una mente sin lujuria, odio o engaño–, en cada caso, el meditador conoce el estado de la mente por lo que es. Tal como yo lo entiendo, en este tipo de contemplación, el rol de *sati* o mindfulness consiste en mantener abierto el campo de la experiencia; el rol de *sampajañña*, la comprensión clara, consiste en determinar y definir los contenidos por lo que son. *Sampajañña* avanza y comienza a convertirse en *paññā* en la sección sobre la contemplación del surgimiento y la disolución de cada tipo de objeto. Este acto explícitamente los relaciona al amplio esquema establecido por las enseñanzas.

Con la cuarta contemplación, la contemplación de los fenómenos (*dhammānupassanā*), la situación se vuelve más compleja y, por ello, la comprensión clara gana prominencia. La primera división de esta sección trata los cinco obstáculos: el deseo sensual, la mala voluntad, la somnolencia, la inquietud y la duda. Una vez más, el mindfulness abre el campo experiencial y la comprensión clara reconoce la presencia o ausencia de un obstáculo en particular. Cuando el mindfulness y la comprensión clara han ejercido conjuntamente esta función preparatoria, *paññā*, en el sentido de la sabiduría, entra y subsume la función preparatoria bajo el principio de condicionalidad. El meditador debe entender de qué modo surge el obstáculo, cómo es abandonado y cómo puede prevenirse que surja nuevamente en el futuro.

Encontramos una secuencia similar en los ejercicios que siguen a continuación sobre los cinco agregados, las seis bases internas y externas, los siete factores de la iluminación y las Cuatro Nobles Verdades. En cada caso, algo más está involucrado, en el flujo de la experiencia inmediata, que la «atención desnuda». Si se quiere entender de qué modo surgen ciertos factores, cómo son eliminados o reforzados, y en el caso de factores positivos, cómo pueden ser llevados a su plena actualización, es necesario investigarlos. Por necesidad, uno adopta ciertos esquemas conceptuales como matrices a través de las cuales puede observar la vorágine de la experiencia, esquemas que parcelan los fenómenos a través de las directrices señaladas por el *Dhamma*, las cuales guían la práctica hacia la meta prevista, la realización del *nibbāna*. En este punto, la dirección, contexto y orientación de la práctica, lejos de ser prescindible, tiene un impacto decisivo en la manera en que opera mindfulness.

5. Comprensión clara

Aunque, como decía más arriba, la comprensión clara juega un rol prominente en la contemplación de los fenómenos de la experiencia, el estribillo sobre la recta atención (mindfulness) muestra que la comprensión clara ha estado presente, hasta cierto punto, durante todo el tiempo. La fórmula describe la comprensión clara como una constante en la entrada de cada ejercicio, prácticamente desde el principio. Sea en la contemplación del cuerpo, los sentimientos, los estados de la mente o los fenómenos de la experiencia, el meditador permanece «vehemente, comprendiendo claramente y plenamente atento (*mindful*)».

En los Nikāyas, hay dos pasajes estándar que describen la práctica de la comprensión clara. El pasaje más frecuente ocurre como una sección separada en el *Satipaṭṭhāna Sutta,* comprendido bajo la contemplación del cuerpo.

> Monjes, ¿de qué modo un monje se ejercita en la comprensión clara? Hete aquí, un monje actúa con clara comprensión cuando avanza y regresa; cuando mira hacia el frente o mira hacia un costado; cuando recoge o extiende sus miembros; cuando viste sus hábitos y carga sus hábitos exteriores y su bol; cuando come, bebe, mastica su comida, y la saborea; cuando defeca y orina; cuando camina, está de pie, se sienta o se duerme, sube, despierta, habla y mantiene silencio. Es de este modo como un monje ejercita la comprensión clara.[32]

Tomada de manera aislada, esta explicación puede dar la impresión de que la comprensión clara se refiere exclusivamente al ejercicio deliberado de las tareas cotidianas. Sin embargo, un par de *suttas,* dirigidos a monjes enfermos en hospitales, muestran que el mindfulness y la comprensión clara, conjuntamente, llevan a la visión profunda y a la liberación. En dos ocasiones separadas, el Buda visitó el hospital y encareció a los monjes para que fuesen atentos (*mindful*) y comprendiesen claramente las cosas. Explicó lo primero a través de la fórmula estándar de las cuatro *satipaṭṭhāna* y, más tarde, a través de la fórmula anterior sobre la comprensión clara. Entonces dijo que un monje que está plenamente atento (*mindful*) y comprende claramente las cosas, entenderá el surgimiento dependiente de los sentimientos, contemplará su carácter pasajero y abandonará la codicia, la aversión y la ignorancia, logrando de este modo el *nibbāna*.[33]

El otro pasaje sobre la comprensión clara tiene un énfasis diferente. Describe la comprensión clara no como discernimiento de las actividades diarias, sino como cognición reflexiva de los eventos mentales:

> ¿Y cómo ejercita un monje la comprensión clara? Hete aquí, para un monje los sentimientos son entendidos mientras surgen, mientras permanecen en el presente, mientras desaparecen. Los pensamientos son entendidos mientras surgen, mientras permanecen en el presente, mientras desaparecen. Las percepciones son entendidas mientras surgen, mientras permanecen en el presente, mientras desaparecen. Es de este modo como un monje ejercita la comprensión clara.[34]

Este estadio de la contemplación marca evidentemente un giro en el que *sampajañña* madura en dirección a *paññā,* en el que la comprensión clara se convierte en visión profunda de la transitoriedad, el conocimiento directo del surgimiento y la desaparición de los fenómenos.

Los comentarios pāli explican de manera sistemática que la comprensión clara tiene una cuádruple aplicación: 1) como comprensión de los propósitos de la propia acción; 2) como prudencia en la elección de medios; 3) como compromiso con el tema de la meditación, y 4) como discernimiento de las cosas en su verdadera naturaleza. Podemos correlacionar las primeras dos aplicaciones con la comprensión clara en las actividades

des cotidianas, tal como se describe en la primera fórmula. La tercera puede ser interpretada como la comprensión clara referida por la palabra *sampajāno* en el estribillo del *satipaṭṭhāna*. Y la cuarta marca obviamente el estadio en el cual la comprensión clara se transforma en la actual visión profunda.[35]

6. En expansión hacia nuevas fronteras

Mindfulness ha viajado un largo camino desde su tierra natal, en el noreste de la India. Ha viajado a la isla de Sri Lanka, a las cuencas de los ríos del Sudeste Asiático, a los monasterios de montaña de China, Corea y Japón, a las ermitas de los reinos del Himalaya. Pero la última etapa de este viaje es excepcional. Hoy, la meditación budista ha sido trasplantada, desde sus escenarios tradicionales de doctrina y fe budistas, a la cultura secularizada, inclinada a los resultados pragmáticos. Aquí está encontrando una nueva acomodación en los centros de meditación urbanos, e incluso en los atareados hospitales, clínicas de dolor y centros de tratamiento. Sus maestros y practicantes es más probable que tengan títulos de Medicina y Psicología que de Filosofía y Literatura budista. La meditación se enseña para ayudar a la gente a encontrar libertad, no la del ciclo del nacimiento y la muerte, sino la de las tensiones que produce la presión financiera, los desórdenes psicológicos y las relaciones estresantes.

En la búsqueda de nuevos métodos para ayudar a sus pacientes a lidiar con el dolor físico, el sufrimiento psicológico, la angustia, los especialistas en reducción de estrés y los psicoterapeutas encuentran en los antiguos sistemas de meditación del mindfulness nuevas promesas. Pero la respuesta del lado budista no ha sido exclusivamente entusiasta. Defensores confirmados del budismo han dado a las adaptaciones seculares de la meditación budista una crítica ambigua. Mientras que algunos aplauden la aplicación del mindfulness al despliegue de nuevos campos, desde los centros médicos, a las instituciones de educación superior y las prisiones de alta seguridad, otros reaccionan con escepticismo, o con estridentes denuncias. Muchos budistas sinceros, todavía indecisos, se debaten con cuestiones que los textos canónicos no responden con claridad: «¿Es acaso el *Dhamma* puro, diluido con el fin de servir a fines seculares, reducido a mera terapia? ¿No será el resultado, acaso, hacer el *samsāra* más placentero, en vez de liberar a las personas del ciclo de los nacimientos? ¿Alcanzó alguien alguna vez la iluminación en una clínica médica?».

Personalmente, creo que necesitamos encontrar un equilibrio entre la precaución y la valoración. Hay un peligro real de que los científicos que investigan las prácticas contemplativas orientales tradicionales sean influidos por premisas materialistas al explicar su eficacia de manera reduccionista, o sobre una base exclusivamente neurofisiológica. Hay un peligro real de que los desafíos contemplativos sean reducidos a una cuestión de obtener habilidad en ciertas técnicas, prescindiendo de cualidades como la fe, la aspiración, la devoción, la renuncia, todas integrantes del acto de «ir por refugio». Sin embargo, no creo que debamos sentirnos alarmados acerca de la adaptación de las prácticas budistas para fines seculares. Recuerdo una afirmación hecha por el Buda unas semanas antes de su muerte: «El Tathāgata no tiene el puño cerrado de un maestro con respecto a las enseñanzas».[36] Con ello quiso decir que había enseñado todo lo importante sin guardarse ninguna doctrina esotérica;

sin embargo, me agrada interpretar sus palabras para significar que podemos dejar que cualquiera tome del *Dhamma* lo que encuentre útil, incluso si es para lograr propósitos seculares.

Siento que si los psicoterapeutas pueden aprovechar la práctica budista del mindfulness para ayudar a las personas a superar su ansiedad y angustia, su tarea es encomiable. Si los médicos encuentran que el mindfulness ayuda a los pacientes a aceptar el dolor y la enfermedad, esto es maravilloso; y padeciendo yo mismo una situación de dolor crónico, redoblo el prestigio de su trabajo. Si los activistas por la paz encuentran que la meditación en la bondad amorosa les ayuda a ser más pacíficos en su defensa de la paz, de nuevo, esto es espléndido. Y si los empresarios encuentran que la práctica del Zen les vuelve más considerados respecto a sus clientes, de nuevo, esto merece nuestra aprobación.

Era inevitable que el mindfulness y otras prácticas adoptadas del budismo encontraran nuevas aplicaciones en el Occidente moderno, donde las cosmovisiones y los estilos de vida son tan diferentes a los del este y el sur de Asia. Si estas prácticas benefician a quienes no aceptan el marco de referencia completo de las enseñanzas budistas, no veo razón para guardarles rencor por ejercitar su derecho a tomar aquello que necesitan. Por el contrario, creo que aquellos que adaptan el *Dhamma* a estos nuevos propósitos deben ser admirados por su coraje y su visión pionera. Mientras actúen con prudencia y con intención compasiva, permitamos que utilicen el *Dhamma* de manera que puedan ayudar a otros.

Al mismo tiempo, creo también que es nuestra responsabilidad, como herederos del *Dhamma*, recordar a estos experimentadores que han entrado a un santuario considerado sagrado por los budistas. De este modo, respetuosos hacia sus fuentes, deben avanzar en sus investigaciones con humildad y gratitud. Deben reconocer que, mientras el *Dhamma* da la bienvenida a todos los que vengan y les invita a que se lleven lo que necesitan, están extrayendo de un pozo antiguo de sabiduría sagrada que ha nutrido a incontables espíritus a través de los siglos y cuyas aguas todavía retienen su potencia para aquellos que la beben hoy.

BIBLIOGRAFÍA

FRONDSAL, G. (s.f.). Treasures of the Theravada: Recovering the riches of our Tradition. *Inquiring Mind, 12*. Obtenido de http://www.insightmeditationcenter.org/books-articles/articles/the-treasures-of-theravada.

GUNARATA, H. (2012). *El libro del Mindfulness.* (D. González Raga & F. Mora, trads.) Barcelona: Editorial Kairós.

GUNARATANA, H. (2002). *Mindfulness in plain English.* Boston, MA: Wisdom Publications.

MAHASI SAYADAW. (2006). Practical Insight Meditation. Kandy, Sri Lanka: Buddhist Publication Society . Obtenido de http://books.google.com

MONIER-WILLIAMS, M. (s.f.). *Sanskrit-English dictionary.* Delhi: Motilal Barnasidas.

NYANAPONIKA THERA (1962). *The heart of Buddhist meditation.* Londres: Riders.

NYANAPONIKA THERA (1968). *The power of mindfulness.* Kandy, Sri Lanka: Buddhist Publication Society. Obtenido de http://www.buddhanet.net/pdf_file/powermindfulness.

RHYS DAVIDS, T. (s.f.). *Dialogues of the Buddha*. Obtenido de Pali Text Society: www.levityisland.com/buddhadust/www.buddhadust.org/The-Satipatthana/SettingUpMindfulness.htm.

The connected discourses of the Buddha: A translation of the Samyutta Nikaya. (2000). (B. BODHI, Trad.) Boston, MA: Wisdom Publication.

The fruits of reclusehip: The Samaññphala Sutta and its commentaries. (2008). (B. BODHI, Trad.) Kandy, Sri Lanka: Buddhist Publication Society.

The long discourses of the Buddha: A translation of the Digha Nikaya. (1995). (M. WALSHE, Trad.) Boston, MA: Wisdom Publication.

The Path of Purification (Vissudimagga). (1991). (B. ÑANAMOLI, Trad.) Kandy, Sri Lanka: Buddhist Publication Society.

APÉNDICE

Abreviaturas

Todas las referencias de los textos Pāli son de las ediciones publicadas por la Pali Text Society. Las referencias canónicas son al número de *sutta*, seguido por el volumen y la página de la edición pāli de PTS, seguido del título y el número de página de Wisdom Publications, de la serie «Teaching of the Buddha». Mi traducción de la *Aṅguttara Nikāya* está aún en desarrollo y por esa razón no ha sido referenciada.

AN	*Aṅguttara Nikāya*
CDB	*Connected Discourses of the Buddha* (Bodhi 2000)
DN	*Dīgha Nikāya*
LDB	*Long Discourses of the buddha* (Walshe 1995)
MLDB	*Middle Lenght Discourses of the Buddha* (Ñāṅamoli y Bodhi 1995)
MN	*Majjhima Nikāya*
Paṭis	*Patisambhidāmagga*
SĀ	*Saṃyuktāgama*
SN	*Saṃyutta Nikāya*
Sn	*Suttanipāta*
T	*Taisho Chinese Tripiṭaka* (edición CBETA)
Vism	*Visuddhimagga*

3. ¿Es el mindfulness una práctica no enjuiciadora centrada en el presente? Una discusión sobre la dimensión cognitiva del mindfulness

Georges Dreyfus

Este artículo critica la caracterización estándar del mindfulness como consciencia no enjuiciadora centrada en el presente, argumentando que esta explicación pierde de vista algunos elementos clave del mindfulness, tal como es descrito en las explicaciones budistas clásicas, las cuales presentan el mindfulness como relevante, tanto respecto del pasado, como acerca del presente. Demuestro que, para estas fuentes, la característica central del mindfulness no es el foco en el presente, sino su capacidad de retener su objeto, permitiendo de ese modo mantener la atención, independientemente de que el objeto esté o no presente. Además, demuestro que, para estas fuentes, el mindfulness puede ser explícitamente enjuiciador, demostrando con ello hasta qué punto la explicación budista clásica se diferencia de la descripción moderna del mindfulness que lo caracteriza como no enjuiciador. Concluyo señalando que, aunque la descripción moderna puede ser útil como definición operacional orientada a la instrucción práctica, no proporciona una base adecuada para un análisis teorético del mindfulness porque falla al no enfatizar su naturaleza retentiva, al privilegiar la supuesta no conceptualidad.

Fue solo hace unos pocos años cuando descubrí hasta qué punto el concepto de mindfulness se había vuelto común dentro del campo de la psicología. Al principio me sentí placenteramente sorprendido de que un concepto central de la práctica budista pudiera utilizarse con efectividad como herramienta terapéutica, pero rápidamente mi entusiasmo dio lugar a cierta incomodidad frente a los modos en que los psicólogos trataban el tema, tomándolo, de manera más o menos patente, o discutiéndolo a partir de definiciones superficiales basadas en el trabajo de Jon Kabat-Zinn (1990). Me llamó la atención hasta qué punto estas discusiones psicológicas procedían sin hacer ninguna referencia seria a las fuentes budistas originales de donde supuestamente la práctica derivaba. Como especialista en budismo, sentí que estas discusiones a menudo perdían de vista un elemento importante y presentaban una visión del mindfulness que me costaba en ocasiones reconocer. Mi primera tentación fue la de juzgar estas presentaciones como faltas de autenticidad, pues no estaban a la altura de las ideas que encontramos en los textos originales. Pensé que esto no las descalificaba, dado que no hay nada erróneo en una reinterpretación completa de antiguas ideas, con el fin de adaptarlas al contexto moderno. Comprendí el uso terapéutico del mindfulness como una invención de la tradición que proporciona herramientas y conceptos útiles dentro del contexto de intervenciones terapéuticas. Sin embargo, pensé que sería más conveniente para todos abandonar la referencia al budismo y la pretensión concomitante de representar sus ideas y prácticas.

Aunque nuevas reflexiones han modificado mi opinión, no han sido suficientes para mitigar mi incomodidad. Esta transformación ha ocurrido como resultado de mi creciente toma de conciencia de la gran multiplicidad de tradiciones religiosas. Como especialista en estudios religiosos, comprendo que la pretensión de facilitar con «la visión budista del mindfulness» debe ser resistida como un intento por privilegiar ciertas partes de la tradición a expensas de otros aspectos por lo general menos conocidos. El budismo es una tradición plural, que ha evolucionado a lo largo de los siglos para incluir una gran variedad de perspectivas acerca del mindfulness. Por lo tanto, no hay una sola visión que pueda esperar ser calificada como «la visión budista del mindfulness». Lo que habitualmente se presenta como «la visión budista del mindfulness» viene a menudo derivado de las tradiciones escolásticas, en particular de las múltiples versiones del Abhidharma. Estas presentaciones son, ciertamente, de una gran importancia para entender algunas de las ideas budistas centrales, pero no pueden tomarse como puntos de referencia normativos en relación a otras presentaciones de la práctica que podrían juzgarse como no auténticas. De hecho, creo que el uso de la retórica de la autenticidad debe considerarse con gran desconfianza. Es, en la mayoría de los casos, una manera de reclamar autoridad y descalificar otras visiones dentro de la tradición, visiones que pueden ser marginales, pero no por ello necesariamente ilegítimas. De este modo, comprendo que algunas de mis reacciones más tempranas sobre el movimiento del mindfulness reflejaban algo de mi incomodidad al ver que mis propios reclamos de autoridad no eran reconocidos y mi pericia, no tenida en cuenta. Aun así, como mencioné más arriba, esta comprensión no ha servido para apaciguar mi incomodidad.

En las páginas que siguen reflexiono sobre algunas de las razones de mi incomodidad y examino los problemas que he visto en algunos de los análisis corrientes del mindfulness, basándome en mi comprensión de las fuentes budistas con las cuales estoy familiarizado como especialista textual que está interesado en las prácticas meditativas y la relación de las ideas budistas con las discusiones científicas contemporáneas. Debería haber quedado claro que mi discusión sobre el mindfulness no pretende proporcionar una explicación definitiva o autorizada de la concepción budista del mindfulness, debido a que no creo que un tipo de explicación de este tipo sea posible. También debería haber quedado claro que no pretendo ofrecer una evaluación crítica sobre las prácticas terapéuticas relativas al mindfulness, algo completamente alejado de mi competencia. En cambio, ofrezco una reflexión sobre los problemas que veo en la manera en la que el mindfulness es conceptualizado en la literatura psicológica y me pregunto: ¿necesita el mindfulness ser acrítico y centrado en el presente, tal como asume la literatura psicológica? Para responder a esta pregunta comienzo examinando la definición estándar de mindfulness en la literatura, la cual presenta mindfulness como una consciencia no enjuiciadora centrada en el presente. Muestro de qué modo esta definición refleja instrucciones prácticas dadas en el entrenamiento, y argumento que no proporciona la base para una buena explicación teorética porque pierde de vista una característica central del mindfulness que consiste en sujetar el objeto y permitir una atención sostenida, independientemente de que el objeto de atención esté presente o no. Arguyendo que es mejor comprender el mindfulness como retentivo, enfatizo su contribución cognitiva, en vez de su no conceptualidad. Además, argumento que esta habilidad retentiva juega un rol central en muchos procesos cognitivos, recordándonos que no debemos perder de vista el aspecto mnemónico del mindfulness, confundiendo las instrucciones prácticas y las definiciones operacionales con los análisis teoréticos. Concluyo mostrando las consecuencias de no dar el lugar merecido a la importancia cognitiva del mindfulness.

La definición estándar del mindfulness

Al examinar lo que encuentro problemático en muchas de las visiones contemporáneas del mindfulness en la literatura psicológica, obviamente no puedo hacer justicia a todas las explicaciones. No obstante, creo que hay algo próximo a un consenso en la literatura profesional con respecto a la caracterización del mindfulness. Esta explicación puede encontrarse, por ejemplo, en la obra de S. Bishop, quien ha ofrecido una definición que ha sido bien recibida. Bishop nos da la siguiente definición:

> Conceptualizado de manera amplia, el mindfulness ha sido descrito como una clase de consciencia centrada en el presente, no enjuiciadora y no conceptual, en la cual cada pensamiento, sentimiento o sensación que surge en el campo atencional es reconocido y aceptado por lo que es. [Bishop *et al.*, 2004, pág. 232].

Esta definición, que refleja el punto de vista del terapeuta comprometido en una intervención práctica, enfatiza dos características del mindfulness. Primero, enfatiza la naturaleza no enjuiciadora del mindfulness, como un estado de consciencia que permite la observación de los estados mentales sin sobreidentificación con respecto a estos, con el fin de crear una actitud de aceptación que pueda llevar a una mayor curiosidad y a una mejor autocomprensión. Esto proporciona una manera de soltar los patrones habituales de la reactividad discursiva y afectiva, de tal modo que permita una respuesta más reflexiva ante las difíciles circunstancias de la vida, en vez de permanecer prisioneros de los propios hábitos y compulsiones.

Segundo, hay un fuerte énfasis en la naturaleza centrada en el presente del mindfulness, que se concibe enfocada en lo que ocurre en el momento presente. La idea básica es que para liberarnos a nosotros mismos necesitamos calmar la mente y soltar las compulsivas tendencias a la conceptualización de nuestras experiencias en términos de lo que nos gusta y disgusta. Esta desautomatización de nuestras tendencias habituales a juzgar la experiencia se lleva a cabo limitando el campo de nuestra atención a lo que está ocurriendo en el momento. En vez de evaluar constantemente nuestra experiencia en términos de las memorias del pasado y las expectativas del futuro, necesitamos tomar nota, simplemente, de lo que está teniendo lugar en el momento, observando la experiencia y nuestras reacciones, en vez de desarrollar su contenido. De este modo, seremos capaces de desarrollar un estado de ecuanimidad no reactiva que nos permitirá ver las cosas tal como son y actuar de acuerdo con la realidad, en vez de permanecer prisioneros de nuestros patrones habituales de actividad evaluativa.

Desde el principio, diría que hay muchas cosas que pueden elogiarse en este tipo de caracterización del mindfulness. La desautomatización de los patrones habituales de reactividad y el debilitamiento de las respuestas prepotentes es ciertamente una parte importante de la práctica budista que busca liberar la mente de las compulsiones internas que llevan al sufrimiento. Está claro, también, que el énfasis en el carácter centrado en el presente del mindfulness ayuda, especialmente, al comienzo de la práctica cuando la mente está prisionera en un discurso desenfrenado. Esto no quiere decir que el mindfulness esté necesariamente centrado en el presente (como veremos a continuación), ni tampoco que sea necesariamente no enjuiciador, pero no hay duda de que la disciplina que nos permite mantener la mente sujeta al momento presente y refrenar nuestro parloteo es un estadio importante en la educación de la atención, lo cual es la base de la práctica meditativa.

Permítanme dejar claro que mi propósito aquí no consiste en criticar la práctica de terapeutas o maestros budistas que han intentado adaptar los conceptos clásicos budistas al contexto moderno. Este tipo de adaptación es necesaria y no está en cuestión. Lo que quisiera criticar es el modelo teórico que parece haber sido asumido por estos practicantes, con el fin de proporcionar una mejor comprensión teórica de los mecanismos cognitivos involucrados en la práctica del mindfulness. Para hacer esto, examino el tratamiento del mindfulness en algunas fuentes budistas clásicas. Me centro especialmente, pero no exclusivamente, en el tratamiento meticuloso de la cuestión que encontramos en la tradición de comentarios escolásticos, en particular, las presentaciones de los diversos Abhidharmas (la parte del canon budista que analiza el reino de la experiencia sentiente y el mundo que se da en este tipo de experiencia hasta sus elementos básicos [*dharma*], listándolos y agrupándolos en categorías apropiadas, con el fin de socavar la postulación de un sujeto unificado y duradero). Una mirada rápida a estas fuentes revela que las definiciones clásicas del mindfulness no corresponden a la caracterización del mindfulness como una consciencia no enjuiciadora y centrada en el presente. Aunque esta descripción no es ajena a la tradición, no ocupa el lugar central que muchos practicantes modernos del mindfulness le suponen. Podemos, entonces, preguntarnos cómo entiende la tradición escolástica clásica del budismo el mindfulness, si no es definida como consciencia no enjuiciadora centrada en el presente y, quizá, lo que es más importante, qué podemos aprender de las fuentes clásicas sobre el mindfulness para que nos ayude a sacar a la luz algunas de las características que han sido pasadas por alto en las explicaciones estándar delineadas anteriormente. Pero antes de esto, debemos tener claro los términos de la cuestión, además de comprender el campo semántico de las palabras utilizadas en esta discusión.

El mindfulness, *sati* y retención

La palabra inglesa *mindfulness* es una antigua palabra que indica la cualidad de los seres de estar conscientes y prestar atención. Es interesante para nuestra discusión el hecho de que también tenga la connotación de recordar y tener un propósito en mente, aunque estos usos parecen haber caído en el olvido. Esta palabra ha sido utilizada para traducir varios términos budistas, en general el término sanscrito *smṛti* (en pāli *sati*; en tibetano *dran pa*). Estos términos son utilizados extensamente dentro de la tradición budista, donde se consideran centrales para la práctica de la meditación. No hay nada erróneo en traducirlos como *mindfulness,* siempre y cuando uno sea consciente del campo semántico de estos términos. Cuando esto ocurre, sin embargo, caemos en la cuenta de que la comprensión del mindfulness/*sati* como consciencia no enjuiciadora y centrada en el presente es problemática, porque refleja solo algunas de las maneras en las que este término original es utilizado.

La palabra *smṛti* (en pāli *sati*) proviene de la raíz sánscrita *smṛ*, la cual significa 'recordar' o 'tener en mente'. La palabra misma puede referirse al acto de recordar y tener en mente, como también a lo que se tiene en mente. Por ello, la tradición hindú llama a algunos de sus textos sagrados menores *smṛti*, es decir, aquello que es recordado, en oposición a los Vedas, que son *śruti*, esto es, aquello que ha sido directamente escuchado. En el contexto budista, esta palabra tiene habitualmente un significado relacionado, pero más restringido, y se refiere a la cualidad de la mente cuando esta recuerda o tiene en mente un objeto. El gran comentarista Buddhaghosa dio esta definición de *sati* en el contexto de la tradición clásica Theravāda:

> Por medio de ella, ellos [los otros procesos mentales] recuerdan (*saranti*), o él mismo recuerda, o es simplemente un recuerdo (*sarana*). Esto es el *mindfulness* (*sati*). Su característica vacilante, su función no es olvidar. Se manifiesta como vigilancia o el estado de estar cara a cara con un objeto. [Nyānamoli Bikkhu, 1976, pág. XIV, 141].

Esta caracterización de *sati* merece la pena tenerla en cuenta, al menos por tres razones. Primera, uno no puede sino estar sorprendido por la oscuridad del texto, el cual avanza glosando la palabra *sati* como «no vacilante». ¿Qué significa esto? Segunda, las diversas connotaciones facilitadas por Buddhaghosa, tales como «no vacilante» y «recordar» no parecen encajar de manera cómoda dentro de un único concepto. Por lo tanto, no podemos más que especular sobre las razones que las describen con el mismo término. Tercera, esta glosa de *sati* no parece de ningún modo semejante a la comprensión del mindfulness como consciencia centrada en el presente. Está claramente en desacuerdo con la comprensión del mindfulness, ya que *sati* incluye el acto de recordar el pasado y, por lo tanto, no está necesariamente centrada en el presente.

Otros textos clásicos sugieren visiones del mindfulness que están incluso más lejos de la interpretación contemporánea. *The Questions of King Milinda*, por ejemplo, nos ofrece una descripción del mindfulness como explícitamente enjuiciador. En respuesta a las preguntas del rey griego Milinda, el monje Nāgasena ofrece una larga glosa del mindfulness como «no desviado» y «adoptar». Al explicar el primero, enfatiza las dimensiones éticas del mindfulness, apuntando que la función del mindfulness no consiste exclusivamente en estar en contacto con lo que está presente en plena atención, sino que, además, incluye el no ser desviado de lo saludable hacia los estados mentales insalubres. Este énfasis ético es confirmado por la glosa del mindfulness como «adoptar», lo cual es explicado como el examen de diversos estados mentales en lo que tienen de naturaleza beneficiosa y perjudicial (Mendis, 1993, págs. 37-8). Esta interpretación del mindfulness está bastante alejada de la idea del mindfulness como una consciencia no enjuiciadora, porque si el mindfulness debe distinguir los estados mentales beneficiosos de los perjudiciales, tiene que ser explícitamente cognitivo y enjuiciador, en contraste con la idea aceptada del mindfulness como no enjuiciador frente a todo lo que surge dentro del continuo de la consciencia.

Debe quedar claro que el propósito de mi discusión no consiste en jugar el juego del especialista que dice «te atrapé», señalando el contraste entre la interpretación del mindfulness, entendido como una consciencia no enjuiciadora y centrada en el presente, y los modos en los cuales las fuentes clásicas utilizaban este concepto. Por el contrario, lo que intento aquí es una mejor conceptualización del mindfulness, con el fin de recuperar sus implicaciones cognitivas, las cuales corren el peligro de perderse debido al afán de equiparar el mindfulness con la consciencia no enjuiciadora centrada en el presente. Para ello, creo que puede ser útil reflexionar sobre cómo las fuentes clásicas utilizan el concepto del mindfulness/*sati*. ¿Cómo es posible que este término tenga connotaciones tan diferentes («no vacilante», «recuerdo», «estar cara a cara con el objeto», «tomar y examinar», etc.)? ¿Qué es lo que tienen en común estas connotaciones? Está claro que la idea de una consciencia no enjuiciadora centrada en el presente no será de mucha utilidad aquí, ya que puede estar relacionada con la memoria del pasado, así como también con la atención al presente. Por lo tanto, en vez de descansar satisfechos con esta descripción del mindfulness, creo que debemos examinar cómo funciona cognitivamente, en particular los modos en los que retiene información, en vez de la exclusiva atención a un objeto.

La idea del mindfulness como una retención de información puede sorprender dada la aceptación universal de la definición del mindfulness como consciencia no enjuiciadora centrada en el presente. Y, sin embargo, la idea del mindfulness como sujetando, en vez de solo atendiendo pasivamente, encaja bastante bien con las descripciones budistas clásicas que encontramos en el Abhidharma, las cuales coinciden a la hora de presentar el mindfulness como la habilidad de la mente de permanecer presente ante el objeto sin dejarlo escapar. Me gustaría argumentar que es esta habilidad retentiva de la mente la que debe ser tomada como definitoria del mindfulness, y no su supuesta no conceptualidad centrada en el presente. Es esta habilidad retentiva la que permite a la mente sujetar al objeto en el momento de la atención, como también, más tarde, en la forma de la memoria. Por lo tanto, no debería ser una sorpresa que el mindfulness se presente como relevante tanto a la sujeción del objeto, como a su futuro recuerdo. En ambos casos estamos ante modos de retener información, y son descritos como formas del mindfulness/*sati*. También argumentaré que la habilidad retentiva es central a la hora de dar cuenta sobre el modo en el que el mindfulness opera cognitivamente, y el modo que avanza en la explicación de las transformaciones cognitivas que ocurren en la práctica.

Además, argumentaré que la habilidad retentiva del mindfulness está conectada, de manera crucial, a la memoria de trabajo, la habilidad de la mente de retener y dar sentido a la información recibida. Cuando vemos un objeto, este no solo se nos presenta como discretos fragmentos temporales de este, por el contrario, integramos estos fragmentos dentro del flujo temporal de tal modo que estos nos vienen dados con sentido. No veo a una persona moviéndose a través de varias posiciones en el espacio, sino que, por el contrario, veo que se mueve lentamente de un lugar hacia otro. De este modo, la consciencia implica la habilidad de hacer resonar varios procesos cognitivos, de manera que la información que estos nos entregan tenga sentido y produzca patrones coherentes, los cuales pueden no ser representaciones completamente fieles de los objetos externos, pero lo son de un modo suficiente como para guiarnos en nuestras acciones. Este proceso de dar sentido está conectado, de manera crucial, a la memoria de trabajo, la capacidad de la mente para mantener y manipular información relevante con el fin de realizar actividades significativas.

Aquí, la idea no consiste en equiparar la habilidad retentiva de la consciencia, la memoria de trabajo y el mindfulness, sino más bien en argumentar que hay un solapamiento significativo que nos ayuda a entender lo que Buddhaghosa tenía en mente cuando caracterizaba el mindfulness como «no vacilante». El mindfulness es la habilidad de la mente para mantener el objeto en el momento de la atención, sin perderlo. Este tipo de habilidad no puede ser entendida simplemente como un proceso ascendente en el cual nuestra mente permanece abierta a lo que sea que surja, sino que al mismo tiempo tiene la habilidad descendente de retener y unir información, de tal modo que el momento presente de la experiencia pueda ser integrado dentro de un flujo temporal de la experiencia. Esta capacidad de retención del mindfulness es una habilidad natural que tiene la mente, una habilidad que puede ser reforzada a través de la práctica, pero que existe naturalmente en todas las personas, por lo menos hasta cierto punto. Es esta capacidad descendente de retención de información la que, reforzada a través de la práctica de meditación, da cuenta del desarrollo de los modos de atención sostenida, cuando la mente no es arrastrada por la corriente fugaz de datos, sino que es capaz de atender a los objetos de manera sostenida.

Por lo tanto, el mindfulness no es una consciencia no enjuiciadora centrada en el presente de un objeto, sino que es la atención rigurosa, dirigida a un objeto, la cual lleva a la retención de datos, dando sentido a la información que nos entrega nuestro aparato cognitivo. Por ello, lejos de estar limitado al presente y al mero ejercicio de abstención frente a los juicios fugaces, el mindfulness es una actividad cognitiva estrechamente conectada con la memoria, en particular con la memoria de trabajo, la habilidad de mantener de manera activa la información relevante, de modo que sea posible integrarla dentro de los patrones significativos y ser usada en las actividades orientadas a fines (Jha, Stanley y Baime, 2010). Prestando atención, de manera rigurosa, los practicantes del mindfulness fortalecen su control cognitivo, porque aumentan su habilidad de retener información, y gracias ello ven su verdadera significación, en vez de ser arrastrados por sus reacciones. Lo que se atiende correctamente puede sostenerse con la memoria de trabajo, volviéndose de este modo disponible para una apropiada evaluación.

Esta conexión entre el mindfulness, memoria de trabajo y evaluación apropiada aparece claramente cuando atendemos a las enseñanzas fundacionales del Buda sobre el mindfulness en la *Satipaṭṭhāna Sutta*. Este texto complejo, que pretende contener las propias palabras del Buda (en contraposición al Abhidharma, que contiene la sistematización de las palabras de su fundador), presenta una práctica compleja para desarrollar el mindfulness que gira en torno a cuatro temas: el mindfulness del cuerpo, los sentimientos, la consciencia y los factores mentales (las cuatro aplicaciones del mindfulness, *satipaṭṭhāna*). En cada una de estas cuatro aplicaciones, el discurso explica cómo tiene que ser practicado el mindfulness. Cuando trata el tema de la postura, el texto expone diversas meditaciones que conciernen a las actividades del cuerpo, su respiración, sus posturas y la composición anatómica. Al ocuparse de la postura, por ejemplo, el texto explica el desarrollo del mindfulness a partir de la consciencia de la postura. Dice el texto: «... al caminar, él sabe "estoy caminando", al estar de pie...» (Análayo, 2003, pág. 5). De manera semejante, cuando trata las actividades del cuerpo, la respiración, los sentimientos y otros objetos de contemplación, el discurso enfatiza el desarrollo de la presencia mental frente a lo que se está contemplando, de tal modo que uno esté plenamente despierto a la experiencia que está viviendo. Por consiguiente, queda claro que, para el *Satipaṭṭhāna Sutta*, el mindfulness no es solo consciencia no enjuiciadora centrada en el presente, sino que supone la habilidad de la mente para atender y retener cualquier experiencia en la que uno esté involucrado, lo cual implica un desarrollo de la comprensión clara de la experiencia y la habilidad de recordar esta experiencia en el futuro. Este aspecto evaluativo de la práctica del mindfulness se vuelve aún más claro en un pasaje de *The Questions of King Milinda* analizado anteriormente, donde es presentado como la capacidad de discriminar entre cualidades positivas y negativas. Para entender más a fondo el lugar y el rol de esta forma del mindfulness evaluativo, puede ayudarnos el ampliar el espectro de nuestra investigación e incluir, aunque sea brevemente, una descripción de los modos en los cuales el Abhidharma presenta el espectro completo de las diversas formas de atención.

Una fenomenología de la atención

El Abhidharma ofrece un análisis rico de varios aspectos de la mente, presentándola como una composición de una serie de estados mentales momentáneos. Cada estado mental deviene en dependencia con varias condiciones (como los anteriores momentos de consciencia, objeto, base sensorial). Una vez devenido, realiza su función y se disuelve, dando lugar al siguiente estado mental, formando de este modo una corriente de consciencia o continuo semejante a la corriente de pensamiento de la que habla William James. Cada estado es entendido como un momento de consciencia (*citta, sems*) dotado con diversas características, factores mentales (*caitasika, sems byung*). La consciencia, que también es descrita como conocimiento (*vijñāna, rnam shes*), es principalmente consciencia del objeto, mientras que los factores mentales cualifican dicha consciencia y la determinan como placentera o desagradable, como enfocada o desenfocada, tranquila o agitada, positiva o negativa, etcétera. Algunos de los factores mentales son omnipresentes o universales, en el sentido de que están necesariamente presentes en todos los estados mentales, mientras que otros factores están presentes únicamente en algunos de los estados mentales.

Estos factores mentales pertenecen a varios aspectos de lo mental. Algunos (sentimientos) pertenecen al dominio afectivo, mientras que otros (intención) son conativos o cognitivos (discernimiento) en su naturaleza. Simplificándolo mucho, podemos decir que el Abhidharma entiende que estos aspectos diversos operan al mismo tiempo, y los concibe simplemente como cualidades que caracterizan los momentos de la consciencia. Entre estas cualidades, algunas pertenecen al dominio de la atención, un importante aspecto de los procesos mentales analizados por el Abhidharma. Para el Abhidharma, la atención comienza en un estadio temprano con la orientación (*manasikāra*, a menudo traducida como *atención*). Esta es la habilidad preatencional y automática de la mente que le permite volverse hacia el objeto y seleccionarlo. Bhikkhu Bodhi explica: «La atención (como orientación) es el factor mental responsable de advertir el objeto, en virtud del cual el objeto se hace presente a la consciencia. Su característica es conducir el estado mental asociado al objeto. Su función es uncir el estado mental asociado al objeto». (Bodhi, 2000, pág. 81). Dado que es consciencia, cada estado mental tiene al menos una mínima cantidad de enfoque en su objeto. Por lo tanto, la orientación es un factor omnipresente, es decir, cualquier estado mental contiene cierto grado de él. Y esto permite explicar el carácter preatencional del modo en el que notamos un objeto, cuando este atrae nuestra atención antes de ser seleccionado para un escrutinio más meticuloso.

El proceso atencional continúa con el mindfulness y la concentración (*samādhi*). El primero es descrito, como argumenté anteriormente, como la retención de una información, de tal modo que la mente no se ve arrastrada más allá del objeto. Vasubandhu describe esto como universal, mientras que Asaṅga lo limita a los estados operativos de la mente, y sostiene que está ausente en los estados subliminales de la consciencia. Sin embargo, ambos están de acuerdo en que se trata de un aspecto fundamental de la habilidad de la mente para prestar atención directa, sin vacilaciones, al objeto. La orientación gira la mente hacia el objeto, mientras que el mindfulness retiene el objeto e impide que la mente lo pierda. La concentración completa este análisis del tratamiento del Abhidharma sobre la atención. Es la habilidad de la mente de permanecer enfocada y unificada en su objeto. Por lo tanto, Asaṅga la describe como el enfoque unificador de la mente sobre su objeto (Rahula, 1980, pág. 8). Aunque esta facultad se mejora enormemente con la práctica de la meditación, existe en la mente, se trata tan solo de la habilidad de la consciencia de fijar un objeto. Vasubandhu la describe como un factor universal, mientras que Asaṅga la excluye de los estados subliminales. Aun así, los dos están de acuerdo en su centralidad en el proceso atencional.

Estos dos factores (el mindfulness y la concentración) trabajan en cooperación, reforzando y mejorando las características de la atención. Ambos corresponden al estadio en el cual notamos resueltamente un objeto, llevándolo al momento de la auténtica atención, la habilidad de la mente de enfocarse en el objeto y retenerlo. Pero estos dos factores trabajan también de manera diferente. La concentración aumenta la habilidad selectiva de la orientación preatencional; estabiliza la mente en el objeto elegido, pero tiende a restringir el ámbito de lo que es considerado. En sí misma conduce a un foco mayor pero más estrecho. El mindfulness, en cambio, expande la esfera de la atención, de modo que uno se vuelve consciente de las características de la experiencia (Análayo, 2003, págs. 63-4). De este modo, para el Abhidharma, la atención no es solo una manera de seleccionar estímulos sensoriales particulares y centrarse en ellos, sino que, además, la entiende como una función cognitiva que reúne los varios aspectos del objeto, de tal modo que nuestra experiencia tenga sentido. Considero que esta habilidad cognitiva de reunir varios aspectos del proceso perceptual es un aspecto central del mindfulness, tal como fue entendido por los autores clásicos como Buddhaghosa.

Aun así, esta comprensión del mindfulness como enfoque retentivo no cubre todos los posibles sentidos del mindfulness. Recordemos, por ejemplo, la mención en *The Questions of King Milinda* de un mindfulness explícitamente evaluativo, cuyo rol parece ir más allá de la mera retención del objeto. Para entender esta forma de mindfulness necesitamos considerar el rol de otro aspecto de esta práctica, el desarrollo de la comprensión clara (*samprajñāna, sampajañña*). No se trata de un factor mental separado, sino de una forma de discriminación (*prajñā, paññā*) relacionada estrechamente con el mindfulness, el cual permite a la mente observar, comprender y juzgar lo que necesita ser evaluado. Es entendido como un elemento central de la práctica del mindfulness, porque provee la comprensión que deriva del hecho de prestar atención directa a la experiencia. Por consiguiente, puede ser descrita como una forma de atención, una atención sabia o el mindfulness que deriva del cultivo de esta facultad. Este *mindfulness sabio* debe distinguirse de lo que podríamos llamar un *mindfulness apropiado,* la habilidad más básica de la mente de retener su objeto. El mindfulness apropiado es la base del mindfulness más explícitamente cognitivo, el mindfulness sabio, que es central para la práctica del mindfulness como es entendido en la tradición budista, cuya meta no es el logro de un estado de consciencia superior a través de la práctica de la concentración, sino el desarrollo de una comprensión clara de nuestros estados corporales y mentales como transitorios, sufrientes y vacíos de esencia, con el fin de deshacer los hábitos que inducen el sufrimiento. Es el mindfulness apropiado el que nos lleva a esta comprensión, al hacernos prestar atención directa al surgimiento y desaparición de los estados mentales y corporales. La verdadera meta de la práctica del mindfulness es el desarrollo de este tipo de comprensión, siendo la observación desnuda de los estados mentales, tal como estos surgen, sin identificación con ellos, simplemente un medio para ese fin.

Aunque varias tradiciones budistas coinciden al enfatizar la centralidad de la comprensión clara en la práctica del mindfulness, lo presentan de diferentes maneras. La tradición Theravāda no parece insistir en la naturaleza introspectiva de la comprensión clara, la cual es descrita sencillamente como un conocer lo que ocurre. Este conocimiento puede ser acerca de la propia mente, el cuerpo, la respiración, como de otro objeto (Wallace y Bodhi, 2006, pág. 10). La tradición sánscrita, tal como es expresada, por ejemplo, por Shantideva, parece enfatizar más su naturaleza introspectiva. La comprensión clara se vuelve entonces el conocimiento reflexivo de los propios estados mentales y corporales. Shantideva lo describe como «el examen repetido del propio cuerpo y mente» (Batchelor, 1977, págs. V., 108, 59). De manera similar, pensadores como Tsongkhapa presentan la comprensión clara (*shes bzhin*) especialmente enfocada en la observación del funcionamiento de la propia mente durante la práctica de meditación (Tsongkhapa, 2002, págs. 51-71). La metáfora que ofrece es la del vigilante, que no mira continuamente, pero está listo, en todo momento, para fijrse en los acontecimientos en cuanto ocurren. A través del desarrollo del mindfulness, nos volvemos mucho más hábiles en esta clase de observación. Si al comienzo éramos lentos a la hora de detectar la pérdida de rumbo de la mente durante la meditación, el desarrollo del mindfulness conlleva una disminución del tiempo necesario a la hora de detectar el surgimiento de distracciones y otros obstáculos en la mente. Cuando nos convertimos en expertos, logramos la capacidad de advertir este tipo de obstáculos casi en el momento de su aparición. Entendida de ese modo, la comprensión clara es una aptitud metaatencional cuyo fin es monitorizar los propios estados mentales. Es una parte esencial de la práctica para desarrollar atención, práctica que no solo se basa en la habilidad de centrarnos en un objeto (los usuarios de videojuegos pueden hacer esto bastante bien), sino que implica la capacidad de modular la propia atención, corrigiendo la mente cuando se distrae y trayéndola de regreso al objeto. La tradición tibetana refleja este tipo de destreza o el mindfulness sabio con el término *dran shes,* el cual combina la capacidad del mindfulness apropiado (*dran pa*) con la capacidad de usar la comprensión clara (*shes bzhin*) para entender lo que está pasando en la propia mente. Es esta clase de mindfulness sabio el que al final lleva al practicante a una comprensión profunda del surgimiento y disolución de los estados mentales. Es solo al incluir esta forma del mindfulness cuando uno puede entender el alcance completo del mindfulness y realizar sus implicaciones cognitivas.

Conclusión: consecuencias de ignorar la naturaleza cognitiva del mindfulness

Es de esperar que tengamos ahora una comprensión más rica del alcance y campo semántico del concepto escolástico budista del mindfulness. Entendemos que el mindfulness en su nivel más básico (el mindfulness apropiado) es la aptitud de la mente de retener su objeto y no permitir que se desvíe de este. Esta capacidad para retener el objeto es lo que permite a la mente enfocar el objeto de tal modo que podamos más tarde recordarlo; es también la que lleva al desarrollo de la comprensión clara, un aspecto decisivo de la práctica del mindfulness que permite a los practicantes evaluar los diversos aspectos de su experiencia y distinguir, por ejemplo, entre factores mentales saludables e insalubres, como se enfatiza en *The Questions of King Milinda*. Esta forma del mindfulness sabio difiere del mindfulness apropiado en el hecho de que incluye explícitamente la comprensión y discriminación del objeto. El mindfulness apropiado está limitado al aspecto retentivo, que proporciona la base para la comprensión clara. El mindfulness sabio es más amplio, incluye, de manera más explícita, la dimensión evaluativa, y a menudo, también, la dimensión introspectiva, mientras que el mindfulness apropiado está limitado al aspecto retentivo, de modo que se permita la evaluación.

La práctica del enfoque retentivo (el mindfulness apropiado) no es la meta, sino el medio para una finalidad explícitamente cognitiva. El punto principal no es obtener una mente serena y un estado centrado, aun cuando dicho estado sea beneficioso, sino utilizar ese estado con el fin de lograr una mayor comprensión de la naturaleza cambiante de nuestros estados mentales y corporales, con el propósito de liberar la mente de los hábitos y tendencias que nos mantienen cautivos del sufrimiento. En términos del budismo clásico escolástico, eso significa que el mindfulness y la concentración son desarrollados con el fin de lograr una visión profunda (*vipaśyanā, vipassanā*) de la transitoriedad, el sufrimiento y la ausencia de una naturaleza esencial que caracteriza a los agregados corporales y mentales, de tal modo que podamos liberar nuestra mente de sus contaminaciones. Esta comprensión del complejo mente-cuerpo es provista en los estados tempranos por la comprensión clara, de carácter conceptual, pero para resultar verdaderamente efectiva, esta visión profunda necesita tener lugar en un nivel no conceptual, y es aquí donde el mindfulness desempeña un rol decisivo. Cuando somos capaces de permanecer meticulosamente en contacto con nuestras experiencias y comprenderlas como transitorias, somos capaces de cambiar su significación, de tal modo que podemos verlas bajo otra luz. Ganamos entonces una visión directa de su naturaleza transitoria, visión que la ponen de manifiesto la atención directa y la comprensión clara, pero que va más allá de la comprensión conceptual. De este modo, llegamos a ver de manera experiencial los estados mentales y corporales como transitorios, y luego llegamos a verlos como sufrimiento, y finalmente como vacíos de una naturaleza esencial, reduciendo así el carácter cautivante de nuestras experiencias, de manera que los eventos placenteros sean vistos como fugaces, en vez de permanentemente satisfactorios, y los encuentros desagradables como contratiempos temporales, en vez de fracasos profundamente perturbadores. Este giro cognitivo está basado en el desarrollo del mindfulness, la capacidad retentiva sobre la cual somos capaces de dar sentido a nuestra experiencia. Esto lleva a una comprensión clara, que opera a nivel conceptual y lleva a una más profunda visión no conceptual a través de la cual se da una decisiva transformación. Por ese motivo, los cambios en el enfoque de la atención llevan a cambios en el contenido cognitivo, algo totalmente obvio que parece, sin embargo, haberse perdido en las prisas por identificar el mindfulness con la consciencia no enjuiciadora centrada en el presente.

Podemos ver ahora que la interpretación moderna del mindfulness, entendida como consciencia no enjuiciadora centrada en el presente, aunque no está completamente equivocada, refleja solo una interpretación parcial. Es solo en ciertos contextos, particularmente, aunque no exclusivamente, al comienzo de la propia práctica, cuando mindfulness puede ser asimilado a la atención desnuda de lo que pueda surgir en el momento presente. Este tipo de atención no enjuiciadora centrada en el presente es solo una modalidad del mindfulness, el cual es más amplio en alcance, incluidas las explícitas capacidades recordatorias que nos permiten recordar el pasado y las capacidades cognitivas para evaluar los estados mentales y corporales. También hemos visto que la identificación del mindfulness con una consciencia no evaluativa centrada en el presente ignora, o por lo menos subestima, las implicaciones cognitivas del mindfulness, su capacidad para reunir varios aspectos de la experiencia, de tal modo que lleva a la comprensión clara de la naturaleza de los estados mentales y corporales. Exagerando el énfasis en la naturaleza no enjuiciadora del mindfulness, y argumentando que nuestros problemas tienen su origen en la conceptualización, los autores contemporáneos corren el riesgo de conducirnos a una interpretación parcial del mindfulness como una forma beneficiosa terapéuticamente de sosiego amplio. Creo que es importante no perder de vista que el mindfulness no es solo una técnica terapéutica, sino también una capacidad natural que juega un rol central en los procesos cognitivos. Es el aspecto que parece ser ignorado cuando el mindfulness es reducido a una forma de consciencia no enjuiciadora centrada en el presente de la propia experiencia.

A menudo tengo la impresión de que el problema con este tipo de presentaciones del mindfulness surgen del fracaso a la hora de distinguir entre definiciones operacionales, cuyo propósito es la instrucción práctica, y las descripciones teoréticas adecuadas. No supone ningún problema instruir a los practicantes para que permanezcan conscientes de sus estados mentales y corporales a medida que surgen en el momento presente, al tiempo que se abstienen de juzgarlos y evaluarlos. Como mencioné anteriormente, esta es una manera eficaz de desarrollar el mindfulness, porque para hacerlo necesitamos soltar los patrones discursivos habituales y la reactividad a través de la cual funcionamos habitualmente. Sin embargo, creer que las instrucciones prácticas proporcionan modelos teoréticos adecuados acerca del modo en que funciona el mindfulness me parece una seria confusión. El mindfulness no debe ser conceptualizado como una mera capacidad para poner al descubierto lo que surge en la consciencia, porque implica capacidades cognitivas esenciales. El mindfulness es central en la práctica budista, no porque proporcione un grado de autoaceptación necesario para la salud mental, sino porque lleva a una transformación cognitiva liberadora. Desde esta perspectiva, resulta importante distinguir la interpretación madura del mindfulness, de los patrones evaluativos reactivos que dominan nuestra mente antes de su transformación por la práctica. Estos patrones reactivos son dañinos no porque sean evaluativos, sino porque son reactivos, el producto de nuestra habituación a aferrarnos a las experiencias placenteras y rechazar las desagradables. Por lo general, la mayoría de nuestros juicios están dominados por este patrón desequilibrado. Adoptamos ideas, actitudes y objetos no según una consideración madura de sus ventajas, sino porque nos gustan. La práctica de la consciencia no enjuiciadora es, por ello, una disciplina útil que nos ayuda a disminuir esta reactividad y crear un espacio en el cual podemos ser capaces de dar forma a juicios maduros. Así pues, es importante no perder de vista el rol apropiado de la forma del mindfulness no evaluativo. No es un fin en sí mismo, sino un medio hábil que nos permite debilitar las respuestas prepotentes para permitir actitudes más adecuadas.

Creo que las consecuencias de una presentación errónea del mindfulness como consciencia no enjuiciadora centrada en el presente pueden ser observadas claramente en la literatura cognitiva científica. Allí, el mindfulness es invariablemente presentado como una terapia, semejante a una técnica de relajación o a un método de autoaceptación. En raras ocasiones es presentado en función de sus importantes funciones cognitivas. Su ausencia salta a la vista en la considerable literatura acerca de la consciencia de las intenciones, su rol en la acción y el grado en el cual desempeña una función causal. Estoy profundamente sorprendido por el hecho de no haber visto nunca la idea del mindfulness mencionada en estos contextos, o haber oído acerca de su uso en experimentos relevantes. Y, sin embargo, creo que los practicantes del mindfulness serían sujetos ideales en ese tipo de experimentos y discusiones, debido a que se supone que tienen una capacidad especial a la hora de prestar atención detallada a sus estados mentales y corporales. De ello se desprende que podrían distinguir, de manera más meticulosa, sus propias intenciones, y el grado en el cual ellas preceden a sus acciones o fallan en ello. Esto es lo que uno esperaría, y la verificación o la falsificación de este tipo de hipótesis a través de experimentos parecería algo obvio por hacer. Y, sin embargo, se ha hecho muy poco en este sentido. Creo que la negligencia respecto al mindfulness por parte de los científicos cognitivos se debe, en su mayor parte, a las maneras en las que el concepto ha sido teorizado en la literatura psicológica, donde los aspectos no evaluativos son enfatizados de manera exagerada, en detrimento de la dimensión cognitiva. Creo que necesitamos corregir esta situación para que la verdadera importancia del concepto budista del mindfulness pueda hacerse patente a partir de una conversación interdisciplinar que, seguramente, nos lleve a una mejor interpretación de la mente y sus capacidades.

BIBLIOGRAFÍA

ANALAYO (2003). *Satipatthana: The direct path to realization.* Birmingham: Windhorse.

BATCHELOR, S. (1977). *A guide to the Bodhisattva's way of life.* Dharamsala: Library of Tibetan Works and Archives.

BISHOP, S., LAU, M., SHAPIRO, S., CARLSON, L., ANDERSON, N., CARMODY, J. y otros (2004). Mindfulness: A proposed Definition. *Clinical Psychology: Science and Practice,* 11, 230-41.

BODHI, B. (ed.) (2000). *A comprehensive manual of Abhidhamma.* Seattle: BPS Pariyatti Editions.

GETHIN, R. (2001). *The Buddhist Path of Awakening.* Oxford: Oneworld Publications.

JHA, A., STANLEY, E. y BAIME, M. (2010). Examining the protective effects of mindfulness training on working memory capacity and affective experience. *Emotion,* 10 (1), 54-64.

KABAT-ZINN, J. (1990). *Full catastrophe living.* Nueva York: Dell.

MENDIS, N.K.G. (1993). *The questions of king Miliandа: An Abridgment of the Milindapañha.* Kandy, Sri Lanka: Buddhist Publication Society.

The path of purification (visuddhimagga). (1976). (NYANAMOLI BIKKHU, Trad.) Boston, MA: Shambala.

PALMER, S. (1999). *Vision Science.* Cambridge: MIT.
POUSSIN, L. de la Vallée (1971). *L'Abhidharmakosha.* Bruselas: Institut Belge des Hautes Etudes Chinoises.
RAHULA, W. (1980). *Le compendium de la super-doctrine d'Asanga.* París: École Française d'Extreme Orient.
TSONGKHAPA (2002). *The great treatise on the stages of the path to enlightment.* Ithaca: Snow Lion.
WALLACE, A. y BODHI, B. (s.f.). The nature of mindfulness and its role in Buddhist meditation. Correspondencia entre B. Alan Wallace y Bhikkhu Bodhi. *Inédito.*

APÉNDICE

Abreviaturas

A = Aṅguttara Nikāya; As = Atthasālinī; D = Dīgha Nikāya; Dhs = Dhammasaṅgani; M = Majjhima Nikāya; Mil = Milindapañha; Nett = Nettippakaraṇa; S = Saṃyutta Nikāya; Vism = Visuddhimagga. Las ediciones son las de Pali Text Society.

4. La construcción del mindfulness

Andrew Olendzki

El mindfulness es examinado utilizando el sistema del Abhidhamma de clasificación de fenómenos (*dharmas*) de la obra pali *Abhidhammattha-saṅgaha*. En este modelo, los factores mentales que constituyen los agregados de formaciones (*saṅkhāra*) son agrupados de tal modo que describen una aproximación en etapas a la práctica de desarrollo mental. De este modo, todos los estados mentales implican un cierto conjunto de factores mentales, mientras otros son sumados a medida que el entrenamiento de la mente tiene lugar. Las configuraciones sanas y malsanas o perniciosas también ocurren, y el mindfulness resulta ser en realidad el estado avanzado de un constructo experiencial sano. La sabiduría, el primer factor transformativo en el pensamiento y práctica budistas, surge exclusivamente bajo condiciones especiales. Este sistema es, entonces, contrastado con el análisis de diferentes fenómenos presentados en la obra sánscrita *Abhidharmakośa*, donde el mindfulness y la sabiduría son enumerados como factores universales que proporcionan una base para el modelo innatista de desarrollo; esta es, por lo tanto, una crítica desde la perspectiva constructivista.

Uno de los aspectos más persuasivos de la expansiva y duradera tradición budista es el sofisticado modelo de la mente y el cuerpo presentado en los Nikāyas del Canon Pāli, sistematizado en la literatura pali del Abhidhamma del sur de Asia, y el Abhidhamma de la literatura sánscrita del noroeste de la India y más allá. El Buda histórico es, evidentemente, el origen de la mayoría de estas ideas, aunque fueron desarrolladas de manera significativa, con el paso del tiempo, por muchos otros, y la tradición se la apropiaron nuevas comunidades. Los análisis y las descripciones exhaustivas ofrecidas en estas enseñanzas son de particular interés para los pensadores modernos, tanto por su base empírica, como por su sorprendente afinidad con el pensamiento posmoderno. Originadas en antiguas prácticas meditativas yóguicas, y articuladas con una gran precisión intelectual, ofrecen una visión dinámica y procesual de la experiencia como una serie de acontecimientos cognitivos interdependientes que surgen y se disuelven, a medida que los sentidos se ponen en contacto con los datos entrantes del entorno, y la mente construye un mundo de sentido para interpretar la información y responder a este, emocional y conductualmente. Por otra parte, este sistema de pensamiento va más allá de la mera descripción, ofreciendo una guía práctica para optimizar el bienestar, el cual es logrado al superar los hábitos compulsivos, derivados de los reflejos de placer/dolor, y a través del desarrollo de una mayor comprensión activa de la naturaleza de la experiencia humana.

Este conocimiento antiguo acerca del modo en que la mente y el cuerpo construyen la experiencia, y las maneras en que las personas usan este conocimiento con el fin de lograr mayor salud y felicidad, descansa en el corazón de la tradición budista temprana, aunque pronto fue evitado y relegado a un estancamiento erudito y meditativo, mientras el budismo giraba hacia direcciones más populares, devocionales y culturalmente sincréticas. Gradualmente está siendo redescubierto por las generaciones actuales de especialistas y maestros, y lo tienen en cuenta aquellos que, en el campo contemporáneo, estudian la experiencia humana y se interesan por el incremento del bienestar humano. Entre estos, hay científicos cognitivos y psicólogos, y muchos otros que se solapan con estas disciplinas. El pensamiento budista temprano emplea un vocabulario de definiciones técnicas esmeradas que puede ser útil a la hora de identificar y desenmarañar la maraña de la experiencia subjetiva. También nos ofrece un examen detallado de los mecanismos de la atención, el cual puede ayudarnos a articular una mejor definición del mindfulness y sus estados mentales correlativos, y puede incluso sugerir maneras de medir el mayor o menor nivel de atención. De valor especial para la agenda terapéutica es la orientación básica de estas enseñanzas hacia la transformación y alivio del sufrimiento, en la medida en que sigue el curso de progreso, a lo largo de una escala de cambio, que va desde los estados de aflicción hacia otro, de profundo bienestar en todas las circunstancias.

Lo que mejor caracteriza al modelo de la mente y el cuerpo expresado en la temprana literatura budista es la descomposición de la experiencia en sus *bytes* fenomenológicos, llamados *dharmas,* y luego la organización y clasificación de esos *dharmas,* de diversas maneras, con el fin de aclarar su definición y delinear sus funciones, como parte de un sistema interdependiente complejo. De manera análoga a lo que ocurre en el mundo natural, el cual se presenta a sí mismo de cierto modo en un nivel de la escala, y de otro cuando lo examinamos meticulosamente, el pensamiento budista identifica los modos en los que vivimos la experiencia en el nivel de las macroconstrucciones de manera significativamente diferente a lo que ocurre en los procesos constituyentes, revelados en una investigación directa llevada a cabo por una mente concentrada. Por ejemplo, puede ser relativamente fácil de mostrar, experiencial y neurológicamente, que lo que aparece como un flujo ininterrumpido continuo y una experiencia coherente es, en realidad, una serie de eventos sensoriales y mentales discretos que surgen y desaparecen en rápida sucesión, mientras que el sentido de continuidad y coherencia narrativa es algo suministrado por las capacidades imaginativas de un nivel superior. En el corazón de la visión del Buda hay una discrepancia entre lo que parece ser el caso, que es caracterizado como aprehensión errónea o incluso engaño, y lo que es el caso en realidad, que se llama sabiduría.

Una característica central de este modelo, que en raras ocasiones es parte de los modelos de psicología occidental correspondientes, es la caracterización evaluativa de los varios *dharmas* como saludables o insalubres. La palabra para esta cualidad (*kusala/akusala* en pali) podría ser traducida mejor como 'sano y malsano', en la medida que delinea no un criterio moral o una definición normativa de lo correcto y lo incorrecto, sino una descripción de los factores que contribuyen u obstaculizan el bienestar, la reducción del sufrimiento y la capacidad de comprensión. La palabra también tiene el sentido de 'habilidad', o 'torpeza', lo cual significa que la práctica budista de la integridad (*sīla*) es considerada como una habilidad que puede ser aprendida, mientras que la más atroz de las conductas es prueba, no de una naturaleza maligna, sino de una falta de comprensión. La centralidad de esta evaluación ética revela hasta qué punto este sistema, en su totalidad, tanto en sus orígenes en los *Nikāyas,* como en su extensión en el *Abhidhamma,* está pensado como un instrumento orientado a efectuar una transformación psicológica personal, y no como un ejercicio intelectual doctrinal.

Otro constituyente importante de este sistema es la distinción entre, por un lado, el objeto de la consciencia y, por el otro, la actitud o relación emocional con ese objeto. *Qué* es conocido por la consciencia es una cosa; *cómo* es conocido, es decir, con qué cualidad de la mente es conocido, es algo diferente. De ese modo, muchos de los *dharmas* enumerados en el sistema del Abhidhamma corresponden a lo que, en otro contexto, llamamos actitudes emocionales, y esto se vuelve importante para entender cómo la meditación es considerada en el pensamiento budista temprano. Parte del entrenamiento meditativo está relacionado con aprender a enfocar la mente en un objeto particular, o en una serie de objetos emergentes, pero la mayor parte del entrenamiento está orientado a cultivar cualidades particulares de la mente por medio de las cuales el objeto es considerado. La tecnología de la consciencia está conectada con el modo en el cual el agregado de la consciencia (*viññāṇa*) interactúa con el agregado de la forma material (*rūpa*) cuando se manifiesta en los órganos sensoriales del cuerpo y los objetos sensoriales en el entorno; pero el desarrollo del mindfulness y la visión profunda están, en cambio, relacionados con el modo en el cual el agregado de las formaciones (*saṅkhāra*) co-emerge con otros agregados. Esto se verá con mayor claridad cuando examinemos los detalles acerca del modo en que la experiencia es construida.

La construcción de la experiencia

La consciencia surge y desaparece en cada momento, porque es un proceso, o un acontecimiento que ocurre, y no algo que exista en una forma estable o un modo definitivo. Se caracteriza por el mero «conocer» y, por ello, solo puede surgir en relación con un objeto que es conocido y un órgano por medio del cual el objeto es conocido. Seis clases, o modalidades de consciencia, se enumeran, las cuales corresponden a los cinco órganos sensoriales (ojo, oído, nariz, lengua y cuerpo) y la mente como la sexta, así como también los cinco objetos sensoriales (formas, sonidos, olores, sabores y táctiles), con los pensamientos como el sexto. El punto de partida, o fundación de toda experiencia, es, por lo tanto, un episodio de cognición en uno u otro de estos seis modos, los cuales ocurren, una y otra vez, en una serie temporal a la que nos referimos como la corriente de la consciencia. Como la consciencia se manifiesta en dependencia de los órganos y los objetos que están constantemente cambiando, la consciencia misma está siempre «moviéndose y vacilando, es transitoria y cambiante, y se vuelve otra», tal como señala un pasaje.[37] Es más, la consciencia tiene otra característica además del mero conocimiento o cognición del objeto, de tal modo que todas las texturas y cualidades de la experiencia son suplidas por otras funciones mentales que surgen en diversas combinaciones. Una explicación detallada de cualquier momento de la experiencia, por lo tanto, consiste en identificar, primero, cuál de los seis modos de consciencia está manifestándose (por ejemplo, en dependencia de qué par de órganos y objetos) y, en segundo término, los *dharmas* asociados o factores constituyentes que coemergen con la consciencia para modelar la experiencia en su totalidad. El método para describir los estados mentales de esta manera es trazado en los Nikāyas y redefinido de manera considerable en la literatura del Abhidhamma.

En vez de emprender una crítica sistemática de este método, lo cual nos llevaría demasiado lejos, centrémonos en cambio en un aspecto particular de este mapeo de los *dharmas*, un aspecto que será útil para entender la definición y la función del mindfulness. Nos referimos a la agrupación de *dharmas* en diversas categorías, delineando aquellas que surgen y desaparecen juntas en cualquier momento de consciencia. De acuerdo con el análisis del *Abhidhamma,* resumido en el *Abhidhammatthasaṅgaha,*[38] surgen siete factores mentales a la vez en todos los estados de consciencia, y por ello pueden ser llamados *universales*; otros seis factores mentales pueden o no estar presentes en cualquier momento, y por ello son llamados *ocasionales.* Además de estos dos grupos, otros 39 factores mentales son clasificados, o bien como malsanos o como saludables, siendo estos mutuamente excluyentes, es decir, los factores de cada grupo nunca surgirán junto con aquellos del otro grupo. Finalmente, estos 39 estados pueden, a su vez, subdividirse en cuatro *universales* malsanos, 10 *ocasionales* malsanos, 19 *universales* saludables y seis *ocasionales* saludables. De este modo, nos quedan, por lo general, seis diferentes agrupaciones de factores mentales que coemergen con la consciencia ayudándola a dar forma y textura a las actitudes o emociones con las que un objeto es conocido por la consciencia. El espectro completo de configuraciones individuales es más complejo que lo que refleja; sin embargo, estos seis grupos básicos nos ofrecen un modelo que, por decirlo de algún modo, organiza la experiencia mental en diversas capas, en seis niveles generales de funcionamiento mental. Estos seis niveles son los que pueden ayudarnos a comprender de qué manera la experiencia puede ser vista como establecida en sí misma, para delinear una escala que va de niveles de menor a mayor consciencia.

Los universales

La manifestación más simple de la mente se caracteriza por los factores mentales universales, inherentes en todos los momentos de la consciencia. De acuerdo con el Abhidhamma, no es posible que la consciencia se manifieste con algo menos que siete factores mentales, pero podrá surgir y desaparecer únicamente con estos siete y ningún otro. Por lo tanto, incluso en su forma más austera, la consciencia incluye las funciones mentales de: *contacto* entre la consciencia, un objeto y un órgano; un tono *sensible* que puede ser, o bien placentero, desagradable, y ninguno de los anteriores; una *percepción* de este objeto como algo simbólicamente categorizado de acuerdo con la experiencia previa; una *volición* o respuesta intencional respecto al objeto que produce karma; un grado de *uni-direccionalidad* o enfoque sobre un único objeto en cada momento; una cualidad cohesiva de *vitalidad mental* que sustenta o sostiene el funcionamiento interdependiente de los siete factores mentales universales, y una función de atención que dirige los factores asociados hacia el objeto como un timón puede conducir una nave. El hecho de que estos *dharmas* estén siempre presentes significa que deben describir incluso los estados mentales más irreflexivos. Por lo tanto, estamos siempre prestando atención, por ejemplo, incluso si no somos conscientes que lo estamos haciendo, o incluso si estamos prestando atención a un objeto diferente al cual deberíamos estar prestando atención. De manera semejante, la mente está siempre enfocada sobre un único objeto, incluso en momentos en los que la mente está enteramente indisciplinada, aun cuando el objeto sobre el cual se produce la unificación cambie momento a momento. Si no fuéramos capaces de centrarnos y atender a este nivel, la experiencia mental coherente, es de suponer, no sería posible.

Los ocasionales

Además de estos siete factores universales, sumamos otros seis factores, los cuales son catalogados como aquellos que pueden o no surgir, individual o colectivamente. Estos factores incluyen: *pensamiento aplicado*, a través del cual deliberadamente prestamos atención a un objeto determinado; *pensamiento sostenido*, el factor mental que nos permite retener la atención sobre el objeto a lo largo de múltiples momentos mentales; *decisión*, un estado de confianza y compromiso con el objeto; *energía*, un factor que, a través de la generación de un interés adicional hacia el objeto, mantiene y sostiene los demás factores para que persistan; *dicha*, una cualidad de elevado entusiasmo, e *impulso a actuar*, un deseo de actuar que no está arraigado ni en la codicia o el apego, pero que, aun así, impele a la mente a iniciar una acción apropiada. Estos son los factores convocados cuando entrenamos la mente en la meditación, dado que este tipo de entrenamiento implica direccionar la atención conscientemente hacia un objeto elegido, como la respiración, y luego sostenerla de manera concertada. La fijación del enfoque produce decisión, requiere energía, a menudo puede resultar en una experiencia de dicha, y el impulso permite al meditador mover su atención de una parte del cuerpo a otra, o hacia el bienestar de todas las criaturas por encima, por debajo y en todas las direcciones, haciéndolo de modo que no implique al deseo o la compulsión. Estos factores no están siempre presentes desde el momento en el cual nos sentamos a meditar hasta que suena la campana una hora más tarde, de manera análoga a lo que ocurre con un jugador de béisbol que aún está en la partida cuando está sentado en la caseta, entre turnos de lanzamiento y salidas al campo de juego, pero la medida del éxito del entrenamiento mental deliberado, aunque sea por un momento, implica la presencia de alguna combinación de estos factores.

Los universales perniciosos

Lo que ocurre con los factores ocasionales mencionados más arriba es que son éticamente variables, lo cual significa que pueden operar en estados mentales saludables o perniciosos. Todos los estados mentales perniciosos o malsanos añaden cuatro factores más: *engaño*, definido como una incomprensión respecto a cierta verdad básica de la experiencia, como la transitoriedad, la ausencia de esencia, o las causas del sufrimiento; *inquietud*, un estado de agitación que alborota la mente, como ocurre con el viento sobre el agua; *suspensión de la consciencia,* volviendo momentáneamente inoperativo nuestro sentido innato de dignidad que nos impide obrar mal; *suspensión de respeto,* cancelando el sentido innato de respeto por los derechos y opiniones de otros, el cual también restringe nuestro comportamiento, manteniéndonos dentro de las formas socialmente definidas. Este es el conjunto mínimo de factores mentales que surgirá en la mente durante los momentos de mala conducta, junto, por supuesto, con los siete universales. En el caso de los universales, es una cuestión de todo o nada; cuando el engaño está presente, los otros tres estarán también necesariamente presentes. Un punto interesante acerca de este análisis es que la inquietud siempre será perniciosa, sugiriendo que cualquier práctica que nos alienta a relajarnos o calmarnos es inherentemente sana. Es una práctica beneficiosa y transformadora en sí misma que reduce la agitación de la mente, con lo cual nos llevará naturalmente a la eliminación del factor coemergente del engaño y, de este modo, purgará el momento de sus toxinas más peligrosas y expulsará de él su aspecto malsano. Otro punto de algún interés es la sugerencia que apunta a que la consciencia y el respeto funcionan naturalmente como una suerte de sistema inmunológico ético innato, protegiendo a los individuos y a las sociedades de las fechorías más atroces, pero que es suprimido en aquellos momentos en los que actuamos mal.

Los ocasionales perniciosos

Mientras el engaño pueda manifestarse en una forma tan simple como la que implica solo a los cuatro factores perniciosos universales, lo más común es que el engaño vaya acompañado por la codicia o el odio, los otros dos componentes de las tres toxinas. Sin embargo, la codicia y el odio son expresiones verdaderamente opuestas de un mismo impulso, llamado deseo. La codicia es el deseo de lo querido, o de lo apetecido, o de permanecer aferrado a aquello que es placentero o gratificante, mientras que el odio es el deseo de lo no querido, de lo no apetecido, o, por el contrario, el deseo de ignorar o destruir aquello que es desagradable o identificado con el dolor. De este modo, la codicia y el odio son mutuamente excluyentes y no pueden surgir a la vez, en el mismo momento mental. Podemos estar engañados y ser codiciosos, engañados y odiosos, o simplemente engañados, pero no podemos jamás ser ambas cosas en el mismo instante, codiciosos y odiosos. Cuando parece que esto ocurre, el modelo del Abhidhamma afirma que ambos estados simplemente se alternan uno detrás del otro en rápida sucesión, con la ilusión de la simultaneidad construida en un nivel superior de organización mental. Otro factor pernicioso que puede surgir con el engaño y otros universales incluye la *visión errónea*, el *engreimiento*, la *envidia*, la *avaricia*, la *preocupación*, la *pereza*, el *sopor* y la *duda*. Una manera de ver estos factores perniciosos es como matices únicos de una mezcla de colores que surge de los tres colores primarios de la codicia, el odio y el engaño.

Desde el punto de vista de la práctica meditativa, no hay mucha diferencia entre los dos grupos de factores universales y ocasionales perniciosos; ambos sirven como impedimentos para la serenidad y la claridad mental. Incluyen, por ejemplo, la lista clásica de los cinco obstáculos (deseo, animadversión, inquietud y remordimiento, pereza y sopor, duda), factores mentales que deben ser temporalmente abandonados con el fin de que la mente pueda lograr el nivel de acceso de concentración y comenzar el proceso consciente de atenuación conocido como las absorciones (*jhāna*). Para nuestro actual propósito, basta con señalar que el escaso progreso hacia la transformación puede ocurrir al mismo tiempo que surge cualquiera de estos estados perniciosos de la experiencia, y aprender cómo abandonar dichos estados es una parte fundamental del camino. Por ejemplo, aunque es importante ser capaz de notar el surgimiento y la desaparición de los estados mentales, notar fastidio (una forma atenuada de odio, disgusto ante lo que ocurre) con una actitud de fastidio solo reforzara la cualidad de fastidio. De manera semejante, evitar, reprimir, o intentar expulsar el fastidio, solo asegurará que regrese más tarde, con mayor urgencia o intensidad. El camino medio entre aceptar y rechazar la experiencia de fastidio es notarlo, verlo como el factor pernicioso que es, y soltar de manera delicada nuestra sujeción a él. Todos los estados perniciosos necesitan ser neutralizados de manera similar, y solo están llamados a proliferar si los afrontamos con otros estados perniciosos.

Los universales saludables

Hay 19 factores mentales que emergen a la vez en todo momento saludable de la mente, y esta es una lista notable. *Mindfulness* es uno de esos factores, el cual es considerado como una actitud particular o postura emocional hacia el objeto de la consciencia. Uno conoce un objeto con una cualidad de atención modelada por el mindfulness, eso quiere decir que lo hace con una presencia mental, sin olvido, y con una cierta estabilidad de enfoque. Como factor saludable universal, mindfulness es excluyente de la inquietud, el engaño y todo otro estado mental pernicioso, y no puede surgir con ellos en el mismo momento. Es también un estado mental que surge a partir y por encima de los niveles básicos de atención, intención y unidireccionalidad, y esto emerge a partir y por encima de factores que ayudan a entrenar la mente, tales como aplicar y sostener la atención en un objeto conscientemente elegido y generar energía y dicha. Los factores que coemergen con el mindfulness, en todas las circunstancias, ayudan también a definirlo, y pulen el modo en el que funciona en la mente. La *ausencia de codicia* y *odio* ayudan a aclarar que la atención plena ni favorece ni se opone al objeto, sino que expresa una actitud de *ecuanimidad*. Es aquí de donde las definiciones modernas del mindfulness extraen el sentido de no juzgar el objeto, aceptándolo por lo que es. También, emergiendo con mindfulness, encontramos los dos guardianes de la *consciencia* y el *respeto*, los cuales fueron suspendidos en todos los estados perniciosos, así como también la confianza o fe, construida como una confianza básica que surge a partir de la dispersión de las toxinas. Estos seis factores que emergen con mindfulness son acompañados por otros seis que pueden ser vistos como aplicaciones de la consciencia misma, o factores mentales asociados: *tranquilidad, levedad, maleabilidad, determinación, competencia* y *rectitud*. Estos, a su vez, pueden ser considerados como cualidades del mindfulness, que modelan, además, las actitudes con las que el objeto será conocido por la consciencia cuando se convierta en un objeto de conocimiento o atención plena, en vez de en un mero objeto de consciencia. Por lo tanto, los 19 factores universales saludables emergerán y desaparecerán como un grupo, no solo cuando uno practique formalmente la meditación de la visión profunda, sino en cualquier momento en el que tenga un pensamiento saludable, realice una acción saludable, o exprese palabras saludables. En este sentido, mindfulness es un estado mental no extraordinario que sucede frecuentemente, aunque la meditación del mindfulness implica su deliberado cultivo en una serie continua de momentos mentales.

Los ocasionales saludables

El último conjunto de factores por considerar contiene aquellos construidos sobre los factores universales saludables. Hay seis de ellos que solo pueden surgir si los previos 19 están presentes, pero que pueden o no surgir junto con el resto. Tres de ellos son elementos del Óctuple Sendero: *recta palabra, recta acción* y *rectos medios de vida*. Es un tanto difícil hacerse una idea del modo en el que actúan como factores mentales, comenzando por el hecho de que parecen describir patrones conductuales y no estados psicológicos. Sin embargo, se describen como presentes en la mente en cualquier momento cuando deliberadamente nos abstenemos de comportarnos de manera incorrecta en alguno de estos tres modos. Los dos factores siguientes son la *compasión* y el *aprecio gozoso o alegría*, dos de los cuatro factores de los *Brahma-vihāras*, o los estados mentales ilimitados (los dos restantes son el amor bondadoso y la ecuanimidad, ambos en la lista de los universales saludables). Esto significa que podemos estar sencillamente atentos de manera plena, un estado que incluye las actitudes de benevolencia e imparcialidad hacia el objeto, o podemos también estar plenamente atentos con compasión y aprecio gozoso o alegría, lo cual añade algo al mindfulness. La compasión añade una respuesta empática al sufrimiento, mientras el aprecio gozoso o alegría añade una respuesta empática ante la buena fortuna o felicidad. Finalmente, podemos también añadir la *sabiduría* como un factor saludable ocasional. La sabiduría en el pensamiento budista es una cualidad de comprensión de la naturaleza de la experiencia, ver claramente la transitoriedad, la interdependencia, y el carácter impersonal de todo ello, así como también el origen y cesación del sufrimiento que se manifiesta momento a momento en la experiencia. Es solo cuando el factor de sabiduría surge cuando la meditación en la visión profunda realmente ocurre, porque mientras el mindfulness puede considerar un objeto con equilibrada objetividad, es la comprensión la que en última instancia resulta transformadora. Como lo expresa una metáfora: igual que un cosechador toma un puñado de cebada en una mano y la hoz en la otra, sujetamos la mente con la atención y cortamos la corrupción con la sabiduría.[39]

Un modelo atencional estratificado

Con los datos sobre la mesa, podemos ahora desandar el camino y ver qué patrón emerge del análisis de la experiencia. Sea cual sea el número de posibles combinaciones de factores mentales trazado por este modelo, parece útil hacer uso de los seis grupos delineados anteriormente y postular que cinco niveles o estratos de la experiencia (si combinamos los factores insanos o perniciosos en un solo grupo) pueden ser identificados. Cada uno de ellos representa un tipo general de funcionamiento mental, cuyos detalles particulares pueden ser casi infinitamente variables. Cada momento de consciencia surgirá en correspondencia con uno u otro de los seis pares de órganos y objetos (ojos y formas; oído y sonidos; etc.), pero, además, cada uno de ellos, adicionalmente, se verá aumentado por alguna combinación de factores mentales siguiendo las líneas de estas agrupaciones. Dependiendo de los factores mentales que surjan, la consciencia del objeto será dirigida, modelada, y cada momento caracterizado de diversas maneras por una particular combinación de factores mentales.

En su configuración más básica, la mente tiene el apoyo suficiente por parte de los siete factores mentales universales para conocer cualquier objeto (utilizando *contacto, atención* y *vitalidad mental*), sujetando la atención de manera firme sobre este (con la *volición* y la *unidireccionalidad*), y entendiendo sus características (*percepción*) y sus texturas (*sentimientos*) de manera suficiente como para dar coherencia a la experiencia. Mientras uno no esté muerto, en coma o en un sueño profundo, al menos estas funciones mentales están en funcionamiento. Por lo tanto, incluso durante los periodos de ensueño, multitarea, u otras formas de pensamiento no estructurado, estos factores siempre cooperan para ayudar a guiar y sostener la consciencia mientras conoce un objeto por medio de un órgano. Cada momento del proceso surge, desaparece y surge nuevamente, con los siete factores trabajando a la vez para construir sentido alrededor de un torrente de estímulos entrantes. A medida que los momentos se hilvanan uno tras otro en la corriente de la consciencia, puede sentirse como si, deliberadamente, estuviéramos eligiendo los giros de la atención de un objeto hacia otro y de este modo dirigiendo la consciencia, pero, en realidad, lo que ocurre en la mayoría de los casos es que lo que sigue en la serie está condicionado por causas que están completamente fuera del alcance de la atención consciente. En cualquier hilo de asociación libre, por ejemplo, una imagen sugiere otra de maneras que están habitualmente condicionadas, y podemos hacer todo tipo de acciones y comportamientos que son inconscientes. Paradójicamente, pese a que la consciencia siempre está ocurriendo, podemos al mismo tiempo ser no conscientes de que este sea el caso.

En un segundo nivel de la experiencia, construido sobre la base del primer escalón, las funciones que identificamos con la atención consciente comienzan a entrar en juego. Cuando la mente se establece deliberadamente sobre un objeto particular (utilizando el *pensamiento aplicado*) en vez de permitir que se desvíe siguiendo «su propio rumbo», o la sujetamos deliberadamente a un objeto elegido (utilizando el *pensamiento sostenido*), incluso si estuviera inclinada a divagar en otras direcciones, estamos imponiendo algún control sobre el proceso, lo cual significa que ya no está enteramente condicionada por fuerzas inconscientes. Cuando los factores como la *decisión*, la *energía*, la *dicha* y el *impulso a actuar* son agregados, el sentido de compromiso consciente se amplifica. Es en este nivel de función mental donde el entrenamiento mental se produce, y la concentración acentuada, que deviene de la aplicación y sostenimiento de la atención de modos particulares, es útil para aprender toda clase de habilidades, sean estas saludables o perniciosas. En el entrenamiento, en este nivel de la mente, es donde tiene lugar la mayoría de las meditaciones, sobre todo para los recientemente iniciados en la práctica. En vez de permitir a la mente que divague, intentamos llevar y mantener la atención en las sensaciones físicas asociadas con la respiración, por ejemplo, o en una frase referida al amor bondadoso. O podemos autorizar el vagabundeo libre y natural aplicando atención con acentuada energía siguiendo la serie de manifestaciones. Debido a que la mente necesita dirigir el esfuerzo de una manera diferente, este tipo de entrenamiento mental puede sentirse, la mayor parte de las veces, como un trabajo duro.

El tercero y cuarto nivel de funciones mentales pueden ser vistos como dos aspectos del mismo proceso, en la medida que ambos operan con el surgimiento y la desaparición de los estados perniciosos. Se manifieste como un puro *engaño*, como ocurre cuando estamos confundidos o aturdidos, o incluya las fuerzas primarias compulsivas de la codicia y el odio, la práctica budista lidia con los estados mentales perniciosos de manera semejante. Cuando son fuertes, nos arrastran debido a su fuerza y manifiestan sus emociones en comportamientos que son dañinos para nosotros y otros seres. La mayoría del tiempo no somos ni siquiera conscientes de que estamos bajo su influencia, con lo cual los factores universales son coemergentes con los factores perniciosos, sin la participación de los factores ocasionales. En otros momentos, los factores ocasionales están presentes y estamos actuando de manera dañina, incluso sabiendo que estamos actuando de manera dañina. Uno de los efectos de los tres venenos, en estos casos, es que no nos importa verdaderamente el que estemos actuando mal e, incluso, que estemos cautivos por el poder y la gratificación de la emoción. Aun, en otras ocasiones, puede que llevemos la atención hacia los estados perniciosos ejercitando el pensamiento aplicado y sostenido, pero ahora estos últimos se encuentran al servicio de estados perniciosos y son cooptados por el engaño. Podemos, por lo tanto, ser conscientes del odio, por ejemplo, pero esta consciencia no será transformativa y solo servirá para perpetuar el odio.

Es en el nivel siguiente en el que el poder transformativo del mindfulness viene a apoyarse en la experiencia. Como mencionamos más arriba, el mindfulness y sus factores asociados modelan la consciencia de un objeto de muchas otras maneras, además de la mera atención. El mindfulness no es solo la atención aumentada, más bien es la atención que se ha vuelto segura, benevolente y, fundamentalmente, sana. Como tal, se funda no solo sobre los siete factores mentales universales, como hacen todos los estados mentales, sino también sobre los factores ocasionales. La atención básica (incluida entre los universales) es aumentada a través de la atención consciente deliberada (que traen consigo los ocasionales), que es luego pulida y mejorada por la atención plena, la cual es siempre un universal saludable. Por ejemplo, respiramos todo el tiempo, pudiendo o no ser conscientes de este hecho debido a una serie de condiciones. Cuando nos distraemos con algo diferente, le perdemos la pista a la respiración; cuando somos incapaces de respirar, o perdemos el aliento, naturalmente atendemos a la respiración; pero en estos casos nuestra atención se «tropieza» con la respiración como por casualidad (aunque, de acuerdo con el pensamiento budista, siempre hay una causa para que la atención se dirija hacia donde se orienta, lo sepamos o no). Con el entrenamiento mental, deliberadamente dirigimos la atención a la respiración, pero la cualidad de esta atención puede ser aún bastante corriente, sobre todo cuando inspiramos y espiramos, mientras la mente vaga sin rumbo en el campo de la experiencia. Esta atención dirigida puede, también, estar presente en un estado mental pernicioso, como cuando resoplamos furiosos, o en el proceso de cometer un crimen terrible. Sin embargo, cuando la forma sana de la atención se manifiesta, en concreto el mindfulness, la respiración se ve bajo una luz diferente, se sujeta con un tacto diferente, se conoce con una cualidad diferente de la mente. Ahora el tono emocional, la postura intencional, la actitud con la cual contemplamos el objeto están arraigados en la no codicia, el no odio y el no engaño, los cuales excluyen sus opuestos, los tres venenos, e incluso si el objeto de la atención es algo tan ordinario como las sensaciones de la respiración, el momento es profundamente transformativo. Cambiar la respiración por un objeto más desafiante, el caso de alguien que está enfadado y es capaz de llevar la atención al enfado mismo, y luego es capaz de aplicar el mindfulness al enojo, de modo que el enojo se convierte en un objeto mental, un eco de los momentos precedentes de la mente, y que ya no funciona como una actitud que maneja a la mente. No podemos estar enfadados y estar plenamente atentos al mismo tiempo; por lo tanto, en cualquier momento en el que surge el verdadero mindfulness, el enfado ya se ha desvanecido, y es solo una reliquia del estado de enfado que actúa como el objeto de la consciencia. Si la atención sana puede mantenerse momento a momento, la corriente de consciencia en su integridad se purifica del surgimiento natural de toxinas, y las disposiciones sanas son reforzadas, mientras que sus contrapartes perniciosas se atrofian. El mindfulness (la atención plena) que se aplica sobre los estados perniciosos es transformador, precisamente, porque la cualidad insalubre de la consciencia es reemplazada por una actitud sana.

El grupo final que debemos considerar es el de los factores sanos ocasionales, los que surgen sobre la base de los universales sanos. Aquí nos encontramos con la sabiduría que, de acuerdo con este modelo, no surge automáticamente con el mindfulness. Es posible, en otras palabras, experimentar la purificación de la corriente de la mente a través de la meditación del mindfulness sin entender con sabiduría, necesariamente, la naturaleza de la experiencia. La práctica del mindfulness madura como meditación de visión profunda cuando contemplamos directamente aspectos como la transitoriedad, el sufrimiento y la ausencia de esencia de sí en el surgimiento y desaparición de los objetos de la consciencia. Una vez más, no importa de qué tipo de objeto se trata; es la manera de entender el objeto lo que aquí es importante. La sabiduría en este modelo es en sí misma tan transitoria y endeble como cualquier otro elemento de la mente y el cuerpo. Surge en ciertas condiciones, y no puede mantenerse si estas condiciones cambian, incluso ligeramente. Tendemos a experimentar la sabiduría a través de vislumbres, los cuales se repetirán a menudo a medida que se incremente nuestra habilidad.

La meditación como proceso

Lo que este modelo proporciona es una manera estratificada de comprensión de lo que ocurre cuando uno se sienta a practicar la meditación. La mayor parte del tiempo hay solo una forma rudimentaria de atención manifestándose, mientras la mente registra cambios en el entorno, como sonidos, o se mueve de una asociación a otra de manera natural y ordinaria. La mente está constantemente cambiando su atención de un objeto a otro, y nosotros podemos guiar este proceso de algún modo a través del ejercicio de la volición y la atención para alentar a que la mente sea atraída hacia un objeto en vez de a otro. La mayoría de las formas populares de estrategia para el desarrollo personal trabajan en este nivel básico, que consiste en *cambiar la mente* 1) guiando la atención de una cosa hacia otra. Lo que los budistas llamarían *entrenamiento mental* 2) comienza con el compromiso de cultivar la atención de una manera más deliberada y directa. Nos volvemos gradualmente más hábiles a la hora de posicionar la atención en un objeto elegido y mantenerla sobre él durante algún período de tiempo. Si estamos practicando la meditación de la concentración, la atención puede incluso permanecer firme sobre el objeto por un espacio de tiempo considerable, o puede ser capaz de enfocarse consistentemente en una larga serie de objetos cambiantes. Mientras hacemos cualquiera de estas cosas, es natural que los estados mentales perniciosos surjan y desaparezcan en la experiencia, tanto los estados con odio y codicia como otros estados meramente afectados por el engaño. Deberíamos intentar abandonarlos en cuanto los notamos, inmediatamente, o después del largo desvío a través de una serie de pensamientos que nos arrastran hasta el final del camino. El abandono de estos estados mentales tóxicos una vez han surgido, y la protección de la mente de manera anticipada ante el surgimiento de este tipo de estados tóxicos, son importantes prácticas budistas para *purificar la mente* 3). En otros momentos, cuando estas toxinas no se manifiesten, la atención plena (el mindfulness) se manifestará acompañada con sus factores asociados, y estos también desaparecerán rápidamente o serán mantenidos durante múltiples momentos mentales. La práctica del mindfulness sirve para *transformar la mente* 4), bloqueando al mismo tiempo los estados perniciosos y desarrollando y fortaleciendo los estados saludables. Y cuando el mindfulness se vuelve suficientemente estable, las condiciones maduran para que la sabiduría emerja también, y magnifique enormemente su efecto transformador, aunque pueda extinguirse tan rápidamente como surgió. La sabiduría tiene la función de *liberar la mente* 5), tanto a corto plazo, mientras los efectos inconscientes del engaño son neutralizados, como a largo plazo, a medida que las disposiciones latentes del odio, la codicia y el engaño son eliminadas de la mente por completo y se tornan ya incapaces de volver a emerger.

Desde esta perspectiva, la mente no está intrínsecamente polucionada ni es prístina. Es capaz de funcionar en el nivel básico de la consciencia, que incluye las seis bases internas y las seis bases externas sensoriales, las seis modalidades correspondientes de la consciencia y los cinco agregados. A partir de aquí, puede sumar factores mentales saludables o perniciosos (ambos son formaciones volitivas o *saṅkhāras*) en varias combinaciones, que servirán para aclarar o contaminar las cualidades resultantes de la consciencia. El entrenamiento mental, en general, y el desarrollo del mindfulness y la sabiduría, en particular, optimizarán el funcionamiento de la mente, y culminarán en su transformación, de tal modo que los estados perniciosos no puedan ya ocurrir de ningún modo, y la mente devenga enteramente liberada del sufrimiento. El proceso despliega algo como la imagen clásica del loto, cuyas raíces están en el barro, crece a través del agua y, en última instancia, abre sus pétalos hacia el cielo.

Abhidhamma y Abhidharma

Todo lo que se ha dicho hasta aquí es desde la perspectiva del Abhidhamma pali, esos textos que emergieron y se estabilizaron en la escuela del budismo del sur y el sudeste asiático. Estos textos incluyen obras como los siete libros del *Abhidhamma-piṭaka* y manuales posteriores, como el *Abhidhammatthasaṅgaha.* Hay también una tradición sánscrita paralela, la del Abhidharma, expresada en textos desarrollados en la escuela budista del noroeste de la India y otros sitios. Aquí también encontramos siete libros (en cierto modo diferentes) del *Abdhidharma-piṭaka,* y compilaciones posteriores como el *Abhidharmakośa.* En su mayor parte, existe una gran coincidencia, similitud y acuerdo entre estas dos tradiciones textuales, meditativas y filosóficas, las cuales pueden considerarse, claramente, como dos corrientes paralelas de desarrollo que surgen de una fuente más o menos común. En la cuestión que tenemos entre manos, la que se refiere a la clasificación de los *dharmas* agrupados como universales y ocasionales saludables y factores perniciosos hay, sin embargo, una interesante divergencia entre las dos tradiciones. Esta discrepancia no es trivial, y apunta al corazón mismo de los diferentes modelos de práctica y liberación a los que se adhieren las dos aproximaciones.

En el *Abhidharmakośa,* los factores mentales del *mindfulness* y la *sabiduría* son considerados entre los factores mentales universales, y por ello surgen y desaparecen en todos y cada uno de los momentos mentales.[40] Estos son presumiblemente eclipsados o cancelados por los factores perniciosos, no obstante, subyacen a estos. Este modelo está, por lo tanto, en línea con la visión budista posterior de la mente que la concibe como ya despierta, inherentemente sabia, pero con su sabiduría habitualmente ocluida por la codicia, el odio y el engaño. La práctica se concibe más bien como un des-ocultamiento de la pureza natural original, en vez de como la construcción de la sabiduría a partir de la base preparada del mindfulness.

Las implicaciones de esta distinción son enormes, y claramente van más allá del ámbito de lo que puede decirse aquí. Es suficiente señalar que la inclusión del mindfulness y la sabiduría entre los factores universales provee de razones al llamado modelo «innatista» de la tradición budista posterior, en contraste con el modelo «constructivista» que favorece la tradición temprana (véase, Dunne, 2011). Un interrogante histórico natural que emerge es si los cambios filosóficos del sistema Abdhidharma precedieron, o no, la emergencia del modelo innatista del despertar. Y la cuestión doctrinal que surge naturalmente es si la nueva aproximación a la práctica lleva a una revisión del sistema Abhidharma, o si los patrones dejados de lado por el Abhidharma allanaron el camino para una orientación diferente de la práctica. De nuevo, estos interrogantes deben ser investigados en otro sitio, aunque cabe aventurar sin sorpresa que, llegado el caso, la relación entre estos dos sea semejante a la del huevo y la gallina. Concluyamos con una breve reflexión acerca de la aproximación innatista desde la perspectiva del modelo constructivista delineado anteriormente.

Una crítica constructivista de la no-dualidad

Desde la perspectiva constructivista temprana, que encontramos en los Nikayas y el Abhidhamma, toda la cuestión de la experiencia dual y no-dual aparece de algún modo como un enigma. Los Nikāyas nos dicen que cada hecho cognitivo depende no de la dualidad entre sujeto y objeto, sino de la trinidad que implica a los órganos sensoriales, el objeto sensorial y la consciencia.[41] El encuentro de estos tres constituye el contacto (*phassa/sparśa*), el punto de partida de cualquier episodio de conocimiento. Si hubiera, de hecho, una dualidad en el pensamiento budista temprano, este sería no el de sujeto y objeto, sino el de órgano y el objeto. Los hechos conocidos por la cognición son las colisiones entre el mundo interno y el mundo externo, la interacción de estímulos como las ondas luminosas y sonoras, etcétera, sobre la materia sensitiva de la retina y el oído interno, etcétera, que traduce estas modulaciones en la actividad neuronal que llamamos consciencia. El conocimiento de un objeto por medio de un órgano no es equivalente a la relación sujeto-objeto. La consciencia no es un sujeto, sino una actividad, un proceso, un acontecimiento que ocurre un momento tras otro. Es una relación entre órganos de sensación y pensamientos, por un lado, y los objetos de sensación y los pensamientos, por el otro. Es una interfaz natural entre la materia sensitiva de los receptores sensoriales del cuerpo (que incluirían el cerebro) y los datos contenidos en el entorno circundante y el entorno interno, que es mediado por estados mentales de conocimiento. Esta mentalidad es probablemente una propiedad emergente de la materialidad, pero el mundo virtual construido por esta actividad mental presenta una fenomenología robusta de la experiencia.

La experiencia de fenómenos que surgen y desaparecen implica, por supuesto, el surgimiento y la desaparición de momentos de consciencia, sin embargo, no cualifican en sí mismos como un sujeto. El sujeto es construido en otro sentido de acuerdo con el modelo, en el punto donde el deseo es generado hacia los objetos de la experiencia. El sujeto es creado a partir del gusto o disgusto hacia un objeto. Es el ansia, manifestándose como aferramiento, lo que lleva al devenir un sí mismo (*attabhāva*), y solo cuando uno se ha vuelto un sí mismo, un sujeto, puede haber también sufrimiento. Aquel que ansía se convierte en aquel que sufre, tal como se señala en la Segunda Noble Verdad. Y, como señala la Tercera Noble Verdad, el cese del ansia llevará al cese del sufrimiento, por medio del cese de la producción del sí mismo (*ahaṃ-kāra*). Por consiguiente, la dualidad a la que el pensamiento budista no-dual parece estar apuntando es la dualidad entre el objeto y el sujeto al que le gusta o no el primero, en vez de la que se establece entre el objeto y el conocimiento del objeto. En este sentido, la mera función de la consciencia es un suceso impersonal; el gusto o disgusto de este es una construcción personal. Desde las épocas más tempranas, en esta manera de ver las cosas, el Buda estuvo dirigiendo a sus estudiantes hacia la experiencia no-dual, pero esta no tiene nada que ver con la relación entre la consciencia y el objeto conocido por esta; era solo acerca del objeto y el sentido ilusorio de ser una persona posicionada frente a él. Por eso resulta desconcertante descubrir que la solución a este «problema» en la tradición posterior consiste en divorciar la consciencia de su objeto y aspirar a una experiencia de la consciencia removida de objeto enteramente. Esto parece preservar al sujeto a expensas del objeto, cuando en realidad toda la cuestión planteada por las enseñanzas tempranas consistía en entender la naturaleza fundamentalmente ilusoria del sujeto y permitir, a partir de ello, que el objeto fuera conocido de manera consciente por lo que realmente es (*yathā-bhūta*).

Si la experiencia no-dual tiene que ver con la disolución de la relación sujeto-objeto, entonces, de acuerdo con el análisis del Abhidhamma, debe referirse a la eliminación de la errónea visión de la mismidad (*sakkāyadiṭṭhi*).[42] Esto elimina una dicotomía, entre los fenómenos, tal como estos son realmente, y el sentido ilusorio de que existe una persona separada a quien la experiencia de estos fenómenos pertenece. Pero deja intacta la dicotomía entre los órganos y los objetos de experiencia, porque cada uno de ellos solo existe como una interacción con otros, y cada uno, por ello, requiere del otro para su definición. La cognición, por lo tanto, permanece, incluso después de que desaparece la persona que experimenta la cognición, entendida ahora como la mera visión que en realidad es.

Parece como si, en algún punto de la línea, hubiera ocurrido una fusión entre la consciencia y la visión del sí mismo, en la medida en que la consciencia es identificada como sujeto en una relación sujeto-objeto. Creo que todo el tema de la dualidad sujeto-objeto fue heredado por los pensadores de las escuelas no budistas de la filosofía india, donde la cuestión es simplificada por la existencia real de un alma. En el pensamiento hindú, la consciencia (*cit*) está inextricablemente enredada con la existencia real (*sat*), por ello se da por descontado que donde hay algo conocido (*grāhya*), debe haber un conocedor de ello (*grāhaka*). Pero el Buda intentó expurgar su lenguaje de todo sustantivo agente, y seguramente consideraría cualquier referencia a un «conocedor de lo conocido» como fundamentalmente engañosa.[43] Un alma, en relación con cualquier otra cosa, constituye una dualidad, y la liberación del alma de cualquier cosa resulta en un estado no-dual. En este entorno binario del sí mismo y lo otro es natural explorar la distinción filosófica sujeto-objeto, y parece que los pensadores budistas se vieron atraídos hacia este discurso. Pero, en el mundo no binario de las enseñanzas índicas no ortodoxas, como el budismo, donde la consciencia es concebida como un fenómeno natural condicionado de maneras múltiples, la situación es más compleja. El surgimiento interdependiente y la cesación de la consciencia (junto con sus correspondientes órganos y objetos y los otros cuatro agregados) desplegados momento a momento es una cosa, mientras que la construcción de un sentido ilusorio de ser una persona a la que le está pasando algo es diferente.

Por lo tanto, estoy completamente de acuerdo en que la visión budista está estrechamente relacionada con la experiencia de la no-dualidad sujeto y objeto, pero quisiera sugerir que esto ocurre cuando el sentido de mismidad se pierde, ya sea brevemente, como sucede en la pérdida breve del sí mismo que ocurre en cualquier pico de la experiencia, o de manera inquebrantable, como ocurre con el despertar del Buda. Sin embargo, esta suerte de comprensión no-dual no es una innovación del siglo IV, sino que ha sido parte integrante del mensaje budista desde sus orígenes.

BIBLIOGRAFÍA

BODHI, B. (1993). *A comprehensive manual of Abhidhamma.* Seattle: Pariyatti.

DUNNE, J. (2011). Toward an understanding of non-dual mindfulness. *Contemporary Buddhism,* 12, 71-88.

OLENDZKI, A. (2010). *Unlimiting mind: The radically experiential psychology of Buddhism.* Boston, MA: Wisdom.

PRUDEN, L. (1991). *Abhidharmakosabhasyam.* (L. d. Pussin, trad.) Berkeley: Asian Humanities Press.

5. Hacia una comprensión no-dual del mindfulness

John Dunne

El objetivo de este artículo es explorar un enfoque del «mindfulness» que se encuentra fuera de la corriente budista dominante. Esta aproximación adopta una postura «no-dual» hacia la práctica de la meditación, y, basándome en mi limitada experiencia y entrenamiento en el programa de reducción de estrés basado en mindfulness, considero que esta noción no-dual del «mindfulness» parece especialmente apropiada como punto de partida para una comparación entre el programa de reducción de estrés basado en mindfulness y el budismo. Aquí, la comparación no es el tema central dada mi falta de pericia y de experiencia clínica, ¡será mejor dejar esta comparación a otros! En lugar de ello, el objetivo será explorar algunas de las características del «mindfulness» en el contexto de los estilos no-duales de práctica budista. Para comenzar, evaluaremos algunas dificultades que emergen cuando intentamos hablar del «mindfulness» en el budismo. A continuación, atenderemos a una noción hasta cierto punto radical de la práctica «no-dual» en relación con las descripciones dominantes que encontramos en la literatura budista del Abhidharma. A continuación, examinaremos algunas características cruciales del no-dualismo budista, incluyendo las actitudes y teorías acerca de los pensamientos y los juicios. Una breve incursión en las prácticas específicas nos ayudará a comprender el rol del «mindfulness» en una tradición no-dual específica llamada «mahāmudrā» (El «Gran Sello»). Finalmente, después de esta reflexión sobre el «mindfulness» en la práctica no-dual del Mahāmudrā, concluiré con la consideración de un tema crucial: el contexto de la práctica.

Esta mente misma, atada por sus propios nudos,
si uno la dejar ir, No hay duda: será libre.
Saraha

Autoridad y el problema de un único budismo

Como otros autores en este libro han afirmado, la tradición budista no es monolítica: el budismo presenta una gran diversidad en sus filosofías, técnicas de meditación, estructuras institucionales, roles políticos, expresiones culturales, y otras numerosas características. Algunos especialistas han sugerido, incluso, que en los contextos académicos contemporáneos es altamente probable que induzca a error el uso de un término singular como «budismo» para describir estas diversas manifestaciones en culturas tan divergentes como la India, Sri Lanka, Vietnam, Nepal, el Tíbet, Corea, China, Japón, Estados Unidos, etcétera. El bien argumentado reclamo es que aquí cualquier intento por hablar en singular del «budismo» necesariamente oscurece la diversidad en su filosofía y práctica, enmascarándola con la noción propia, particular, de lo que el «budismo» en singular debería ser. Por supuesto, si queremos evitar, simplemente, la proyección de nuestras asunciones y deseos, debemos explorar la diversidad de budismos y ver de qué modo algunas corrientes pueden objetar la interpretación del «mindfulness» que presenta el programa de reducción de estrés basado en mindfulness (MBSR), mientras que otras corrientes lo aprueban de buena gana.[44]

Yendo más allá de la noción monolítica de un budismo singular, sin embargo, nos vemos enfrentados a dos difíciles desafíos que emergen de las propias tradiciones budistas. Uno es, sencillamente, el problema de encontrar los términos correctos a la hora traducir, como ocurre con la palabra «mindfulness». Aquí hallamos el mismo problema de la diversidad, excepto que, incluso en una misma corriente de budismo, aparecen opiniones en conflicto. Indiquemos este problema abandonando las incómodas comillas y poniendo en mayúsculas el Mindfulness, para recordarnos a nosotros mismos que este término singular puede fácilmente enmascarar una gran diversidad dentro del budismo y de los usos contemporáneos.

Poniendo a un lado, por un momento, el problema de la diversidad del Mindfulness, encontramos otro problema, quizá más difícil: las diversas tradiciones budistas y los propios maestros insisten, a menudo, en que, en el análisis final, el budismo es, de hecho, singular y monolítico. Esto no significa, necesariamente, que la tradición o el maestro reivindique que el único budismo verdadero sea la práctica y la filosofía de su tradición. Es cierto que se hace este tipo de afirmaciones, pero otra línea argumentativa consiste en demostrar que la propia tradición encaja en la visión global, unitaria del budismo, y, para ello, uno debe reconciliar las actuales características de la propia tradición con las prácticas y textos tempranos que, al menos superficialmente, podrían parecer bastante diferentes a la propia tradición. Esta aproximación aparece sobre todo en la literatura budista de los comentarios –precisamente en los textos que uno consultaría en busca de un análisis pormenorizado del Mindfulness–. Cada tradición budista cuenta con un conjunto de textos antiguos como autoridad, e incluso si estos textos parecen contradecir la práctica o la filosofía de la propia tradición, un comentarista hábil puede encontrar la manera de reconciliar los materiales antiguos con la tradición contemporánea.

Cuando los comentaristas reconcilian sus propias tradiciones con los materiales tempranos, implícitamente (en ocasiones, explícitamente) argumentan a favor de la unidad global del budismo. Sin embargo, la unidad del budismo no es lo que está en juego. Por el contrario, si los comentaristas no pueden conectar su tradición particular con los textos tempranos escritos por figuras autorizadas, entonces los seguidores de la tradición y sus críticos pueden llegar a dudar acerca de si la tradición misma tiene autoridad. En otras palabras, el motivo que se halla detrás de la afirmación, en la tradición escolástica, de Un budismo está en gran parte impulsado por la necesidad de justificar la autenticidad de la tradición del comentarista. Este problema se vuelve especialmente agudo cuando una tradición desarrolla nuevas prácticas o adopta nuevas perspectivas filosóficas. Los críticos (en particular aquellos de tradiciones budistas competidoras) pueden afirmar que estas nuevas prácticas y filosofías son falsas, y los seguidores pueden desarrollar dudas similares que bloquearán la efectividad de las técnicas de la práctica. Por estas razones, las tradiciones budistas se resisten en general a cualquier tipo de novedad: en algunos casos, cada tradición reivindica justamente el encarnar lo que el Buda dijo (incluso si solo fue dicho de manera implícita).[45]

En la India y el Tíbet, la necesidad de justificar la autenticidad de la propia tradición requirió de los budistas el demostrar de qué modo sus tradiciones estaban conectadas con un número de antiguos textos budistas de varios tipos; sin embargo, para nuestro propósito, el cuerpo más importante de textos es el Abhidharma. Para pensadores del Mahāyāna posteriores, en la India y el Tíbet, dos textos en particular fueron las piedras de toque: el *Abhidharmakośa* de Vasubandhu y el *Abhidharmasamuccaya* de Asaṅga. Estos textos, a su vez, se derivaban de materiales anteriores, y, a fin de cuentas, se entendían, en general, como derivados de las mismas «palabras del Buda» (*buddhavacana*). Estos textos del Abhidharma son especialmente relevantes aquí porque en ellos encontramos las discusiones técnicas sobre las prácticas meditativas y la terminología, incluida la noción de Mindfulness. Por lo tanto, si los budistas del Mahāyāna, de la India y el Tíbet, escribieron acerca de sus teorías de la meditación y sus prácticas, se vieron obligados a demostrar que era posible usar esas teorías del Abhidharma, los términos y las categorías para explicar sus prácticas tradicionales. Es crucial que notemos, sin embargo, que las teorías, términos y categorías en esos textos del Abhidharma fueron formulados antes del siglo IV d.C., y ninguna de sus teorías principales, términos o categorías han sido revisados desde entonces. Esto no plantearía problema alguno si las teorías y prácticas tardías de la meditación en la India y el Tíbet hubiesen permanecido completamente estáticas o, al menos, no hubieran cambiado de una manera que fuera difícil de reconciliar con el Abhidharma. Sin embargo, la teoría y la práctica, de hecho, cambiaron de manera irreconciliable. En particular, y especialmente relevante para nosotros, es la emergencia de estilos de práctica que podemos denominar como «no-duales», sobre todo el que consideraremos a continuación: el Mahāmudrā.[46]

Lo no-dual y el Abhidharma

La noción de la no-dualidad (en sánscrito, *advaya*) la encontramos en el budismo indio temprano. Sin duda alguna, la no-dualidad última del *saṃsāra* y el *nirvāṇa* es un ejemplo crítico para el surgimiento del budismo Mahāyāna alrededor del siglo I d.C. Sin embargo, al hablar del Mahāmudrā como una práctica no-dual me estoy refiriendo específicamente a una forma de no-dualidad que encuentra su primera expresión a partir del siglo III d.C., y que experimenta un desarrollo posterior alrededor del siglo VII. Esta forma de no-dualidad se interesa específicamente por la dualidad del sujeto cognoscente *versus* el objeto conocido (*grāhyagrākadvaya*). Desde una perspectiva histórica, son dos los cambios dentro del budismo indio que permiten que se desarrolle este estilo de práctica. Primero, la filosofía Yogācāra (que emerge alrededor del siglo II y III), que mantiene que la ignorancia (*avidyā*) se da en su forma más sutil como el aspecto, aparentemente real, de una falsa distinción última entre objeto y sujeto en la experiencia. En otras palabras, para el pensamiento Yogācāra, la ignorancia, en su forma más sutil, se manifiesta como el sentido de que hay una subjetividad que se posiciona como distinta y separada del objeto que aprehende. Como una de las metas centrales de todas las prácticas del Mahāyāna es la eliminación de la ignorancia, a través de la experiencia de la realidad tal como es (*yathābhūtadarśana*), para los pensadores del Yogācāra, un estado meditativo verdaderamente liberado no debe estar cautivo de la falsa distinción entre sujeto y objeto. En otras palabras, el estado debe ser no-dual, en el sentido de que la experiencia no está estructurada por la dualidad objeto y sujeto. Es, por el contrario «sabiduría no-dual» (en sánscrito, *advayajñāna*).

Sin embargo, para que los practicantes experimenten un estado no-dual debe haber algún tipo de conocimiento o experiencia que no esté estructurado por la dualidad sujeto-objeto. Esta forma de conocimiento es una «consciencia reflexiva» (en sánscrito *svasaṃvitti*; en tibetano *rang rig)* que no recibió un tratamiento teorético sólido hasta la obra de Dharmakīrti y sus comentaristas principales (siglos VII y IX). Con una clara descripción de la consciencia reflexiva a su disposición, los autores budistas tienen las herramientas para hablar de estados meditativos verdaderamente no-duales, es decir, aquellos en los cuales el meditador experimenta la consciencia en su forma pura como completamente vacía de la estructuración sujeto-objeto. Y este es el tipo de práctica que emerge históricamente como el Mahāmudrā, en la India, a finales del primer milenio de nuestra era.[47]

Más abajo examinaremos algunas características de la teoría y práctica del Mahāmudrā, sobre todo en términos del mindfulness, pero comencemos señalando un problema inmediato que afrontan los comentaristas del Mahāyāna cuando desean hablar del Mahāmudrā en términos técnicos. Las herramientas técnicas y el vocabulario que utilizan debe extraerse de las obras del Abhidharma mencionadas más arriba, debido a que estas son concebidas como fuentes autorizadas para este propósito. Sin embargo, de acuerdo con estas obras, *todos* los estados meditativos liberadores tienen necesariamente un objeto; esto es, cualquier meditación que un budista pudiera usar con el fin de eliminar la ignorancia debe estar estructurada por la dualidad sujeto-objeto. O, para decirlo de manera más sencilla, el *Abhidharmasamuccaya* o el *Abhidharmakośa* no articulan ninguna teoría acerca de los estados meditativos que eliminen la ignorancia y están desprovistos de la dualidad sujeto-objeto. De hecho, excepto algunos casos inusuales que no son considerados como útiles para el camino, el Abhidharma, como totalidad, asume que un estado que puede cultivarse en el camino es necesariamente un estado que está orientado hacia algún objeto sobre el cual uno medita.

Sin duda alguna, no es fácil formular una explicación a partir del Abhidharma de la «sabiduría no-dual», una forma de conocimiento que no esté radicalmente estructurada por objeto y sujeto. Y, como la descripción del Abhidharma sobre el Mindfulness asume que los estados meditativos están estructurados por la dualidad sujeto-objeto, parece obvio que no deberíamos intentar trazar las categorías del Abhidharma directamente sobre las prácticas no-duales, como por ejemplo el Mahāmudrā. En efecto, parece especialmente problemático el uso de cualquier fuente budista anterior al siglo VII d.C. para explicar los detalles cognitivos de las prácticas no-duales, ya que a estas fuentes les faltan las herramientas teóricas y terminológicas para abordar las meditaciones no-duales, incluidas sus características, tal como ocurre con el Mindfulness no-dual.

Podríamos objetar, sin embargo, que los miembros de la tradición del Mahāmudrā en el Tíbet sí usaron las categorías y la terminología del Abhidharma para ese propósito. En otras palabras, a medida que la tradición del Mahāmudrā se movía de la India al Tíbet, también se desarrolló de maneras que llevaron a unas explicaciones más sistemáticas de la práctica, y mientras muchos nuevos términos se acuñaban o adoptaban, la mayor parte del vocabulario técnico del Abhidharma fue asimismo adoptado (en formas que en muchas ocasiones resultan bastante confusas) con el propósito de analizar la práctica del Mahāmudrā. Por ejemplo, el término *śamatha* del Abhidharma (en tibetano *zhi gnas*) se encuentra a menudo en las explicaciones tibetanas tardías del Mahāmudrā, aunque el uso del Abhidharma del término siempre asume que hay un objeto de meditación, mientras que el *śamatha* en el Mahāmudrā está claramente asumido en un contexto donde la meta es moverse más allá del enfoque sobre un objeto.

¿Por qué razón los especialistas tibetanos del Mahāmudrā emplearon la terminología del Abhidharma, incluso cuando el encaje es en ocasiones bastante impreciso? Una de las razones puede haber sido que los términos del Abhidharma eran los mejores disponibles, y sin entrar en una laboriosa puesta al día de la totalidad del Abhidharma, era mejor adaptar y actualizar algunos términos escogidos que eran especialmente útiles para entender la práctica del Mahāmudrā. Otra razón, esta vez desde la perspectiva académica contemporánea, es que para mantener la autenticidad de las prácticas del Mahāmudrā, los comentaristas tibetanos debían conectar dichas prácticas con el Abhidharma. Si la práctica no podía ser explicada en términos del Abhidharma, no podía considerarse auténtica. Por ese motivo, no importaba cuán difícil resultaba el encaje en ocasiones, no había alternativa a la utilización de los términos del Abhidharma para explicar el Mahāmudrā, al menos en ciertos contextos.[48]

En el contexto contemporáneo, por supuesto, continúa siendo legítima la utilización de las herramientas del Abhidharma para entender las prácticas que emergieron mucho después, pero, probablemente, es importante plantear algunas preguntas. Si estamos examinando los estilos de práctica no-duales, ¿tenemos que actualizar los términos del Abhidharma para que encajen mejor? Y si estamos examinando el estilo no-dual, ¿por qué no examinar los propios textos no duales, en vez del Abhidharma? ¿Nuestra intención es utilizar el Abhidharma como un medio para argumentar acerca de la autenticidad y la autoridad? En otras palabras, frente a la obvia diversidad dentro del budismo, ¿preferimos argumentar a favor de una auténtica versión del Mindfulness? Si es así, ¿por qué?

Características claves de los estilos de práctica no-duales

Puede que a estas alturas sea obvio que, al comparar el Mindfulness, en el contexto del programa MBSR, a la práctica budista, no creo que los textos del Abhidharma nos proporcionen las mejores herramientas. Basándome en mi experiencia en el entrenamiento de MBSR, mi investigación sobre el tema, y en muchas conversaciones con practicantes de MBSR, parece claro que el programa MBSR adopta globalmente una aproximación no dual a la práctica.[49] El punto apropiado de comparación debe encontrarse dentro de las tradiciones budistas no-duales; y con ello en mente, me centraré a continuación en algunas características relevantes de los estilos de práctica no-duales.

Estas características se conectan con una preocupación global que, fundamentalmente, distingue a las tradiciones budistas no-duales de otras aproximaciones; para expresarlo sencillamente, ¿cuál es la continuidad entre la mente corriente u ordinaria y la mente de un Buda? En otras palabras, ¿hasta qué punto están las cualidades del estado de Buda o el despertar (*bodhi*) presentes en la persona corriente? Para responder a esta cuestión crucial, las tradiciones budistas se ubican en un amplio espectro. En un extremo de ese espectro: *todas* las cualidades del despertar están ya presentes en la mente de una persona corriente; en el otro extremo del espectro: solo unas pocas cualidades están presentes, las suficientes como para facilitar que una persona corriente desarrolle otras cualidades. Cada una de estas opciones se enfrenta a sus propios desafíos filosóficos y prácticos. Si mantenemos que todas las cualidades del despertar son innatas en cualquiera de las mentes de los seres sentientes, parecería que todos deberíamos ser ya budas. La respuesta es que sí; en un sentido, nosotros estamos ya esencialmente despiertos, pero nuestras mentes están ocluidas por otras características que previenen que la budeidad natural se manifieste espontáneamente. Para la otra posición, la de aquellos que dicen que las cualidades del estado de Buda deben ser adquiridas o construidas, el problema consiste en explicar de qué modo comenzar a hacerlo si estamos cautivos y desorientados por nuestra ignorancia. Aquí, la respuesta es que, dadas las cualidades cognitivas que tenemos, la instrucción y el entrenamiento apropiados pueden movernos más allá del estado ignorante si aplicamos suficiente esfuerzo.

Los dos extremos del espectro se conocen habitualmente como «aproximación repentina» (en tibetano, *cig car ba*) y «aproximación gradual» (en tibetano, *rim bzhin pa*), pero como estos términos pueden resultar confusos, me referiré a estos extremos como «innatismo» y «constructivismo». Para los innatistas, el progreso a lo largo del camino implica en su mayor parte la eliminación de los oscurecimientos que impiden que nuestra budeidad innata emerja. Para los constructivistas, el camino implica eliminar obstrucciones, pero esto requiere también la cuidadosa adquisición o construcción de cualidades que al final resultarán en la budeidad. De nuevo, es importante resaltar que estas dos posiciones caen en los extremos del espectro, y varias tradiciones budistas pueden ser localizadas en uno u otro punto a lo largo de la escala. Y aquí encontramos el punto crucial: las propuestas no-duales siempre tienden hacia la aproximación innatista, mientras que las del Abhidharma clásico tienden más hacia el constructivismo.[50]

Para el innatista no-dual, la tarea central consiste en eliminar las obstrucciones que enmascaran nuestra budeidad innata, pero aquí la cuestión obvia es la siguiente: ¿cuáles son esas obstrucciones? Como el budismo, históricamente, desarrolló explicaciones cada vez más sofisticadas de la experiencia, este interrogante pone de manifiesto la posibilidad de que muchas cualidades de la propia experiencia corriente oscurezcan la budeidad. Por una serie de razones que no pueden explicarse aquí, los expertos del Mahāmudrā en la India adoptaron por lo general una postura bastante radical: concluyeron que la mayoría o incluso todas las estructuras de la cognición ordinaria son parte del problema. En otras palabras, las estructuras ordinarias de la cognición –incluidos el tiempo, el espacio, la identidad, y muchas otras– son los principales obstáculos para la emergencia espontánea de la propia budeidad innata. Estas estructuras, incluidas bajo el término sánscrito *prapañca* (en tibetano, *spros pa*), son las manifestaciones sutiles de la ignorancia, y la meta –tanto de la filosofía como de la práctica meditativa– consiste en eliminarlas.

Los constructivistas budistas, por otro lado, mantienen que es el contenido de esas estructuras en su mayor parte, y no las estructuras mismas, el problema. Es cierto que algunas de las estructuras de nuestra cognición ordinaria deben cambiar, pero la mayoría de las estructuras básicas, como el tiempo, el espacio y la orientación sujeto-objeto, no se conciben como problemáticas en sí mismas. Son incluso esenciales para el progreso a lo largo del camino porque, sin ellas, no podemos crear nuestra propia budeidad futura, la cual debe ser construida pieza a pieza a través del tiempo. Para los constructivistas, es más bien el contenido específico, como la creencia automática en la propia identidad fija, el que debe ser eliminado, al tiempo que otras cualidades, como la compasión, deben ser cultivadas. Este proceso de eliminación y cultivo (o construcción) conduce, según los constructivistas, a la budeidad.

Es importante recordar que la mayoría de los especialistas budistas indios deben ser posicionados en algún lugar del lado constructivista del espectro, y cuando la posición innatista surge, lo hace como respuesta al constructivismo. En parte, esto significa que la aproximación innatista en la India fue contracorriente: se produjo fuera de la corriente budista principal y la criticó. Por ello, Saraha (¿975 de nuestra era?), uno de los grandes autores innatistas de la India, incluso se mofaba de la corriente dominante, la aproximación escolástica, con sus explicaciones excesivamente técnicas de la meditación. Y Maitripa (¿1035 de nuestra era?), quien, pese a estar mejor dispuesto al uso de algunas de las herramientas filosóficas de la corriente principal, de todos modos, argumentó radicalmente que la meditación propiamente implica *asmṛti* ('no-mindfulness') y *amanasikāra* ('no-atención').[51]

Al hablar aquí de «no-mindfulness» y «no-atención», Maitripa se acoge directamente a las explicaciones del Abhidharma de la meditación, según el cual *smṛti* ('mindfulness') y *manasikāra* ('atención') son considerados esenciales para la práctica apropiada de la meditación. En las explicaciones clásicas del Abhidharma, estas dos facetas de la consciencia deben ser presentadas para que un objeto pueda ser mantenido con estabilidad en un estado meditativo. Y es, precisamente, por este motivo por el que Maitripa insistía en que en la meditación propiamente no-dual, estas dos facetas deben ser invertidas o negadas. Desde la perspectiva innatista no-dual, si cultivamos *smṛti* (en pāli, *sati*) y *manasikāra*, entonces cultivamos ignorancia porque estamos fortaleciendo las estructuras sujeto-objeto de la consciencia, las mismas estructuras que son manifestación sutil de la ignorancia misma.

Más abajo examinaremos algunas instrucciones prácticas específicas que emergen más tarde de esta inversión radical de la corriente budista dominante, pero permítasenos primero explorar algunas implicaciones de la propuesta no-dual innatista. La acuñación de los términos «no-mindfulness» y «no-atención» por parte de Maitripa apunta, justamente, a un tema central: sea cual sea la técnica que se emplee en meditación, debe apuntar a la eliminación de *prapañca*, las estructuras de la cognición ordinaria que ocluyen nuestra budeidad innata. En los niveles más avanzados de la práctica, la contemplación tiene como meta las estructuras que implican «cognición dualista» (en tibetano, *gnyis'dzin gyi blo*). Sin embargo, debido a que estas estructuras son concebidas como sutiles, los principiantes (e incluso los practicantes bastante avanzados) no pueden pretender disiparlas desde el comienzo. En vez de ello, las estructuras más burdas, las que dependen de la cognición dualista, son el punto de partida de la práctica, y estas incluyen, sobre todo, las estructuras que permiten que los juicios (pensamientos discursivos) surjan.

Para entender la naturaleza de los pensamientos y juicios en este contexto es útil regresar a la tradición epistemológica budista que desciende de Dharmakīrti (siglo VII d.C.) y a sus comentaristas, dado que sus obras parecen una fuente importante para los estilos innatistas de práctica que al final surgieron en la India.[52] Sus teorías apuntan a tres características de los pensamientos y los juicios que son especialmente relevantes para la práctica del principiante. La primera es que los juicios implican lo que los científicos cognitivos llaman «viaje en el tiempo», esto es, la proyección de uno mismo como un sujeto pensante al pasado o al futuro. De acuerdo con la teoría budista relevante de la formación conceptual, todos los conceptos necesariamente implican esta característica. Por lo tanto, para eliminar la posibilidad de quedar atrapados en las estructuras de pensamientos y juicios, una forma obvia de comenzar es cultivando la consciencia centrada en el presente, como se verá a través de las instrucciones prácticas, detalladas más adelante.

Hay una segunda característica clave de la teoría budista acerca de los pensamientos: incluso si los juicios y pensamientos discursivos son solo representaciones y no son reales en sí mismos, de todas maneras, se presentan a sí mismos como reales. En otras palabras, el pensamiento de una «manzana» no es la manzana real; no puede ser comido. No obstante, tenemos una tendencia innata a interpretar nuestros pensamientos como reales. Por ello, de manera semejante a lo que ocurre con la noción de «fusión cognitiva» en la terapia de aceptación y compromiso, «fusionamos» o mezclamos nuestras representaciones de la realidad con la realidad misma.[53] Como resultado del hecho de parecer real de ese modo, los pensamientos, a menudo, parecen muy relevantes, y por ello nos empujan a toda una serie de pensamientos. En la práctica, entonces, cultivamos la capacidad de romper esta fusión cognitiva y no nos quedamos cautivos en la cadena de pensamientos.

Un tercer aspecto clave de esta visión budista de los juicios o pensamientos es que, necesariamente, implican un «esfuerzo cognitivo» (*ābhoga*; en tibetano, *rtsol ba*).[54] Una investigación más profunda sobre esta noción en la tradición epistemológica budista resulta necesaria, aunque está claro que descansa sobre alguna clase de distinción entre la percepción, como un proceso más receptivo, y el pensamiento o los juicios, como un proceso más activo. Esto no significa que los pensamientos o los juicios surjan solo cuando hacemos un esfuerzo consciente, sino que el proceso de formación de pensamientos requiere condiciones mentales adicionales, más de las que son necesarias para la mera percepción. La formación de pensamientos o juicios puede, por ello, estar muy por debajo de nuestro nivel habitual de consciencia, pero está, sin embargo, conducida por factores como el interés, la orientación hacia metas, el deseo, el desagrado, etcétera. Todos estos factores, a la vez, constituyen una clase de «esfuerzo cognitivo», y esto parece que es un factor en el énfasis sobre la «ausencia de esfuerzo», como medio para liberar las estructuras que permiten el surgimiento de los pensamientos. Esto explicaría por qué razón uno de los temas principales de las prácticas innatistas, como la del Mahāmudrā, sea el «dejar ir» (en tibetano, *lhod kyis glod*) el pensamiento mismo.

Finalmente, a partir de estas tres características de los pensamientos y los juicios, los textos de la práctica del Mahāmudrā sugieren otro aspecto importante: cuanto más cargado de valor está el pensamiento, más probable es que se produzca una «fusión cognitiva» y, por ello, mayor empuje hacia una cadena de pensamientos. Aquí, la teoría implícita es que la apariencia de los pensamientos se nos manifiesta como muy relevante cuando estos están muy cargados de valor; esto incluye pensamientos acerca de lo bueno y lo malo, lo ético y lo amoral, lo agradable y lo desagradable, etcétera. Como resultado de esta apariencia de gran relevancia, estos pensamientos nos atrapan más fácilmente. De ahí que las instrucciones prácticas discutidas más abajo muestren que una característica adicional de la práctica, sobre todo para los principiantes, consiste en no dejarse atrapar por juicios de valor durante la meditación, incluidos, especialmente, los juicios acerca de la propia meditación.

En la siguiente sección discutiremos, brevemente, algunas de las instrucciones prácticas que ilustran los puntos que hemos desplegado más arriba, pero, primero, permítasenos señalar algunos problemas sobre la aplicación de los análisis del Abhidharma a la práctica no-dual del Mahāmudrā. Dadas las características discutidas más arriba, debe haber quedado claro que el Mindfulness no-dual debe, al final, moverse más allá del juicio ético, el recuerdo del pasado (incluida la memoria de los propios votos o promesas), o la prospección (los pensamientos acerca del futuro). Sin embargo, como Georges Dreyfus señaló en su artículo en esta edición (Dreyfus, 2011), los juicios éticos, la memoria y la prospección son cruciales para el modelo del Mindfulness del Abhidharma. Dreyfus señala correctamente, por ejemplo, que la interpretación del Mindfulness como «consciencia no evaluativa centrada en el presente es problemática, porque refleja solo algunos de los modos en los que estos términos originales fueron empleados». Apunta a la interpretación de *sati* (en sánscrito, *smṛti*) como Mindfulness, y observa que se debe «distinguir entre estados mentales saludables y perniciosos». Por ese motivo, Mindfulness «debe ser explícitamente cognitivo y evaluativo». Eso significa que Mindfulness implica «retención de información» y también prospección con respecto a las metas espirituales. Al poco, basándose en su lectura del modelo del Abhidharma, rechaza la interpretación del Mindfulness como, básicamente, «consciencia no enjuiciadora centrada en la consciencia». De hecho, para el modelo constructivista del Abhidharma, el énfasis en la consciencia no enjuiciadora centrada en el presente parece perder el marco de referencia moral o ético de la práctica budista. Al final de este artículo volveré a cómo las tradiciones innatistas no-duales responden a esta cuestión.

En cualquier caso, el análisis de Dreyfus es una excelente presentación del modelo «clásico» del Abhidharma sobre el Mindfulness, pero no encaja muy bien con el modelo innatista no-dual del Mindfulness. Las características discutidas más arriba ya indican la importancia de permitir que la mente se establezca en un estado no enjuiciador centrado en el presente y, de manera semejante, indican de qué modo las tradiciones no-duales, adoptando una postura deliberadamente contraria al escolasticismo del Abhidharma, permanecen muy escépticas acerca de la utilidad del pensamiento evaluativo en la práctica. En su lugar, debemos liberarnos de las estructuras de este tipo de pensamientos, ya que son una manifestación de la ignorancia misma. Todo esto se destacará cuando exploremos algunas de las instrucciones de la práctica del Mahāmudrā, y examinemos en ella el rol del Mindfulness.

Ejemplos de las instrucciones prácticas

Volvamos la atención brevemente a algunas instrucciones de un muy conocido manual de meditación de la tradición del Mahāmudrā, el *Océano del sentido definitivo* de Karma Wanchûg Dorjé, el noveno Karmapa (1556-1603). El texto, compuesto por una figura central de los linajes tibetanos del Mahāmudrā, es uno de los más completos compendios de instrucciones prácticas disponibles. Junto con otro compendio, más polémico, de Dakpo Tashi Namgyel (1512-1587),[55] el *Océano*, a menudo sirve como referencia no solo de las instrucciones prácticas, sino también como secuencia de entrenamiento en la práctica del Mahāmudrā. Las tradiciones innatistas, como el Mahāmudrā, a menudo evitan presentaciones sistemáticas, en parte porque no explican adecuadamente la necesidad de ajustar las prácticas a las inclinaciones y capacidades de los individuos particulares. Por cierto, los primeros expertos indios del Mahāmudrā evitaron cualquier intento de dar una explicación sistemática de su práctica. Karma Wangchûg Dorjé reconoce explícitamente la importancia de la individualización, y él mismo parece desconfiar de la sistematización. Sin embargo, movido quizá por la necesidad de aclarar o preservar elementos pocos conocidos de su linaje, estableció cuidadosamente la secuencia de la práctica a través de un amplio campo de técnicas basadas en numerosas fuentes, incluido el linaje oral. Su texto se convierte entonces en una fuente destacada, y no solo como una versión relativamente sistemática de instrucciones prácticas, sino también como una investigación histórica en el extenso campo de la práctica de Mahāmudrā. Por otro lado, en comparación con Dakpo Tahi Namgyel, Karma Wangchûg Dorjé está mucho menos decidido a responder a los críticos del Mahāmudrā, armonizándolas con las propuestas constructivistas; al contrario, él se centra en las instrucciones prácticas.

Océano está dividido en segmentos breves que tratan sobre los estadios particulares de la práctica; para nuestro propósito actual, la sección más relevante se refiere a las instrucciones generales que un principiante recibiría al comienzo de una práctica formal de meditación. Este punto, en la práctica, ya se ha visto precedido por importantes preliminares que establecen el tipo de contexto que será discutido al final de este artículo. Con estos preliminares, el principiante comenzará ahora a desarrollar la estabilidad mental necesaria para el Mahāmudrā, y el término utilizado para referirse a este estadio de entrenamiento es *śamatha* ('calma apacible' o 'morada apacible'), un término que distingue esta fase de la siguiente, cuando surge *vipaśyanā* ('comprensión profunda'). Es con el surgimiento del *vipaśyanā* cuando uno logra la comprensión liberadora de la naturaleza de la realidad.

Antes de regresar a la instrucción misma, los significados de *śamatha* y *vipaśyanā* como fases del entrenamiento mental deben ser aclarados. Estos términos se extraen del Abhidharma, y en ese contexto se entienden como estrictamente estructurados por la dualidad sujeto-objeto. En Mahāmudrā, sin embargo, al final, debemos movernos más allá de esas estructuras, e incluso los métodos tempranos de entrenamiento pasan rápidamente del foco dirigido a un objeto visual, al foco en la respiración, y sobre un estado sin foco explícito. Por lo tanto, sería un error entender *śamatha* en la tradición del Mahāmudrā simplemente como un equivalente del cultivo de la estabilidad mental sobre un objeto, como se entiende en los contextos del Abhidharma.

Entonces, ¿qué es lo que recomienda Karma Wangchûg Dorjé desde el comienzo de la práctica formal para el principiante? Las instrucciones generales iniciales son simplemente (*Océano* 78):

> No persigas el pasado. No anticipes el futuro. Descansa de manera ecuánime en la consciencia presente, transparente y no conceptual.

Estas instrucciones generales, aun siendo notablemente simples, son difíciles de seguir, porque requieren que el principiante no se quede atrapado por las características del pensamiento que apuntamos más arriba. Primero, no «perseguir» (*rjes bcad*) el pasado, no «anticipar o acomodarse» al futuro (*sngun bsu*). Como Karma Wangchûg Dorjé señala: «El pasado ha dejado de existir y ha terminado; se ha ido. Por lo tanto, no hay nada que pensar acerca de ello. Y el futuro todavía no ha llegado; no es real, ni puede existir como un objeto». Cuando surgen pensamientos, necesariamente implican el «viaje temporal» y el sentido de que los pensamientos mismos están de algún modo «fusionados» con alguna cosa real a la cual supuestamente representan. La instrucción sencilla, en este caso, consiste en tomar consciencia de que los pensamientos acerca del pasado y el futuro no pueden ser acerca de cosas reales, porque ni el pasado ni el futuro existen de verdad, excepto como pensamientos. Esto rompe la fusión y nos permite soltar el viaje-mental de los pensamientos, de modo que podamos «descansar en la consciencia presente». Sin embargo, también pueden surgir pensamientos acerca del presente; por ese motivo, Karma Wangchûg Dorjé añade que incluso estos pensamientos están atrapados en la fusión, a la cual se refiere como «aferramiento cognitivo» (*mtshan 'dzin*). Al mostrar que los pensamientos no pueden ser en realidad lo que parecen representar, añade que debemos soltar todas las nociones de «ser» o «no ser»; «existente» o «inexistente»; «bueno» o «malo»; etcétera. Indica que «la interrupción de la corriente de pensamientos acerca de los tres tiempos (pasado, presente y futuro)» es esencial para que el principiante avance en la práctica (*Océano*, 78).

Mucho más podría añadirse aquí, y Karma Wangchûg Dorjé explica estas instrucciones generales extensamente. Sin embargo, lo esencial continúa siendo lo mismo, incluso en los niveles más avanzados de la práctica: abandona los pensamientos sobre el pasado, presente y futuro, y libera la mente a su estado natural de consciencia clara y no conceptual. Estas instrucciones esenciales se remontan a los famosos consejos del maestro indio del Mahāmudrā, Tilopa (988-1069). Karma Wangchûg Dorjé repite este consejo (*Océano*, 83):

No caviles.
No pienses.
No especules.
No medites.
No analices.
Simplemente, deja la mente en su estado natural.

Citando al gran maestro tibetano Ogyenpa (1230-1309), Karma Wangchûg Dorjé interpreta las primeras tres líneas con referencia al pasado, presente y futuro, lo cual se hace eco de las instrucciones ofrecidas más arriba. Pero, además, nos aconseja que debemos desistir del esfuerzo que supone «meditar» en algún tipo de absorción enfocada en la nada, una suerte de espacio vacante, sin pensamiento. Abandonando este esfuerzo, nos aconseja, de nuevo, que tan solo liberemos a la mente en la consciencia clara, no conceptual, que es su estado natural.

El famoso consejo de Tilopa es solo un pasaje de una larga sección en la que Karma Wangchûg Dorjé usa varias citas, historias y analogías, con las cuales, una y otra vez, regresa al mismo tema básico de sus instrucciones originales. Mi propósito aquí no consiste en transmitir estas instrucciones, una tarea para la cual no estoy calificado. En su lugar, mi intención consiste en mostrar que estas apuntaban a las características del pensamiento que atrapan al principiante: el viaje en el tiempo, la fusión cognitiva y el esfuerzo cognitivo. Además, Karma Wangchûg Dorjé también escribe pasajes en los que subraya la interpretación adicional de la tradición del Mahāmudrā sobre el modo en que los pensamientos atrapan a la mente: nos parecen especialmente relevantes, y, con un sentido de urgencia, nos arrastran a una cadena de juicios, evaluaciones, esperanzas y temores. Relata una historia más o menos divertida con el fin de destacar el papel de la anticipación y la evaluación (*Océano*, 84-5):

> Por ejemplo, supongamos que un hombre llega a un lugar donde se le dice: «El oficial dice que no te enviemos a ningún otro sitio, que hoy permanezcas aquí». Entonces, aunque él llegó interesado en permanecer en el lugar, la situación lo lleva a pensar: «Me ordenará hacer toda clase de trabajo pesado. ¿De qué otra cosa podría tratarse? Quizá lo mejor sería mantenerse alejado de todo esto». Y entonces llega al punto de escapar. Sin embargo, si el oficial no hubiera dicho nada, al hombre le hubiera resultado sencillo permanecer durante el tiempo que tocara. Por consiguiente, no le des a la mente trabajo. En su lugar, relájate y libérala, no medites en nada. Relajado, libre y en calma, libera la mente en la mera no distracción. En un estado libre de esperanzas y miedos, libre de evaluación y juicio, mantente despreocupado y abierto. Y en ese estado, no persigas el pasado, no te anticipes al futuro, pon la consciencia en el presente, sin ajustes, sin esperanzas o temores. Cortando con todas las estructuras conceptuales acerca de lo externo, no permitas que las apariencias fenoménicas se expandan fuera. Puede que pienses: «¡La meditación ha surgido! ¡Qué bien!». O: «¡No ha surgido! ¡Qué pena!». Pero incluso si esto es lo que ocurre, causa una profusión de pensamientos, por lo tanto, en estado de libertad, con respecto a cualquier cosa relativa a la meditación, o cualquier acción de meditación, clara y directamente, libera la mente. De este modo, a partir de este punto, la mente, de manera natural permanece (con estabilidad). Como dice Saraha: «Si soltamos la propia mente, atada por sus propios nudos, no hay duda: será libre». Por lo tanto, sin artimañas o modificación, liberémosla, tras

> haber cortado las estructuras de los tres tiempos (pasado, presente y futuro). Esta es la mejor manera de buscar la estabilidad mental.

Este pasaje cubre todos los elementos de la discusión anterior: viaje en el tiempo, fusión y esfuerzo cognitivo. Pero, además, destaca el rol que la expectativa y la evaluación desempeñan distrayéndonos de la práctica real. Aquí también vemos la instrucción adicional, repetida en muchas ocasiones, de que no necesitamos «ajustar» o arreglar (*bcos*) el estado. Los intentos de ajustar la mente de ese modo reflejan no solo las perturbaciones del esfuerzo cognitivo, sino que también está motivada por evaluaciones y juicios acerca de lo que se supone que es la meditación. Para el practicante, las nociones acerca de «lo que debe ser la meditación» se presentan con especial relevancia. Después de todo, si estamos plenamente comprometidos con la práctica de la meditación, ¿qué puede ser más importante y relevante que una apropiada meditación? Como estos pensamientos parecen tan importantes y relevantes para la práctica, fácilmente atrapan al practicante. Por consiguiente, incluso esas evaluaciones y juicios acerca de la «meditación» misma deben suspenderse si queremos liberar a la mente a su estado natural, sin ajuste ni afectación.

En general, la esencia de estas instrucciones es inequívoca e irrefutablemente clara, y como las instrucciones citadas antes sugieren enfáticamente que, al menos cuando estamos involucrados en la práctica o *mnyam bzhag*, el principiante no debe recordar explícitamente nada, tampoco debe retener de algún modo la consciencia de metas espirituales o «esperanzas y miedos» (en tibetano, *re dogs*). Por el contrario, sin evaluación, debemos tan solo abandonar cualquier intento de «meditar» y, en su lugar, descansar en la consciencia centrada en el presente. A la luz de estas instrucciones, parece difícil construir el Mindfulness en el contexto no dual del Mahāmudrā como «explícitamente cognitivo y evaluativo» o «reteniendo información», por citar de nuevo la explicación de Dreyfus sobre el modelo del Abhidharma (Dreyfus, 2011). Estas actitudes parecen contrarias a las instrucciones anteriores. En su lugar, algo como la «consciencia no enjuiciadora centrada en el presente» parecería encajar mejor. ¿Es esto entonces el Mindfulness?

¿Mindfulness no-dual?

¿Qué es el Mindfulness no-dual? Esta no es una pregunta sencilla, y no me atrevo a intentar una respuesta completa. No solo porque mi investigación se encuentra en curso, sino porque los mismos autores del Mahāmudrā están en desacuerdo acerca del mejor modo de interpretar el Mindfulness. Podemos apreciar las dificultades que afrontan cuando consideramos esta aparente paradoja: para practicar de manera adecuada el Mahāmudrā, incluso como principiantes, parecería que debemos permanecer en el presente sin evaluación o juicio. Sin embargo, está claro que para hacer esto debemos recordar las instrucciones: «No persigas el pasado. No anticipes el futuro. Descansa de manera ecuánime en la consciencia presente, transparente y no conceptual». No solo tenemos que recordar estas instrucciones, sino que, además, tenemos que implementarlas, y seguramente debemos evaluar nuestro estado presente con el fin de confirmar que las instrucciones están siendo seguidas. Y la tradición no estaría en desacuerdo: la meditación aquí (la cual, a fin de cuentas, es «no-meditación») no consiste simplemente en entrar en una suerte de estado en blanco inconsciente, tampoco es una cuestión de suprimir de manera azarosa los pensamientos. Apuntamos a una meta que consiste en cultivar una consciencia reflexiva y no objetivada de la verdadera naturaleza de la mente. Con ese propósito, las instrucciones deben ser aplicadas, y para autores como Karma Wangchûg Dorjé, hay una clara distinción entre prácticas apropiadas e inapropiadas.

Estos temas señalan la necesidad de algún tipo de supervisión: la capacidad de examinar la propia práctica mientras esta ocurre, especialmente en el caso de los principiantes; y esta supervisión conecta con un aspecto del Mindfulness para Karma Wangchûg Dorjé. Aunque el concepto contemporáneo de Mindfulness podría extenderse más allá de cualquier término individual budista, supone *dran pa* en tibetano (en sánscrito, *smṛti*; en pāli, *sati*). Al emplear este término, Karma Wangchûg Dorjé habla de una clase de supervisión como «espía de la mente» (*dran pa'i so pa*). Menciona al «espía» en varias ocasiones, relacionado sobre todo con las fases tempranas de la práctica. En una de estas fases, por ejemplo, giramos el foco a la respiración como objeto, siguiendo el principio de que «dependiendo de (la práctica con) un objeto focal, la práctica sin objeto emergerá» (94; *dmigs pa la ni brten nas su / mi dmigs pa nyid rab tu skye*). Como es habitual con los principiantes, un diluvio de pensamientos puede precipitarse cuando intentamos centrarnos de este modo, y Karma Wangchûg Dorjé recomienda que no intentemos suprimir los pensamientos, sino que permanezcamos de todas maneras concientes «como alguien que enhebra una aguja». Señala (*Océano* 95):

> En estos contextos, cultiva la noción motivacional (*'phen pa'i 'du shes*) «aprehenderé la mente». A continuación, durante la sesión formal, establece al espía del Mindfulness (*dran pa*; en sánscrito, *smṛti*) y cuidadosamente examina el propio continuo mental, pensando: «¿Está mi mente estable o no? ¿Está agitada o embotada?». Al hacer esto, cuando veamos que la mente permanece sosegada naturalmente, libérala sin abandonar el estado natural. Si no está naturalmente estable, entonces, haya errores de agitación o embotamiento, esfuérzate por aplicar los remedios específicos para eliminarlos.

Aquí, «espía» del Mindfulness es un término que hace referencia al tipo de función de monitoreo que, en las explicaciones de las tradiciones constructivistas, usualmente apunta a la «consciencia vigilante» o a la «comprensión clara» (*samprajanya*; en tibetano, *shes bzhin*). A todas luces, este espía no puede existir cuando liberamos a la mente en su naturaleza transparente y no conceptual, porque el espía requiere de pensamiento y esfuerzo. Sin embargo, como está basado en la capacidad de la consciencia de ser consciente de sí misma, es apropiado utilizar un mismo término como el Mindfulness, presente en el estado natural de la mente, es decir, el «mindfulness de la mera no distracción» (*ma yengs tsam gyi dran pa*).

El término «no distracción» es de crucial importancia en la literatura de Mahāmudrā, incluso es equiparado con la meditación misma. Karma Wangchûg Dorjé mismo lo utiliza de manera repetida (incluso en uno de los pasajes antes citados) para referirse al tipo de consciencia continua e ininterrumpida que, sin ningún esfuerzo, es completamente consciente, sin ningún tipo de ajuste o artimaña. El Mindfulness de la mera no distracción es un rasgo que está siempre presente cuando liberamos con éxito la mente en el estado natural, transparente, no conceptual, que es el objetivo incluso de las instrucciones básicas discutidas más arriba. Una implicación de esto es que este «Mindfulness de la mera no distracción» es de algún modo esencial para la continuidad natural de la consciencia misma, y el «espía» es una manifestación conceptual burda de esta capacidad fundamental de la consciencia. Por ese motivo, el mismo término «mindfulness» (*dran pa*; en sánscrito, *smṛti*) puede ser aplicado a ambos, al «espía» y a la capacidad más fundamental que es una mera no distracción. Otra implicación, que esta vez encaja con la tradición innatista, es que, incluso en el caso del practicante, este no está cultivando una capacidad que no esté ya presente en la consciencia, sino que, incluso cuando invoca al «espía», el practicante está recurriendo a la capacidad innata de la consciencia fundamental de conocerse a sí mima, que se manifiesta de manera espontánea a partir de la mera no distracción.

Muchas otras cosas podrían decirse acerca del Mindfulness, más específicamente, del uso del término *dran pa* (en sánscrito, *smṛti*) para describir esos aspectos de la consciencia en la práctica. En nuestro provecho, podríamos volver nuestra atención a una descripción paralela que ofrece Dakpo Tashi Namgyel, quien, de manera similar a la retórica del «espía» y la «mera no distracción», discutió la distinción entre el «Mindfulness de esfuerzo pleno» (*rtsol bcas kyi dran pa*) y el «Mindfulness libre de esfuerzo» (*rtsol med kyi dran pa*), el cual equivale a la «mera no distracción».[56] En cualquier caso, parecería que el Mindfulness libre de esfuerzo de la mera no distracción se encuentra en el corazón de la práctica del Mahāmudrā. Y, en comparación con las aproximaciones más dualistas extraídas del Abhidharma, esta del Mahāmudrā del Mindfulness parece un candidato mucho mejor posicionado para una comparación con muchas de las aproximaciones contemporáneas para el cultivo del mindfulness, como aquellas que encontramos en MBSR.

6. Conclusión: el rol del contexto

El tema en torno al modo en que el Mindfulness no-dual del Mahāmudra puede estar relacionado con las versiones contemporáneas lo dejo para que sea tratado por otros autores más cualificados para ello. Mi hipótesis es que la comparación será muy provechosa, en gran parte porque los estilos de práctica y la retórica parecen solaparse de manera significativa. Sin embargo, si el estilo del Mindfulness no-dual es en realidad mucho más apto como punto de comparación con las aproximaciones contemporáneas, hay otro tema que de inmediato se pone de manifiesto: me refiero al contexto de la práctica.

De algún modo, la manera en la que he presentado las instrucciones sobre la práctica y el Mindfulness en la tradición del Mahāmudrā es engañosa porque, incluso si echamos una ojeada casual al texto de Karma Wangchûg Dorjé, este revela mucho más. Muchas prácticas sumamente conceptuales y arduas están incluidas incluso en la sección que presenta las instrucciones generales para la práctica formal, cuya meta es «descansar en la consciencia presente, clara y no conceptual». Y cuando Karma Wangchûg Dorjé se mueve hacia las instrucciones más específicas para los principiantes, encontramos visualizaciones, exhortaciones a considerar la significación de la práctica y llamamientos éticos. Estos pasajes parecen moverse más allá del simple cultivo de la consciencia no enjuiciadora centrada en el presente. En breve, queda claro que incluso la propia práctica formal está inserta en un marco de referencia conceptual de instrucciones cuidadosamente desarrolladas y expuestas. Y lo que es más importante, este marco de referencia contiene prácticas preliminares que son consideradas esenciales para el practicante que quiere vivir en la absoluta ausencia de distracción que se encuentra en el corazón de la práctica de Mahāmudrā.

¿Qué rol desempeñan estas prácticas preliminares? Primero, establecen una suerte de test para el practicante, ya que nadie puede recibir instrucción formal sin una larga e intensa práctica preliminar que la preceda. Incluye contemplaciones sobre, por ejemplo, la inevitabilidad de la muerte y la naturaleza esencialmente insatisfactoria de nuestra vida confusa. Proporcionan una intensa motivación, alimentada por la comprensión de que podemos morir en cualquier momento. Por otro lado, cultivan una urgencia por movernos más allá de la insatisfacción, hacia un florecimiento genuino y una felicidad duradera. A través del cultivo intenso de la devoción en las prácticas preliminares, los practicantes se vuelven excepcionalmente receptivos al reto que suponen las instrucciones de la práctica principal, pero además nos proporcionan una clara meta espiritual, encarnada por el maestro humano vivo, que inspira este tipo de devoción. Y, a través de la comprensión acerca del modo en el cual la mente actual está condicionada kármicamente, los practicantes encuentran un contexto para interpretar las dificultades de la práctica, incluidas las ansiedades, los éxtasis intensos y los momentos de despersonalización, que son los efectos colaterales de la práctica. Evidentemente, estas y otras características de las prácticas preliminares nos exigen trabajar con pensamientos altamente evaluativos y complejos que son, ellos mismos, construidos sobre el viaje temporal, la fusión cognitiva y el esfuerzo cognitivo. De ahí que, incluso si los juicios evaluativos y los pensamientos valorativos son suspendidos durante la práctica, desempeñan un rol crucial en el éxito de esta práctica.[57]

Muchas otras cosas podrían decirse acerca del contexto creado por las prácticas preliminares, incluidas, especialmente, sus funciones psicológicas. Pero en un sentido amplio, este fuerte énfasis en las prácticas preliminares localiza el linaje del Mahāmudrā directamente dentro del mundo compartido por todas las tradiciones tibetanas: una ética basada en el no dañar y la compasión; una orientación hacia una meta espiritual que consiste en eliminar todo sufrimiento; la centralidad de la sabiduría encarnada por un largo linaje de personas realizadas; estos y muchos otros elementos son compartidos. Aun así, las tradiciones también se encuentran en desacuerdo, a veces, y el Mahāmudrā fue ciertamente el blanco de críticas punzantes. Como respuesta, autores como Dakpo Tashi Namgyel vigorosamente defendieron la práctica del Mahāmudrā interpretándola en términos del Abhidharma clásico. Una explicación sencilla respecto a sus esfuerzos es que intentó legitimar el Mahāmudrā apelando a la autoridad incuestionable del Abhidharma, y en una buena medida esta motivación tiene sentido, dada la agitación social y política que amenazó a la tradición del Mahāmudrā durante su vida. La explicación es plausible y relevante, pero esquiva precisamente el tema puesto de relieve: la importancia del contexto. En la India, Maitripa, Saraha, Tilopa y otros defensores influyentes de la aproximación innatista no-dual se posicionaron deliberadamente en contra de la corriente principal del budismo. Podríamos argüir que, mientras esa corriente principal estuvo presente, había poco peligro de perder el contexto de los valores éticos y metas espirituales que aparecen expresados en las prácticas preliminares discutidas anteriormente. ¿Qué ocurre, sin embargo, cuando el estilo no-dual se vuelve corriente principal? Quizá, autores tibetanos como Dakpo Tashi Namgyel no eran simplemente apologistas de la aproximación no-dual; quizá también apuntaban a los peligros que implicaba no tener una corriente dominante con la cual enfrentarse. Pronto, a medida que la práctica de Mahāmudrā fue institucionalizándose en el Tíbet, ya no se apoyaría en la corriente dominante con el fin de proporcionar un marco de referencia de metas, ética, estética, etcétera. No había corriente dominante a la cual volver, porque, al menos en lo que toca a muchas grandes instituciones monásticas del Tíbet, el Mahāmudrā se había vuelto la corriente dominante. En otras palabras, la tradición ya no podía apoyarse en la corriente dominante para que le proporcionase un contexto para una práctica a contracorriente, porque la práctica a contracorriente se había vuelto una corriente dominante institucionalizada.

Teniendo esto en cuenta, podemos preguntarnos si el mindfulness contemporáneo –en el MBSR o en la práctica budista contemporánea– puede estar emergiendo como su propia corriente dominante. Desde luego, se encuentra en oposición a muchas de las características de la corriente dominante de la cultura de los Estados Unidos de América, por ejemplo. Aun así, el mindfulness (en el amplio sentido no-dual) está ahora generalizado en la comunidad terapéutica, y quizá el compromiso con cuestiones relativas al contexto sean inevitables. Al carecer de experiencia clínica, no puedo responder a estos interrogantes, pero quizás valga la pena ponerlos sobre la mesa. O, quizá, en el sentido de las aproximaciones no-duales más radicales, todo el contexto que necesitamos ya esté presente, completamente, de manera innata.

BIBLIOGRAFÍA

ASANGA (2001). *The compendium of the Higher Teaching.* (W. Rahula, & S. del francés por Boin-Weeb, Trads.) Freemont, CA: Asian Humanities Press.

DREYFUS, G. (2011). Is mindfulness present-centred and non-judgmental? A discussion of the cognitive dimensions of mindfulness. *Contemporary Buddhism*, 12, 41-54.

DREYFUS, G. (1997). *Recognizing reality: Dharmakirti's philosophy and its Tibetan interpretations.* Albany: State University of New York Press.

DUNNE, J. (2004). *Foundations of Dharmakirti's philosophy.* Boston: Wisdom Publications.

DUNNE, J. (Forthcoming). Key features of Dharmakirti's Apoha theory. En M. Siderits, T. Tillemans & A. Chakravarti (edits.), *Apoha.* Nueva York: Columbia University Press.

Dvags po Bkra shis rgyal (Dakpo Tashi Namgyel) (1997). *Nges don phyag rgya chen po'i sgom rim gsal bar byed pa'i legs bshad zla ba'i 'od zer.* En Z. d. Rinpoche (ed.), *Nges don phyag rgya chen po'i jgrud ndzid* (TBRC n.º W23447, vol. 1898). Nueva Delhi.

GANERI, J. (2007). *The concealed art of the soul: Theories of self and practices of truth in indian ethics and epistemology.* New York: Oxford University Press.

GYATSO, J. (1999). «Healing burns with fire: The facilitations of experience in Tibetan Buddhism». *Journal of the American Academy of Religion*, 67 (1), 113-47.

HALLISEY, C. & REYNOLDS, F. (1989). «Buddhist religion, culture and civilization». En J. KITAGAWA & M. CUMMINGS (edits.), *Buddhism and Asian history*. Nueva York: Macmillan Pub. Co.

HAYES, S., STROSAHL, K. & WILSON, K. (2003). *Acceptance and commitment therapy: An experiential approach to behavior change*. Nueva York: The Guilford Press.

HIGGINGS, D. (2008). «On the development of the non-mentation (amanasikara) doctrine in Indo-Tibetan Buddhism». *Journal of the International Association of Buddhist Studies*, 29 (2), 255-303.

JACKSON, R. (2004). *Tantric treasures three collections of mystical verse from Buddhist India*. Nueva York: Oxford University Press.

Karma Dbang Phyug Rdo Rje (Karma Wangchûg Dorjé) (2006). *Lhan cig skyes sbyor gyi zab khrid nges don rgya mtsho, "bring pa ma rig mun sel, bsdus pa chos sky mdzub tshugs bcas so*. Varanasi, India: Vajra Vidya Institute Library.

LOPEZ, D. (2005). *The story of Buddhism: A concise guide to its history and teachings*. Nueva York: Harper San Francisco .

MATHES, K.-D. (2008). *A direct path to the Buddha within: Gö Lotsawa's Mahamudra Interpretation of the Ratnagotravibhaga*. Boston, MA: Wisdom Publications.

POTTER, K. H. (2002). *The encyclopedia of Indian Philosophies. Buddhist philosophy from 100 to 350 A.D.* (Vol. VIII). Nueva Delhi: Motilal Barnasidass.

RUEGG, D. (1989). *Buddha nature, mind and the problem of gradualism in a comparative perspective: On the transmission and reception of Buddhism in India and Tibet*. Londres: School of Oriental and African Studies, University of London.

VASUBANDHU. (1990). *Abhidharmakosabhasyam*. (L. de la Vallée Poussin, & Traducido del francés por L. Pruden, Trads.) Berkeley, CA: Asian Humanities.

VOSE, K. (2009). *Resurrecting Candrakirti: Disputes in the Tibetan creation of Prasangika*. Boston, MA: Wisdom Publications.

WALLACE, B. (2006). *The attention revolution: Unlocking the power of the focused mind*. Boston, MA: Wisdom Publications.

6. ¿Cómo el mindfulness transforma el sufrimiento? (1): La naturaleza y el orígen de *dukkha*

John D. Teasdale y Michael Chaskalson (Kulananda)

Este es el primero de dos artículos relacionados que presentan el análisis del Buda sobre la naturaleza y origen de *dukkha* (sufrimiento) como punto de partida para la comprensión de cómo el mindfulness puede transformar el sufrimiento. La Primera y la Segunda de las Cuatro Nobles Verdades del Buda se presentan de modo que prueben ser útiles a los docentes de aplicaciones basadas en el mindfulness. Estas verdades ofrecen un marco de referencia de comprensión que puede guiar la aplicación del mindfulness al estrés y a los desórdenes emocionales, al tiempo que enfatiza la continuidad y el carácter inevitable de la experiencia de *dukkha* en clientes, docentes, y aquellos que básicamente buscan una nueva manera de ser. Se enfatiza la implicación crucial de la visión de uno mismo y la identificación con la experiencia.

Este es el primero de dos artículos relacionados que analizan el mindfulness y la transformación del sufrimiento. Este artículo se centra en la presentación del análisis del Buda sobre la naturaleza y el origen del sufrimiento de una manera que ha sido útil para aquellos que enseñan aplicaciones basadas en el mindfulness (como el MBSR y MBCT). Está basado en una conferencia sobre la Primera y la Segunda Noble Verdad, impartida por John Teasdale en un retiro dirigido específicamente a instructores de MBSR y MBCT, en el Spirit Rock Meditation Center, en diciembre de 2009.

Las Cuatro Nobles Verdades

Cuando dirigimos nuestra atención a la primera enseñanza mayor que el Buda dio después de su despertar, descubrimos que lo que ofreció, lo que consideró más importante para decirle a otros, antes que cualquier otra cosa, fue en realidad un marco de referencia conceptual, un marco de referencia de comprensión: la enseñanza de las Cuatro Nobles Verdades (*Saṃyutta Nikāya* 56:11).

En estas verdades, el Buda resume, en cuatro visiones clave, la comprensión que permitirá a otros su propio despertar, encontrar la gran libertad, la paz duradera y la felicidad que él había encontrado.

Estas verdades fueron presentadas en gran medida como guías para la acción, algo para explorar, examinar y probar en la propia experiencia, y en contraposición a creencias, como dogmas de fe ciega (Batchelor, 1977). Por este motivo, muchas personas prefieren llamarlas las Cuatro Verdades Ennoblecedoras; verdades que ennoblecen nuestro ser si actuamos a partir de ellas.

El Buda estaba inmerso en una búsqueda existencial, o espiritual. Tal como cuenta la historia, estaba profundamente insatisfecho con la vida de placer que había estado llevando, lo cual lo llevó a ponerse en marcha en busca de una manera de ser que fuera verdaderamente satisfactoria. Y, como un acto de compasión, ofreció las Cuatro Nobles Verdades como una guía para otros que también sentían que «algo más debía haber en la vida».

Sin embargo, ¿qué ocurre con los clientes y pacientes que llegan a nuestros programas de Reducción de Estrés Basado en

Mindfulness (MBSR) y de Terapia Cognitiva Basada en Mindfulness (MBCT)? Para la mayoría, su principal motivación es encontrar un alivio frente al estrés, o alguna forma recurrente de depresión, más que una solución frente alguna forma de dolencia existencial. ¿De qué modo son relevantes las Cuatro Nobles Verdades para sus preocupaciones?

Parte de la genialidad del Buda, y una de las razones por las cuales sus enseñanzas son tan relevantes para nuestros pacientes y clientes, es que observó que los patrones mentales que mantienen a la gente atrapada en el sufrimiento emocional son, fundamentalmente, los mismos patrones mentales que se interponen entre todos nosotros y el florecimiento de nuestro potencial para alcanzar un modo de vida más profundamente satisfactorio. Ya estemos trabajando para librarnos de la angustia emocional, o para el despertar de una nueva manera de ser, estamos lidiando, fundamentalmente, con los mismos patrones mentales.

Aquí, el concepto clave es *dukkha*, una palabra pali que no tiene una traducción aceptable al castellano. (El pali es una de las lenguas antiguas de la India en las que las enseñanzas del Buda fueron documentadas por primera vez). El término *dukkha* es habitualmente traducido como 'sufrimiento', pero esta traducción es bastante engañosa. Por ese motivo, muchas personas prefieren no traducir *dukkha*, manteniendo el término pali, no porque estén enamorados de la terminología budista, sino para evitar las limitaciones de la traducción.

Dukkha es el principal aspecto de las Cuatro Nobles Verdades. Este primer artículo se centra ante todo en las primeras dos verdades, aquellas que se refieren a la naturaleza y orígenes de *dukkha*. El segundo artículo trata la tercera y cuarta verdades, las cuales se centran en la cesación de *dukkha,* y en cómo, de manera práctica, podemos lograrlo.

La Primera Noble Verdad

La Primera Noble Verdad identifica el problema. Sumedho (1992) expresa esta verdad de manera muy simple: «Hay *dukkha*».

Dukkha cubre una extensa variedad de experiencias –desde la intensa angustia que podemos sufrir debido al dolor físico o emocional, hasta la sensación sutil de cansancio del mundo o el desasosiego existencial–; la clase de experiencia que condujo al propio Buda a abandonar su vida de placer en busca de otra manera de ser.

Todas las formas de *dukkha* comparten un sentido de incompleto, de defectuosidad, en el sentido de que, de algún modo, estamos perdiendo el potencial pleno de la vida. Mientras no tengamos ese sentido de paz, satisfacción, libertad e integridad completa, podemos estar bastante seguros que *dukkha* está presente.

La redacción de Sumedho de la Primera Noble Verdad –«Hay *dukkha*»– nos recuerda que todos los seres humanos compartimos la experiencia de no estar despiertos.

A menudo, podemos sentir que, a diferencia de otras personas, hemos sido incapaces de poner en orden nuestras vidas y descubrir el verdadero secreto de la felicidad, mientras que el resto ha podido hacerlo. Podemos ver esto como nuestro propio fracaso personal, o un problema personal. Y la identificación, por supuesto, no hace más que empeorar nuestro sentido de insatisfacción.

El Buda se abrió camino respecto a esta personalización de *dukkha* cuando afirmó de manera bastante simple «Hay *dukkha*», esto es lo que ocurre con todos nosotros. No necesitamos tomárnoslo como algo personal: no soy yo, no es mi falta, sino la condición humana no despierta.

De hecho, como veremos, la inevitabilidad de *dukkha* está construida, en buena medida, a partir del modo en el cual nuestras mentes están estructuradas en el actual estado de evolución de nuestra consciencia. Una vez que comprendemos esto, curiosamente puede llegar a ser consolador, en la medida en que, además, sepamos que hay alguna posibilidad de libertad respecto a *dukkha*.

No necesitamos tampoco sentirnos solos. Estamos todos juntos en el mismo barco, no importa quiénes somos —docentes, pacientes, clientes o el transeúnte con el cual nos cruzamos en la calle—. Todos compartimos dos cosas: *dukkha,* y el simple anhelo de felicidad. Esta comprensión puede ayudarnos a sentir un mayor sentido de conexión y compasión con todos los seres humanos.

El Buda distinguió tres dominios, o bases de *dukkha* (*Saṃyutta Nikāya* 38:14).

El primer dominio de *dukkha* es la insatisfacción relativa a situaciones de sufrimiento ostensible, «ordinario»: el dolor físico, el dolor emocional, tener que soportar situaciones que encontramos desagradables, no conseguir lo que deseamos, o ser separados de aquello que amamos.

Estas son situaciones en las cuales experimentamos claramente sentimientos desagradables. El Buda vio que las sensaciones físicas, o los sentimientos emocionales desagradables o incómodos, son inherentes a la vida. En sí mismos, no son el problema. Por el contrario, *dukkha* es el sufrimiento que nosotros añadimos a los sentimientos desagradables, debido al modo en el cual nos relacionamos con ellos. Lo más corriente es que sea este sufrimiento, y no los sentimientos desagradables en sí mismos, el que sea la fuente principal de nuestra infelicidad.

El Buda lo expresó del siguiente modo:

> Cuando una persona ignorante está afectada por un sentimiento (corporal) doloroso, se preocupa y entristece, se lamenta y golpea su pecho, llora y se angustia. Entonces experimenta dos clases de sentimientos, un sentimiento corporal y un sentimiento mental. Es como si el hombre fuera herido por una flecha y, después de la primera herida, fuera alcanzado por una segunda flecha. De este modo, la persona experimenta sentimientos causados por dos flechas.
>
> Sin embargo, en el caso del noble discípulo, cuando es alcanzado por un sentimiento doloroso, no se preocupa ni se lamenta, no se golpea el pecho ni llora, ni se siente angustiado. Solo experimenta *una* sola clase de sentimiento, un sentimiento corporal, pero no un sentimiento mental. Es como si el hombre fuera herido por una flecha, pero no lo fuera por una segunda flecha seguida de la primera. Por lo tanto, esa persona experimenta sentimientos causados exclusivamente por una flecha. (*Sallatha Sutta*).

El mensaje clave de esta enseñanza es el siguiente: aunque los sentimientos desagradables e incómodos son inevitables, *dukkha,* en el sentido de sufrimiento, es opcional. ¡Y es opcional porque somos nosotros quienes en realidad disparamos la segunda flecha hacia nosotros mismos!

De este modo, por ejemplo, en la depresión, la primera flecha de un simple sentimiento de tristeza se transforma en un estado más intenso y persistente de depresión cuando le añadimos una segunda flecha de rumiados pensamientos.

Los seres despiertos, o iluminados, aún sienten sentimientos y sensaciones desagradables –la primera flecha–, pero como han aprendido a relacionarse de manera más hábil con ellos, no experimentan sufrimiento –la segunda flecha.

Aprender a cómo no disparar la segunda flecha contra nosotros mismos, a cómo relacionarnos de manera más habilidosa con los sentimientos desagradables, de modo que no creemos *dukkha*, es el objetivo principal de nuestra práctica y lo que enseñamos en las clases de MBSR y MBCT.

El segundo dominio de *dukkha* es la insatisfacción relacionada con el cambio.

Nos gustaría que nuestras experiencias de felicidad y alegría continuasen indefinidamente, pero no lo hacen. Nos gustaría que nuestra ropa nueva, nuestro automóvil nuevo fuesen siempre lo que eran el día en que los compramos, pero envejecen, pasan de moda, se vuelven raídos y se desgastan. Nos gustaría que nuestras relaciones amorosas fuesen siempre tan próximas y cálidas como el primer día en el cual nos enamoramos, pero inevitablemente tienen sus altibajos y, al final, nuestros seres queridos mueren. Todos estos cambios son otra base para *dukkha.*

El cambio, en y por sí mismo, no es necesariamente un problema. Se convierte en un problema, una base para el sufrimiento, solo cuando no queremos que ocurra, tal como veremos cuando analicemos la Segunda Noble Verdad.

El tercer dominio de *dukkha* es la insatisfacción relativa a la condicionalidad.

El mundo y nuestra experiencia son esencialmente inestables y condicionados. Esto significa que lo que ocurre en nuestros mundos interior y exterior depende de un conjunto enormemente complejo de condiciones cambiantes, mutuamente interactivas, de las que, en muchos casos, no somos conscientes, y sobre las cuales, en muchos casos, no tenemos control. De esto se deduce que existe una inestabilidad básica en nuestra experiencia en la que no podemos confiar, porque nunca podemos saber, o controlar, todas las condiciones que afectan a lo que hace o no que algo ocurra, no importa cuánto lo intentemos, sencillamente no podemos confiar al cien por cien en que algo funcione de una manera determinada.

Por ejemplo, en un retiro de meditación podemos tener la experiencia de una hermosa práctica con una experiencia gozosa en nuestro primer día. Nos sentamos a realizar la segunda sesión y, desde nuestra perspectiva, organizamos las cosas exactamente de la misma manera en la que lo habíamos hecho en la primera sesión. Sin embargo, ahora descubrimos que la mente divaga en todas direcciones. Y la razón es, simplemente, que, por la razón que sea, una serie de diferentes condiciones está operando, siendo no menor, la sutil, quizá casi inconsciente, expectativa o deseo de que la sesión sea exactamente como la primera.

De nuevo, en sí misma, esta falta de fiabilidad básica y condicionalidad de la experiencia no debe ser un problema. Se vuelve el origen del sufrimiento porque nuestras mentes, simplemente, no quieren ver las cosas de ese modo.

Nuestras mentes están preocupadas en conseguir lo que queremos, lo cual significa establecer algún tipo de control y previsibilidad respecto a nuestros mundos interior y exterior.

Para hacer esto, partes de nuestras mentes reducen la enorme complejidad del mundo condicional que vemos, no en términos de patrones de condiciones complejas, dinámicamente cambiantes, sino en término de «cosas» que existen independientemente, categorías, o esencias con estabilidad, duración, características fijas y propiedades.

Por ejemplo, en vez de ver el estado de una sesión de meditación en términos de los efectos de muchas condiciones interactivas, nuestras mentes tienden a verlas en términos de categorías simples, como la del «buen meditador» o la del «mal meditador».

Nuestras mentes funcionan de este modo porque, en algunas áreas, nos ofrecen en realidad un sentido de mayor seguridad y maniobrabilidad, pero la realidad de inestabilidad y condicionalidad básicas significa que existen límites severos en la medida en la cual podemos predecir y controlar el mundo o nuestra experiencia.

Esta disparidad fundamental entre la manera en que nuestras mentes quieren ver las cosas y la verdadera naturaleza de la realidad es un aspecto de lo que llamamos, en el budismo, «ignorancia», la cual está profundamente arraigada y es la fuente omnipresente del *dukkha*. Es lo que tenemos en mente cuando decimos que *dukkha* es inevitable, dado el modo en que nuestras mentes están actualmente estructuradas.

Uno de los aspectos más dañinos de la ignorancia es nuestra tendencia a identificar los variados y pasajeros aspectos de nuestra experiencia, nuestro ánimo, nuestros sentimientos, nuestros pensamientos, la clase de sesión de meditación que hemos tenido, como cosas que pertenecen, o son parte, de una esencia duradera subyacente que existe independientemente

—mi—, esos son *mis* pensamientos, *mis* sentimientos, etcétera, el estado de *mi* meditación que refleja quién *soy* yo.

Volveremos a analizar en detalle, cuando consideremos la Segunda Noble Verdad, cómo esta identificación alimenta el *dukkha.*

Como ya hemos mencionado, las Cuatro Nobles Verdades están pensadas como guías prácticas para que podamos lograr la liberación y el despertar. Por este motivo, cada una de las verdades está acompañada de instrucciones específicas, o guías para la acción. Acompaña a la Primera Noble Verdad: «*Dukkha* debe ser entendido». Aquí, el término original pali que se traduce como 'comprensión' (*pariññeyyaṃ*) tiene el sentido de «saber comprehensivamente o completamente, en toda su extensión», no solo llegar a saber *sobre* el sufrimiento, intelectual o conceptualmente, sino llegar a conocerlo en primera persona, directamente, desde dentro de la experiencia.

Solo podemos hacer esto si estamos preparados a abrirnos al sufrimiento y al sentido de insatisfacción que experimentamos, si tenemos el coraje de movernos hacia *dukkha,* permitiendo que se manifieste, al tiempo que investigamos y entendemos su naturaleza, y el modo en que lo creamos y lo sostenemos. El tema relativo a abrirse íntimamente a las experiencias difíciles es, por supuesto, central para los enfoques del MBSR y otros semejantes. Aquí, en la Primera Noble Verdad, es de donde surge originalmente.

Ahora bien, abrirse íntimamente al sufrimiento para entenderlo plenamente es, por supuesto, muy diferente al modo en el cual habitualmente respondemos al sufrimiento, que consiste en querer eliminarlo lo más rápido posible. Por lo tanto, si vamos a seguir esta recomendación de la Primera Noble

Verdad, necesitamos establecer y restablecer, una y otra vez, consciente y deliberadamente, nuestra intención de centrarnos en el sufrimiento con una mente abierta, valiente y curiosa.

La Primera Noble Verdad sugiere que el sufrimiento, si podemos sujetarlo hábilmente, es en realidad el camino en nuestra búsqueda de mayor libertad y felicidad, y no un obstáculo. A partir de una investigación valiente de nuestra experiencia del sufrimiento y la insatisfacción podemos descubrir los orígenes del *dukkha*, que son el punto central de la Segunda Noble Verdad.

La Segunda Noble Verdad

La visión clave de la Segunda Noble Verdad es que la causa inmediata de *dukkha* es *taṇhā*, un término pali que se traduce usualmente como 'ansia', o 'apego al deseo'. Sin embargo, traducciones como 'deseo' tienen sus propios inconvenientes. Por lo tanto, como hicimos con *dukkha*, hay buenas razones para no traducir *taṇhā*, y permanecer fieles al término pali, por supuesto, no en nuestras clases seculares de mindfulness, sino como parte del marco de referencia para nuestra propia comprensión.

La esencia crucial de *taṇhā* es capturada por la noción de sed insaciable, una sed que nunca puede ser completamente saciada o satisfecha, pero que, trágicamente, nosotros de todas maneras nos sentimos compelidos a tratar de satisfacer. Es esta combinación fatal de insaciabilidad del deseo, junto con nuestra indisposición a dejarlo pasar, los que crean el sufrimiento.

El aferramiento al deseo tiene una cualidad compulsiva, un sutil, o no tan sutil, sentido de que *necesitamos* cosas para ser de un modo u otro. Esta compulsión está reflejada en el modo en que sentimos la experiencia y el lenguaje interior, los cuales están dominados por los sentidos de expresiones como *tener que, debería, necesitaría, si tan solo.*

El mensaje central de la Segunda Noble Verdad es el siguiente: la experiencia misma no es un problema; el problema es nuestra relación con ella, nuestra necesidad de experimentarla de un modo particular.

Como idea, este mensaje de la Segunda Noble Verdad no es difícil de aprehender o recordar. Pero para que esta verdad realmente sea liberadora, tenemos que encarnar esta comprensión en nuestra experiencia en el momento mismo en el cual nos encontramos con sentimientos desagradables; y esto puede resultar realmente difícil. Cuando estamos enfrentados a la realidad de un dolor punzante en nuestra rodilla, o a un gran cansancio, o una profunda tristeza, es bastante fácil ver la propia experiencia desagradable como el problema. Entonces ponemos todos nuestros esfuerzos en intentar librarnos de los sentimientos, en vez de explorar nuestra relación con ellos. Desde la perspectiva de la Segunda Noble Verdad, es esta misma reacción de intentar liberarnos de lo desagradable lo que en realidad crea el sufrimiento.

En ocasiones, el desafío de la experiencia desagradable consiste en encarnar en nuestra experiencia aquí y ahora, con los lentes con los que vemos la experiencia, y en la manera en la que nos relacionamos con ella, la comprensión que nos permitirá estar con los sentimientos desagradables, sin quedar prisioneros en la lucha y el sufrimiento. Y, la comprensión conceptual, aun cuando no nos libera en sí misma, desempeña un rol crucial. De otro modo, ¿por qué otro motivo el Buda se habría tomado el trabajo de enseñar las Cuatro Verdades Ennoblecedoras en la manera en que lo hizo?

Hace algún tiempo, uno de nosotros (JDT) tuvo una experiencia que destaca con gran claridad la relación entre la comprensión de la Segunda Noble Verdad intelectualmente y el hecho de plasmar verdaderamente esta comprensión en la experiencia en una visión liberadora:

> Estaba preparando una charla sobre la Segunda Noble Verdad. Muy temprano por la mañana, recostado en la cama, me encontré pleno de pensamientos que flotaban en mi cabeza sobre la causa de *dukkha,* nuestra relación con la dificultad, en vez de sobre la dificultad misma.
>
> Entonces me di cuenta, con un leve fastidio, de que me había despertado. E imagine que la reacción inmediata de mi mente sería: «Oh no, no quiero estar tirado aquí, despierto durante horas, *debo* encontrar una manera de volver a dormirme». Así, pese a que mi pensamiento recién se acababa de centrar en la idea de que el problema no era la experiencia misma, sino nuestra relación con ella, mi reacción inmediata fue tratar de encontrar la manera de librarme del insomnio, en vez de observar el modo en el que me estaba relacionando con él.
>
> Sin embargo, de crucial importancia fue el hecho de que la idea estuviera dando vueltas en mi cabeza, eso significaba que no pasaría mucho tiempo antes de que cayera en la cuenta de que «¡Oh, esto es aversión!, el problema aquí es mi necesidad de no estar despierto, y no el insomnio mismo».

> Y, por lo tanto, guiado por la memoria de esa enseñanza, observé con mayor detenimiento la experiencia misma, y pude sentir muy claramente en aquel momento que fue mi irritación con el insomnio, y la aparente cualidad que impulsaba mi necesidad de volver a dormir, las que estaban en el origen de mi fastidio e, irónicamente, lo que me mantenía despierto. De esta visión clara, fluyó entonces, naturalmente, un dejar ir la irritación y la necesidad de intentar resolver la cuestión del insomnio. Conscientemente me amigué con mi insomnio, y en uno o dos minutos estuve de regreso en mis sueños. (Teasdale).

Como ilustra esta breve anécdota, la comprensión conceptual de los orígenes de *dukkha* no es por sí misma liberadora. Sin embargo, si esta comprensión conceptual puede mantenerse fresca y vívida en la mente, de modo que esté disponible para moldear y dar forma al cristal a través del cual vemos y somos conscientes de las dificultades de las experiencias, entonces puede ser un ingrediente vital de la mezcla liberadora. Una de las razones por las que estas enseñanzas repiten el mismo mensaje básico, una y otra vez, es para mantener la comprensión conceptual viva de este modo. Al final, después de un número suficiente de experiencias en las cuales el conocimiento conceptual está presente como soporte para modelar la lente con la cual aprehendemos la experiencia, se establece una nueva visión de esta que puede continuar su trabajo liberador por sus propios medios, sin necesidad de ayuda.

El problema central con *taṇhā* es que no podemos soltar; no podemos soltar nuestro deseo, nuestra necesidad de que las cosas sean de un modo particular, aun cuando las propias necesidades son las que están creando nuestro sufrimiento.

¿Por qué razón es tan difícil soltar nuestro aferramiento al deseo? Para responder a esta pregunta, observemos con mayor detalle las clases de deseos a los que nos aferramos y sufrimos.

El Buda identificó tres: el deseo de placeres sensoriales, el deseo de ser, el deseo de no ser (*Dīgha Nikāya,* 22).

Nos aferramos al deseo de experiencias sensoriales placenteras: sabores, aromas, sensaciones corporales, visiones, sonidos, pensamientos y sentimientos placenteros (en la psicología budista, la mente es considerada un sexto sentido).

Por otro lado, este deseo está arraigado en nuestra biología, y nos ha asegurado nuestra supervivencia evolutiva. Pero esto no puede ser todo: en los no humanos, estos deseos pueden saciarse; el hambre y la sed, como el apetito sexual, pueden satisfacerse.

La esencia de *taṇhā* es la insaciabilidad de la sed; como humanos, miramos los placeres sensoriales como un medio para darnos a nosotros mismos no solo un sentimiento pasajero de placer, sino felicidad duradera, para ser el tipo de persona feliz en el que anhelo convertirme.

En realidad, nuestra constitución biológica garantiza que los placeres sensoriales no duren; por ejemplo, el primer bocado del pastel de chocolate puede que nos dé gran placer, el segundo y el tercer bocado un poco menos, la segunda y tercera porción aún menos, y si continuamos comiendo todo el pastel, descubrimos que lo que al comienzo fue una fuente de experiencias placenteras, puede rápidamente volverse una fuente de desagrado. Y si repetimos esta experiencia diariamente, descubriremos que, incluso el primer bocado, pierde poco a poco su atractivo. Por ese motivo, el placer sensorial no puede proporcionarnos nunca la felicidad duradera que buscamos; esta sed es insaciable por este medio.

Lo que aquí está expresado es una visión sutil de una esencia personal, la cual hace que sea tan difícil soltar. La centralidad de esta visión para el ansia se vuelve clara cuando nos volvemos hacia los otros dos tipos de *taṇhā*: el ansia de ser y el ansia de no ser.

El apego al deseo de ser o devenir tiene dos aspectos. El más básico es el apego al deseo de existencia sin más, de estar con vida, de continuar existiendo como esta cosa que llamamos nosotros mismos o esencia personal.

También existe el apego al deseo de ser o al deseo de devenir una persona en particular. La concibamos de manera general, como ocurre cuando necesitamos ser o devenir personas amadas o respetadas por sí mismas, o convertirnos en personas que, en sí mismas, esencialmente, son amorosas, que, en sí mismas, hacen las cosas bien, que, en sí mismas, son buenas como meditadoras, que, en sí mismas, son exitosas; o, de manera más específica, cuando necesitamos ser o devenir personas que, en sí mismas, esencialmente, están relacionadas con esos otros tipos de existencias generales en un nivel particular, como personas que, en sí mismas, esencialmente, logran meditar serenamente cuando se sientan, o personas que, en sí mismas, se han liberado de toda clase de mandatos heredados, o personas que, en sí mismas, son capaces de impartir conferencias que son bien recibidas por el público.

Este es el reino de la conquista, del éxito y la ambición.

La tercera área en la que se manifiesta el ansia es el apego al deseo de no ser, o no ser, o no devenir, una persona que, en sí misma, esencialmente, tiene experiencias particulares. En contraste con las primeras dos formas de *taṇhā*, se trata de un ansia negativa, la necesidad de encontrar paz, o alivio, frente al sufrimiento, no siendo.

Como ocurre con el ansia positiva de ser, el ansia negativa de no ser asume formas generales y formas más específicas.

A nivel general, existe apego al deseo de no existir, a desaparecer; estar libre de algo, esconder la cabeza bajo las sábanas, y permanecer allí; de manera extrema, el suicidio. Más común, a nivel específico, encontramos el apego al deseo de no ser, o no convertirnos en una persona en particular; no ser una persona que, en sí misma, tiene ciertas experiencias. Por ejemplo, no ser una persona que permanece despierta en la cama en medio de la noche; una persona que siente tristeza, miedo o enojo; no ser una persona que fracasa; no ser una persona que tiene estos dolores en las rodillas y la espalda; no ser una persona que, en sí misma, tiene esta mente que divaga incesantemente cuando trata de meditar; no ser una persona que todavía tiene diez cosas pendientes que hacer en su lista de quehaceres; no ser la clase de persona que tiene este tipo de experiencias.

Habrás notado que, como ocurre con el ansia de ser, una y otra vez, hemos incluido la frase «no ser una persona que, en sí misma», y esto porque, en lo que concierne a la creación de *dukkha*, hay una diferencia sutil, aunque absolutamente crucial, entre el deseo simple de no tener cierta experiencia y el deseo de no ser en sí mismo alguien que tiene esa experiencia. Es justamente esa participación de la esencia personal, de la persona en sí, lo que dificulta que soltemos. Podemos explicar lo que esto significa regresando al ejemplo de la sesión de meditación en la cual nuestra mente está dispersa.

Si podemos centrarnos en ello, y recordamos la condicionalidad fundamental de la experiencia, entonces, podremos reconocer cómo se despliega una sesión de meditación en particular en un retiro, determinada por un conjunto de factores como son: el cansancio que experimentamos, cuánto dolor siente nuestro cuerpo, qué teníamos en la mente en el momento de comenzar la sesión, en qué día del retiro estamos, hasta qué punto estamos comparando nuestra sesión actual con las sesiones anteriores, o con la idea que tenemos acerca de cómo debería ser una sesión de meditación, cuán amables somos con nosotros mismos, etcétera.

Si podemos reconocer lo condicionado de nuestra experiencia de este modo, puede que nos sintamos levemente decepcionados si la mente está dispersa, pero no sentiremos una fuerte necesidad de que las cosas no ocurran del modo en el que lo hacen, y no nos preocuparemos tampoco con pensamientos acerca de lo que está mal en nosotros y en nuestra meditación.

Por lo tanto, la situación resulta muy diferente si nos apegamos al deseo de no ser el tipo de persona que no tiene sesiones de meditación en las que la mente está dispersa. En cuanto la visión de uno mismo se involucra, la sesión de meditación que experimentamos en una ocasión particular ya no se ve simplemente en términos de patrones de condiciones que ocurren de manera predominante en esa ocasión, sino que se entiende a partir de aspectos generales de uno mismo, concebidos como duraderos.

Las implicaciones son, en ese sentido, más amplias, y se extienden en el futuro, y dependerá del modo en el cual esa visión particular de la persona, relativa a la dispersión en la meditación, sea incorporada en las estructuras más comprensivas de las visiones y los modelos de las personas. Una posibilidad puede ser algo de este estilo: «Esta fue una mala sesión de meditación. Quizá sea yo la clase de persona que nunca podrá realizar esto de la meditación. Sin embargo, no puede ser este el caso, de otro modo no estaría enseñándole a otros a meditar. ¿Lo haría? Justamente, podría no ser la clase de persona hecha para enseñar MBSR, a fin de cuentas. Pero no debería ser así, porque, de ser ese el caso, me sentiría una persona inútil. No debo ser esa clase de persona, porque entonces nunca podría ser feliz de una manera duradera, real...» Etcétera.

Hemos descrito esto como una corriente de pensamientos en la mente, pero es posible que no nos demos cuenta de las implicaciones que esto tiene a nivel consciente; la mente puede hacerlas surgir más o menos implícitamente, y aun así afectarnos.

En esta situación, que la mente se distraiga durante una sesión de meditación no se considera simplemente una experiencia aislada, surge de una particular constelación de condiciones. Da la impresión de que, cuando la persona misma se ve involucrada, la totalidad de la felicidad futura, y la significación misma de su vida, parecen ponerse en cuestión. De ahí que no resulte asombroso que uno pueda sentir semejante necesidad compulsiva de evitar ser el tipo de persona que tiene este tipo de experiencias.

Podemos articular un análisis similar para la persona que ha estado deprimida de manera recurrente en el pasado que está apegada a no ser el tipo de persona que se entristece porque, sobre la base de experiencias pasadas, ser ese tipo de persona implica ser una persona que va en camino de convertirse en alguien severamente depresiva. Para este tipo de personas, cualquier sentimiento de tristeza es en potencia una amenazada que debe evitarse.

Podemos hacernos una idea de la centralidad y profundo arraigo de nuestro apego a no ser cierto tipo de persona si miramos a los temores que surgen al tener que hablar en público. Un informe realizado entre la población estadounidense (Bruskin Associates, 1973) descubrió que el miedo a hablar ante un grupo fue el más común de los presentados de todos los miedos investigados, señalado habitualmente por los entrevistados como el temor a la muerte. Este miedo a hablar en público refleja la necesidad de no ser una persona que sea criticada o humillada de algún modo. Parece que la posibilidad de que la visión de nuestra persona pueda ser dañada («Puedo parecer estúpido»; «Puedo hacer el ridículo») se experimenta más a menudo como amenaza, que el hecho de que nuestros cuerpos vayan a morir. Y esto no ocurre solo porque vivimos en una cultura relativamente segura y saludable en la que el riesgo inmediato de la muerte es bajo, de manera bastante extraordinaria. El propio Buda, hace 2.500 años en el norte de India, incluyó el miedo a hablar en público en su lista de los cinco temores que son abandonados por una persona que posee los cuatro poderes de sabiduría, energía, vida inmaculada y beneficencia (*Aṅguttara Nikāya*, 9:5; los cinco temores son: temor en relación con los medios de vida, temor a la deshonra, temor al bochorno en asambleas, temor a la muerte, y temor a un destino futuro infeliz).

Es la identificación de la experiencia con el sentido de una persona, que en sí misma es duradera, la que nos lleva a proyectar nuestro presente sufrimiento en el futuro: *Estoy cansa-*

do, estoy cansado nuevamente, parece como si estuviera siempre cansado, soy el tipo de persona cansada que nunca será capaz de gozar plenamente con la vida. Como en este otro ejemplo: en ocasiones podemos sentir como si, a menos que hagamos algo al respecto, el dolor de nuestras rodillas continuará hasta que la pierna finalmente sea amputada. De nuevo, esto refleja el hecho de «ser una persona dolorida», en contraposición a tener simplemente una experiencia en la que «el dolor está presente».

Una vez nos hemos apegado al deseo de no ser la clase de persona que tiene determinadas experiencias, la necesidad de evitar esas experiencias, la ansiedad que supone la posibilidad de no poder hacerlo, y la angustia que suscita el no poder hacerlo, todo ello se incrementa enormemente. Por supuesto, la naturaleza de la realidad indica que es sencillamente imposible eludir por completo las experiencias temidas, no tener jamás una mente dispersa en una sesión de meditación, jamás sentirse triste, nunca dar una charla que sea criticada. La sed de *taṇhā* es insaciable; no importa cuán en serio lo intentemos, no podremos nunca satisfacer completamente la necesidad de no ser el tipo de personas que tiene dichas experiencias.

En realidad, es aún mucho peor que todo esto: la necesidad compulsiva de evitar ser cierta clase de persona crea una gran cantidad de preocupación y actividad en la mente, dirigida a prevenir que ocurra el horroroso resultado, o a limitar su daño en caso de que ocurra. Esta preocupación y actividad por «asegurarse» solo sirven para reforzar aún más el sentido de personalidad –«yo»– y llevan a primer plano más visiones personales que necesitan ser evitadas o alcanzadas. Y este sentido más fuerte del «yo» conlleva que devenga incluso más apremiante que yo sea o no sea esa clase de persona, lo cual suma una nueva torsión a la espiral viciosa. Todo este proceso ha sido llamado por los maestros contemporáneos *selfing*, en inglés, término que puede ser traducido como 'ejercitación del sí mismo' (Olendzki, 2005) o, de manera más tradicional, 'devenir' (*kammabhava*) (véase *Saṃyutta Nikāya*, 12).

Pareciera que, no solo tenemos una sed insaciable que no puede ser satisfecha de manera permanente, sino que, además, no importa cuánta agua bebamos, en realidad estamos bebiendo agua salada, por lo que la sed se incrementa con cada sorbo que damos.

Podemos ver ese proceso en funcionamiento en muchos de los patrones de aversión de la mente que subyacen a los desórdenes emocionales. La cavilación centrada en uno mismo puede transformar sentimientos de miedo, en otro contexto pasajeros, en una ansiedad persistente.

Por lo tanto, ¿qué debemos hacer?

Bien, dado que la Segunda Noble Verdad identifica el origen de *dukkha* como apego al deseo, razonablemente continúa instruyendo del siguiente modo: «El apego al deseo debe ser abandonado». De manera semejante, la esencia de las enseñanzas del Buda puede ser resumida de este modo: «Sea lo que sea, no debes aferrarte o apegarte al "yo" o lo mío» (Buddhadāsa, 1989, 134). En otras palabras: «No te tomes nada personalmente».

Por desgracia, esto es más fácil decirlo, que hacerlo. Pero es en este punto en el que la condición de la experiencia, de hecho, viene a nuestro rescate.

El Buda tuvo una intuición que, aun siendo simple, resulta brillante. Si *dukkha* y el ansia surgen como resultado de un conjunto de condiciones, entonces cesarán si esas condiciones pueden ser cambiadas, y si deliberadamente disponemos de un conjunto diferente de condiciones.

Y lo maravilloso del Buda fue que, a continuación, tradujo esta comprensión teorética en acción, en su propia vida. Lo que descubrió empíricamente de este modo aparece resumido en la Tercera y la Cuarta Noble Verdad.

La Tercera Noble Verdad nos dice que la cesación de *dukkha* es posible, y debe ser realizada a través de la cesación del ansia.

La Cuarta Noble Verdad describe un programa de entrenamiento integral, conocido como el Óctuple Sendero, el cual nos permite hacerlo. Consiste en ocho elementos, cada uno de los cuales produce sinergia y refuerza al resto de los elementos. Uno de esos elementos es el mindfulness sabio. Pero el camino incluye, además, elementos relacionados con la comprensión y la intención, el comportamiento ético, y otros aspectos de la meditación.

El objetivo último del Óctuple Sendero es la completa y final cesación de *dukkha*, en otras palabras, *nibbana*/*nirvana*. Pero, afortunadamente para nosotros, y los clientes y pacientes que vemos en nuestras clases de MBSR Y MBCT, no necesitamos esperar hasta ese punto antes de poder experimentar los beneficios que supone el abandono de nuestros apegos a los deseos. Como el maestro tailandés Ajahn Chah señaló: «Si sueltas un poco, tendrás un poco de paz. Si sueltas mucho, tendrás mucha paz. Si sueltas completamente, tendrás una paz completa» (Chah, Kornfield y Breiter, 2004). En otras palabras, tanto si estamos ante todo interesados en aliviar de inmediato el sufrimiento ostensible, como si nuestro objetivo último es, además, eliminar *dukkha* de manera definitiva, soltar el ansia y la aversión es el camino a la paz. En el segundo de estos dos artículos relacionados, prestaremos atención de manera más específica cómo el mindfulness nos asiste en la transformación del sufrimiento de este modo.

Para concluir con este artículo, consideraremos brevemente la relevancia que tiene el marco de referencia conceptual que hemos descrito para los maestros de MBSR y MBCT.

¿Por qué los maestros de MBSR y MBCT deberían saber acerca de la Primera y Segunda Noble Verdad?

¿Qué beneficios adicionales están a disposición de los maestros de las aplicaciones basadas en mindfulness al conocer y entender el marco conceptual particular que hemos presentado?

Hay dos aspectos en esta cuestión: 1) ¿Qué beneficios pueden derivarse de cualquier marco de referencia conceptual que guíe a los maestros de MBSR y MBCT, etc.? 2) ¿Qué beneficios pueden derivarse de adoptar el particular marco de referencia ofrecido por el Buda en las Cuatro Nobles Verdades?

Sin algún tipo de marco de referencia de comprensión que nos guíe, la aplicación de las prácticas del mindfulness a los problemas del estrés, el desorden emocional y otros semejantes reduce la enseñanza y el aprendizaje a una serie de técnicas. Esto puede ofrecer a los estudiantes una oportunidad para aprender cómo controlar aspectos de su atención, lo cual les permitirá recoger y calmar sus mentes. Adquirirán en primer término habilidades de concentración similares a aquellas que se enseñan en otras prácticas de concentración, como la meditación trascendental. Se trata de beneficiosos para calmar y relajar la mente.

Sin embargo, sin una comprensión de la naturaleza del sufrimiento que experimentan, o de qué modo el mindfulness produce una amplia gama de efectos en la reducción de ese sufrimiento (lo cual será discutido en detalle en el siguiente artículo), ni los estudiantes ni los maestros serán capaces de centrarse en la aplicación del mindfulness de una manera más específica y efectiva con el fin de transformar los procesos que crean y mantienen el sufrimiento. De este modo, los pacientes y clientes estarán expuestos a una limitada variedad de los recursos terapéuticos que potencialmente estarían a su disposición. Por ese motivo, el impacto beneficioso de los programas del mindfulness sería, en gran medida, disminuido en relación con aquello a lo que, de otro modo, podría contribuir.

Otra limitación que supone el trabajar sin un marco de referencia para comprender cómo el sufrimiento surge y cómo el mindfulness puede curar ese sufrimiento, es que, cuando las dificultades u obstáculos se manifiestan, no tenemos una «hoja de ruta» para consultarla en busca de un camino alternativo para avanzar en nuestro viaje; lo único que podemos hacer es intentar aplicar las mismas técnicas, ahora de manera más vigorosa, con el fin de atravesar el bloqueo de la carretera. Por otro lado, sin algún tipo de comprensión subyacente que nos guíe y nos motive, es difícil, tanto para los estudiantes, como para los maestros, comprometerse con algún aspecto más desafiante de la práctica del mindfulness –como, por ejemplo, «movernos hacia una relación más íntima» con el sufrimiento– que de acuerdo con los análisis que hemos descrito, son justamente aquellos aspectos con mayor potencial terapéutico de transformación a largo plazo.

Si aceptamos que es útil tener algún marco de referencia de comprensión que guíe las aplicaciones del mindfulness, ¿cuáles son las fortalezas del marco de referencia que hemos descrito?

Primero, es muy general; el análisis que se ofrece en las nobles verdades está pensando para ser igualmente aplicado a una gran variedad de sufrimientos, desde los más leves sentimientos de incomodidad existencial, hasta los problemas mayores de depresión recurrente y desórdenes relacionados con el pánico. Esta amplitud implica que: 1) pese a que maestros y clientes o pacientes pueden experimentar diferentes intensidades de sufrimiento, el mecanismo subyacente es el mismo; por tanto, los maestros pueden compartir un sentido de fraternidad y compasión con sus estudiantes, y pueden extraer de su propia experiencia elementos que enriquezcan las enseñanzas del mindfulness; 2) los estudiantes pueden adquirir habilidades y comprensión trabajando, primero, con los niveles de intensidad inferior de los sufrimientos «cotidianos», los cuales les permitirán posteriormente abordar de manera directa los problemas más intensos, por los cuales buscaron ayuda en el programa «terapéutico», y 3) sus experiencias de la práctica del mindfulness, como parte de un programa terapéutico, pueden abrirle las puertas a clientes y pacientes que estén interesados en explorar la relevancia del mindfulness en sus vidas de manera más general.

Segundo, la visión que sostiene que *dukkha* es universal e inevitable, dada la manera en la que funciona hoy nuestra mente, puede ayudarnos a reducir la identificación personal con el sufrimiento, el cual, como hemos visto, es un aspecto central en la creación del sufrimiento, de acuerdo con el análisis del Buda. Si este análisis es correcto, eso significa también que la atrayente búsqueda de una solución «fácil» al problema del sufrimiento («Si solo tuviera el automóvil, la casa, la pareja, la carrera, la apariencia, el conocimiento o la comunidad correcta, entonces sería feliz») está llamada al fracaso. Si este es el caso, sería muy bueno saberlo.

Tercero, este marco de referencia de comprensión fue el que originalmente llevó a la integración y desarrollo de las prácticas del mindfulness a convertirse en un componente central de un programa integral para reducir y eliminar el sufrimiento. Dos milenios y medio de experiencia en la aplicación del mindfulness en este contexto han proporcionado una base inestimable para pulir y desarrollar el uso de mindfulness con vistas a curar el sufrimiento. Los hechos observados dentro de esta tradición también nos proporciona innumerables ejemplos que muestran que, cuando es guiado por el marco de referencia de comprensión de las Cuatro Nobles Verdades, el mindfulness «funciona». La mayor parte de la más reciente, más sistemática prueba de que el mindfulness «funciona», tanto en el formato del MBSR como en el del MBCT, también ha surgido de estudios en los cuales los instructores han trabajado dentro de una comprensión relacionada, de un modo u otro, con el marco de referencia propuesto por el Buda.

BIBLIOGRAFÍA

An anthology of discourses from the Anguttara Nikaya. (2007). (NYANAPONIKA THERA, & BHIKKHU BODHI, Trads.) Kandy, Sri Lanka: Buddhist Publication Society.

BATCHELOR, S. (1997). *Buddhism without beliefs: A contemporary guide to awakening.* Nueva York: Riverhead Books.

BUDDHADASA, B. (1989). *Me and mine, selected essays of Bhikkhu Buddhadasa.* (D. K. Searer, Ed.) Albany: State University of New York.

CHAH, A., KORNFIELD, J. y BREITER, P. (2004). *A still forest pool: The insight meditation of Achaan Chah.* Wheaton, IL: Quest Books.

Dhiga Nikaya. The long discourses of the Buddha: A translation of the Dhiga Nikaya. (1987). (M. WALSHE trad.) Boston, MA: Wisdom Publications.

OLENDZKI, A. (2005). «Self as verb: Unravelling the Buddha's teachings on how we construct ourselves». *Tricycle: The Buddhist Review,* 14 (4).

Sallatha Sutta. Samyutta Nikaya 36:6 (s.f.). (trducido por Thera, Editor) Obtenido de http://www.accesstoinsight.org/tipitaka/sn/sn36/sn36.006.nypo.html

Samyutta Nikaya. The connected discourses of the Buddha: A new Translation of the Samyutta Nikaya (2000). (B. Bodhi, trad.) Boston, MA: Wisdom Publications.

SUMEDHO, A. (1992). *The four noble Truths.* Obtenido de www.buddhanet.net

7. ¿Cómo el mindfulness transforma el sufrimiento? (2): La transformación de *dukkha*

John D. Teasdale y Michael Chaskalson (Kulananda)

Mindfulness transforma el sufrimiento a través de cambios en el *contenido* de lo que la mente está procesando, a través de cambios en el *modo* en el cual la mente los procesa, y a través de cambios en la *visión* de lo que está siendo procesado. El aspecto de «tener en mente» del mindfulness es importante en la comprensión de estos cambios, y es analizado en términos de memoria de trabajo. La perspectiva de los subsistemas cognitivos interactivos reconoce dos clases de significado, uno explícito y específico, y otro implícito y holístico. Sugerimos que el mindfulness es una configuración de la mente en la que la memoria de trabajo para significados holísticos implícitos desempeña un rol central. Es aquí donde el procesamiento y la visión de la experiencia son transformados por la creación de nuevos patrones de significado implícito. Este análisis es aplicado a la práctica del mindfulness, el mindfulness como modo de vida, el entrenamiento de instructores y el uso del mindfulness en relación con diferentes aspiraciones.

En el primero de estos dos artículos relacionados (Teasdale y Chaskalson, 2011) describimos el análisis del Buda sobre la naturaleza y los orígenes de *dukkha* (sufrimiento). El Buda también ofreció un programa de práctica, el Óctuple Sendero, para llevar *dukkha* a su fin. El mindfulness es un componente central de este camino de libertad y despertar. El mindfulness es, por supuesto, el foco primario de las aplicaciones basadas en el mindfulness (como es la Reducción de Estrés Basado en Mindfulness (MBSR) y la Terapia Cognitiva Basada en el Mindfulness (MBCT). En este segundo artículo consideramos la siguiente cuestión: ¿De qué modo el mindfulness contribuye a la transformación de *dukkha* que ocurre cuando practicamos el Óctuple Sendero, o cuando nos comprometemos con un programa de aplicaciones basadas en el mindfulness?

Con la vista puesta en nuestra discusión, utilizaremos el término «mindfulness» para referirnos a las prácticas y procesos cultivados en las enseñanzas centrales del propio Buda sobre el tema, el *Satipaṭṭhāna Sutta*.

Orígenes de *dukkha*

Como vimos en el primero de estos dos artículos, los análisis del Buda sobre *dukkha*, expresados en la Segunda Noble Verdad, identifican *taṇhā*, ansia, como el origen de *dukkha*. El Buda también ofreció un análisis más detallado del sufrimiento, conocido como origen dependiente, o co-surgimiento dependiente. Este análisis más detallado sugiere que *dukkha* surge y es mantenido como resultado de un complejo, mutuamente reforzante y autoperpetuado patrón de interacciones entre muchas condiciones (Thanissaro, 2007). Podemos considerar de manera provechosa esas condiciones como procesos mentales particulares, y como contenidos mentales. El sufrimiento es concebido entonces como el resultado de configuraciones particulares, o patrones de procesos mentales que interactúan de tal modo, que mantienen toda la configuración en marcha. Estas configuraciones son dinámicas; el sufrimiento es activamente creado y recreado, momento a momento. El mantenimiento de tales configuraciones depende de la recreación de un particular conjunto de condiciones, de un momento al siguiente, una y otra vez.

Este análisis sugiere que podemos llevar a cabo una cesación temporal de *dukkha,* cambiando las condiciones de modo que estos patrones de procesamiento dejen de alimentarse a sí mismos. Para lograr un final definitivo de todo sufrimiento, el objetivo último del Óctuple Sendero, tenemos que cambiar las condiciones de manera tal que las configuraciones que perpetúan *dukkha* no vuelvan a ocurrir. El mindfulness nos ofrece sendas para cambiar las condiciones de estos dos modos.

Podemos distinguir tres amplias rutas a través de las cuales el mindfulness puede producir sus efectos. Aunque distintas, estas estrategias están interrelacionadas. Las describiremos brevemente, y luego exploraremos aspectos exclusivos de ellas en mayor profundidad.

Con el fin de afianzar nuestra discusión teórica, ilustraremos los puntos que abordaremos con un ejemplo concreto: imaginemos que un colega del trabajo nos telefonea a las 21.30, importunándonos en nuestro tiempo personal de descanso y relajación. El motivo de la llamada es que quiere discutir sobre una cuenta en la que hemos estado trabajando. Su tono parece acusatorio, intimidatorio. Imaginen que tienen una regla que no permite contactar con colegas de trabajo después de las 19.00; por tanto, ¿por qué razón nuestro colega nos llama? Usted está enfadado ya que su intimidad ha sido invadida. Tras la llamada, descubre que está disgustado e irritable, sin poder evitar los pensamientos acerca de lo ocurrido y la transgresión de su colega, que imponen su camino en su mente.

Los participantes de los programas basados en el mindfulness a menudo hablan de una reducción en la cavilación y la aflicción que siguen a este tipo de situaciones. En el ejemplo que tenemos entre manos, puede que describan que notan, con algo de sorpresa y deleite, que, debido a la práctica del mindfulness, una llamada telefónica «difícil» del tipo descrito anteriormente solía afectarles durante horas, pero en la actualidad solo conduce a una perturbación de minutos, o incluso segundos. Consideraremos algunas explicaciones para este tipo de transformación del sufrimiento.

Tres estrategias para el cambio

La primera estrategia, y la más simple, para alterar las condiciones que mantienen o crean sufrimiento consiste en cambiar el *contenido* que la mente está procesando. Podemos hacerlo redireccionando intencionalmente el foco de la atención a los aspectos de la experiencia que, de manera menos probable, condicionen el surgimiento y continuación de las configuraciones que crean sufrimiento. Por tanto, en el caso de la llamada telefónica, podemos centrarnos adrede, y sostener nuestra atención, en las sensaciones corporales, como el movimiento de la respiración, en la espiración e inspiración; este foco relativamente neutral proporcionará menos «combustible» para el mantenimiento de las configuraciones problemáticas que los pensamientos cargados de emociones relacionados con la llamada.

Una segunda estrategia es dejar que la «entrada» (*input*) de la mente continúe siendo la misma, aunque cambiando la configuración de los procesos, o la «forma» de la mente a través de la cual el material es procesado. Mientras la primera estrategia cambia el *qué* de lo que es procesado, esta estrategia cambia el *cómo* del material procesado. Eso puede significar, por ejemplo, permitir y atender intencionalmente, con interés y curiosidad, a los sentimientos desagradables creados por la llamada perturbadora, como objetos de la experiencia, en vez de «perdernos» *dentro* de ellos en la automática reacción de la aversión.

La tercera estrategia consiste en cambiar la *visión* que tenemos del material que está siendo procesado. En el análisis del Buda, las configuraciones que nos mantienen atascados en el sufrimiento están arraigadas en nuestra ignorancia fundamental, la errónea percepción que nos hace aprehender lo transitorio como permanente, lo inestable como fiable, lo que no es la esencia de la persona como si lo fuera, y que nos impide comprender con claridad la naturaleza y origen de *dukkha,* y el modo en que podemos terminarlo. Si pudiéramos ver con claridad las cosas como son, si pudiéramos dejar ir nuestra tendencia a identificarnos personalmente con la experiencia, entonces eliminaríamos la condición básica para el surgimiento de las configuraciones que sostienen a *dukkha*. En relación con la llamada ofensiva, esto implicaría un cambio de percepción de «una persona que realmente nos ha herido debido al modo en que nos ha hablado», a otra percepción de «pensamientos, sentimientos y sensaciones desagradables que se manifiestan aquí y ahora».

Cada una de estas tres estrategias requiere de nosotros que seamos conscientes; si vamos a hacer cambios deliberados de lo que está siendo procesado, cómo es procesado, o de la visión que tenemos de ello, necesitamos saber qué es lo que ocurre en el momento. La práctica del mindfulness cultiva una metaconsciencia: nuestra capacidad para comprender, directamente, intuitivamente, nuestra experiencia, cuando surge, en cada momento. En este nivel fundamental, el mindfulness ofrece una contribución crucial para cada una de las tres estrategias que hemos identificado. Ahora regresamos, de manera más detallada, a la primera de esas estrategias.

Estrategia uno: cambiar la entrada («input»), el *qué* del proceso

En general, a lo que atendemos, sea externa o internamente, viene dictado no por nuestra elección consciente, sino por los sesgos habituales, relativamente automáticos, que nos hacen atender en una dirección, en vez de en otra. En esta situación, nuestra atención es reactiva; nuestras mentes se centran en aspectos de la experiencia que alimentan el sufrimiento, y tenemos un sentido limitado de libertad o control. Por ejemplo, en el contexto de una situación perturbadora, como es el caso de la llamada telefónica, podemos haber aprendido a atender selectivamente a los recuerdos y a los pensamientos relacionados con los orígenes del disgusto («¿Qué es lo que hice mal?». «¿De quién es la falta de esto que ocurrió?», etc.). Este tipo de recuperación selectiva de la memoria es una de las bases de los patrones de pensamiento errático (Watkins, 2008) que pueden perpetuar emociones de depresión o enfado.

Podemos liberarnos de los efectos de estas prioridades de atención automáticas e inconscientes a través de una asignación consciente y deliberada de la atención hacia objetos particulares, o hacia clases de objetos. Por ejemplo, podemos cambiar la disposición habitual a atender a recuerdos y pensamientos relacionados con eventos que nos afligen y, en su lugar, atender de manera deliberada a los estímulos sensoriales, relativamente neutros, como la sensación de la respiración o el sonido. Así, cambiamos el contenido procesado por la mente, de tal modo que es menos probable la creación de más sufrimiento.

Las prácticas del mindfulness iniciales que se enseñan en las aplicaciones basadas en el mindfulness, y muchas formas de meditación budista en la comprensión profunda, requieren del practicante que mantenga el foco de la atención en las sensaciones del cuerpo y el movimiento de la respiración, con el fin de reconocer en qué momento la mente se distrae respecto a su foco, después de soltar la atención, y re-enfocarse en el cuerpo o la respiración. Incluso en un programa breve de ocho semanas de MBSR o MBCT, practicando meditación formal durante 45 minutos diarios, los participantes ensayaran esta secuencia cientos o miles de veces.

De este modo, los participantes tienen una práctica amplia en el cultivo de habilidades para detectar cuándo la mente se pierde en el pensamiento y ser capaces de redirigir deliberadamente la atención hacia el objeto elegido. A los participantes de MBSR o MBCT se les anima explícitamente a utilizar estas habilidades para cambiar la atención con el fin de liberarse a sí mismos de los patrones de pensamiento que puedan crear sufrimiento emocional. Los estudios sistemáticos (Allen *et al.*, 2009) muestran que muchos pacientes hablan del desarrollo de estas habilidades como uno de los principales beneficios de MBCT, pues les ofrecen una sencilla respuesta que les permite reconocer e interrumpir los patrones de pensamientos erráticos que, de otro modo, llevan a una recaída depresiva.

Por supuesto, es importante que estas habilidades se enseñen de tal modo que se reconozca la presencia de estos pensamientos o sentimientos poco útiles antes de reenfocar la atención de manera deliberada como un acto positivamente motivado, en vez de ser una manera de evitar o descartar las experiencias desagradables. Esto último sin duda reforzaría las condiciones que mantienen la aflicción emocional (Hayes *et al.*, 1996).

Aprender a controlar la atención deliberadamente puede tener también efectos indirectos a largo plazo, como un incremento en el sentido de autonomía y la autoeficacia en relación con los pensamientos y emociones desagradables (Allen *et al.*, 2009). Estos efectos más persistentes pueden llevar a una reducción a largo plazo del sufrimiento.

Los efectos del entrenamiento en el mindfulness en la reducción del sufrimiento a través de esta primera estrategia que consiste en cambiar el *qué* de los procesos mentales no son difíciles de entender, y pueden combinarse con otras estrategias que implican un entrenamiento en el control de la atención. Por otro lado, las maneras en las que el mindfulness produce efectos a través de la segunda estrategia, que consiste en cambiar el *modo* en el cual la mente procesa el contenido que selecciona, y a través de la tercera estrategia, que consiste en cambiar la *visión* de este contenido, son menos obvias. Estas estrategias son, además, más específicamente características de las aproximaciones basadas en el mindfulness que otros enfoques dirigidos al entrenamiento de la atención. Para entender estas otras rutas de transformación, necesitamos primero mirar más de cerca ciertos aspectos de los modos en que operan la mente y el corazón.

La memoria de trabajo

Dreyfus (2011) ha sugerido que el concepto de memoria de trabajo nos ayuda a apreciar un aspecto del mindfulness que ha recibido una atención relativamente menor en las discusiones contemporáneas; la visión del mindfulness como «la capacidad retentiva sobre la que somos capaces de dar sentido a nuestra experiencia». Este aspecto del mindfulness es particularmente relevante a la hora de comprender los mecanismos cognitivos a través de los cuales el mindfulness transforma la manera en que la mente procesa y concibe la experiencia («cognitivo» aquí, y en otros lugares de este artículo, se refiere al proceso de información en general, incluidos los procesos de sentimientos y sensaciones, no solo del «pensamiento»).

La memoria de trabajo es una capacidad limitada del espacio de trabajo dentro de nuestra arquitectura mental, en la cual diferentes piezas de información pueden ser temporalmente fijadas y procesadas. Por ejemplo, diferentes piezas de información fijas en la memoria de trabajo pueden ser integradas en patrones más amplios que, luego, pueden dar forma a una nueva comprensión y acción. Las palabras de esta sentencia, individualmente procesadas, en aislamiento respecto al resto, transmiten una información muy limitada. Pero, si todas ellas son fijadas en la memoria de trabajo, y vistas a la vez, entonces un patrón de información más amplio queda disponible, el cual puede transmitir una información mucho más rica. De manera semejante, si los significados de todas las sentencias de este parágrafo son fijados en la memoria de trabajo, entonces el patrón global de información ofrecido transmite un orden de significado aún más rico que el que transmiten las sentencias individuales.

La memoria de trabajo y el mindfulness

¿De qué modo es relevante para la transformación del sufrimiento a través del mindfulness esta capacidad de la memoria de trabajo que fija piezas separadas de información y las integra en patrones más amplios? Una perspectiva cognitiva (utilizó aquí el término «cognitivo» en su sentido más extenso) sugiere que el sufrimiento es una respuesta a unos patrones particulares de información (por ejemplo, patrones que transmiten ciertos significados emotivos). Esta perspectiva sugiere que podemos prevenir o reducir el sufrimiento al transformar los patrones de información que producen. *La memoria de trabajo proporciona un lugar donde estos patrones pueden ser fijados e integrados con otros, para crear nuevos patrones que no produzcan sufrimiento.* De este modo, tomando un ejemplo muy simple, un patrón de información relacionado con una persona que camina hacia nosotros, que evocaría por lo general una respuesta de enfado, es menos probable que lo haga si puede ser integrada en un patrón más amplio que incluya también un patrón de información que refleje el hecho de que la persona está utilizando gafas con lentes muy gruesas, sugiriendo que no es capaz de ver muy bien.

Para que esta integración ocurra, las piezas separadas de información tienen que estar juntas, al mismo tiempo, en la memoria de trabajo. ¿Cómo podemos disponer de esto o saber que es así? Aquí es donde el mindfulness entra en juego; los psicólogos han sugerido, repetidamente, que existe una asociación entre la memoria de trabajo y la mente consciente (Baddeley, 2000; Baars y Franklin, 2003). Esto hace pensar en que la consciencia plena de una experiencia es un signo de que la información está siendo «fijada» en la memoria de trabajo, y está disponible para su procesamiento. Podemos ir más allá, y sugerir que el proceso actual, en el que somos plenamente conscientes de un objeto, lleva la información relacionada con la memoria de trabajo y allí la fija. En el ejemplo que hemos presentado, la consciencia de la persona, que choca contra nosotros, y la presencia de gafas con lentes gruesas, nos dice que patrones de información relacionados con ambas experiencias están presentes en la memoria de trabajo, y están disponibles para ser integrados en modos que pueden reducir el sufrimiento. Atender plenamente a estos dos aspectos de la experiencia es una de las maneras de llevar esta información a la memoria de trabajo y de fijarla allí.

Diferentes memorias de trabajo

En este punto, necesitamos añadir una precisión que refleje los hechos de la experiencia personal y los requerimientos de la teoría cognitiva. Esto significa que podemos ser conscientes de la «misma» experiencia de diferentes maneras, dependiendo del modo en el cual atendemos a ella. Consideremos, por ejemplo, a la persona que choca con nosotros. Podemos ser conscientes de ella desde un punto exclusivamente sensorio-perceptivo, a nivel visual, simplemente como un patrón de formas y colores. O, en cuanto a la información «factual», podemos ser conscientes del «hecho» de que una persona ha entrado en contacto físico con nosotros. En un nivel más rico de significado, podemos reflexionar acerca de las implicaciones derivadas de este y otros hechos; intuitivamente, podemos ser conscientes de ello al aprehender a la persona como «egoísta y desconsiderada respecto al confort y seguridad de otros» (aunque aquí la articulación sea en palabras, la experiencia en este caso es implícita, derivada, y no se expresa por medio de pensamientos verbalizados, sino que se trata de una «significación» sentida de la persona). (Estos tres aspectos pretenden ser ilustrativos y no exhaustivos; hay otros aspectos de esta «misma» experiencia de los que también podemos ser conscientes).

Dada la sugerida conexión entre la memoria de trabajo y la consciencia, el hecho de que podamos ser conscientes de diferentes aspectos de la experiencia sugiere que puede haber también diferentes clases de memoria de trabajo, cada una relacionada con aspectos diferentes de la experiencia consciente. La investigación psicoanalítica ha descubierto, de hecho, que no hay una única y unitaria memoria de trabajo que lidie con toda clase de información, sino, por el contrario, diferentes memorias de trabajo, cada una especializada en manejar una clase de información particular (Baddeley, 2000).

Esta multiplicidad de memorias de trabajo puede hacer menos atractiva la idea de la memoria de trabajo como medio para ayudarnos a entender el mindfulness, y los modos en los cuales transforma el sufrimiento. En realidad, aproximándonos desde el particular marco de referencia teórico que describiremos, la consciencia de esta multiplicidad, de hecho, nos asiste en la tarea, forzándonos a afrontar las siguientes cuestiones: 1) ¿Qué memoria de trabajo fija e integra la clase de información que está más directamente conectada con la creación y alivio del sufrimiento? 2) ¿Es acaso una memoria de trabajo que está particularmente asociada con el mindfulness, comparada con la ausencia del mindfulness?

Los modelos cognitivos de la emoción sugieren que la respuesta emocional a una experiencia está relacionada con el significado que damos a la experiencia. Dado que podemos reconocer más de un tipo de significado (literal, metafórico, etcétera), la cuestión crucial es: ¿Cuál de estos diferentes aspectos del significado está más directamente relacionado con la emoción? Después de haber considerado este interrogante detenidamente, Teasdale (1993) concluyó que los significados holísticos implícitos, derivados por intuición de la experiencia, son los más involucrados en la creación y la curación de emociones insalubres. Por tanto, con respecto a la persona que chocó con nosotros, el significado derivado implícito «persona egoísta, desconsiderada respecto al confort y la seguridad de cualquier otra» puede ser visto como más directamente conectado con nuestro enfado. Este nivel de significado (que será descrito extensamente más adelante) refleja las implicaciones derivadas de todas las constelaciones de significados conceptuales más específicos, y los patrones asociados de información sensorio-perceptual. Experimentamos estos significados en la consciencia como «sentidos», por ejemplo, en el caso de alguien fiable, o poco fiable, con un sentido de confianza o un sentido de aprensión.

Si los elementos de la información relacionados con el significado implícito «persona egoísta, desconsiderada respecto al confort y la seguridad de cualquier otra» tienen que ser integrados con otra información como, por ejemplo, la implícita realización «es una persona con problemas de vista y no puede ver hacia dónde se dirige» (derivado intuitivamente de la presencia de unas gafas con lentes gruesas), entonces toda la información relevante debe ser fijada en la memoria de trabajo que está especializada en lidiar con los significados holistas implícitos. Esto permitirá la creación de un nuevo patrón, el cual refleja el tema implícito «inocente de intento dañino», que reduciría la intensidad de la irritación, o incluso podría transformarse en compasión.

Siguiendo esta línea de razonamiento, podemos sugerir que el mindfulness (atención o presencia plena), comparado con la ausencia del mindfulness, es una configuración de la mente en la cual la memoria de trabajo, para el tipo de información que transmite significados holísticos implícitos (el nivel de significado que está más directamente involucrado en la creación y transformación del sufrimiento), desempeña un rol particularmente importante. Podemos expresar estas ideas más formalmente como hipótesis: *el mindfulness está caracterizado por las configuraciones de procesamiento cognitivo en las cuales la memoria de trabajo para significados implícitos, intuitivos, desempeña un rol central; cuando el mindfulness transforma el sufrimiento, cambiando el modo en el cual la experiencia es procesada o percibida, la integración de la información en nuevos patrones dentro de esta memoria de trabajo desempeña un rol central.*

Utilizaremos estas hipótesis para guiar nuestra exploración sobre los modos en que el mindfulness transforma el sufrimiento a través de la segunda y tercera ruta: cambios en el modo en que la experiencia es procesada; y como es percibida. En el primer caso, sin embargo, debemos observar con mayor detenimiento la noción de significados holísticos implícitos, una idea que es central en la descripción que exploraremos y, al mismo tiempo, también sutil, y no necesariamente fácil de aprehender. Para ello recurriremos a los marcos de referencia de los «subsistemas de interacción cognitiva» (SIC) (Barnard y Teasdale, 1991; Teasdale, 1993; Teasdale y Barnard, 1993), donde estos significados son vistos desempeñando un rol central en la producción de la emoción. Este marco de referencia ha sido aplicado previamente a la comprensión de los efectos terapéuticos del mindfulness (Teasdale, 1999; Teasdale, Segal y Williams, 1995). (En realidad, SIC utiliza el concepto de «memoria intermedia» o «registro de imagen» en vez de «memoria de trabajo», sin embargo, para nuestros propósitos actuales, podemos utilizar estos términos equivalentes).

Dos clases de significados

El poema «La bella dama sin piedad» de John Keats comienza con estas cuatro líneas:

> ¡Oh! ¿Qué pena te acosa, caballero en armas,
> vagabundo pálido y solitario?
> Las flores del lago están marchitas,
> y los pájaros callan.

Para la mayoría de las personas, la lectura de estas líneas transmite una sensación intuitiva directa de melancolía y abandono. El efecto es muy diferente del significado que transmite una oración simple como esta: «El hombre se sintió triste y solo». Por otro lado, el efecto es muy diferente de la suma de la misma secuencia de significados literales expresados en un lenguaje «no-poético»: *«¿Qué es lo que ocurre, anticuado soldado en armas, que inactivo permaneces, de pie, con la expresión pálida? Los juncos se han podrido junto al lago, y no hay pájaro alguno cantando»* (Teasdale y Barnard, 1993, 73).

SIC sugiere que el sentimiento intuitivo de melancolía y abandono transmitido por el poema es el correlato subjetivo, consciente, de la comunicación de un implícito significado holístico relacionado con esos temas. Ese significado no puede reducirse a la clase de significado explícito, conceptual, que normalmente se transmite a través de una oración simple. Podemos comprobar que el significado es en realidad el transmitido si, tras haber leído el poema nuevamente, y «experimentado» el sentimiento que engendra, te preguntas: «¿sería divertido encontrarlo en una fiesta?». Lo más probable es que supieras directa, inmediatamente, de manera no conceptual, en otras palabras, sin tener que «pensar» acerca de ello, que la respuesta es un enfático «no». Esta es otra clase de conocimiento, uno que está en el corazón del procesamiento del mindfulness.

SIC distingue entre *significados proposicionales* específicos y *significados implicados* más genéricos. Los significados proposicionales corresponden a la clase de significados directos explícitos, fácticos, conceptuales o literales, que transmite una oración simple. La experiencia subjetiva asociada es el «conocer que» algo es o no es el caso. Por el contrario, los *significados implicados* comunican un significado que es implícito y holístico, que no puede ser reducido al significado de una oración simple, o a la suma de los significados conceptuales específicos transmitidos por una secuencia de oraciones. Hasta que sea posible comunicar estas clases de significados a través del lenguaje, lo hacemos a través de la poesía, la metáfora, el relato y la parábola.

Los significados implicados capturan la «estructura profunda» de la experiencia; las similitudes subyacentes que, de manera recurrentes, se manifiestan a lo largo de una serie de situaciones vitales que, aunque superficialmente diferentes, comparten ciertos temas comunes, subyacentes. Estos patrones prototípicos incluyen temas comunes dentro de patrones recurrentes de significados conceptuales, junto con elementos comunes de patrones de información sensorial recurrentes, que ocurren generalmente con ellos. Por ejemplo, los significados implicados pueden capturar patrones recurrentes de significado (como, por ejemplo, «no tengo manera de conseguir lo que quiero») extraídos de situaciones desesperadas, junto con información que refleja patrones de sensaciones corporales que ocurren en este tipo de situaciones, como la sensación física de ser «agobiado». Reflexionando acerca de estos dos aspectos de los significados implicados, el significado transmitido por un poema también depende de la combinación de los patrones, cuidadosamente elegidos, de significados conceptuales, junto con los sonidos de las palabras, sus ritmos, y la imaginería visual que evoca.

En contraste con el «conocimiento [intelectual] con la cabeza», o con el «conocimiento que» de los significados proposicionales, los significados implicados conscientemente procesados están asociados con una cualidad más experiencial. Estos significados son «sentidos», y a menudo tienen una cualidad encarnada: «conocimiento con el corazón», o «conocer visceralmente», etcétera. Las líneas del poema que, consideramos, transmiten un sentido de la *experiencia* de la melancolía y el abandono, si bien en sordina, o en forma limitada, en vez de hablar acerca de la melancolía y el abandono, como ocurriría en un pasaje en prosa sobre el tema.

Dos clases de significado y la transformación del sufrimiento

De acuerdo con nuestra discusión anterior, el marco teorético del SIC afirma de manera firme que solo los significados holísticos implicados están directamente conectados con la emoción y el sufrimiento. Por el contrario, los significados proposicionales afectan a la emoción solo indirectamente, a través de su contribución a los significados implicados. De esto se deduce que la transformación del sufrimiento tiene que ocurrir ante todo en la memoria de trabajo, especializada en el significado implicado. Podemos ver el mindfulness como una manera de acceder y trabajar dentro de la memoria de trabajo implicado. Cuando contemplamos la experiencia plenamente, «fijamos» elementos relacionados con el significado implicado en el espacio de trabajo, de maneras que les permiten ser integrados en nuevos patrones, o ser procesados dentro de una perspectiva más amplia, de modo que ya no evoquen el sufrimiento. Podemos decir que el mindfulness permite a la poesía de la experiencia momento a momento reescribirse a sí misma, cambiar de manera elegante su tema, ir del sufrimiento a la calma y la paz. Esta es una razón por la cual el uso crítico de la poesía en las intervenciones basadas en el mindfulness puede ser tan efectivo: evoca un sentimiento que carga un significado profundo más allá de las palabras, en el espacio de silencio durante una sesión de meditación.

A diferencia de lo que ocurre en la memoria de trabajo implicado, donde el «trabajo» sobre elementos de significado implicado puede curar el sufrimiento, la memoria de trabajo proposicional figura prominentemente en configuraciones que crean sufrimiento (así como también, por supuesto, muchas otras configuraciones que no lo hacen) (Teasdale, 1999). Aquí es donde la mente compara sus ideas acerca de dónde se encuentra, con ideas acerca de dónde piensa que debería estar, y, si no puede resolver la laguna entre ambas, permanece en el abismo abierto entre ellas, de maneras que pueden alimentar el sufrimiento. Segal, Williams y Teasdale (2002, 68) identificaron este proceso con un «monitor de discrepancia», y le dieron un rol central en la cavilación que mantiene la depresión persistente. De manera más general, la memoria de trabajo proposicional saca elementos del significado implicado reflejando temas de insatisfacción, decepción, frustración, y otros semejantes, de las discrepancias entre conceptos de estados necesitados y actuales. Estos significados implicados pueden, entonces, crear sufrimiento.

Con este marco teorético en su lugar, estamos en una posición favorable para considerar la segunda y la tercera rutas a través de las cuales el mindfulness contribuye a la transformación del sufrimiento: cambios en la manera en que las experiencias son procesadas, y cambios en el modo en que las experiencias son percibidas.

Estrategia dos: cambiar el «modo» de procesamiento

El mindfulness implica un giro radical en la *manera* en que nos ocupamos de la experiencia. En esta segunda ruta de transformación del sufrimiento, el mindfulness perturba las configuraciones que mantienen el *dukkha,* cambiando las condiciones relacionadas con el *modo* en que la información es procesada, al contrario de lo que ocurría en la primera ruta respecto a las condiciones relacionadas con el *qué* de la información que es procesada. Aquí, el acto mismo de llevar atención plena a la experiencia puede, por sí mismo, perturbar y transformar las configuraciones habituales, poco útiles del procesamiento.

¿Cómo debemos entender esto? Algunos de los cambios en los procesamientos asociados con el mindfulness se comprenden de mejor modo en términos del mindfulness, cambiando la configuración global, o la «forma» de la mente. Como ya hemos indicado, las configuraciones de procesamiento que crean y mantienen *dukkha* a menudo priorizan el nivel de información conceptual no-verbal; la cavilación de enfado que alimenta la aflicción que sigue a una llamada telefónica ofensiva, implica una descarga de pensamientos que, a menudo, son experimentados internamente en forma verbal: «¡Cómo se atreve a hablarme de ese modo! [...] Ahora sí que estoy enfadado [...] ¿Cómo voy a seguir como si nada hubiera ocurrido? [...]». Estos pensamientos *acerca* de la experiencia implican la manipulación de conceptos relacionados con la experiencia, en lugar de la experiencia directa y, de acuerdo con la perspectiva de SIC, reflejan un procesamiento global de configuración en el cual la influencia dominante es la memoria de trabajo proposicional, frente a la memoria de trabajo implicado.

Por otro lado, la práctica del mindfulness cultiva un modo de conocimiento momentáneo de la experiencia, más directo, intuitivo, experiencial (Farb *et al.*, 2007; Watkins y Teasdale, 2004); *el conocimiento de la experiencia ocurre en la atención misma.* Desde la perspectiva de SIC, esta clase de conocimiento refleja un procesamiento global de configuración en el cual la influencia dominante es la memoria de trabajo implicado, en vez de la memoria del trabajo proposicional. La respuesta plenamente atenta a la aflicción que sigue a la llamada telefónica implica un giro, desde la cavilación acerca de la llamada, sus efectos y sus consecuencias, hacia la atención a los pensamientos, sentimientos, sensaciones, conocidos directamente, de manera experiencial, como aspectos de la experiencia del momento. Este giro en el modo de conocimiento, provocado por el despliegue deliberado de la atención de modos particulares, refleja una reconfiguración de la mente, de forma que la influencia primaria gira, desde la memoria de trabajo proposicional, a la memoria de trabajo implicado. De esta manera, el mindfulness puede transformar el sufrimiento, cambiando la «forma» global de la mente, a través de la cual la experiencia es procesada, de modo que las condiciones no mantengan durante más tiempo la continua creación y recreación, momento a momento, de reconfiguraciones que perpetúan el sufrimiento.

Otros efectos del mindfulness en el procesamiento son comprendidos de mejor manera en términos de cambios dentro de la propia memoria de trabajo implicado. Como hemos notado en el primero de estos artículos relacionados (Teasdale y Chaskalson, 2011), la Segunda Noble Verdad identifica el ansia y la aversión como condiciones cruciales para el surgimiento de *dukkha*. Ambas, aversión y ansia, están arraigadas en una motivación básica subyacente de temor y evitación. Con la aversión necesitamos desechar las experiencias o estados de ser desagradables; y con el ansia y el aferramiento, la compulsiva necesidad de tener o sujetar el objeto de deseo refleja el miedo de fallar en nuestro intento de lograrlo, o tras haberlo obtenido, de perderlo. Por otro lado, el mindfulness cultiva procesos mentales arraigados en motivaciones de aproximación, y está demostrado que modifica las medidas de actividad cerebral subyacente de patrones característicos de la evitación para convertirlos en patrones más semejantes a los de la aproximación (Davidson *et al.*, 2003).

Podemos entender estos efectos del mindfulness en términos de cambios dentro de la memoria de trabajo implicado. Es aquí donde los elementos de significado implicado, que reflejan los temas de aproximación, la curiosidad, el interés y el compromiso inherente hacia el mindfulness, pueden ser procesados junto a los significados de temas encarnados de evitación, aversión y resistencia, de modos que transformarán su capacidad de crear sufrimiento. En el caso de la llamada telefónica ofensiva, por ejemplo, el mismo acto de llevar amablemente, deliberadamente, una consciencia plena, curiosa, interesada, a la experiencia de aflicción, introduce elementos de significados relacionados con temas de aproximación en la memoria de trabajo implicado. Allí, de maneras que estudiaremos detalladamente más abajo, pueden compensarse los efectos de los elementos de significado, relacionados con los temas de evitación que han sido creados por las cavilaciones de enfado que perpetúan el sufrimiento.

El ansia y la aversión reflejan, también, una necesidad de que la experiencia sea diferente a como es en el presente. El mindfulness, a propósito, encarna la buena disposición a que las cosas sean lo que son. Con el disgusto que sigue a la llamada telefónica, una respuesta plenamente atenta conlleva consigo una postura deliberada que permite a las experiencias del momento, los pensamientos, los sentimientos y sensaciones desagradables, ser simplemente lo que son, mientras las fijamos en la consciencia y llegamos a conocerlos más íntimamente. Mientras hacemos esto, introducimos elementos del significado implicado, relacionados con temas del «permitir» y «soltar» en la memoria de trabajo implicado, donde pueden ser, primero integrados, y, luego, transformar los significados implicados relacionados con querer liberarse de los pensamientos, sentimientos y sensaciones corporales desagradables, y de la persona que causa que los experimentemos. De este modo, cambiamos las condiciones que mantienen la continuación de los patrones de procesamiento que perpetúan *dukkha* momento a momento. Privados de este sostén, estos patrones se disuelven y somos de este modo liberados del sufrimiento.

Así, integrando patrones implicados que encarnan motivaciones de aproximar, en vez de evitar, y permitir, en vez de desechar, la sabiduría del mindfulness puede transformar las condiciones en las que las experiencias difíciles son procesadas. Podemos entender el proceso a través del cual tejemos cualidades transformativas, como la paciencia, la confianza, el no esfuerzo, la aceptación y el soltar (Kabat-Zinn, 1990, 33-35) en la práctica del mindfulness de manera semejante.

Como estos procesos son tan centrales en lo que concierne a la efectividad del mindfulness, y distinguen al mindfulness del simple acto de prestar atención a la experiencia, resultará útil echarles un vistazo de manera más precisa.

Cambio «implicado» frente a cambio «proposicional»

Los elementos temáticos implicados son, efectivamente, destilaciones de la esencia de las repetidas *experiencias* que implican aproximación, permisión, buena voluntad, etcétera, en vez de un resumen de conocimiento fáctico *acerca* de ello. Cuando estos elementos son incorporados en el procesamiento, llevan consigo un «sabor» experiencial, o «cualidad», que hace eco con el «sentimiento» de las experiencias originales, de manera semejante al modo en que las cuatro líneas del poema «La bella dama sin misericordia» transmitían algo del «sentimiento» de melancolía y abandono. Así, con un cultivo continuado, la consciencia plena puede ser imbuida de un sentido consciente de curiosidad, interés, amabilidad, dejar ser, etcétera.

En este enfoque «implicado», nuestro sentido subjetivo puede guiar delicadamente el proceso de integración de estos elementos temáticos; es como si nosotros «sintiéramos» nuestro camino en la incorporación de un «espíritu» de curiosidad, de dejar ser, etcétera, del mejor modo posible. Este enfoque «implicado» es muy diferente a la meta orientada a logros del enfoque «proposicional». Esta última puede implicar, por ejemplo, establecer conceptualmente metas específicas, como «ser una persona amable», lo cual se logra a través de una lista de instrucciones conceptualmente descritas (una lista de «quehaceres»): «sé amable»; «actúa generosamente»; «sé cariñoso»; «modela la empatía y la compasión», etcétera. Además de dejarnos pensando sobre cómo exactamente tenemos que lograr estas cosas y engendrar un sentido general de «fijación» y «ocupación», esta estrategia corre el peligro de generar incluso más sufrimiento; en la discusión sobre la Segunda Noble Verdad en el primer artículo, vimos que el apego a una meta, como por ejemplo «ser una persona que es amable (curiosa, abierta, etcétera)», es en realidad la condición misma que alimenta el *dukkha*.

Podemos ilustrar esta importante distinción entre el enfoque «implicado» y el enfoque «proposicional» a partir de los caminos alternativos, por medio de los cuales podemos responder a la afirmación de que el mindfulness implica «prestar atención de manera no enjuiciadora». Desde el enfoque implicado se juzgará esta afirmación como una expresión por medio de la cual se anima a encarnar las cualidades, o el espíritu no evaluativo, de aceptación, permisivo, etcétera, en la atención que llevamos a la experiencia, en la medida en que podemos hacerlo. Desde un enfoque proposicional se juzgará, o se utilizará la misma expresión, como una instrucción para evitar realizar juicios. Sin embargo, por supuesto, inevitablemente, nos encontraremos haciendo juicios. En esta situación, la aproximación implicada consiste en recibir «esto también» con un espíritu de aceptación y permisión, incluyendo quizá los juicios mismos en la esfera de la consciencia o atención plena. Por el contrario, el enfoque proposicional ve el hecho de que hemos emitido juicios como un fracaso a la hora de lograr la meta específica de no hacer juicios. Esta visión, por supuesto, llevará también a más juicios autoevaluativos, ¡incluso si nos damos a nosotros mismos la instrucción de no juzgar sobre nuestros juicios!

¿Cómo?

¿Cómo llevamos elementos temáticos particulares a la memoria de trabajo implicada? ¿Cómo incorporaremos el sabor de la amabilidad y la permisión en la consciencia plena? Una manera de hacerlo consiste en sacar ventaja de aspectos del mindfulness como «recordando», «tener presente» o «teniendo en cuenta», explorados extensamente dentro de la tradición budista y re-enfatizados por Georges Dreyfus (2011).

Podemos ilustrar lo que aquí tenemos en mente regresando a las cuatro líneas del poema. Al leer el poema evocamos un sentido de melancolía y abandono que, hemos sugerido, refleja el tratamiento de patrones implicados relacionados con estos temas en la memoria de trabajo implicada. Este sentimiento de melancolía y abandono se desvanece rápidamente cuando dejamos de leer el poema, y no estamos activamente procesando estos patrones implicados. Si, en este punto, trajéramos a la mente las palabras «melancolía y abandono» o una imagen del poema, sería muy posible, si no ha pasado mucho tiempo desde la lectura del poema, que experimentáramos nuevamente el sentimiento de melancolía, en una medida aún mayor que si no hubiéramos leído el poema.

Podemos entender esta re-evocación del sentimiento desde la presente perspectiva del siguiente modo. Tras haber procesado recientemente la memoria de trabajo implicada, los patrones de información implicada relacionados con los temas de melancolía y abandono están todavía relativamente «frescos» y accesibles en la memoria implicada a largo término; pueden ser recuperados desde allí para la memoria de trabajo implicada, a través de entradas relevantes. Procesados una vez más en la memoria de trabajo, estos patrones recrearán el sentimiento de melancolía y abandono, y «regresarán a cero el reloj» actualizando sus representaciones en la memoria a largo plazo. Al repetir este proceso una y otra vez, en otras palabras, «teniendo en cuenta» el sentimiento de melancolía y sus entradas relacionadas, será posible mantener presentes y activos los patrones relacionados de significación implicada. Allí, podrían ser accesibles para la posible integración con la información surgida del despliegue de la experiencia. El proceso es como cuando mantenemos un número «en mente», repitiéndonoslo a nosotros mismos una y otra vez, manteniéndolo «fresco» en la memoria a corto plazo. El proceso en la memoria de trabajo implicada está, por supuesto, en un nivel mucho más rico y complejo de información.

Evidentemente, la mayoría de nosotros no elegiría mantener los temas de melancolía y abandono en la mente, pero sí los temas relacionados con la amabilidad, la curiosidad, la permisividad, y el dejar pasar, en tanto podemos ver cuán útiles pueden resultar en la transformación (o incluso la prevención) de cualquier sufrimiento que pueda surgir.

Una segunda manera de mantener «viva» en la memoria de trabajo implicada la información relacionada con temas beneficiosos es, por supuesto, a través de acciones que surgen de motivaciones relativas. Cada vez que, de una manera intencionada, actuamos naturalmente a partir de un sentimiento de amabilidad, compasión o generosidad, extendemos el tiempo en el que la información relativa temáticamente está presente en la memoria de trabajo implicada. Por supuesto, también establecemos información relativa a la memoria implicada a largo plazo, incrementando las posibilidades de que estos temas sean «recuperados» más tarde. Estas son algunas de las razones por las que el Óctuple Sendero concede tanta importancia al comportamiento ético y la intención saludable, junto a la meditación y la comprensión.

Un tercer modo con el que podemos introducir el contenido temático particular en la memoria de trabajo implicada es, indirectamente, a través de la contemplación del contenido proposicional relacionado. Sin embargo, como esta estrategia es por lo general más relevante para la tercera aproximación, para la transformación del sufrimiento que identificamos —cambiando nuestra visión de la experiencia— regresaremos a ella cuando analicemos este tema.

La relevancia de estas estrategias para mantener el contenido temático vivo en la memoria de trabajo va más allá de la respuesta plenamente atenta a experiencias particulares del sufrimiento. Se extiende a los efectos más duraderos y penetrantes del mindfulness, a los que ahora regresamos.

Mindfulness como forma de vida

A partir de lo que hemos dicho hasta aquí, podemos entender algunas de las maneras en que la respuesta deliberada, con plena atención, a las experiencias desagradables y no deseadas, cuando y mientras ocurren, puede reducir el sufrimiento. Ahora consideraremos de qué modo la práctica del mindfulness puede reducir el sufrimiento en general.

Allen *et al.* (2009) subtitularon su artículo sobre los efectos del MBCT con una cita de uno de los pacientes que estudiaron: «Me cambió en prácticamente todos los modos imaginables». Un comentario de este tipo sugiere que este paciente aprendió mucho más que a usar el mindfulness con el objetivo de lidiar mejor con las experiencias particulares de pensamientos y emociones desagradables. No es raro que los participantes de los programas basados en el mindfulness hablen de algo parecido a una suerte de apertura de una puerta que lleva a toda una nueva manera de ser; un sentimiento de realización de un potencial que apunta a una forma radicalmente diferente de vivir la vida, que siempre ha estado disponible, pero al que, por alguna razón, nunca antes habíamos tenido acceso. De manera semejante, una de las observaciones más intrigantes en MBSR y MBCT es que los pacientes a menudo comentan una reducción del disgusto y de las cavilaciones que siguen a un acontecimiento, como una llamada telefónica difícil, incluso cuando no han hecho un intento deliberado de responder de modo diferente; la calidad de sus informes es más bien «esto simplemente ocurrió», en vez de «hice tal cosa».

¿Cómo entender lo que ocurre en estas situaciones? En primer lugar, por supuesto, debemos recordar que la práctica del mindfulness no está enfocada específicamente en las experiencias desagradables; a los estudiantes que practican la meditación de comprensión profunda, y a los participantes en las aplicaciones basadas en mindfulness, se les anima a estar plenamente atentos a todas sus experiencias, las buenas, las malas y las indiferentes, el mayor espacio de tiempo posible. Pero los efectos que hemos descrito parecen ir más allá de la mera suma de muchas «respuestas de plena atención» individuales, repetidas a lo largo del tiempo. Mejor dicho, parecen más consecuentes con el efecto acumulativo del mindfulness prolongado, produciendo cambios duraderos en la «forma» global del corazón y la mente. En otras palabras, es como si la práctica del mindfulness al final «inclinara» la configuración predominante de los procesos mentales, o lo que podríamos llamar el modo de la mente, de un modo que tiene el potencial de crear sufrimiento, a un modo que tiene el potencial de curar el sufrimiento. Este nuevo modo de la mente, con sus diferentes patrones de «cómo» la experiencia es procesada, persiste por algún tiempo hasta que, como resultado de otros cambios en las condiciones, la mente y el corazón se inclinan hacia su modo más habitual.

Hemos propuesto que el mindfulness está asociado en particular con las configuraciones de procesamiento en las que la memoria de trabajo implicada desempeña un rol central. Esta propuesta sugiere la hipótesis de que el cambio en el modo de la mente que hemos descrito anteriormente implica un giro que va del modo habitual, en el cual la memoria de trabajo proposicional y el pensamiento conceptual tienen una influencia dominante (un modo que ha sido llamado «hacer»), hacia un modo alternativo, en el cual la memoria de trabajo implicada y el conocimiento experiencial tienen una influencia dominante (un modo que ha sido denominado «ser» [Kabat-Zinn, 1990; Segal, Williams y Teasdale, 2002; Williams *et al.*, 2007]). Este giro podría explicarse del siguiente modo: 1) el efecto, ampliamente generalizado, de la práctica continua del mindfulness; 2) el modo en que es experimentada como una nueva manera de ser, y 3) experiencias en las que las experiencias previamente perturbadoras pierden su poder de evocar aflicción, sin necesidad de implementar ningún tipo de «respuesta de afrontamiento» que implique, intencionalmente, la atención plena.

El giro en el modo prevalente de la mente no será estable, sobre todo en los estadios tempranos de la práctica del mindfulness; necesitará de un continuo y amable mantenimiento para sostenerlo, para evitar el retorno a la inclinación hacia configuraciones muy arraigadas que habitualmente mantienen *dukkha.* ¿Cómo podemos lograr esto?

El aspecto de «tener en cuenta» de la memoria de trabajo implicada que hemos considerado, ofrece diferentes formas para sostener el modo alternativo de la mente. Proporciona una manera de encarnar temas como el de la aproximación o la permisión, que alimentan un modo implicado, influidos por el «ser», en contraposición al «hacer proposicional». Otro aspecto crucial es que, también, ofrece una manera de mantener viva la intención y la motivación de estar plenamente atentos. Pero debemos ser muy sensibles acerca del modo en el que «tenemos en cuenta» esta intención. Mantener viva la memoria de una instrucción proposicional como por ejemplo «mantente atento» puede ser útil, pero corremos el riesgo de que se convierta en una voz fastidiosa sentada en nuestro hombro "chequeando" lo bien que lo estamos haciendo en este sentido, momento a momento. Esto, por supuesto, acabará siendo contraproducente. La «alternativa implícita», que consiste en mantener vivos los patrones de los sentidos implicados relacionados con el «espíritu de la curiosidad», el interés, la investigación, a partir de la cual la consciencia plena, espontánea, puede surgir más naturalmente, será probablemente más productiva.

Podemos entender la efectividad de ciertas prácticas formales en las que la consciencia plena, «sin elección», se prolonga durante un amplio período de tiempo en términos de una aproximación implicada. Martine Batchelor (2011) describe cómo el tener en la mente un interrogante silencioso como

«¿Qué es esto?», puede mantener el modo de atención plena vivo: «Mientras medito, me pregunto repetidamente: "¿Qué es esto?", y lo hago silenciosamente, dentro de mí misma. No hago esto con el fin de llegar a una respuesta, sino más bien para desarrollar una sensación inquisitiva y, luego, para intensificar esta sensación». Esta descripción tiene una sorprendente semejanza con la «prescripción» para el mantenimiento de la información relacionada con temas beneficiosos en la memoria de trabajo implicada que describimos anteriormente. El interrogante tiene una clara intención implicacional, en vez de una proposicional (no contiene expectativa alguna de respuesta conceptual), y enfatiza la importación de la conexión con el «sentimiento» de la cuestión (lo cual, desde la perspectiva del SIC, es el correlato consciente de los temas de procesamiento de curiosidad, interés e investigación en la memoria de trabajo implicada). De este modo, la cuestión y el sentido evocados pueden ser utilizados para mantener el procesamiento de temas que sostendrán la continuidad de la consciencia plena en la memoria de trabajo implicada. Todo este proceso «fija» la mente en una configuración en la que la memoria de trabajo implicada, y no la proposicional, tiene un rol prevalente.

El mindfulness ofrece la posibilidad de modos mentales más hábiles, o maneras de ser en las que podemos vivir, si lo recordamos, por periodos de tiempo. En estos estados experimentamos menos sufrimiento, y más calma y paz. Y, por ese motivo, tienen un gran valor en sí mismos. Sin embargo, no conducen a una cesación definitiva de *dukkha*: como todos los otros estados de la mente, son temporales, y cuando olvidamos practicar deliberadamente, o nutrir estos estados, es posible que nos «inclinemos» de regreso hacia las configuraciones de condiciones que crean sufrimiento. Por ese motivo, dentro de la tradición budista, el mindfulness es visto, en última instancia, como un medio, en vez de ser visto como un fin en sí mismo: ofrece un camino para desarrollar una comprensión profunda, un cambio de perspectiva, la tercera de las estrategias de cambio que hemos identificado. La comprensión profunda nos ofrece la posibilidad de reducir la carga de la insatisfacción cotidiana, pero también la posibilidad de eliminar completamente *dukkha*.

Estrategia tres: un cambio de visión

Aunque hemos distinguido tres estrategias a través de las cuales el mindfulness transforma el sufrimiento, es importante recordar que están intrínsecamente interrelacionadas. A medida que estudiemos con mayor detenimiento esta tercera estrategia, a partir de la perspectiva de SIC que hemos delineado, veremos que muchas situaciones pueden ser descritas de manera igualmente efectiva en términos de cambios en la visión de la experiencia, cambios en el procesamiento de la experiencia, o cambios en relación con la experiencia.

Las experiencias individuales tienen sentido para nosotros en el marco de una visión más amplia del modo de ser de las cosas. Estas visiones, o esquemas o modelos mentales esquemáticos, modelan y dan forma a cómo vemos la experiencia, algo así como una lente. Estos efectos pueden ocurrir en todos los niveles. En el nivel más básico, ver la experiencia en términos de lo que es interno («mí») y lo que es externo («el mundo»), por ejemplo, es una función de la lente de uso general, a través de la cual habitualmente aprehendemos toda experiencia. Lo mismo puede decirse de ver la experiencia en términos de «sujeto» y «objeto».

La ignorancia que analizamos en el artículo 1, como fundación de todo *dukkha,* implica mirar a través de una lente que: 1) ve la experiencia en términos de objetos y personas que existen de manera permanente e independientemente, en contraposición a los fenómenos que lo hacen en términos de procesos que se despliegan dinámicamente, y 2) nos conduce a identificarnos personalmente con las experiencias relativas al «yo» y lo «mío», cuando, de hecho, se trata de fenómenos impersonales que surgen como una función de ciertas condiciones.

En principio, podemos transformar el sufrimiento, o bien cambiando la manera en la que aplicamos las lentes existentes, o creando nuevas lentes. Podemos ilustrar la primera de estas estrategias a través de los efectos del mindfulness conocido como «descentramiento» (Teasdale, Segal y Williams, 1995; Segal, Williams y Teasdale, 2002) o «re-percepción» (Shapiro *et al.*, 2006).

Descentramiento y re-percepción implican un giro radical en la manera en que usamos las lentes básicas a través de las cuales vemos la experiencia en términos de «sujeto» y «objeto», de tal modo que lo que habitualmente habíamos tomado como sujeto es ahora tomado como objeto. En el mindfulness atendemos a los sentimientos, pensamientos y sensaciones como sucesos mentales en el campo de la consciencia, en vez de atender *desde* ellos, entendidos como aspectos de nuestro sentido de la propia subjetividad. En el caso de la llamada telefónica, por ejemplo, esto significa hacer de los sentimientos o pensamientos perturbadores el centro de atención, entendiéndolos como meros sucesos de la mente, en vez de aprehender su ser como un «yo» (Kabat-Zinn, 1990, 69-70). Se ha insinuado que esta reorientación fundamental es un importante mecanismo a través del cual el mindfulness puede reducir el sufrimiento. La mitad de los participantes en el estudio de Allen *et al.* (2009) dicen que MBCT los llevó a una «nueva perspectiva respecto a sus pensamientos y sentimientos relacionados con la depresión que pueden sintetizarse como "Estos pensamientos y sentimientos no son yo"».

En SIC, las lentes, a través de las cuales observamos (y, por ende, creamos) la experiencia, son concebidas como modelos esquemáticos mentales (Teasdale y Barnard, 1993), patrones prototípicos de información implicada que reflejan aspectos recurrentes de una estructura profunda de la experiencia. Esta perspectiva sugiere que, si deseamos cambiar nuestra visión de la experiencia a través de un reemplazo intencional de una de las lentes con otra de nuestra «reserva» de lentes existentes, o si deseamos crear nuevas lentes que eliminen o atenúen nuestras percepciones distorsionadas, entonces la memoria de trabajo implicada es el lugar donde esto puede ocurrir. Este lugar de trabajo nos permite acceder a los modelos mentales esquemáticos existentes almacenados en la memoria implicación a largo plazo, para integrar y recombinar elementos de los modelos implicados existentes en nuevos patrones, y extraer nuevos modelos, sobre la base de «datos en bruto» derivados del enfoque renovado, con clara visión, a partir de los aspectos más básicos de la experiencia.

Dada nuestra sugerencia anterior, de que es la memoria de trabajo para información implicada la que está particularmente asociada con el mindfulness, la perspectiva que hemos delineado sugiere que el mindfulness crea las condiciones óptimas para la estrategia de un cambio de visión intencional como forma de transformar el sufrimiento. El mindfulness permite el acceso al espacio de trabajo implicado, permitiéndonos conocer las lentes a través de las cuales estamos inspeccionando el mundo, para cambiar dichas lentes, y crear nuevas. Podemos ilustrar estos puntos revisando un ejemplo que ya hemos considerado.

Insomnio y la Segunda Noble Verdad

En el artículo 1 (páginas 189-190) contamos una anécdota acerca del insomnio, absortos como estábamos en la idea de que el sufrimiento surge de nuestra relación con la experiencia, y no de la experiencia misma. Aunque la mente estaba llena de pensamientos acerca de esta idea, este pensamiento no tenía efecto en la reducción de la irritación al desvelarme temprano por la mañana. Desde la perspectiva de SIC, esto es exactamente lo que esperábamos: la experiencia subjetiva de «pensar acerca de» indicaba que la memoria de trabajo proposicional, especializada en los procesamientos conceptuales de información, era la dominante. Aunque este «pensar acerca de» podía producir más ideas acerca de la Segunda Noble Verdad, esto, en sí mismo, no sería liberador, simplemente porque el nivel de información conceptual no está directamente conectado con el sufrimiento o la transformación del sufrimiento.

Por otro lado, la contemplación de la Segunda Noble Verdad habría creado elementos de información implicados relacionados con el tema del sufrimiento reflejado en nuestra relación con la experiencia. Pero, mientras fueran «pensamiento» relacionado con la memoria de trabajo proposicional, se excluía en gran medida la participación de la memoria de trabajo implicada.[58] Estos patrones de información implicados *podrían no integrarse* con otra información implicada directamente relacionada con el sufrimiento. Por otra parte, en cuanto se moviera su centro, desde el pensamiento acerca del sufrimiento y el desvelo, hacia la investigación de la experiencia misma de la irritación y aversión en aquel momento, entonces la influencia primaria cambiaría hacia la memoria de trabajo implicada. Allí, los patrones de información implicada, relacionados con los temas de la Segunda Noble Verdad, serían integrados con los patrones relacionados con la irritación y la aversión, cediendo el paso a una visión intuitiva: «ahora mismo, esta aversión es la que está causando sufrimiento». Y esta comprensión clara, en vez de ser un intento por seguir la instrucción proposicional de «hacer» el dejar pasar, llevaría de manera muy natural a soltar el aferramiento, a la necesidad de librarnos de la experiencia del desvelo.

Una vez la mente ve claramente que está creando sufrimiento, su sabiduría intrínseca suelta el procesamiento que lo crea, de manera análoga a como soltamos un objeto caliente cuando registramos el dolor que nos causa. La nueva visión, o «lentes», que encarna la comprensión profunda, tras haber sido creada una vez y utilizada, puede ser almacenada como un nuevo modelo esquemático mental a largo plazo de memoria implicada, lista para acceder a ella cuando una situación temáticamente similar surja en el futuro. De este modo, la base para una transformación más duradera del sufrimiento se ha establecido. Esto significa que la próxima vez que nos desvelemos en medio de la noche, seremos más capaces de «ver» nuestra irritación, y nuestros intentos de «fijar» el desvelo como «aversión» o «sufrimiento», y nos liberaremos a nosotros mismos, más rápidamente, e incluso puede que esta reacción ni siquiera se produzca.

«De arriba hacia abajo» y «de abajo hacia arriba»

El ejemplo que hemos considerado implica el desarrollo de la visión profunda a través de la integración dentro de la memoria de trabajo implicada de elementos derivados «de arriba hacia abajo» de la contemplación de la Segunda Noble Verdad con elementos derivados «de abajo hacia arriba» de la investigación de la atención plena de la experiencia del sentido de irritación y aversión en el momento. La misma combinación de la estrategia descendente «de arriba hacia abajo» para el desarrollo de la visión profunda es evidente en las propias instrucciones del Buda para la práctica del mindfulness en la *Satipaṭṭhāna Sutta*.

La práctica del mindfulness delineada en este discurso describe un método en el cual, a través del mindfulness, modelos mentales esquemáticos fundamentales de la experiencia pueden ser construidos nuevamente sobre la base de los datos directos de la experiencia, integrados con instrucciones de orientación. Se nos anima a contemplar el cuerpo *como* cuerpo, los sentimientos *como* sentimientos, la mente *como* mente, de modo que creamos modelos en los que vemos estas experiencias por lo que son –experiencias– en contraposición a aspectos de una persona que existe independientemente

–«yo» o «lo mío»–. Se nos enseña a ver el surgimiento y la desaparición de todas las experiencias, y las condiciones que relacionan esos surgimientos y esas desapariciones, de tal modo que creamos modelos que encarnan el tema de la fugacidad en relación con las condiciones cambiantes, en vez de la continuidad de entidades que existen independientemente. Y se nos enseña a contemplar, «interna y externamente», es decir, la manera en la cual todos los aspectos de lo que experimentamos son también experiencia de otros, de tal modo que creamos modelos de lo universal, en vez de la naturaleza personal de la experiencia.

El modelo mental del mindfulness, que pone a disposición el área de la memoria de trabajo implicada, en la cual estos nuevos modelos pueden ser creados, sostiene este proceso. Nos permiten, en última instancia, crear nuevos modelos básicos que ven toda la experiencia como un proceso, dependiente de condiciones, en lugar de los reflejos de objetos permanentes y personas con propiedades estables. Estos nuevos modelos liberan el aferramiento a los modelos habituales que encarna la ignorancia, la cual subyace a las configuraciones que crean y sostienen el sufrimiento. Vemos el mundo con nuevos ojos, como si hubiéramos despertado de un sueño. Somos libres.

Conclusiones e implicaciones

Antes de concluir con algunas consideraciones sobre las implicaciones de nuestro análisis, es útil recordar que las ideas que hemos presentado son solo eso, ideas, hipótesis que pueden ser analizadas, pero que, por ahora, esperan el soporte de datos empíricos específicos. De esto se deduce que no importa cuáles sean las implicaciones que obtengamos de estas ideas, deben ser tratadas cuidadosamente, como posibilidades de ser investigadas, y no como afirmaciones de verdades establecidas.

Hemos considerado tres aspectos de cómo el mindfulness puede transformar el sufrimiento: cambiar el *qué* de lo que la mente está procesando, cambiar el *cómo* la mente lo está procesando, y cambiar la *visión* de lo que está siendo procesado. Hemos sugerido que, mientras que la primera de estas rutas de cambio, basada en el aprendizaje acerca de cómo cambiar intencionalmente el foco de la atención, es relativamente directa, la segunda y la tercera rutas son más sutiles. Dentro del análisis que hemos presentado, esto es así porque estas rutas implican la transformación de significados holísticos implícitos.

Estas distinciones tienen cierto número de implicaciones. Primero, aclaran los modos en los que el mindfulness implica más que un simple aprendizaje acerca de cómo prestar atención, a propósito, en el momento. Aunque podemos describir la primera ruta de cambio de este modo, esta descripción no puede hacer justicia a la segunda y tercera rutas. Dentro de nuestro análisis, los efectos del mindfulness a través de estas rutas implican necesariamente la integración en la consciencia de habilidades, actitudes e intenciones, como un aspecto crucial de la transformación.

Hay, además, implicaciones por lo que respecta a la enseñanza del mindfulness y el entrenamiento y selección de instructores. Aunque la habilidad en la enseñanza del control atencional no requeriría un amplio entrenamiento de los instructores, no es así respecto a la enseñanza del mindfulness con el propósito de capitalizar la segunda y tercera rutas de cambio. Al distinguir los «cambios proposicionales» y los «cambios implicados» sugerimos que estos últimos implican la integración del «espíritu» no evaluativo, permisivo, de curiosidad afectiva, amabilidad, compasión y otros semejantes, en vez de la conformidad con una secuencia de instrucciones conceptuales del tipo «haz esto, haz aquello otro». La encarnación de estas cualidades en el instructor será uno de los más potentes vehículos para comunicar la «sensación sentida» de estas cualidades a los participantes de las intervenciones basadas en el mindfulness. De igual modo, al cambiar profundamente las «visiones» implícitas arraigadas o los «modelos esquemáticos» en los participantes será poderosamente influido debido a la sabiduría encarnada del instructor. Estas son las razones para seleccionar y entrenar instructores en términos de las cualidades de su ser y de su comprensión.

Además, una comprensión de la relación entre los significados proposicionales e implicados puede proporcionar a los instructores razones más claras respecto al modo en que pueden guiar con tacto la atención de los participantes –tanto durante las prácticas formales, como también, y lo que es más poderoso, en las sesiones de «preguntas» que por lo general siguen a estas prácticas–. Utilizar conscientemente un lenguaje y una significación conceptual para alertar a los participantes de los temas implicados puede ayudarlos: 1) a explicitar temas que surgen en el momento, y 2) a estimular de vez en cuando la experiencia de los participantes con ello; regresando a posteriori durante las sesiones, y de este modo, ayudando a los participantes a mantenerlos activos en la memoria de trabajo implicada.

La importancia relativa de estas tres rutas de cambio es posible que difiera según las diferentes aspiraciones. La tradición budista integra las tres rutas en su uso del mindfulness en el contexto del Óctuple Sendero. Esto parece necesario cuando el fin de la práctica, como en este camino, es la noble meta de la completa y perenne liberación del sufrimiento. También parece posible que estas tres rutas contribuyan cuando los pacientes hablan del descubrimiento de una nueva manera de ser, o cuando los pacientes con depresiones recurrentes hablan de cambios fundamentales en su visión y relación con la depresión.

Por otro lado, hay quizá otras áreas problemáticas donde solo la primera ruta no será suficiente. Por ejemplo, puede ser suficiente dar a los clientes y pacientes las habilidades para romper los patrones mentales relativamente circunscritos que se perpetúan a sí mismos, como cuando los pensamientos, sentimientos y sensaciones corporales se alimentan entre ellos provocando una suerte de circuito cerrado.

Si podemos identificar las rutas de cambio que son más relevantes para un problema particular, veremos, por ejemplo, problemas que pueden beneficiarse solo con un entrenamiento atencional, en los que se pueden ofrecer las intervenciones relativamente simples. Los escasos instructores más cualificados pueden entonces centrarse en aquellos pacientes y clientes que requieren una aproximación más comprehensiva, transformando el sufrimiento a través de todas las rutas que hemos descrito.

Finalmente, nuestra distinción entre cambios proposicional e implicado, y la hipótesis de que el cambio implicado es más importante, refuerzan el mensaje de las enseñanzas budistas tradicionales: la transformación del sufrimiento surge como resultado de condiciones cambiantes que lo crean y lo sostienen, y no de la «fijación», el «forzamiento» o la «creación» de algo que ocurre a través del esfuerzo de la voluntad.

BIBLIOGRAFÍA

ALLEN, M., BROMLEY, A., KUYKEN, W. & SONNENBERG, S. (2009). Participants' experience of mindfulness-based cognitive therapy: «It changed me in just about every way possible». *Behavioural and Cognitive Psychotherapy*, 37, 413-30.

BAARS, B. & FRANKLIN, S. (2003). How conscious experience and working memory interact. *Trends in cognitive Sciences*, 7, 166-72.

BADDELEY, A. (2000). The episodic memory buffer: A new component of working memory? *Trends in Cognitive Sciences*, 4, 417-23.

BARNARD, P. & TEASDALE, J. (1991). Interacting cognitive sybsystems: A sytemic approach to cognitive-affective interaction and change. *Cognition and Emotion*, 5, 1-39.

BATCHELOR, M. (2011). Meditation and mindfulness. *Contemporary Buddhism*, 12, 157-164.

DAVIDSON, R., KABAT-ZINN, J., SCHUMACHER, J., ROSENKRANZ, M., MULLER, D., SANTORELLI, S. y otros. (2003). Alteration in brain and immune function produced by indfulness meditation. *Psychosomatic Medicine*, 65, 564-70.

DREYFUS, G. (2011). Is mindfulness present-centered and non-judgmental? A discussion of the cognitive dimension of mindfulness. *Contemporary Buddhism*, 12, 41-54.

FARB, N., SEGAL, Z., MAYBERG, H., BEAN, J., MCKEON, D., FATIMA, Z. y otros. (2007). Attending to the present reveals distinct neural modes of self-refeerence. *Social Cognitive and Affective Neuroscience*, 2, 313-22.

HAYES, S., WILSON, K., STROSAHL, K., GIFFORD, E. & FOLLETTE, V. (1996). Experiential avoidance and behavioral disorders: A functional dimensional approach to diagnosis and treatment. *Journal of Consulting and Clinical Psychology*, 64, 1152-68.

KABAT-ZINN, J. (1990). *Full catastrophe living: Using the wisdom of your body and mind to face stress, pain and illness* (15th aniversary ed., 2005 ed.). Nueva York: Dell.

SEGAL, Z., WILLIAM, J. & TEASDALE, J. (2002). *Mindfulness-based cognitive therapy for depression: A new approach to preventing relapse.* Nueva York: Guilford Press.

SHAPIRO, S., CARLSON, L., ASTIN, J. & FREEDMAN, B. (2006). Mechanisms of mindfulness. *Journal of Clinical Psychology*, 62, 373-86.

TEASDALE, J. (1993). Emotion and two kinds of meaning: Cognitive therapy and applied cognitive science. *Behavior Research and Therapy*, 31, 339-54.

TEASDALE, J. (1999). Emotional processing, three modes of mind, and the prevention of relapse in depression. *Behaviour Research and therapy*, 37, S53-S77.

TEASDALE, J. & BARNARD, P. (1993). *Affect, cognition, and change.* Hove: Lawrence Erlbaum Associates.

TEASDALE, J., SEGAL, Z. & WILLIAMS, J. (1995). How does cognitive therapy prevent depressive relapse and why should attention control (mindfulness) training help? *Behaviour Research and Therapy*, 33, 25-39.

TEASDALE,, J. & CHASKALSON, M. (2011). How does mindfulness transform suffering? I: The nature and origins of Dukkha. *Contemporary Buddhism*, 12, 89-102.

THANISSARO, B. (2007). *The wings to awakening* (5th ed.). Barre, MA: Dhamma Dana Publications.

WATKINS, E. (2008). Constructive and unconstructive repetitive thought. *Psychological Bulletin*, 134, 163-206.

WATKINS, E. & TEASDALE, J. (2004). Adaptive and maladaptive self-focus in depression. *Journal of Affective Disorders*, 82, 1-8.

WILLIAMS, J., TEASDALE, J., SEGAL, Z. & KABAT-ZINN, J. (2007). *The mindful way through depression.* Nueva York: Guilford Press.

8. La terapia cognitiva basada en el mindfulness: ¿choque cultural o fusión creativa?

Melanie Fennell y Zindel Segal

La terapia cognitiva basada en el mindfulness crea una increíble asociación entre la tradición antigua de la meditación del mindfulness, cuyas raíces se encuentran en el pensamiento budista, y la más reciente, y esencialmente occidental, tradición de la ciencia cognitiva y clínica. Este artículo investiga puntos de congruencia y diferencias entre las dos tradiciones y concluye que, a pesar de las diferencias, se trata de una asociación fructífera que podría prosperar.

«Entonces, ¿dónde está la parte cognitiva?»

En Oxford ofrecimos cursos experimentales de ocho semanas de Terapia Cognitiva Basada en el Mindfulness (MBCT) a profesionales que trabajan en la asistencia sanitaria y en la educación. Las experiencias previas de los participantes de la meditación del mindfulness eran muy diversas, como era su familiaridad con la terapia cognitiva. Estas indagaciones captaron la curiosidad de un participante, con una larga experiencia en la meditación Zen, al final del curso.

La Terapia Cognitiva Basada en el Mindfulness (Segal, Williams y Teasdale, 2000) representa un matrimonio entre dos culturas o tradiciones muy diferentes: la antigua tradición budista de 2.500 años de meditación del mindfulness, y la más reciente tradición occidental de la ciencia cognitiva y clínica. Como ocurre con cualquier encuentro entre dos culturas diferentes, hay necesidad de fomentar un mutuo reconocimiento y respeto; reconocimiento de las perspectivas compartidas y la común humanidad, y respeto por la diferencia genuina. Sin embargo, a veces la desconfianza impide un sentido de interés compartido, y las diferencias pueden parecer irreconciliables. ¿Tiene esta extraña pareja lo suficiente en común como para asegurarse una armonía continuada y creciente? ¿O, acaso, acabará esta relación en un divorcio?

A primera vista, la meditación del mindfulness y la ciencia psicológica occidental parecen tener muy poco en común. ¿Cómo pueden dos culturas, enormemente separadas en tiempo y lugar, tener algo útil que decirse mutuamente? Aquellos que han llegado al MBCT desde el budismo o la meditación *vipassanā* expresan sus dudas respecto a la sabiduría de este matrimonio, como lo hacen aquellos que han descubierto el mindfulness en el marco de la terapia cognitiva (TC). Estas dudas reflejan preocupaciones legítimas: que en la integración algo pueda desnaturalizarse, o bien algo esencial pueda perderse. En el campo de la TC, la preocupación consiste en que la elaborada fundación teorética del TC, junto con su riguroso énfasis en la evaluación empírica, se pierda. La comunidad científica, que requiere que las intervenciones clínicas estén basadas en pruebas, sospecha que el budismo está siendo introducido en el escenario secular por la puerta trasera, y que incluso se podría asociar la meditación con dudosas prácticas de la nueva era (el hecho de que respetados científicos clínicos hayan desarrollado el MBCT ha mitigado hasta cierto punto esta preocupación). Entre los practicantes de mindfulness, la preocupación está, por el contrario, en que el sometimiento de la meditación a cambios radicales al servicio de las necesidades clínicas, llevándola al contexto científico y clínico y poniéndola bajo la mirada fría de la investigación microscópica, la llevará a un tipo diferente de pérdida: la pérdida del corazón y el espíritu de este enfoque, sus profundos cimientos ético y espiritual, y la centralidad de la aceptación, la bondad y la compasión. Además, ambas culturas están comprensiblemente (a veces justificadamente) preocupadas por que los practicantes sin una comprensión profunda de las raíces tradicionales repitan mecánicamente las prácticas meditativas y los ejercicios de TC, o introduzcan innovaciones sin sentido, porque no llegan a apreciar las metas subyacentes, las intenciones y el marco conceptual de ambas.

Entonces, ¿cómo fue posible que un practicante de Zen planteara un interrogante como el que figura en nuestra cita inicial? Los creadores del MBCT, basándose en el trabajo pionero de Jon Kabat-Zinn (Kabat-Zinn, 1990), reconocen puntos en común entre el mindfulness y la TC, y asocian los entrenamientos relativamente intensivos de la meditación del mindfulness con el marco conceptual de comportamiento cognitivo, con el propósito de abordar el problema de la recaída depresiva. En este artículo, exploraremos la relación entre estos dos asociados, identificando puntos de congruencias y diferencias entre ellos. Escribimos como investigadores clínicos que han abordado el MBCT desde el punto de partida de la ciencia cognitiva y clínica, e invitamos a los lectores a juzgar por sí mismos si este nuevo matrimonio está basado en cimientos sólidos o si, por el contrario, las disparidades son de tal calibre que al final deberá disolverse.

¿Qué es la Terapia Cognitiva Basada en Mindfulness? Un breve apunte

La evolución del MBCT para la depresión recurrente aparece resumida con concisión en los capítulos iniciales de Segal, Williams y Teasdale (2002). Fue provocada por un creciente reconocimiento de que la depresión es recurrente; la posibilidad de que futuras depresiones incrementen con cada episodio. Los autores adelantaron la hipótesis de que, con la repetición, las conexiones entre el ánimo depresivo y otros síntomas (cambios en la cognición, el comportamiento y los estados físicos) se fortalecen. Con el tiempo, incluso una pequeña «dosis» de desánimo normal puede activar patrones de pensamiento bien ensayados que (a menos que sean interrumpidos) disparan una depresión de intensidad clínica. Los ánimos depresivos llevan a cavilaciones sombrías y pesimistas que, a su vez, la refuerzan y la profundizan, animando al aislamiento respecto a otros y a la retirada de actividades cotidianas que, de otro modo, pueden ofrecer placer o un sentido de logro. Por ello, la persona depresiva se ve cautiva en un círculo vicioso: desánimo, pensamiento y comportamiento se alimentan entre sí.

La intención central del MBCT es reducir la posibilidad de su repetición. Quienes la sufren aprenden a identificar los signos tempranos de advertencias de los cambios de ánimo y a responder a ellos de manera diferente, sin refugiarse en la evitación, o quedar cautivos en el análisis o la divagación. El programa, que sigue de cerca el programa de Reducción de Estrés Basado en Mindfulness de Jon Kabat-Zinn (MBSR) se imparte habitualmente a grupos de entre 10 y 12 personas, en clases de dos horas semanales, durante ocho semanas. Se hace hincapié en la práctica independiente en casa (en su mayor parte, práctica meditativa), de hasta una hora diaria, seis días a la semana. Se puede incluir en el programa un día dedicado a la práctica de silencio, y se pueden también ofrecer hasta cuatro sesiones de seguimiento. El curso integra la meditación del mindfulness con elementos de la TC para la depresión (la naturaleza de la depresión, el rol del pensamiento negativo, el impacto en el ánimo de actividades alentadoras y debilitantes, y la prevención de la recaída). La efectividad del MBCT para los pacientes (ahora en recuperación) que han experimentado tres o más episodios de depresión va ahora acompañada de pruebas controladas de resultados (Godfrin y Van Heeringen, 2010; Kuyken *et al.*, 2008; Ma y Teasdale, 2004; Teasdale *et al.*, 2000; Segal *et al.*, 2010). Estos muestran que se reduce la probabilidad de la recaída en el año que sigue al tratamiento (el período de mayor vulnerabilidad) cerca del 50% en comparación con el tratamiento usual. En contra de las expectativas iniciales, los prometedores datos preliminares (aun a la espera de confirmación de pruebas a larga escala) sugieren que el MBCT podría resultar útil para los pacientes que están seriamente deprimidos (Barnhofer *et al.*, 2009; Eisendrath *et al.*, 2008; Kenny y Williams, 2008).

¿Qué es la Terapia Cognitiva?

Los elementos cognitivos del MBCT pueden parecer simplistas, incluso triviales, a los practicantes que no están familiarizados con su contexto teórico. Sin embargo, del mismo modo que las meditaciones incluidas en el MBCT reflejan solo una pequeña parte de la práctica budista, estos ejercicios son la punta de un iceberg.

Nos centraremos en la TC desarrollada a mediados del siglo XX por Aaron T. Beck (Beck *et al.*, 1979). Beck, originalmente formado en el campo del psicoanálisis, estaba intrigado por los patrones angustiantes en la mente consciente de los pacientes, o por los que se evidenciaban justo debajo de su superficie, durante las sesiones de terapia, accesibles a través de la introspección. Estas tempranas observaciones fueron aumentando hasta convertirse en un nuevo y sistemático enfoque terapéutico, en sus inicios (como el MBCT) desarrollado específicamente para la depresión. Beck no vio discontinuidad alguna entre los procesos mentales de las personas angustiadas y los seres humanos en general; todos le damos el mejor sentido que podemos a nuestras experiencias, en general basándonos en información incompleta, e influenciada por nuestro contexto inmediato e historia de aprendizaje. Por ello, la teoría subyacente de la TC no es exclusivamente una teoría sobre la depresión, o de la patología, sino un marco de referencia para la comprensión acerca de cómo los seres humanos funcionan de manera más amplia. En consecuencia, ha sido posible adaptar la TC para la depresión a una serie mucho más amplia de condiciones, de los problemas de salud comunes (ansiedad, desórdenes alimenticios) a dificultades crónicas, graves enfermedades mentales y problemas físicos, incluido el dolor y la enfermedad crónica.

La TC y la depresión

El modelo cognitivo de Beck

El primer resultado de los ensayos clínicos de TC para la depresión fue publicado en 1977 (Rush *et al.*, 1977). Un manual de tratamiento fue publicado poco después (Beck *et al.*, 1979). Una base de extensa evidencia soporta ahora la efectividad de la TC respecto de la depresión que va, de moderada a severa, tanto en el postratamiento como en el tratamiento a largo plazo (Derubeis *et al.*, 2005; Hollon, Stewart y Strunk, 2005; Hollon *et al.*, 2005). De este modo, en vez de suplantar a la TC, el MBCT se apoya en el éxito obtenido para reducir la probabilidad de recaída y repetición. El MBCT fue un intento por capturar importantes elementos de la TC que podían enseñarse a las personas cuando estuvieran bien, con el fin de prevenir nuevos episodios de depresión.

El modelo de Beck (que ilustramos con un caso en la figura 1) sugiere que, basándose en experiencias más tempranas, la gente llega a conclusiones respecto a ellas mismas, otras personas y el mundo que las rodea («esquemas» o «creencias nucleares»). Asumiendo la verdad de estas, desarrollan guías personales que resumen lo que deben hacer y lo que deben ser, con el objetivo de considerarse a sí mismas personas dignas, establecer y mantener relaciones, y tener éxito en la vida («asunciones disfuncionales»). Mientras sean capaces de satisfacer los términos de estas creencias, todo marcha bien. Pero si las circunstancias conspiran contra ellas, surgen los problemas. Incapaces de estar a la altura de sus propios criterios, o de agradar a otros, o de tener un completo control

—no importa lo que eso requiera— se ve como un reflejo de las deficiencias inherentes que también afectarán al futuro. Por ello, el *significado* de un suceso (más que el suceso mismo) provoca una progresiva desmoralización, seguida por pensamientos negativos, y de un incremento en los cambios en el pensamiento, las emociones, el comportamiento y el estado corporal. La idea de «reactividad cognitiva» (Lau, Segal y Williams, 2004; Segal, Gemar y Williams, 1999) sugiere, además, que, tras repetidas depresiones, bajadas normales en el estado de ánimo y otros posibles síntomas (fatiga, irritabilidad), puede dispararse esta secuencia. En lugar de ser entendidas como parte de la condición humana, estas condiciones se ven cargadas de significación negativa.

Beck llama a los pensamientos problemáticos, presentes momento-a-momento durante la depresión, «pensamientos negativos automáticos» (Westbrook, Kennerley y Kirk, 2007, 7-8). «Negativo» refleja su asociación con emociones desagradables, y «automático» indica que esos pensamientos simplemente surgen en la cabeza de las personas, en vez de ser un producto de reflexión consciente. Beck sugiere que el pensamiento depresivo se caracteriza por pensamientos negativos automáticos acerca de uno mismo, el mundo y el futuro. Esto es una consecuencia de los procesos arbitrarios (por ejemplo, lanzarse a conclusiones precipitadas, sentimiento de culpabilidad) que inclinan la percepción, la interpretación y la memoria hacia lo sombrío y lo pesimista. La información contraria es filtrada, ignorada o descartada. El resultado es una visión lóbrega, que refuerza el bajo estado de ánimo, mina la motivación y socava nuestra energía, y debilita nuestra autoestima, el círculo vicioso al que nos referimos anteriormente.

TC para la depresión

La TC se caracteriza por tres rasgos esenciales: un marco de referencia teórico coherente; una alianza terapéutica colaborativa, y un énfasis en la investigación empírica. Consideraremos brevemente cada uno de estos rasgos.

Experiencia temprana
Expectativas elevadas por parte de los padres
Cualquier cosa por debajo de la perfección es criticada

⇓

Creencias
No soy lo suficientemente bueno
Los otros son muy exigentes y críticos
La vida es hacer las cosas bien

⇓

Suposición
A menos que sea 110%, es un fracaso
Si alguien me critica, tiene razón

⇓

Evento disparador
Fracaso al no poder conseguir una promoción anticipada

⇓

Pensamiento negativo automático
Soy un fracasado
Nadie me aprecia
Nunca llegaré a nada en la vida

⇓

Otros síntomas de depresión
Sentirse desdichado y desesperanzado
No ir a trabajar y evitar encontrarse con amigos

FIGURA 1. Modelo cognitivo de depresión de Beck

Marco de referencia teórico coherente. El modelo cognitivo forma el núcleo de la terapia, y es el marco de referencia para la formulación de los casos individualizados (véase la figura 1) que ayuda a los pacientes a trazar el desarrollo y persistencia de sus dificultades, y guiar la selección y secuencia de las intervenciones. Una meticulosa evaluación ayuda al paciente y al terapeuta a comprender qué fue lo que creó la vulnerabilidad ante el sufrimiento de la depresión *en algún punto*, cómo la depresión se desarrolló *en ese punto*, y qué factores psicológicos y ambientales *están ahora* previniendo la recuperación. El modelo indica de qué modo facilitar la recuperación y reducir las posibilidades de recaída. La primera prioridad consiste en romper los círculos viciosos que mantienen la depresión, al no entender el pasado profundo. En las sesiones iniciales, se abordan los pensamientos negativos que surgen momento a momento, y que impiden a las personas recuperar las actividades placenteras y gratificantes. Los pacientes llevan unos diarios ordenados, en los que anotan de qué manera utilizan su tiempo y su satisfacción con respecto a lo que hacen, y luego utilizan esa información para iniciar cambios, incrementando las actividades que disfrutan y un sentido de dominio. A través de este proceso, aprenden a notar los pensamientos contraproducentes («No tiene sentido», «No me gustará»). Con la guía del terapeuta, comienzan a investigar cuán ciertos y beneficiosos son estos pensamientos. A medida que el ánimo se eleva, el foco se expande para alcanzar una amplia gama de pensamientos no beneficiosos. A través de una sistemática autoobservación, utilizando otra vez los registros escritos, los pacientes aprenden a utilizar sus cambios de ánimo como pistas para investigar sus pensamientos asociados. Aprenden a cómo cuestionar sus pensamientos, en vez de asumirlos como verdaderos, y a descubrir, a través de la experiencia, si son válidos («experimentos conductuales»; Bennett-Levy *et al.*, 2004). A medida que estas habilidades se establecen, y el ánimo continúa elevándose, el tratamiento se centra en las actitudes más amplias (criterios demasiado estrictos, creencias negativas acerca de uno mismo, el mundo y el futuro) que crean continuamente vulnerabilidad ante la depresión. Finalmente, los pacientes resumen las nuevas enseñanzas en un «programa para el futuro», planeando cómo responder de manera habilidosa a los signos de advertencia de la depresión.

Alianza terapéutica. Beck, desde el comienzo, caracterizó la TC como una terapia humanista, y enfatizó la centralidad de la relación terapéutica. Un terapeuta que encarna las cualidades clásicas de fidelidad empática, aceptación incondicional, calidez y autenticidad, crea un contexto seguro en el cual pueda desarrollarse la confianza y donde los cambios se vuelvan posibles. De manera semejante al modo en que los instructores del mindfulness encarnan la aceptación y la compasión, los terapeutas de la TC modelan (una palabra más sobria) una postura que anima a sus pacientes a adoptar hacia sí mismos interés no evaluativo, curiosidad y apertura mental. En la TC, la alianza es vista como *necesaria, pero no suficiente* para un resultado exitoso: facilita el reparto efectivo de intervenciones cognitivo-conductuales, pero no es en sí mismo el vehículo principal de esta transformación.

Lo que es central para esta relación es la idea de «colaboración». El terapeuta y el paciente trabajan como un equipo de investigación, explorando la naturaleza de la experiencia, en busca de nuevas perspectivas que sean más realistas (libres de las arbitrariedades derivadas de las viejas creencias y presunciones) y, por eso mismo, más beneficiosas. La terapia es, a un mismo tiempo, activa e interactiva, con un sentido de compartir conocimiento y pericia, además de la transparencia acerca de la teoría y acerca de qué intervenciones pueden ser beneficiosas y por qué razón. Este énfasis explícito acerca del conocimiento y la transferencia de habilidades refleja la intención del terapeuta de ayudar a los pacientes a utilizar el nuevo aprendizaje de manera independiente; en otras palabras, hacerse a sí mismos superfluos. Esta es la razón por la cual el tratamiento incluye numerosas «tareas» entre sesiones.

Énfasis en la investigación científica. Del mismo modo que la TC ha progresado por medio de la investigación, los pacientes aprenden no solo a través de la discusión, sino también a través de las investigaciones empíricas que realizan sobre sus propios patrones de pensamiento. En la primera sesión en la que participan, los pacientes son introducidos en el núcleo del modelo cognitivo (la cognición influye en la emoción, los estados corporales y el comportamiento), y en la lógica del tratamiento (volverse conscientes, en el mismo momento de su ocurrencia, de los patrones de comportamiento dañinos, haciendo posible su modificación, y de ese modo cambiando sus propios sentimientos y lo que hacen con ellos). A los pacientes se les invita a observar sus ideas como hipótesis, las cuales pueden ser cuestionadas y probadas a través de la experiencia, en vez de tomarlas como reflejos de una verdad objetiva. De este modo, la terapia se convierte en la extensión de la investigación de esta idea.

TC: el panorama completo

En los últimos 35 años, la TC se ha expandido de manera total y es, ahora mismo, un tratamiento psicológico de elección para un amplio espectro de problemas de salud física y mental. En consecuencia, los modelos cognitivo-conductuales específicos y los protocolos de tratamiento han sido desarrollados, perfeccionando la comprensión de los patrones exactos de pensamiento y comportamiento que crean vulnerabilidad frente a las diferentes condiciones, y causan su persistencia, demostrando el poder clínico de seleccionarlos con precisión. Estas especificidades teoréticas y prácticas están reflejadas en el objeto enfocado por el MBCT en la recaída depresiva, e implican que los elementos del protocolo del tratamiento descrito por Segal, Williams y Teasdale (2002) probablemente necesitarán modificación si la estrategia quiere ser exitosamente aplicada a otras dificultades psicológicas donde las vulnerabilidades más predominantes, y los factores que las sostienen, son diferentes de aquellos presentes en la depresión.

CT y el mindfulness: puntos de diferencia

Volvámonos ahora, de manera más detallada, a la exploración de las diferencias y congruencias entre la TC y las intervenciones basadas en mindfulness (IBM).

Contribución al MBCT

La terapia cognitiva y la meditación del mindfulness contribuyen de manera diferente al MBCT. Del MBSR, el MBCT extrae la práctica del mindfulness en la respiración, el cuerpo en estado de quietud y movimiento, de la actividad mental, de las experiencias cotidianas (comer, actividades rutinarias, escuchar, experiencias placenteras y desagradables), y un espíritu de compasión y aceptación. También incluye (sesiones 5-7) meditaciones en las que se invita a los participantes a permanecer en contacto con las experiencias difíciles o desagradables que surgen y, si ninguna de estas se presenta, invitar a una de ellas a la consciencia. En vez de resistirse o enredarse en «pensamientos acerca» de las dificultades, los participantes practican su exploración en el cuerpo, con una actitud de curiosidad y compasión. De la TC, el MBCT extrae el marco de referencia conceptual descrito anteriormente, elementos experienciales que (aunque de formas diferentes) también son parte de la propia TC (por ejemplo, la exploración entre pensamientos y sentimientos), y un énfasis en la evaluación empírica.

Los elementos de la TC en el MBCT son, a menudo, llamados «didácticos», implicando con ello un cambio de marcha en los instructores, que los lleva de una encarnación consciente, a un modo de conferencia (lo mismo ocurre quizá con los elementos educacionales del MBCT: nueve nudos, reacción/respuesta estresante, etcétera). Sin duda, estos ejercicios tienen una función educacional (como es el aprendizaje acerca del modo en el que funciona la depresión), y las pizarras y las tizas pueden ser útiles a la hora de resumir información recogida por los participantes, el dibujo de diagramas, etcétera.

Sin embargo, con el fin de animar a los participantes, es mejor enseñar estos elementos de manera interactiva. Esto es, los puntos clave más beneficiosos del aprendizaje emergen de las reflexiones de los participantes sobre estos ejercicios, y no de la boca del instructor, cuya tarea principal no consiste en decir, sino en validar la experiencia, facilitar la autoconsciencia, guiar el descubrimiento, destacar y sintetizar. Este es también el rol del terapeuta cognitivo cualificado.

Formulación del caso individual

La TC es una terapia basada en formulaciones (Butler, Fennell y Hackmann, 2008, capítulo 3), en la que la comprensión y el tratamiento de un paciente individual son conformados por un modelo teorético específico de desorden emocional, investigado y probado a través de una investigación experimental y clínica. Las formulaciones de casos transforman la estructura profunda del modelo cognitivo de la depresión, aplicable a miles de personas, en un mapa único de esta experiencia particular de la persona. Por ello, en manos de un terapeuta cualificado, la TC refleja modelos estandarizados y protocolos de tratamiento, pero lo hace sin ser meramente formulístico o mecánico. No hay dos casos de formulaciones, ni dos tratamientos, que sean iguales.

Para entrenarse en la TC, por lo tanto, se requiere una comprensión de sus principios teóricos y clínicos, y de la existencia y presentación de evidencias de base. Esto promueve la práctica ética, da a la terapia coherencia, y asegura que el tratamiento sea precisamente orientado, eficiente y en efecto relevante para los problemas del paciente y las metas valoradas. Sin ello, los terapeutas pueden «desviarse», seducidos por la excitación que producen los más novedosos desarrollos de tratamiento, independientemente de su probada utilidad (Waller, 2009). Eso no significa que la TC esté cerrada a toda innovación; al contrario, no podría haber sobrevivido y evolucionado sin la exploración de nuevos territorios y pruebas de métodos de tratamiento innovador; incluida, por supuesto, el MBCT. Sin embargo, las raíces científicas de la TC, y los imperativos de la responsabilidad clínica, demandan que la creatividad sea templada con el rigor y la cuidadosa evaluación de los impactos de dicha innovación.

En el MBCT, el equilibrio entre lo idiosincrático y lo genérico es diferente. Las entrevistas previas a las clases ofrecen la oportunidad de desarrollar una comprensión compartida de la experiencia de los pacientes, pero son en muy raras ocasiones tan espaciosas y detalladas como las evaluaciones que preceden a las entrevistas personales en la TC. A partir de allí, el foco esta puesto no tanto en lo que es único en cada persona (aunque esto emerge y es explorado, sesión tras sesión, a lo largo de la indagación), sino más bien en lo que los participantes tienen en común (por ejemplo, los procesos de interpretación errónea, evitación o elaboración mental) (Williams, 2008). Este proceso transdiagnóstico (verdaderamente universal) nos permite trabajar de manera eficaz con grupos de personas que tienen el mismo diagnóstico, pero experiencias de vida diferentes o diferentes diagnósticos, o ningún diagnóstico elaborado. El equilibrio entre lo compartido y lo único, sin embargo, es más un producto de la clase de formato utilizado que algo inherente a las intervenciones basadas en mindfulness. Un equilibrio similar será, en buena medida, evidente en un grupo de TC, y el MBCT ofrecida en la psicoterapia individual puede (como ocurre con la TC individual) utilizar la evaluación y la formulación como base para un trabajo de enfoque personal.

Orientación a la meta

La TC acepta que las personas buscan la terapia porque quieren que las cosas sean diferentes, y ofrece maneras efectivas de lograrlo. La TC está diseñada a propósito para «fijar» las cosas, y lo hace muy bien. Esta es quizá la más difícil transición que deben hacer los terapeutas cognitivos que aprenden el MBCT: no «fijar» a propósito puede, al comienzo, sentirse como un no hacer nada, en vez de hacer algo igualmente válido pero diferente.

La TC tiene una activa agenda de cambio. Durante la evaluación, los problemas de identificación llevan a una definición de la meta, a través de cuestiones del tipo: «¿Cómo quisieras que el problema cambiara al final del tratamiento?», «¿Qué significaría para ti que la terapia "funcione"?» El énfasis en la definición de objetivos significa un énfasis que corresponde a los resultados de la evaluación: ¿Hemos alcanzado nuestra meta, o no? ¿Ha tenido éxito la terapia, o hemos fallado? Esto se pone de relieve, para las intervenciones basadas en el mindfulness como la TC, en los contextos de investigación y servicio sanitario donde la efectividad de los tratamientos y los costos relativos a la efectividad son temas mayores, y la evaluación del servicio es rutinaria. La misma intención influye en la estructura de las sesiones; a diferencia de muchas otras formas de psicoterapia, cada sesión de la TC abre con un terapeuta y un paciente consensuando una «agenda», resumiendo lo que desean tratar aquel día. Las sesiones están estructuradas (a menos que ocurra algo imprevisto) de tal modo que abarque toda la agenda. Normalmente se incluye una serie de ítems estándar: test de ánimo; *feedback* sobre la sesión anterior; revisión de tarea; nuevas tareas que surgen durante la sesión; síntesis del aprendizaje, y *feedback* de la sesión recién terminada. Eso significa que la TC en general está centrada, con un estilo de «nos arremangamos y nos ponemos manos a la obra». En manos de una persona sin habilidad, esto puede resultar en apresuramiento y rigidez. Los terapeutas cualificados, sin embargo, equilibran el deseo de trabajar productivamente en la dirección consensuada con la sensibilidad, calidez y una buena disposición a mantenerse flexible y receptivo. A los pacientes, esto les ofrece un sentido de estar, simultáneamente, empoderados y tenidos en cuenta.

En contraposición, las intervenciones basadas en el mindfulness explícitamente desalientan el aferramiento al deseo de resultados particulares, y animan a la disposición de permitir que las cosas se desplieguen a su ritmo, y a tolerar la incertidumbre y «el no saber de qué va la cosa». Hay, sin embargo, algo paradójico en este caso. En el campo del servicio sanitario, por lo menos, las personas sin duda alguna asisten a clase porque están sufriendo y esperan aliviarse; y presumiblemente los terapeutas/instructores no ofrecerían clases a menos que creyeran que esto es posible. Por lo tanto, no es del todo cierto que las intervenciones basadas en el mindfulness carezcan de metas. Por el contrario, los instructores se embarcan en algo que podríamos llamar un acto de equilibrio paradójico: por un lado, aceptan y validan el anhelo comprensible de liberarse del sufrimiento —e incluso otras metas en las cuales los clientes quisieran trabajar–, y, por otro lado, se animan a sí mismos y a los participantes a permitir que el anhelado resultado se diluya en el trasfondo, permaneciendo abiertos a la experiencia emergente, sea cual sea el caso.

El pensamiento del tipo «¿Estamos acercándonos a la meta?» no es beneficioso, ni para la TC ni para otras IBM (intervenciones basadas en el mindfulness), porque resulta en una continua medición de la temperatura emocional, que hace difícil, sino imposible, retener una actitud de apertura mental, curiosidad, y posible cordialidad/aceptación hacia cada una de las experiencias, no importa cuán desagradables estas sean, y la buena disposición a la necesaria experimentación de nuevos aprendizajes.

Diferencias metodológicas

La TC utiliza un repertorio de métodos de tratamiento amplio destinados a ayudar a los pacientes a descubrir que está en sus manos cambiar cómo piensan y actúan, y que, si lo hacen, la transformación emocional y la resolución de conflictos ocurrirá. La cuidadosa autoobservación permite que sean identificadas con cierta precisión las secuencias problemáticas de pensamientos, sentimientos y comportamientos. Esta comprensión crea una base para el proceso sistemático de investigación y exploración, a través de la cual los pacientes aprenden a cuestionar sus pensamientos (en vez de dar por sentado que son verdaderos), y a buscar alternativas más realistas y beneficiosas, además de probarlas en la vida cotidiana. Por ello, los cambios que surgen en la TC se deben a la estrecha atención en los detalles diarios de experiencias concretas, a menudo guiadas por hojas de ejercicio, que ayudan a los pacientes a seguir las secuencias sistemáticamente, en vez de quedar atrapados en la angustia y la confusión. El proceso es una empresa colaborativa, con el terapeuta y el paciente trabajando como un equipo en busca de una salida. Nuevas habilidades se establecen en la sesión, y se practican independientemente entre sesiones. Con el paso del tiempo, la práctica reiterada lleva a una comprensión general nueva, por ejemplo: «El cambio es posible», y «Solo porque creo algo, eso no significa que sea verdad». Por lo tanto, la esperanza es cultivada y se establece una nueva relación con los viejos patrones de pensamiento que emergen.

En las intervenciones basadas en el mindfulness, la intensa práctica meditativa del mindfulness es concebida como el principal vehículo para alimentar esa comprensión, y una perspectiva más estable y espaciosa. Por medio de una serie de prácticas, el paciente aprende a aumentar su consciencia de los pensamientos, emociones y sensaciones corporales, y a adquirir la capacidad de ver estos claramente, sin aferrarse a ellos o intentar evitarlos, con una actitud de cordial curiosidad y aceptación. Por lo tanto, aunque el resultado (la perspectiva descentrada) es, al menos, similar en ambos casos, la ruta a través de la cual lo alcanzamos es diferente.

Diferentes lenguajes

Los terapeutas de otras tradiciones a veces ven un tono militar en el lenguaje de la TC. Los programas de depresión, por ejemplo, tienen títulos como «Vence a tu enemigo» o «Vence a la depresión». La consecuencia podría ser que este estado psicológico sea no deseado y deba ser eliminado; una estrategia del tipo «control de plaga» a la psicopatología, si uno quiere. Y, de hecho, el éxito de la TC es en general medido en términos de mejora de los estados problemáticos y la recuperación. Sin embargo, este lenguaje hasta cierto punto combativo, aun cuando refleja de algún modo la postura de la TC a la hora de resolver problemas, rápidamente da lugar a una «imagen caricaturesca» de la terapia y pierde de vista la calidez y la humanidad, la relación terapéutica profunda en la cual descansa, y la atmosfera de exploración y descubrimiento que la caracteriza en su mejor versión. Como hemos advertido más arriba, el modelo cognitivo asume que existe continuidad entre el funcionamiento sano y problemático:

> Los problemas psicológicos no son necesariamente el producto de fuerzas misteriosas e impenetrables, sino que pueden ser el resultado de procesos comunes, como un aprendizaje erróneo, inferencias incorrectas basadas en una inadecuada o incorrecta información, o la inadecuada distinción entre imaginación y realidad [Beck *et al.*, 1979, 19-20].

Por lo tanto, la TC conecta fácilmente con las experiencias de la vida cotidiana. Anima a los terapeutas a reconocer esa humanidad que comparten con los pacientes, y les permite abocarse a los temas que surgen durante la terapia (incluida la activación de sus propias creencias y presunciones insalubres) utilizando el mismo marco de referencia conceptual y los mismos métodos de tratamiento.

No obstante, el énfasis en el cambio reflejado en el lenguaje de la TC implica, en efecto, un proceso diferente al reconocimiento plenamente consciente, y la aceptación de las experiencias desagradables y sufrimientos como parte de la condición humana, y que lo que se necesita es la capacidad de testimoniar su presencia, sin aferramiento ni aversión, con un espíritu de compasión.

Diferentes trayectorias de entrenamiento

Las intervenciones basadas en el mindfulness enseñan, por lo general, un programa de tiempo limitado (8-12 semanas, con hasta cuatro clases de seguimiento durante 6-12 meses). Eso significa 16-32 horas de enseñanza, y alrededor de 36 horas de práctica independiente; una gota en un océano comparada con la formación meditativa en otros contextos, que puede continuar durante años, dependiendo de la experiencia del instructor. Algunos tienen una amplia práctica personal (incluidas experiencias de retiros extensos) antes de comenzar a enseñar. Otros pueden tener mucha menos experiencia, y aprender a enseñar a través del establecimiento de su propia práctica meditativa, siguiendo a continuación un camino supervisado, cuidadosamente estructurado, con un instructor más experimentado, o un programa de profundización de formación en un centro reconocido, teniendo, en ambos casos, una supervisión regular, más formación, contacto colegiado con otros maestros, y continua práctica personal y asistencia a retiros.

Los terapeutas de la TC también necesitan una formación formal especializada, a menudo seguida del logro de una cualificación profesional de base universitaria (en psiquiatría o psicología clínica). La acreditación para la práctica por parte de los cuerpos profesionales requiere supervisión y desarrollo profesional continuo. Sin embargo, no hay un equivalente a una educación permanente en la práctica de la meditación del mindfulness. Algunos países europeos esperan que los psicoterapeutas realicen su propia terapia personal como parte de su formación; no ocurre lo mismo con la TC, por ejemplo, en Gran Bretaña, Canadá y Estados Unidos. Incluso aquellos terapeutas cuya formación incluye la TC experiencial, o quienes la hayan necesitado por razones personales, no esperan continuar con las sesiones para siempre. Esto refleja la suposición de la TC de que las experiencias transformativas permanentes son posibles dentro de un marco de tiempo limitado y que, una vez definidos y alcanzados los objetivos, no hay necesidad de continuar trabajando.

Surge a continuación un interrogante aún inexplorado: ¿Cuánto conocimiento de la TC y de su teoría subyacente necesitan los instructores de MBCT que han accedido a ella desde otras tradiciones de intervención basada en el mindfulness o la psicoterapia? La comunidad del mindfulness, justificadamente, deberá armarse de paciencia si los terapeutas cognitivos comienzan a dar clases de MBCT a partir de la mera lectura de manuales o la participación casual en un taller de uno o dos días. Esta no es una práctica ética, ni tampoco es consecuente con el espíritu del enfoque. ¿No merecen un respecto similar los elementos de la TC que encontramos en el MBCT?

Es cierto que, dado que no pretenden dirigir una TC, los instructores de MBCT no necesitan convertirse en terapeutas cognitivos. Sin embargo, lo que decía Beck acerca de convertirse en terapeuta cognitivo puede ser también cierto en este caso: «no creemos que la terapia pueda aplicarse efectivamente sin conocimiento de la teoría» (Beck *et al.*, 1979, pág. 4). Eso significa que, de la misma manera que a los instructores de MBCT se les exige que tengan una comprensión en profundidad de los principios y prácticas de la meditación del mindfulness, será aún más beneficioso para los participantes si tienen una comprensión clara de los procesos psicológicos que la TC sugiere, conducen al desarrollo y persistencia de la aflicción. Además, de la misma manera que el convertirse en instructor del mindfulness descansa en la experiencia personal de la meditación, el aprendizaje de la TC no consiste exclusivamente en una formación conceptual/verbal, incluye además un elemento experiencial: autoobservación sistemática, autorreflexión, y oportunidades para usar el enfoque con el fin de explorar temas personales y experimentar con los cambios. Esto es especialmente importante para aquellos instructores que planean alterar elementos del programa derivado de la teoría de la TC e investigar, para adaptarlo a una nueva población de clientes en los que la vulnerabilidad psicológica y el mantenimiento de factores pueden ser diferentes, así como también entrenar a otros instructores de MBCT. Qué conocimientos y habilidades son necesarios exactamente, cuánto tiempo debe dedicarse a ello, y de qué modo, precisamente, esto debe llevarse a cabo, siguen siendo temas de investigación y debate.

TC y mindfulness: puntos de congruencia

Después de haber delineado las diferencias entre la TC y las intervenciones basadas en el mindfulness, los lectores pueden dudar sobre si este matrimonio es verdaderamente viable. De hecho, esta pareja improbable tiene mucho en común.

Una intención común

La intención fundamental de los dos enfoques, más allá de sus diferentes marcos de referencia conceptuales y metodologías, es entender y aliviar el sufrimiento. De este modo, el no enjuiciamiento, la compasión y un movimiento hacia una mirada clarificadora son centrales en los dos enfoques. Sin embargo, dentro la tradición budista detrás de la meditación del mindfulness, hay parte de una intención más amplia: la liberación, incluida la experiencia de gozo. En la TC, un enfoque más terapéutico, el alivio del sufrimiento es la *raison d'être* primaria.

Un mapa de la mente y un instrumento de investigación

Desde sus diversas perspectivas, ambas estrategias ofrecen mapas del sistema mente-cuerpo humano, junto con sofisticadas herramientas de investigación: la práctica de meditación del mindfulness, por un lado, y la autoobservación y autorreflexión sistemática, por el otro.

Cómo se entiende la angustia persistente

Ambos enfoques, de diferentes maneras, ven las raíces de la persistente aflicción humana en términos bastante similares (lo cual no significa que sean idénticos). Ambos asignan un rol importante a los viejos patrones habituales, muchos de ellos aprendidos a través de la experiencia y activados por las presentes circunstancias (causas y condiciones). Ambos ven el procesamiento automático e inconsciente (el pensamiento «impensado»; Beck *et al.*, 1979, pág. 5) y la identificación con dichos pensamientos (perderse en la subjetividad) como alimentos para la aflicción. De igual modo, ambos destacan el rol de los filtros mentales y las arbitrariedades en la percepción e interpretación, y el modo en el cual estos suman sufrimiento al dolor y la adversidad inevitable. Ambos ven las dificultades inherentes en el apego (en la TC, en relación al uso abusivo de sustancias, por ejemplo, y de manera más sutil, en la manera en que las suposiciones insisten en que la persona, otros, o la vida misma, debe ser de cierto modo) y en la aversión (desde la perspectiva de la TC, por ejemplo, aumentando el dolor debido a la demanda de que este sea eliminado, y a la evitación y la retirada, asociadas con la ansiedad y la depresión). Ambos dan, además, un papel importante a la elaboración mental (*papañca* en la tradición budista; cavilación y preocupación en la TC). Ambos distinguen entre el dolor (físico, o aflicción emocional) y el sufrimiento (una evaluación negativa del dolor y lo que lo causa, seguidos de reacciones insalubres, como la elaboración o evitación). Quizá estos aspectos comunes reflejan el hecho de que ambos están basados en una observación íntima de las mismas mentes humanas.

El esencial momento presente

Ambas tradiciones abogan por centrarse en lo que está ocurriendo aquí y ahora, en vez de centrarse en el pasado profundo. La TC clásica, y los más novedosos protocolos basados en pruebas, se concentran de manera predominante en el pensamiento y el comportamiento que mantienen las viejas creencias y suposiciones en el presente, afirmando que los problemas se resuelven más efectiva y eficientemente rompiendo esos círculos viciosos en lugar de investigar sus orígenes. En las intervenciones basadas en el mindfulness, el momento presente es reconocido solo como un punto en el cual la consciencia puede ser cultivada y trasformada; la única posibilidad de estar vivo para la experiencia, en vez de estar perdido en las construcciones mentales del pasado o el futuro.

El proceso de aprendizaje

Ambos enfoques conciben a los seres humanos como organismos aprendices en vez de como entidades fijas. Ambos cultivan una consciencia basada en una íntima investigación de la experiencia inmediata, aunque lo hacen a través de diferentes medios. Ambos asumen, por lo tanto, que es posible y valioso explorar el funcionamiento de la mente, y que este tipo de consciencia mejora la capacidad de respuesta de manera flexible a la experiencia, incluso en momentos de angustia.

Ambos, la TC y las intervenciones basadas en el mindfulness, ofrecen un aprendizaje paso a paso, apoyado por una práctica amplia y sistemática, que tiene el objetivo de establecer una comprensión, un conocimiento y habilidades nuevas, de manera tan firme que pueden ser independientemente mantenidos. Ambos enfoques puedan ser vistos como formas de entrenamiento; entrenamiento en el enfoque atencional, en la observación meticulosa, en respuestas de acuerdo con la comprensión profunda que desarrollamos de los fenómenos mentales, en la adquisición de una postura particular en relación con la experiencia (interesada, curiosa y amable) y, en el caso de la TC, en el cuestionamiento de los patrones habituales de pensamiento y su prueba a través de la experiencia. Los testimonios sobre el impacto a largo plazo de la TC dirigida a la depresión sugieren que esta engendra giros perdurables en la perspectiva (Paykel *et al.*, 2005) y la meditación del mindfulness (si las personas así lo quieren) para el resto de sus vidas.

Con respecto al mismo proceso de aprendizaje, ambos enfoques son sumamente experienciales. En la TC, las intervenciones verbales son importantes a la hora de cuestionar las cogniciones, pero, para que la transformación emocional ocurra, la discusión no es suficiente. Puede proporcionar una comprensión conceptual, pero no el «nivel visceral» de la comprensión necesario para un cambio profundo. Por lo tanto, las nuevas perspectivas deben ser traducidas a cambios en el propio comportamiento en el mundo real. Con la misma intención de unir cabeza y corazón, la metáfora, la imaginería, las historias, ilustraciones y poemas forman parte integral de ambos enfoques (Blenkiron, 2010; Hackmann, Bennett-Levy y Holmes, 2011; Segal, Williams y Teasdale, 2002; Stott *et al.*, 2010).

En las intervenciones basadas en el mindfulness, nuevos aprendizajes surgen de la amplia práctica personal de la meditación. En la TC, surge de la repetida aproximación a los pensamientos y sentimientos de dolor en un modo diferente. El marco de referencia de la teoría del aprendizaje adulto, y en particular el proceso de aprendizaje resumido en el círculo de aprendizaje de Kolb (1984), han sido utilizados para sugerir de qué modo esto podría ser realizado efectivamente (Bennett-Levy *et al.*, 2004). Esta misma secuencia puede ser aplicada a los procesos de aprendizaje en las intervenciones basadas en el mindfulness (véase la figura 2).

Kolb sugiere que el aprendizaje efectivo y la memoria surgen de la secuencia en estadios, cada uno de estos basado en el precedente, y en la base fundacional de aquellos que le siguen. Para lograr un aprendizaje exitoso, la experiencia directa es necesaria (en las intervenciones basadas en el mindfulness es la misma práctica meditativa; en la TC, las pruebas de cognición a través de experimentos conductuales). Sin embargo, la experiencia es de poco valor, a menos que lo que se ha experimentado sea visto con claridad. De igual modo, las lecciones derivadas de experiencias y observaciones específi-

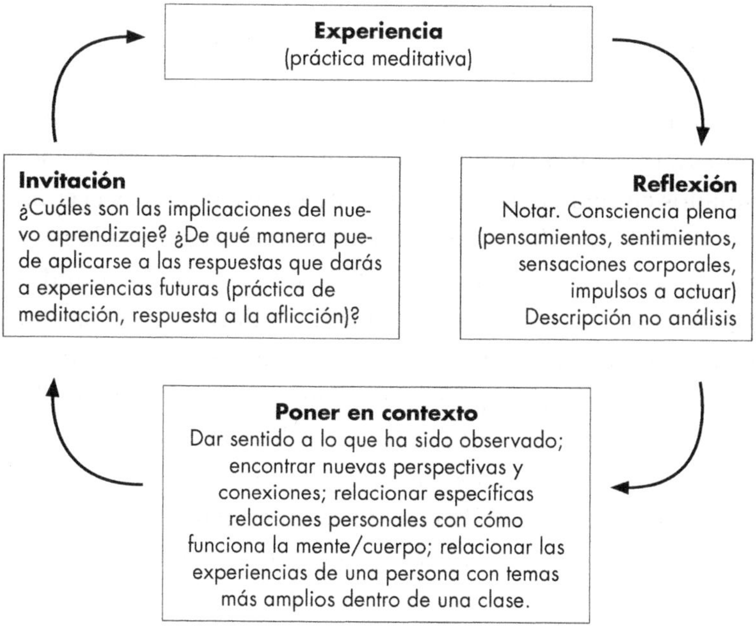

FIGURA 2. El proceso de aprendizaje
Nota: basado en el círculo de aprendizaje de Kolb (1984)

cas es poco probable que se vuelvan parte de una nueva manera de ser, a menos que las acompañe la reflexión posterior, contextualizando las nuevas observaciones, relacionándolas con el conocimiento preexistente, creando significado. En el marco de las intervenciones basadas en el mindfulness, la observación y la reflexión vienen facilitadas por el proceso de investigación que sigue a las prácticas meditativas. ¿Qué es lo que puede ser aprendido de lo que emerge en el momento? ¿Qué fue lo que los participantes notaron? ¿De qué modo esas percepciones se relacionan con sus experiencias, en un sentido más general, al funcionamiento de la mente humana, a la experiencia de otros participantes y –en algunos contextos– a las enseñanzas budistas? En el marco de la TC, un proceso semejante de descubrimiento guiado lo facilita el «cuestionamiento socrático» (Westbrook, Kennerley y Kirk, 2007, capítulo 3), un proceso exploratorio con el que los pacientes son guiados cuidadosamente a través de la observación y la construcción de significado por medio de interrogantes abiertos, intercalados con reflexiones empáticas y sumarios resumidos. ¿Qué ocurrió? ¿Qué pensamientos, sentimientos, sensaciones corporales y comportamientos notaste? ¿Qué significan estas observaciones? ¿De qué manera se relacionan con las creencias y suposiciones más generales? ¿Cómo se relacionan con las experiencias previas? ¿Cómo lo hacen con el caso global de la conceptualización? El siguiente paso es invitar al pensamiento con antelación. ¿De qué manera lo que hemos aprendido puede ser llevado a cabo? En el contexto de las intervenciones basadas en el mindfulness, esto podría significar prepararse para la próxima práctica (por ejemplo, prepararse para enfocar la atención especialmente en el tono sentimental de algún aspecto de la experiencia. En el marco de la TC podría significar prepararse para un nuevo experimento conductual. Y de este modo, el ciclo comienza nuevamente.

¿Un mecanismo de cambio común?

Teasdale (Teasdale *et al.*, 2002) cuestionó la sabiduría recibida que afirmaba que la TC logró sus efectos al transformar las cogniciones (para lo cual, en ese punto, había pocas pruebas), y sugirió un mecanismo alternativo: «la consciencia metacognitiva».

Eso significa un cambio fundamental sobre cómo las personas se relacionan con sus cogniciones, en lugar de sobre las cogniciones *per se.* A través de la observación de la actividad mental en el momento, con un espíritu inquisitivo, en vez de con un espíritu enjuiciador, y por medio de un repetido descentramiento respecto a las viejas rutinas mentales, cuestionándolas y probándolas, los pacientes aprenden a *experimentar* los pensamientos como sucesos en la mente, en vez de «la verdad» o el «yo». Los descubrimientos de Teasdale y sus colegas sugieren que esto, en efecto, puede ser un mecanismo clave en la TC y el MBCT.

Este proceso será inmediatamente reconocible para el practicante del mindfulness. Sin embargo, mientras que la meditación del mindfulness consiste en mantenerse atento a los mecanismos de funcionamiento de la mente en el sentido más amplio posible, dentro del marco de referencia del pensamiento budista, la TC se enfoca de manera más concisa en aspectos específicos de la experiencia relevante para el grupo de pacientes particulares, y se nutre de la teoría e investigación relevante respecto al origen y persistencia de la aflicción. En el trabajo con la depresión, por ejemplo, esto significa considerar la naturaleza del pensamiento deprimido (Segal, Williams y Teasdale, 2002, sesión 4). Por el contrario, en el síndrome de fatiga crónica, el énfasis está puesto en las respuestas a la actividad y los síntomas físicos como el dolor y la fatiga (Surawy, Roberts y Silver, 2005), en los desórdenes alimentarios, sobre comportamiento alimentario y actitudes respecto al peso y la forma (véase Baer, Fishcher y Huss, 2005) y en la psicosis, en la experiencia de voces (Chadwick, Newman-Taylor y Abba, 2005; Chadwick et. al., 2009). En el trabajo con grupos mixtos, cuyos miembros están experimentando todo un espectro de diferentes problemas psicológicos, el foco estrecho se expande para iluminar procesos más generales y transdiagnósticos, como son la evitación y la cavilación.

Conclusión

Hemos delineado la teoría y práctica de la TC, y hemos destacado maneras en las que se diferencian las estrategias basadas en el mindfulness, cuyas raíces se encuentran en el budismo. ¿Representa el MBCT un verdadero encuentro de mentes, una creación integradora, o refleja un choque de culturas que, en última instancia, no podrán jamás reconciliarse? Pese a las diferencias auténticas que merecen ser respetas, parecería que los miembros de esta pareja improbable tienen lo suficiente en común como para que evolucionen y perduren como una unión productiva y pacífica.

BIBLIOGRAFÍA

BAER, R.A., FISCHER, S. & HUSS, D. (2005). MBCT applied to binge eating: A case Study. *Cognitive & Behavioural Practice*, 12, 351-8.

BARNHOFER, R., CRANE, C., HARGUS, E., AMARASINGHE, M., WINDER, R. & WILLIAMS, J. (2009). MBCT as treatment for chronic depression: A preliminary study. Behaviour Research & Therapy 47, 366-73.

BECK, A. (1976). *Cognitive therapy and emotional disorders.* NuevaYork: international Universities Press.

BECK, A., RUSH, A.J., SHAW, B.F. & EMERY, G. (1979). *Cognitive therapy of depression.* Nueva York: Guilford.

BENNET-LEVY, J., BUTLER, G., FENNELL, M., HACKMANN, A., MUELLER, M. & WESTBROOK, D. (2004). *The Oxford guide to behavioural experiments in cognitive therapy.* Oxford: Oxford University Press.

BLENKIRON, P. (2010). *Stories and analogies in cognitive behaviour therapy.* Chichester, UK: Wiley-Blackwell.

BUTLER, G., FENNELL, M. & HACKMANN, A. (2008). *Cognitive therapy for anxiety disorders: Mastering clinical challenges.* Nueva York: Guilford.

CHADWICK, P., HUGHES, S., RUSSELL, D., RUSSELL, I. & DAGNAN, D. (2009). Mindfulness groups for distressing voices and paranoia: A replication and randomised feasibility trial. *Behavioural & Cognitive Psychotherapy*, 37, 403-30.

CHADWICK, P., NEWMAN-TAYLO, K. & ABBA, N. (2005). Mindfulness groups for people with psychosis. *Behavioural & Cognitive Psychotherapy*, 33, 351-9.

DERUBEIS, R.J., HOLLON, D.S., AMSTERDAM, J.D., SHELTON, R., YOUNG, R.C., SALOMON, R.M., O'REARDON, J.P. y otros. (2005). Cognitive therapy vs. medications in the treatment of moderate to severe depression. *Archives of General Psychiatry*, 62, 409-16.

EISENDRATH, S., DELUCCCHI, K., BITNER, R., FENIMORE, P., SMIT, M. & MCLANE, M. MBTC for treatment resistant depression: A pilot study. *Psychotherapy and Psychosomatics*, 101, 1-2.

GODFRIN, K. & VAN HEERINGEN, C. (2010). The effects of mindfulness-based cognitive therapy on recurrence of depressive episodes, mental health and quality of life: A randomised controlled study. *Behaviour Research & Therapy*, 48, 738-46.

HACKMANN, A., BENNET-LEVY, J. & HOLMES, E. (2011). *The Oxford guide to imagery in cognitive therapy.* Oxford: Oxford University Press.

HOLLON, S., DERUBEIS, R., SHELTON, R., AMSTERDAM, J., SALOMON, R.,

O'REARDON, J. y otros. (2005). Prevention of relapse following cognitive therapy vs. medications in moderate to severe depression. *Archives of General Psychiatry*, 62, 417-22.

HOLLON, S., STEWART, M. & STRUNK, D. (2005). Enduring effects for cognitive behaviour therapy in the treatment of depression and anxiety. *Annual Review of Psychology*, 57, 285-315.

KABAT-ZINN, J. (1999). *Full catastrophe living: The program of the stress reduction clinic at the University of Massachusetts Medical Center.* Nueva York: Dell.

KENNY, M. & WILLIAMS, J. (2007). Treatment-resistant depressed patients show a good response to mindfulness-based cognitive therapy. *Behaviour Research & Therapy*, 45, 617-25.

KOLB, D. (1984). *Experiential learning.* Nueva Jersey: Prentice-Hall.

KUYKEN, W., BYFORD, S., TAYLOR, R., WATKINS, E., HOLDEN, E., WHITE, K., BARRETT, B. y otros. (2008). Mindfulness-based cognitive therapy to prevent relapse in recurrent depression. *Journal of Consulting and Clinical Psychology*, 76, 966-78.

LAU, M., SEGAL, Z. & WILLIAMS, J. (2004). Teasdale's differential activation hypotheisis: implications for mechanism of depressive relapse and suicidal behaviour. *Behaviour Research & Therapy*, 42, 1001-17.

MA, J. & TEASDALE, J. (2004). Mindfulness-based cognitive therapy for depression. Replication and exploration of differential relapse prevention effects. *Journal of Consulting & Clinical Psychology*, 72, 31-40.

PAYKEL, E., SCOTT, J., CORNWALL, P., ABBOTT, R., CRANE, C., POPE, M. y otros. (2005). Duration of relapse prevention after cognitive therapy in residual depression: Follow-up of controlled trial. *Psychological Medicine*, 35, 59-68.

RUSH, A., BECK, A., KOVACS, M. & HOLLON, S. (1977). Comparative efficacy of cognitie therapy and pharmacotherapy in the treatment of depressed outpatients . *Cognitie Therapy & Research*, 1, 17-37.

SEGAL, Z., BIELING, P., YOUNG, T., MACQUEEN, G., COOKE, R., MARTIN, L. y otros. (2010). Antidepressant monotherapy versus sequential pharmacotherapy and mindfulness-based cognitive therapy, or placebo, for relapse prophylaxis in recurrent depression. *Archives of General Psychiatry*, 67, 1256-64.

SEGAL, Z., GEMAR, M. & WILLIAMS, S. (1999). Differential cognitive response to a mood challenge following successful cognitive therapy or pharmacotherapy for unipolar depression. *Journal of Abnormal Psychology*, 108, 3-10.

SEGAL, Z., WILLIAM, J. & TEASDALE, J. (2002). *Mindfulness-based cognitive therapy for depression: A new approach to preventing relapse.* Nueva York: Guilford Press.

STOTT, R., MANSELL, W., SALKOVSKIS, P., LAVENDER, A. & CARTWRIGHT-HATTON, S. (2010). *The Oxford guide to metaphors in CBT: Building cognitive Bridges.* Oxford: Oxford University Press.

SURAWY, C., ROBERTS, J. & SILVER, A. (2005). The effect of mindfulness training on mood and measures of fatigue, activity, and quality of life in patients with chronic fatigue syndrome on a hospital waiting list: A series of exploratory studies. *Behavioural & Cognitive Psychotherapy*, 33, 103-9.

TEASDALE, J., MOORE, R., HAYHURST, H., POPE, M., WILLIAMS, S. & SEGAL, Z. (2002). Metacognitive awareness and prevention of relapse in depression: Empirical evidence. *Journal of Consulting & Clinical Psychology*, 70, 275-87.

TEASDALE, J., SEGAL, Z., WILLIAMS, J., RIDGEWAY, V., SOULSBY, J. & LAU, M. (2000). Reducing risk of recurrence of major depression using mindfulness-based cognitive therapy . *Journal of Consultin & Clinical Psychology*, 68, 615-23.

WALLER, G. (2009). Evidence based treatment and therapist drift. *Behaviour Research & Therapy*, 47, 119-27.

WESTBROOK, D., KENNERLY, H. & KIRK, J. (2007). *An introduction to cognitive behaviour therapy: Skills and applications.* Londres: Sage.

WILLIAMS, J. (32). Mindfulness, depression and modes of mind. *Cognitive Therapy & Research*, 32, 721-33.

9. La compasión en el horizonte del sufrimiento

Christina Feldman y Willem Kuyken

En este artículo investigamos la compasión y su lugar en los enfoques basados en el mindfulness. La compasión es una orientación de la mente que reconoce el dolor y su universalidad en la experiencia humana, y la capacidad de afrontarlo con amabilidad, empatía, ecuanimidad y paciencia. Explicamos de manera resumida de qué modo el aprendizaje para afrontar el dolor por medio de la compasión forma parte de cómo las personas aprenden a vivir en condiciones crónicas como la depresión recurrente. Aunque la mayoría de los enfoques basados en el mindfulness no enseñan explícitamente la compasión, nosotros describimos la estructura del programa y la encarnación del maestro, los cuales permiten a los participantes cultivar la compasión en el escenario del sufrimiento. Describimos un caso ejemplar en el que este proceso se despliega a través de la terapia cognitiva basada en el mindfulness.

Dawn ha sufrido numerosos episodios de depresión en su vida. Cada nuevo episodio parecía tener vida propia, y ella usaba la siguiente analogía: «Es como si fuese arrastrada hacia las cataratas del Niágara». Para ella, esta imagen capturaba el sentido de inevitabilidad, impotencia y horror de cada recidiva de la depresión.

Dawn describió un momento crucial en su recuperación.

Hubo una gradual comprensión en la que al añadir una capa de juicio acerca de lo que estaba sintiendo, sufría más. En vez de responder a «¿Por qué no puedo salir de la cama?» con un «porque soy un fracaso», llegué a darme cuenta de que esto, mi letargo y mi pensamiento negativo, formaba parte del paquete de la depresión que me llevaría tiempo superar. Esto me proveyó de un atisbo de esperanza que podía comenzar a cultivar. Era casi aceptable estar deprimida y empezar, poco a poco, a alentarme a mí misma. En vez de luchar contra la depresión, empecé a ser más gentil conmigo misma. Mirando hacia atrás, esos fueron los primeros pasos fuera de la depresión.

Dawn, 48 años.

¿Qué es la compasión?

En las enseñanzas clásicas de la tradición budista, la compasión es definida como el corazón que tiembla en la cara del sufrimiento. En ocasiones, la compasión es traducida como el corazón que puede temblar en la cara del sufrimiento. Es una aspiración a lograr la cualidad más noble del corazón humano, la motivación que subyace a todos los caminos meditativos de curación y sanación.

La compasión es una respuesta al sufrimiento, la adversidad inevitable que todos los seres humanos encontrarán en sus vidas, sea el dolor incrustado en el tejido del envejecimiento, la enfermedad y la muerte, o las aflicciones psicológicas y emocionales que debilitan la mente. La compasión es el reconocimiento de que no todo dolor puede «arreglarse» o «resolverse», pero todo sufrimiento puede ser más abordable en el escenario de la compasión.

La compasión es una respuesta al dolor, la pena y la angustia de múltiples texturas. Incluye la amabilidad, la empatía, la generosidad y la aceptación. Las hebras de coraje, tolerancia y ecuanimidad están igualmente tejidas en el paño de la compasión. Sobre todo, la compasión es la capacidad de abrirnos a la realidad del sufrimiento y aspirar a curarlo. El Dalái Lama dijo en cierta ocasión: «Si quieres saber qué es la compasión, mira a los ojos de una madre o un padre mientras acuna su hijo enfermo y febril».

Mientras que las concepciones budistas de la compasión tienen un linaje que se extiende 2.500 años hacia el pasado, los psicólogos han comenzado recientemente a considerar la compasión y su papel en el sufrimiento y la capacidad de recuperación. Paul Gilbert ve la compasión como una capacidad psicológica evolucionada que es parte del sistema de cuidados de los seres humanos. La compasión incrementa nuestra capacidad de cuidar a nuestros jóvenes y, en este sentido, se encuentra integrada en nuestro programa (Gilbert, 2009). Él define la compasión en líneas generales, e incluye las dimensiones del cuidado, de aliviar, simpatía, empatía, y no juzgar. Implícita en esta comprensión encontramos una teoría que incorpora los sostenes biológicos del comportamiento, la evolución y el apego humanos. Un reciente artículo con una perspectiva general despliega un argumento similar: que la compasión evolucionó para asistir a los grupos sociales en la protección de los más débiles y aquellos que sufren (Goetz, Keltner y Simon-Thomas, 2010). Es interesante advertir que el trabajo de Gilbert sobre la compasión se articuló en parte como respuesta a su trabajo pionero sobre la depresión, y, como ya hemos visto, el rol integral de la autocrítica, la vergüenza y la impotencia en la depresión (Gilbert, 1984, 2000).

Una definición alternativa nos la ofrece Kirstin Neff, en la cual articula tres componentes de la compasión dirigida hacia uno mismo: amabilidad con uno mismo, humanidad común y el mindfulness (Neff, 2003a). El objetivo de su trabajo fue intentar describir una actitud saludable hacia uno mismo, que se moviera más allá de las nociones simplistas de la autoestima. Describe la amabilidad hacia uno mismo como «ser amable y entenderse uno mismo en situaciones de dolor y fracaso»; la humanidad común como «una percepción de la propia experiencia como parte de una experiencia humana más amplia», y el mindfulness como «sujetar los pensamientos y sentimientos dolorosos en una actitud de consciencia equilibrada» (Neff, 2003, p. 85). Neff argumenta que estas cualidades son intrínsecas a un sentido saludable de uno mismo que, tomados a la vez, nos permiten gestionar nuestras emociones en momentos de dificultades.

Nosotros ofrecemos la siguiente definición de la compasión. La compasión es una orientación de la mente que reconoce el dolor y la universalidad del dolor en la experiencia humana, y la capacidad de afrontar ese dolor con amabilidad, empatía, ecuanimidad y paciencia. Mientras la compasión hacia uno mismo orienta nuestra propia experiencia, la compasión extiende dicha orientación hacia la experiencia de otros.

¿Cuán central es la compasión en el proceso de sanación?

La compasión permite la sanación. Como seres humanos, es comprensible que nos disguste el miedo al dolor. Instintivamente tendemos a retroceder, evitar y volvernos ansiosos ante la aflicción física y emocional. Hay un pequeño paso que nos lleva, de esos patrones habituales de evitación, a los patrones también habituales de culpar, sentir aversión, juzgar y agitación. Es la segunda capa de sufrimiento, superpuesta sobre la primera. El efecto de esta capa de reacción es la magnificación de la realidad del dolor y la aflicción, pero, además, es de crucial importancia el hecho de que dispara más aflicción emocional bajo la forma de desesperación, depresión e impotencia. Este círculo cerrado de reactividad se convierte en una curva automantenida que nos cierra a cualquier posibilidad de abrazar el sufrimiento con coraje y compasión.

Nuestra propia experiencia de pesar y dolor, como también la actual investigación psicológica, nos dicen que la compasión es tan importante para nuestro bienestar emocional y psicológico como la nutrición lo es para nuestros cuerpos (Fredrickson *et al.*, 2008; Gilbert y Procter, 2006; Hutcherson, Lutz *et al.*, 2008; Seppala y Gross, 2008). En épocas de grandes aflicciones en nuestras vidas, nos toca sobre todo la compasión. La compasión ofrece una alternativa vital frente a la aversión y el miedo; es la que nos permite volvernos hacia la aflicción y el dolor, en vez de huir de ellos. Nos permite envolver el sufrimiento con amabilidad y curiosidad, en vez de hacerlo avergonzados o abocados a la búsqueda de culpables.

El miedo y la aversión fracturan nuestra relación con las cosas. La compasión es el comienzo de una amistad con aquello que previamente había sido rechazado. En vez de perdernos en los extremos de procurar superar la aflicción, o ser superados por ella, la compasión comienza con el descubrimiento de la capacidad de «estar con», de estar firme y equilibrado frente a la adversidad. Es una relación de amabilidad, de calidad y conexión. Sanar no implica necesariamente que el dolor se resuelva o desaparezca; sanar es a menudo un suavizar y disolver la resistencia y aversión que nos mantienen cautivos en el miedo y el distanciamiento. Sanar ha sido descrito por Jon Kabat-Zinn como «un llegar a un entendimiento con las cosas tal como son» (Kabat-Zinn, 2005). Eso significa que relacionarnos con el sufrimiento de manera ecuánime y compasiva es una parte del proceso de sanación.

La mayoría de los desórdenes emocionales están marcados por patrones de pensamientos y comportamiento que, aunque en cierto nivel son comprensibles, en otro nivel exacerban y mantienen el desorden. Por ejemplo, en la depresión, el pensamiento negativo puede ser un intento por dar sentido a la experiencia, y una retirada, el intento de protegernos de experiencias de mayor aversión (Aldao, Nolen-Hoeksema y Schweizer, 2010; Kuyken, Watkins y Beck, 2005). A medida que se acercaba su último episodio de depresión, Dawn estaba tan asustada que pretendía, frente a sí misma, que nada de ello estaba ocurriendo, trabajando más de la cuenta, tratando de compensar las críticas que tanto temía de sus colegas. El sentimiento de una inminente caída en las cataratas del Niágara vino acompañado con la negación; «Si soy capaz de remar con fuerza, quizá pueda sustraerme de este aprieto» (véase la figura 1). De inmediato, la oportunidad y el espacio para una respuesta compasiva o una acción habilidosa disminuyeron.

Ahora que Dawn está deprimida y fuera del trabajo, tiene un pensamiento dominante «No soy buena en mi trabajo» y «No les gusto a mis colegas». No vuelve al trabajo para evitar lo que ella siente como una situación difícil de controlar. No hay espacio para que Dawn se pregunte si esos pensamientos están basados en la realidad, o si su reacción tiende a exa-

FIGURA 1. Analogía de las cataratas del Niágara con la depresión recurrente

cerbar su depresión, o es parte de un proceso de sanación. En estado de ansiedad, el miedo está asociado firmemente con pensamientos o imágenes de amenaza inminente. Estos pensamientos e imágenes comienzan a surgir en todo tipo de situaciones, creando una ansiedad sofocante que la persona trata de controlar con una serie de comportamientos dirigidos a mantenerla a salvo. Paradójicamente, de nuevo, estos comportamientos de seguridad pueden exacerbar y mantener la ansiedad. La evitación del contacto social por parte de Dawn está dirigida a protegerla de la temida posibilidad de la crítica y el rechazo. Pero, por el contrario, excluye las oportunidades para que este temor sea refutado y la posibilidad de cultivar contacto social.

Llevar la atención y la compasión a esos sentimientos, pensamientos y comportamientos es un primer paso para superar la reactividad y permitir la posibilidad de responder de manera más hábil. Cuando encontramos a personas con una historia de depresión que han sido derivadas a nuestro servicio de terapia cognitiva basada en el mindfulness (MBCT), les explicamos qué implican los grupos utilizando la metáfora de la catarata del Niágara (figura 1). La mayoría de las personas con depresión recurrente pueden identificarse con la impotencia y el horror de otro episodio de depresión (ser arrastrado hacia las cataratas del Niágara). Les explicamos que el aprendizaje del mindfulness les permitirá notar la reactividad de la mente y ser capaces de salirse de los patrones habituales que sin saberlo crean más sufrimiento. Pueden atender al sonido distante de las cataratas, a la agitación del agua, el movimiento en el aire, y anclarse en el momento presente, eligiendo responder de manera diferente. De forma mínima pero profunda, salirse de la reactividad permite a la persona trazar un itinerario diferente hacia la orilla del río o un afluente. Con el tiempo, puede incluso ver todo el patrón de reactividad como una fabricación de la mente.

De nuevo, la teoría psicológica y la investigación sobre la compasión se hallan en el comienzo mismo del proceso de curación. Sin embargo, aunque de ningún modo puede considerarse concluyente, el examen de la relación entre la compasión y las construcciones psicológicas sugieren que la compasión está asociada positivamente con el bienestar y, negativamente, con la aflicción (Fredrickson y Losada, 2005; Fredrickson *et al.*, 2008; Gilbert y Irons, 2004a; Goetz *et al.*, 2010; Kelly, Zuroff y Shapira, 2009; Lutz *et al.*, 2008; Neff, 2003a; 2003b). Es muy pronto para decir si está implicada en el *proceso* curativo, pero a continuación presentamos un modelo en el que puede observarse el modo en que la compasión es parte de la sanación.

¿Puede cultivarse la compasión?

La mayoría de las personas han encontrado un momento de decidida y natural compasión cuando sus corazones se han ablandado frente al sufrimiento, el dolor y la impotencia. Las imágenes de niños sufriendo hambre, de gente expuesta a terribles injusticias, de personas mayores luchando por cruzar una calle muy transitada, de un niño pequeño que se accidenta en los columpios, de una mujer exhausta por el cuidado de un padre anciano; todas estas escenas pueden ser momentos que evocan el deseo natural de llegar a otros en medio de su dolor. Son momentos preciosos en los que la división entre uno mismo y los otros se suaviza, en los que el relato de culpabilidad y resentimiento se disuelve, y habitamos, quizá durante algunos momentos fugaces, un mundo impregnado de amabilidad y compasión. Muy a menudo, estos momentos preciosos son barridos por las preocupaciones de nuestras mentes y nos encontramos una vez más en un territorio de agitación, culpabilidad o distracción. Las escuelas meditativas de diferentes tradiciones espirituales nos animan a cultivar una manera de ver en la que esos vislumbres de compasión no sean producto de la casualidad.

Muchas tradiciones espirituales enfatizan que los momentos de compasión no deben ser accidentes o misterios afortunados. No podemos hacer que sintamos compasión por nosotros mismos, sin embargo, todas las grandes tradiciones espirituales afirman con seguridad que podemos aprender a inclinar la mente/corazón hacia la compasión. La compasión en estas tradiciones es comparada con un arte como cualquier otro arte que es desarrollado a través de una práctica sostenida y dedicada. Se trata de una reeducación del corazón, aprender qué significa ser amable y estar presente en medio del sufrimiento. Los investigadores que examinan a aquellos que han cultivado la compasión hacia sí mismos a través de tradiciones meditativas han descubierto que se forjan nuevos circuitos neuronales, asociados con la práctica sostenida del mindfulness (Lutz *et al.*, 2008). Se trata de deshacer los hábitos de aversión, regresando una y otra vez, con amabilidad, a la realidad del dolor en el momento en que este ocurre. No podemos elegir si nos encontraremos el dolor y el pesar en nuestras vidas, no podemos elegir si participar o no en la vida de nuestro cuerpo y nuestra mente; solo podemos elegir cómo afrontaremos esos encuentros, y la manera en que participaremos.

Las estrategias basadas en el mindfulness hacia los problemas crónicos de salud física y la depresión cultivan esta orientación hacia la mente y el corazón (Kabat-Zinn, 1990; Segal, Williams y Teasdale, 2002). En los estadios tempranos de los cursos que utilizan el cuerpo como foco de atención, los participantes aprenden a desarrollar una atención sostenida y a trabajar con el apego y la aversión que surgen inevitablemente. Cuando encuentran dolor, son animados, a través de las instrucciones del mindfulness y la investigación, a afrontarlo con amabilidad, empatía, ecuanimidad, aceptación y paciencia; desplegar la «esterilla de bienvenida» por decirlo de algún modo, de la mejor manera que sea posible. Como MBSR y MBCT son estrategias grupales, los participantes ven en sus compañeros experiencias similares de dolor, juicio y lucha. Comprender que lo que uno pensaba que era único y personal es también experimentado por otros puede ayudarnos a cultivar un fuerte sentido de la universalidad del dolor, que uno no está solo en su propio sufrimiento. Dawn encontró en su práctica dolor en su mandíbula y en la nuca mientras escaneaba su cuerpo, y notó de inmediato el comprensible ciclo de aversión y juicio que esto disparó («Esto lo está empeorando, este dolor es intolerable»). Durante las primeras semanas, Dawn no pudo ver que esta segunda capa de sufrimiento llevaba a una contracción aún mayor en su cuerpo, y que, en particular, la tensión en su mandíbula rápidamente se expandiría a través de toda la cabeza, disparando la aparición de jaqueca. Se necesitaba coraje y paciencia, pero con el tiempo pudo llevar la compasión a la primera sensación de dolor en la mandíbula, lo cual creó las condiciones de mitigación y apertura que rompieron el ciclo que llevaba a la segunda capa de sufrimiento. Más adelante, fue capaz de aplicar la misma atención y la compasión, tanto a los pensamientos de autoenjuiciamiento y a los sentimientos de vergüenza, como a las sensaciones corporales asociadas.

Aunque en las estrategias basadas en el mindfulness el cultivo de la compasión hacia uno mismo no es en muchas ocasiones directo –esto es, no hay un énfasis explícito en la amabilidad o en la compasión a través de meditaciones específicas que cultiven estas cualidades–, es interesante que en el entrenamiento y en la orientación de los programas de ocho semanas se cultiva la compasión de todas maneras. Existen investigaciones que demuestran no solo que las intervenciones basadas en el mindfulness cultivan la compasión hacia uno mismo, incluso en ausencia de meditaciones en las que explícitamente se la incluya, sino que son efectivas en el alivio del sufrimiento en parte *porque* cultivan la compasión (Kuyken *et al.*, 2010).

Otras terapias psicológicas también se centran en el cultivo de la compasión, explícita o implícitamente. Como ya se ha dicho, Gilbert ha mostrado que la depresión está caracterizada por la autocrítica y la vergüenza. Los resultados preliminares del programa en el cual los terapeutas trabajan con sus clientes para cultivar la amabilidad hacia sí mismos, la autorrelajación y la aceptación, han mostrado que este enfoque es a un mismo tiempo aceptable y efectivo, al menos con algunos clientes (Gilbert y Irons, 2004b); Gilbert y Procter, 2006).

El horizonte del sufrimiento

En la psicología budista, el horizonte del sufrimiento, sea la experiencia de aflicción física o psicológica, es a menudo descrito utilizando el símil de los dos dardos. En este símil se describe la experiencia de una persona que ha sido alcanzada por un dardo, causándole una experiencia inicial de dolor. Es un dolor que puede ser experimentado por cualquiera en una situación similar. La historia continúa describiendo la *reacción* frente al dolor de la persona, de qué modo una persona sin consciencia ni educación (es decir, una persona sin plena consciencia) se lamentaría de su suerte, rehusando que se le quitara el dardo hasta saber claramente de dónde provenía, quién lo había disparado, de qué estaba hecho, y por qué había sido disparado en primer lugar. Como consecuencia de ello, la persona cae en la desesperación y la angustia, resistiéndose a la experiencia enteramente, culpándose a sí mismo y a todos los demás y, en última instancia, consumiéndose en el dolor. Este tipo de reacción al primer dardo añade una nueva capa de dolor que solo exacerba la experiencia inicial del sufrimiento. El punto importante es que esta capa adicional de dolor es opcional. El símil señala el hecho de que en este tipo de modo reactivo la persona está experimentando dos niveles de sufrimiento: el dolor inicial del primer dardo, y el sufrimiento emocional de la reacción (el segundo dardo).

De forma conmovedora, Dawn describe esta exacerbación del sufrimiento. Su dificultad a la hora de salir de la cama, el letargo que traía consigo su depresión (el primer dardo) era habitualmente afrontado de manera autoenjuiciadora y culposa (el segundo dardo), que luego exacerbaba y mantenía la depresión. Dawn describió vívidamente el miedo y la aversión que surgían en ella, reacciones humanas totalmente comprensibles frente al dolor. La reacción se extendía a lo largo del desagrado, la resistencia, el aturdimiento, la agresión, el enjuiciamiento, hasta llegar a la culpa. En su depresión, los patrones de pensamientos recurrentes de fracaso personal, incompetencia e inutilidad reforzaban sencillamente la aversión. Lo que es significativo es que esto no solo exacerbaba siempre el dolor inicial, profundizaba su depresión y los sentimientos de fracaso, sino que, además, paralizaba la capacidad de Dawn para responder con algún grado de amabilidad y creatividad a los sentimientos de dolor, tristeza y lobreguez. Pero, entonces, en algún punto de la práctica, algo cambió. Dawn se encontró a sí misma haciéndose amiga de la depresión, en vez de reforzar su poder sobre ella «golpeándola» con vergüenza y enjuiciándola. El vislumbre de esperanza que comenzó a experimentar fue un primer sabor, compasivo y consciente, de la aceptación de su situación.

Hay una antigua creencia griega que dice que las únicas personas que merecen compasión son aquellas que no merecen su sufrimiento. La falta de autoestima, combinada con patrones habituales de aversión y culpa, convencen a muchas personas de que el sufrimiento que padecen es culpa suya, un signo de fracaso personal e incompetencia. El enjuiciamiento de uno mismo y la vergüenza inhiben la emergencia de la compasión y, a menudo, aseguran la continuidad y la solidificación de la angustia psicológica y emocional. Para Dawn, el hecho de haberse tomado un tiempo libre en el trabajo la dejó con un vacío que su mente llenó con un sentimiento de culpa («He fallado otra vez, esto prueba que no soy buena en mi trabajo y que he traicionado a mis colegas»). Estos pensamientos impedían que Dawn respondiera su teléfono o saliera de su casa, creando un terreno fértil para las cavilaciones, un patrón de minuciosa evaluación de sus sentimientos, en un intento improductivo, interminable, sin resolución. «Si solo pudiera saber qué es lo que ha ido mal». Esta reificación y solidificación de su experiencia cerraba la puerta a cualquier posibilidad de afrontar el sufrimiento con compasión. En su analogía de las cataratas del Niágara, ella se agacharía, y simplemente esperaría el inevitable precipicio de la cascada de la catarata (figura 1).

El cultivo de la compasión hacia uno mismo incluye una reexaminación e investigación de las creencias centrales de indignidad, desvalorización e imperfección que alimentan los ciclos perpetuos de rechazo y condena interna. La compasión hacia uno mismo supone aprender a atender, centrarse, investigar y deshacer el sistema de creencias negativas centrales que han sido asimiladas a partir del trato con los otros, o construidas a partir de una base de experiencias personales de fracaso o rechazo. El hábito de enjuiciar duramente al yo solo sirve para reforzar continuamente los sentimientos de insuficiencia, impotencia y ansiedad, minando la capacidad natural de aceptación, generosidad y compasión.

A la compasión hacia uno mismo le concierne reenmarcar la narrativa personal. En vez de ver la ansiedad, la depresión o la obsesión como fracasos e insuficiencias personales, estas son vistas simplemente como sufrimiento, justificando de este modo la misma compasión que extendemos a cualquier otra persona que esté sufriendo. Gradualmente, descubrimos que la aflicción emocional puede ser abrazada con amabilidad y generosidad, perdón y aceptación. Este giro profundo en la relación con el propio sufrimiento comienza, a su vez, a alterar la visión de ineptitud y fracaso que subyace a la aparentemente interminable corriente de pensamientos de aversión que constituyen la cavilación depresiva. La compasión no es simplemente una emoción agradable; es una transformación radical de nuestra visión del sufrimiento y nuestra visión del yo.

Dawn habla del giro emocional que comenzó a realizar, yendo de la culpa a la aceptación: «Era casi aceptable estar deprimida y empezar poco a poco a alentarme a mí misma». La depresión, en vez de ser considerada como un enemigo, se convirtió en un escenario en el cual ella podía comenzar a cultivar maneras de nutrir su bienestar. Fue un giro desde la impotencia y la desesperación, que son parte integrante de la depresión, hacia un sentido más comprometido y confiado de la posibilidad de un espectro de respuestas más alentadoras. El primer dardo puede ser explorado e investigado. Dawn podía ver su pensamiento negativo como nacido de un estado de depresión emocional. En vez de que la depresión sea una descripción personal de fracaso, a la cual respondemos con sentimientos de culpa y aversión, se convierte en una experiencia que puede ser respondida con amabilidad y curiosidad. Con mindfulness, ella pudo empezar a ver sus pensamientos como pensamientos, rompiendo de este modo el nudo tóxico que ocurre cuando el pensamiento depresivo es investido con una autoridad que solo refuerza y profundiza la depresión. Los pensamientos ya no dictan sus acciones y reacciones.

Gwyneth Lewis escribió acerca de este giro radical en su experiencia en la descripción autobiográfica de su depresión, *Sunbathing in the Rain* [Tomar sol bajo la lluvia] (Lewis, 2002).

Cuando finalmente dejó de intentar escapar de los pensamientos y sentimientos negativos (*the rain*, 'la lluvia'), fue capaz de apreciar la posibilidad de estar plenamente presente en su experiencia, estuviese lloviendo o no. Esto le permitió la posibilidad de volverse hacia los pensamientos y sentimientos negativos con interés, cuidado y curiosidad. Este giro aparentemente sutil resultó ser cualquier cosa menos insignificante, lo cual le permitió aprender de su depresión, y hacer los cambios necesarios en su vida.

Frente al sufrimiento, el cambio que va de la aversión a la bienvenida, el hacerse amigo y la aceptación son los giros emocionales y psicológicos más radicales que una persona puede hacer. Es una transformación, catalizada por la práctica del mindfulness, de víctima impotente o sufriente a merced de la depresión, a ser participante del proceso de sanación. Esos primeros pasos en la comprensión del escenario del sufrimiento son también los primeros pasos en el escenario de la compasión. Gwyneth Lewis escribe acerca de los cambios en su vida, que incluyen: no regresar al mismo trabajo que ya ha sido agotado, y buscar trabajos e intereses que sean gratificantes y alentadores. Para Dawn fue beneficioso leer el libro de Gwyneth Lewis, la ayudó a ver que es posible hacerse amiga de la depresión. Dawn fue afortunada por tener un jefe que la apoyó. Regresó gradualmente a su trabajo, y fue capaz de ver, por primera vez, que muchos de los pensamientos negativos y crueles que albergaba acerca de sí misma y sus colegas eran productos de la depresión, y no valoraciones fieles de la realidad. Con el tiempo, Dawn se dio cuenta de que, a diferencia de las cataratas del Niágara, las turbulencias en sus pensamientos y sentimientos necesitaban de una atención sabia. Ignorar los momentos de desánimo o los pensamientos negativos, y simplemente «remar más fuerte», no impedía la aparente inevitabilidad de ser arrastrado hacia las cataratas del Niágara. Por el contrario, aprender a atender a los sonidos de las cataratas distantes, los torbellinos en el agua y la humedad en su piel, le permitió a Dawn prestar atención a la situación y responder: «En esos momentos, necesito cuidarme a mí misma, asegurarme de que continúo ejercitándome, y descansar; quizá hablar con mi jefe. Necesito hacer unas pocas brazadas hacia un afluente que me lleve a un río diferente, lejos de lo que solía ser el arrastre inevitable hacia las cataratas del Niágara».

El cultivo de la compasión

Los bloques de construcción de la compasión forman parte de la trama de las intervenciones basadas en el mindfulness. La capacidad atencional es cultivada durante las primeras tres sesiones utilizando un conjunto de prácticas centrales del mindfulness: escanear el cuerpo, atención plena al movimiento (estirarse y caminar), atención plena (mindfulness) a la respiración. Además del desarrollo del «músculo atencional», que destaca los patrones de pensamiento impulsivos y habituales que están presentes, y la aversión asociada a los estados mentales y enjuiciamientos negativos. Con el mindfulness, crece la capacidad de desautorizar al enjuiciamiento y la culpa, los cuales solo sirven como combustible para el pensamiento depresivo, y ver qué ocurre cuando nos retiramos a propósito de los patrones habituales de pensamiento. Los clientes desarrollan la capacidad de mantenerse atentos a su respiración, y al cuerpo, cultivando una atención del momento presente, y una mayor consciencia sensorial. Los sucesos placenteros llenan el calendario durante la segunda semana, revelando una capacidad probablemente escondida, o no reconocida, para apreciar y conectar con un mundo que no está coloreado por la lobreguez de la depresión. El continuo énfasis en la curiosidad, la amabilidad y el hacerse amigos desarrolla una habilidad y una base actitudinal que pueden ser llevadas a los sucesos desagradables cuando estos surgen, interna o externamente.

En la segunda parte del curso, el mindfulness y compasión se dirigen a influir en los patrones únicos de la persona que hacen recurrente la depresión, de tal modo que puedan generar respuestas habilidosas ante los signos de advertencia tempranos de una futura recurrencia de la depresión. Finalmente, en las sesiones de preguntas grupales, estructuradas a partir de las intervenciones basadas en el mindfulness, se revela a cada participante que la depresión no es un fracaso personal, sino una aflicción que acosa a muchos seres humanos.

En la psicología budista se afirma que: «la mente es precursora de todas las cosas». Cuando la mente está modelada por la depresión, la depresión se convierte en la precursora de todas las cosas, incluyendo la propia imagen del yo, las percepciones y los comportamientos. Todos los pasos en el programa de ocho semanas del MBCT están diseñados para llevar a cabo giros cognitivos, un cambio en la visión y comprensión del yo, lo cual, a su vez, altera el proceso de pensamiento, los hábitos y los comportamientos (Segal *et al.*, 2002). De igual modo, en la psicología budista se afirma que la mente existe en un estado de potencialidad, siendo formada y moldeada por los estados mentales, las intenciones, los hábitos, pensamientos y con lo que sea que nos identifiquemos en el momento (Feldman, 1998).

En el programa del MBCT, los clientes dan varios pasos: aprenden a estar atentos a sus mentes y sus patrones, infunden amabilidad y una actitud amistosa en lugar de enjuiciar y resistir, dándose cuenta de la libertad innata de la mente respecto a la cautividad de los patrones habituales que perpetúan el sufrimiento. Esto da forma al sufrimiento, abre un diálogo con él y ofrece una manera alternativa de responder al dolor y curar el sufrimiento.

La compasión tiene tan solo una dirección, que es la de curar el sufrimiento. La compasión tiende a ser un territorio desconocido para muchas personas con una historia de depresión. Es una habilidad que puede aprenderse, y está acompañada de una actitud que puede, al mismo tiempo, ser cultivada. Hay tres importantes cambios cognitivos que ocurren cuando desarrollamos las habilidades del mindfulness que permiten a una persona ir de la aversión a la compasión.

El primer cambio es el cultivo del mindfulness, aprender a fijar los pensamientos y actitudes depresivas con amabilidad, en vez de culpa, y practicarlo una y otra vez. Es ser capaces de preguntar «qué es lo que se necesita», en vez de pretender «cómo librarse de ello». Consiste en empezar a comprender que la depresión es una aflicción que merece tanta compasión como una condición física crónica, o una enfermedad. Como descubrió Dawn en su viaje más allá de la depresión, lo que alentamos en nuestras mentes y en nuestras vidas es una elección. Es una elección que solo puede hacerse cuando nos mantenemos atentos en nuestras mentes y en nuestras vidas.

El segundo es el desarrollo de la capacidad de ver un pensamiento como un pensamiento, una emoción como una emoción, un hábito como un hábito, y empezar a sacar al «yo» fuera del proceso. Aprender que la aflicción puede ser tolerada y que podemos hacernos amigos de ella en vez de temerla es la raíz de la confianza interna, una cualidad que, se nota, se encuentra ausente en el pensamiento depresivo. Es un cambio profundo el ser capaces de ver la tristeza, el miedo, la soledad, y la duda como sucesos impersonales que, sencillamente, se despliegan en este momento dentro del campo de consciencia, en vez de aprehenderlos como una declaración personal y convertirlos todos en algo "mío", como cuando decimos: «yo estoy triste, solo y temeroso».

En tercer lugar, el relajamiento de la preocupación por uno mismo y la identificación a través del mindfulness nutren inevitablemente una mayor consciencia de la universalidad de la aflicción y el sufrimiento humano. Durante las conversaciones grupales, las personas escuchan sobre el dolor de otros, y llegan a verse y sentirse ellos mismos reflejados en los ojos, las vidas y los corazones de otros participantes. Al mismo tiempo, como parte de la práctica meditativa y las conversaciones en clase, investigan profundamente sobre la naturaleza de su propia experiencia y las de los otros. Aprender cómo escuchar al otro, sin culpar, con ternura y cuidado, es una habilidad que habla de las maneras en las que nos escuchamos a nosotros mismos. Las personas que participan en las clases del mindfulness han comentado de qué modo el proceso grupal era un aspecto clave de aquello que les ayudó a cambiar (Allen *et al.*, 2009).

En las prácticas del mindfulness se delinean una serie de maneras para desarrollar la compasión, cuyas raíces se encuentran en la habilidad básica de la atención, la escucha receptiva, la no identificación, la empatía y la tolerancia frente a la aflicción. De igual modo, la compasión descansa sobre el reconocimiento de que nuestro deseo de estar libres del dolor y la aflicción es un anhelo común que compartimos con todos los seres vivientes. La compasión no está sujeta a ninguna jerarquía: las aflicciones de la mente, las pérdidas y los pesares son una parte tan digna de nuestras vidas humanas como lo son las aflicciones del cuerpo; todas merecen compasión.

El papel del maestro del mindfulness es instrumental a la hora de permitir a los participantes atender a sus propios sufrimientos y cultivar compasión. El maestro necesita, antes que cualquier otra cosa, haber cultivado compasión en relación con su vida, y experiencia a través de su propia práctica del mindfulness. Este aprendizaje experiencial es un prerrequisito para enseñar a otros, y es experimentado por los participantes como un maestro encarnado que «camina el camino». Esta encarnación impregna el modo en que las prácticas del mindfulness son enseñadas, la manera en que la investigación individual y colectiva se desarrollan, y el modo en que la universalidad de la experiencia penetra en el grupo (Crane, 2009; Crane *et al.*, 2010).

Conclusión

En este artículo hemos definido la compasión como la capacidad de encontrar el dolor con amabilidad, empatía, ecuanimidad y paciencia. La depresión es un escenario que está caracterizado por la aversión, las visiones y los juicios negativos, que congela la compasión. Cuando la compasión es cultivada, se produce una descongelación que permite la sanación, la receptividad y una selección de comportamientos edificantes y habilidosos que pueden romper los patrones de la depresión recurrente y desarrollar la resistencia personal.

> Al final de sus clases del mindfulness, Dawn escribió sus impresiones:
>
> *Fue como si mi mente creara un abismo de sufrimiento, ensayando todas las cosas malas que han pasado, preocupándome acerca de lo que podría ocurrir, no estando bien en mi piel. Fue como si mi corazón proporciona una manera de cruzar el abismo.*

BIBLIOGRAFÍA

ALDAO, A., NOLEN-HOEKSEMA, S. & SCHWEIZER, S. (2010). Emotion-regulation strategies across psychopathology: A meta-analytic review. *Clinical Psychology Review*, 30.

ALLEN, M., BROMLEY, A., KUYKEN, W. & SONNENBERG, S. (2009). Participants' experience of mindfulness-based cognitive therapy: «It changed me in just about every way possible». *Behavioural and Cognitive Psychotherapy*, 37, 413-30.

CRANE, R. (2009). *Mindfulness-based cognitive therapy*. Londres: Routledge.

CRANE, R., KUKYEN, W., HASTINGS, R., ROTHWELL, N. & WILLIAMS, J. (2010). Training teachers to deliver mindfulness-based interventions: Learning from the UK experience. *Mindfulness*, 74-86.

FELDMAN, C. (1998). *Meditation plain and simple*. London: Harper Collins.

FREDRICKSON, B. & LOSADA, M. (2005). Positive affect and the complex dynamics of human flouriching. *American Psychology*, 60, 678-86.

FREDRICKSON, B., COHN, M., COFFEY, K., PEK, J. & FINKEL, S. (2008). Open hearts build lives: Positive emotions, induced through loving-kindness meditation, build consequential personal resources. *Journal of Personality and Social Psychology*, 95, 1045-62.

GILBERT, P. (1984). *Depression: From Psychology to brain state.* Londres: Lawrence Erlbaum Associates.

GILBERT, P. (2009). *The compassionate mind.* Londres: Constable.

GILBERT, P. (2000). The relationship of shame, social anxiety and depression: The role of the evaluation of social rank. *Clinical Psychology & Psychoterapy*, 7, 174-89.

GILBERT, P. & IRONS, C. (2004a). A pilot exploration of the use of compassionate images in a group of self-critical people. *Memory*, 12, 507-16.

GILBERT, P. & PROCTER, S. (2006). Compassionate mind training for people with high shame and self-criticism: Overview and pilot study of a group therapy approach. *Clinical Psychology and Psychotherapy*, 13, 353-79.

GOETZ, J., KELTNER, D. & SIMON-THOMAS, E. (2010). Compassion: An evolutionary analysis and empirical review. *Psychology Bulletin*, 136, 351-74.

HUTCHERSON, C., SEPPALA, E. & GROSS, J. (2008). Loving-kindness meditation increases social connectedness. *Emotion*, 8, 720-4.

KABAT-ZINN, J. (2005). *Coming to our senses: Healing ourselves and the world through mindfulness.* Londres: Piatkus Books.

KABAT-ZINN, J. (1990). *Full catastrophe living: Using the wisdom of your body and mind to face stress, pain and illness* (15th aniversary ed., 2005 ed.). Nueva York: Dell.

KELLY, A., ZUROFF, D. & SHAPIRA, L. (2009). Soothing oneself and resisting self-attacks: The treatment of two intrapersonal deficits in depression vulnerability. *Cognitive Therapy and Research*, 33, 301-13.

KUKYEN, W., WATKINS, E. & BECK, A. (2005). Cognitive-behavior therapy for mood disorders. En G. Gabbard, J. Beck, & J. Holmes (edits.), *Psychotherapy in psychiatric disorders.* Oxford: Oxford University press.

KUYKEN, W., WATKINS, E., HOLDEN, E., WHITE, K., TAYLOR, R., BYFORD, S. y otros. (2010). How does mindfulness-based cognitive therapy work? *Behaviour Research and Therapy*, 48, 1105-12.

LEWIS, G. (2002). *Sunbathing in the rain: A cheerful book about depression.* Londres: Flamingo, Harper Collins.

LUTZ, A., BREFCZYNSKI-LEWIS, J., JOHNSTONE, T. & DAVIDSON, R. (2008). Regulation of the neural circuitry of emotion by compassion meditation: Effects of meditative expertise. *PLoS ONE*, 3, e1987.

NEF, K. (2003a). Self-compassion: An alternative conceptualization of a healthy attitude toward oneself. *Self and identity*, 2, 85-1001.

NEFF, K. (2003b). The development and validation of a scale to measure self-compassion. *Self and Identity*, 2, 223-50.

SEGAL, Z., WILLIAM, J. & TEASDALE, J. (2002). *Mindfulness-based cogniti-ve therapy for depression: A new approach to preventing relapse.* Nueva York: Guilford Press.

10. La meditación y el mindfulness

Martine Batchelor

En este artículo comparto algunas de mis experiencias en la práctica de meditación Zen coreana, y cómo, sin mencionar nunca la palabra «mindfulness», esta práctica nos ayuda a volvernos más atentos [*mindful*]. Esto me lleva a sugerir que los ingredientes más importantes de la meditación son *samatha* (que traduzco aquí como 'concentración') y *vipassanā* (que llamaré 'investigación experiencial'). No importa cuál sea la tradición budista que sigamos, la práctica de *samatha* y *vipassanā* nos llevará al cultivo del mindfulness. También intentaré mostrar de qué modo la doctrina tradicional de los «cuatro grandes esfuerzos» es muy próxima a los métodos terapéuticos recomendados por el MBCT. Asimismo propondré que los cinco métodos del Buda para tratar con los pensamientos difíciles, tal como fueron presentados en el *Vitakkhasaṇṭhāna Sutta* (Majjhima Nikāya 20), son ejemplos de tempranas estrategias budistas de conducta cognitiva.

Samatha y vipassanā

Practiqué como monja Zen durante 10 años en el monasterio Songgwang Sa en el sur de Corea. Practicaba la meditación Zen entre 10 y 12 horas diarias durante seis meses al año. Cuando meditaba, repetidamente me hacía en silencio la siguiente pregunta a mí misma: «¿Qué es esto?». No lo hacía con el propósito de llegar a una respuesta, sino más bien para desarrollar una sensación de cuestionamiento e intensificar la sensación. Mi maestro, Kusan Sunim, sostenía que esa «masa crítica» crecería hasta que, finalmente, explotaría y daría lugar a un despertar. Dejando de lado «el despertar», a través del ejercicio de esta práctica me encontré muy pronto a mí misma, cada vez más consciente de mis pensamientos, sentimientos, sensaciones y de mi relación con el mundo y otras personas. Además, comencé a estar más en sintonía con la transitoriedad, el sufrimiento y la condicionalidad, lo cual, a su vez, parecía tener un efecto positivo en cuanto a ayudarme a manifestar, con el tiempo, más sabiduría y compasión hacia mí misma y hacia otras personas.

Estos efectos fueron, simplemente, el efecto de preguntar «¿Qué es esto?» mientras vivía en el monasterio Zen. Durante mis años en Corea, de vez en cuando practicantes de la tradición Theravada visitaban el monasterio. Discutiendo sobre nuestros respectivos métodos de práctica meditativa, caí en la cuenta de que parecíamos estar hablando dos lenguajes diferentes. Yo hablaba de la «sensación inquisitiva», mientras ellos hablaban acerca de la «consciencia» o el «mindfulness».

En 1985 regresé a Europa, y me uní a la comunidad budista en Devon, Inglaterra, donde la mayoría de los miembros practicaban en la tradición Vipassanā. De este modo, estaba continuamente en contacto con maestros que enseñaban el mindfulness en el contexto de la meditación *vipassanā*. Decidí probar el método por mí misma, participando en varios retiros. Descubrí que era muy efectivo.

En 1992, realicé una investigación para un libro sobre las mujeres y el budismo, publicado por primera vez con el título *Walking on Lotus Flowers* (Batchelor, 1996). Me encontré y entrevisté a cerca de 40 mujeres de una gran variedad de tradiciones budistas, asiáticas y occidentales, monjas y laicas. Después de una exhaustiva discusión con ellas, me convencí de que, a la hora de producir resultados, las técnicas de meditación que usaban no eran tan importantes como la sincera dedicación como practicantes del Dharma. Todas las mujeres con las que hablé parecían haber desarrollado la atención plena [mindfulness] de manera considerable, y manifestaban sabiduría y compasión en sus vidas.

Esto me llevó a preguntarme, con más precisión, qué es lo que intentábamos con la meditación. Quería saber cuáles eran los elementos comunes en la mayoría de las prácticas meditativas budistas que producían estos efectos. Mi maestro Zen, Kusan, solía exhortarnos a cultivar de igual modo *song song jok jok*. Literalmente, esto significa 'brillo, brillo, calma, calma'. (En la actualidad, lo traduciría como 'consciencia, consciencia, calma, calma'). Esto, por supuesto, era simplemente *samatha* y *vipassanā* tal como era articulado en la escuela Zen coreana. Al fin de cuentas, llegué a creer que, para cualquier práctica budista auténtica, necesitamos cultivar concentración junto con un cuestionamiento experiencial, al tiempo que reconocía que podían ser cultivados de diversos modos, de acuerdo con las diferentes tradiciones.

Permitidme que regrese primero al modo en que el Zen coreano cultiva conjuntamente la concentración y el cuestionamiento experiencial. Te sientas, o caminas durante la meditación, y te preguntas repetidamente «¿Qué es esto?». La concentración (*samatha*) se desarrolla regresando una y otra vez a la pregunta. Recuerdas de manera repetida tu intención de interrogarte y regresar a la cuestión; con el fin de continuar regresando, necesitas de la intención, pero también de la consciencia de que te has distraído con respecto a tu intención; por lo tanto, regresas a la pregunta una y otra vez. El cuestionamiento experiencial (*vipassanā*) se desarrolla articulando la pregunta con todo tu cuerpo y con toda tu mente, los cuales, con el tiempo, desarrollan una profunda sensación crítica. No se trata simplemente de repetir el interrogante como un *mantra*, sino más bien de usarlo como un medio para intensificar tu investigación. Después de un tiempo, descubrí que esto me llevaba a una consciencia más clara de las ideas budistas centrales de la transitoriedad, el sufrimiento y la condicionalidad. Esto, a su vez, parecía ayudarme a desarrollar una consciencia más creativa, o lo que podríamos llamar «una atención activa más sabia».

Consideremos a continuación la práctica que consiste en cultivar la consciencia de la respiración (*ānāpānasati*). Primero, nos centramos en la sensación de la propia experiencia cuando estamos respirando, en los orificios nasales, por ejemplo. La concentración de desarrolla regresando a la respiración cada vez que nos distraemos, lo cual es posible debido a la intención que tenemos de ser conscientes, y a la consciencia de que nos hemos distraído. De manera semejante, el cuestionamiento experiencial se desarrolla siendo conscientes, por ejemplo, de que el aire que entra a través de los orificios nasales es más frío, y un poco más caliente cuando sale, llevándonos, de este modo, a un sentido experiencial de la naturaleza cambiante de la respiración. Al mismo tiempo, nos volvemos más conscientes de que los pensamientos, sensaciones, sentimientos, como los sonidos de fondo, también están cambiando. Este método puede enfatizarse de manera más explícita en la tradición del mindfulness que en el Zen, pero creo que el efecto es prácticamente el mismo en ambos casos. Esto debido a haber cultivado la concentración y el cuestionamiento experiencial al mismo tiempo por un período de tiempo prolongado, en el marco de un entorno de ideas y valores budistas.

Mi comprensión acerca de cómo funciona esto es la siguiente. Imaginemos que estamos sentados en meditación. Comenzamos centrándonos en la respiración o en una pregunta, entonces, de pronto, nos encontramos a nosotros mismos cautivos de una ensoñación o planeando algo. Cuando nos hacemos conscientes de que ya no estamos centrados, entonces regresamos, de acuerdo con las instrucciones que estamos siguiendo, sea la respiración o la pregunta. Cada vez que volvemos hacemos dos cosas: primero, no alimentamos el acto de planear o ensoñar permitiéndonos perdernos una vez más; segundo, disolvemos el poder del hábito de planear o ensoñar, regresando el foco de atención a la respiración o la pregunta, donde ya no estamos activamente planeando o ensoñando. De este modo, los efectos disruptivos de la planificación y de la ensoñación son superados (sin que ello signifique, por supuesto, negar que estas actividades puedan servir a otras funciones útiles, como organizar e imaginar, en los contextos adecuados). En este sentido, la meditación nos ayuda a disolver los poderes de los hábitos mentales, emocionales y físicos. Al mismo tiempo, en cuanto estemos menos involucrados con los pensamientos repetitivos, la mente estará menos ocupada, y de ese modo más calmada y espaciosa.

Al plantear una pregunta, como ocurre en el Zen coreano, o al ser conscientes directamente de la transitoriedad, como en la meditación *vipassanā*, comenzamos a disolver la tendencia a fijar y solidificar la experiencia, como cuando decimos:

«Siempre soy de este modo. Siempre haces lo mismo. Esto nunca cambiará». Cuanto más a tono estemos en la experiencia con la transitoriedad, en menor medida nos aferraremos y fijaremos, lo cual nos llevará a estar menos obstruidos por la confusión mental y la obsesión. Me parece que a través del cultivo conjunto de la concentración y el cuestionamiento experiencial desarrollaremos calma y claridad de la mente, lo cual, a su vez, «coagula», como Kusan Sunim solía decir, en una clase de consciencia más creativa o una sabia atención activa.

Los cuatro grandes esfuerzos

Y... ¿qué es, monjes, el recto esfuerzo? Monjes, aquí un monje enardece su voluntad, hace un esfuerzo, despierta su energía, emplea su mente, e intenta prevenir el surgimiento de lo que ha surgido, el mal, los estados mentales insalubres. Enardece su voluntad... e intenta producir lo que no ha surgido, los estados mentales saludables. Enardece su voluntad, hace un esfuerzo, despierta su energía, emplea su mente, e intenta mantener los estados mentales saludables que han surgido, no permite que desaparezcan, con el fin de llevarlos a un mayor crecimiento, al desarrollo de su plena perfección. Esto es lo que llamamos recto esfuerzo (Dīgha Nikāya, 22).

De este modo, el Buda alentó a sus seguidores a cultivar lo que en ocasiones llamó los «cuatro grandes esfuerzos». Los interpretaré del siguiente modo:

1. Cultivar condiciones de modo que los estados negativos que no han surgido, no surjan.

2. Soltar los estados negativos una vez hayan surgido.
3. Cultivar las condiciones que permiten que surjan los estados positivos.
4. Sostener los estados positivos una vez que estos hayan surgido.

Cuando leí por primera vez *Terapia cognitiva basada en el mindfulness para la depresión* de John Teasdale, Mark Williams y Zindel Segal (2001), me sorprendió que el curso de ocho semanas que había sido desarrollado por los tres autores estuviera de acuerdo con los cuatro grandes esfuerzos enseñados por el Buda. Durante este curso, a los participantes se les enseñan varias herramientas del mindfulness, investigación y concentración, con un énfasis particular en la consciencia del cuerpo como medio para sacar el centro y la energía de las cavilaciones negativas, las cuales, cuando son combinadas con el desánimo, pueden disparar estados depresivos. A las personas se las anima a explorar, aceptar y soltar sus sentimientos y pensamientos negativos, y a reconocer y trabajar en los buenos sentimientos, como son su capacidad de alegría y la capacidad que tienen para lograr algo valioso y significativo.

La primera semana del curso está centrada en el cultivo del mindfulness. La intención es hacer que los participantes sean conscientes de que a menudo viven sus vidas en piloto automático. El peligro de vivir automáticamente es que uno puede reaccionar automáticamente y, por ello, quedar atrapado con facilidad en los patrones emocionales y mentales negativos. A través de la práctica del mindfulness, los participantes se vuelven más conscientes de su experiencia en cada momento, y pueden entonces entablar una relación con ella, permitiéndoles en cada momento evitar los surcos en sus patrones. Esto es muy semejante al primer esfuerzo enseñado por el Buda: *cultivar condiciones para que los estados negativos que hayan surgido no surjan.*

En la segunda semana, los participantes son animados a crear un calendario de sucesos placenteros. Esto se planifica como un ejercicio del mindfulness que nos hace más conscientes de lo que es y puede ser positivo en la propia vida. Puede actuar como un contrapunto frente a la tendencia negativa a pensar que todo en la propia vida es difícil o desagradable. Esto es similar al tercer gran esfuerzo: *cultiva condiciones que permitan que surjan los estados positivos.*

Durante la tercera semana, se les indica a los participantes que se centren en la respiración como instrumento para fijar y arraigarse uno mismo en la vida cotidiana. Aquí es donde se presenta el ejercicio del «espacio de tres minutos de respiración». Encuentro este ejercicio interesante debido al modo en que combina tres tipos diferentes de meditación: en cuestionamiento, en respiración y en el cuerpo. Implica tres pasos: «Consciencia», «congregar» y «expandir». Uno comienza preguntándose a sí mismo, «¿dónde estoy?», o «¿qué es lo que está pasando?» con el fin de regresar conscientemente al momento presente. Esto tiene una sorprendente semejanza con el cuestionamiento del Zen coreano, el que, asimismo, lleva a la inmediatez y a la consciencia de la propia experiencia en su multiplicidad, y nos ayuda a ser atrapados en menor medida en la abstracción. El segundo paso consiste en «llevar la atención a la respiración», y el tercero, a «expandir la atención para incluir la sensación de la respiración y del cuerpo como una totalidad».

En la cuarta semana, los participantes dirigen su atención a la «mente de comparación» y «la mente que se aferra o evita». Se introduce el mindfulness (atención plena) al sonido y a los pensamientos. Se ofrece un cuestionario que ayuda a reflexionar y notar los pensamientos automáticos que ocurren de manera repetida durante la semana y colorean nuestra visión de la realidad. Esto sirve como entrenamiento para orientarnos a los asuntos en nuestra vida de manera anticipada, de modo que seamos menos propensos a quedar cautivos en patrones habituales de comportamiento. De nuevo, esto se asemeja al primer y tercer gran esfuerzo que ya hemos analizado. En otras palabras, es una forma de prevención activa.

En la quinta semana nos centramos en la aceptación y en el cultivo de una relación diferente con la experiencia. Durante los 40 minutos de la sesión de meditación, a los participantes se les anima a permitir que los temas difíciles surjan en la mente, y luego aplican instrucciones que les ayudan a volverse más conscientes de los efectos desagradables que ocurren en sus cuerpos y «sueltan la aversión». Esto es semejante al segundo gran esfuerzo: *soltar los estados negativos una vez que estos han surgido.*

En la séptima semana, los participantes comienzan a prepararse para lo que harán cuando acabe el curso de ocho semanas. Ahora necesitan centrarse en lo que es positivo en sus vidas y lo que eleva su ánimo. Para ello, tienen que volverse conscientes de la conexión entre aquello que hacen y el modo que sienten. Son alentados a escribir una lista con aquello que les produce alegría y aquello que les demuestra que son buenos en algo. Esto recuerda al tercer y cuarto esfuerzo. También se les pide que reconozcan los signos de alerta de una futura recaída: «irritabilidad, disminución de la participación en la vida social, cambios en los hábitos de sueño y alimentación», etcétera. Es también esencial para los participantes que tracen claramente las acciones que pueden llevar a cabo con el fin de prevenir las recaídas en los estados depresivos, lo cual, de nuevo, recuerda al primer gran esfuerzo.

Cinco maneras de lidiar con los pensamientos perturbadores

Ahora me gustaría echar una mirada a un *sutta*, es decir, un discurso pali atribuido al Buda histórico que parece ilustrar una estrategia cognitiva conductual del budismo temprano. Se trata del *Vitakkasaṇṭhāna Sutta*, o Discurso sobre las formas de pensamiento, el vigésimo de los discursos medios en el Canon Pāli, en el cual el Buda analizó cinco maneras que ayudan a lidiar con los pensamientos perturbadores.

La primera sugerencia que hace el Buda es que *si algún pensamiento no calificado, asociado con el deseo, la aversión o la confusión, surge y perturba la mente, debes atender, en su lugar, a otra característica que esté asociada a lo que está calificado*. Compara esto con *un experto carpintero que puede sacar una clavija grande con una clavija pequeña*. El Buda parece estar diciendo que, con el fin de disipar un pensamiento negativo, lo único que debemos hacer es llevar a la mente algo positivo como contramedicina o antídoto. Por ejemplo, un pensamiento compasivo puede reemplazar a uno de odio. En vez de pensar que alguien que conoces ha hecho algo dañino, agravando esto al decirnos a nosotros mismos que esta persona *siempre* hace cosas malas, podemos deliberadamente traer a la memoria ocasiones en las que la persona ha sido amable con uno mismo o con otros.

O, si de pronto sientes un fuerte deseo de comprar algo caro que no puedes permitirte, ¿podrías en su lugar comprar un objeto pequeño para otra persona, reemplazando la codicia por la generosidad? O si estas esperando a un amigo que ya llega tarde, en vez de pensar de inmediato que el amigo no siente respeto o amor hacia ti, o que debería ser puntual, puedes, en cambio, considerar de manera más reflexiva que probablemente debe haber una buena razón, comprensible, para que tu amigo se retrase.

El segundo método que el Buda ofrece en el *sutta* consiste en *examinar el peligro de estos pensamientos no calificados, pensando: «estos son pensamientos no calificados, estos son pensamientos que poseen errores, de hecho, estos son pensamientos que traen consigo resultados dolorosos»*. Aquí, la sugerencia es que consideremos cuidadosamente las consecuencias de nuestros pensamientos y comprendamos que ciertos tipos de pensamientos son en realidad responsables de la producción de resultados dolorosos. Por ejemplo, si reflexionamos sobre una disputa con un amigo, podríamos decirnos a nosotros mismos: «Voy a decirle lo que pienso. Esto es injusto. Tengo razón, él está equivocado». Debido a que nos repetimos continuamente estos pensamientos, llegamos a creer, cada vez más, que estos son verdaderos, estimulándonos a nosotros mismos hasta el punto de que, en el momento del encuentro, con la persona en cuestión, estamos muy enojados. Pero en cuanto atacamos a una persona verbalmente, incluso si tenemos razón, la otra persona tenderá a ofenderse y ponerse a la defensiva. Por lo tanto, no solo nos dañamos a nosotros mismos, estimulándonos de ese modo, sino que es posible que dañemos a otros del mismo modo. Viendo claramente el dolor que podemos causar, es más aconsejable que abandonemos este tipo de pensamientos. El Buda ofreció un ejemplo macabro. Dijo que era como: «una mujer o un hombre joven, a los que les gustan los adornos, que tuviesen colgada la carcasa de una víbora o un perro alrededor de su cuello, lo cual les daría asco y les haría vomitar inmediatamente en cuanto lo notaran».

La tercera sugerencia es *llevar olvido y desatención a esos pensamientos*. El Buda comparó esto con *un hombre que, queriendo ver las formas materiales que alcanza con su espectro de visión, cerrara sus ojos o mirara hacia otro lado*. A primera vista, este método parecería ir contra las enseñanzas generales del Buda de ser conscientes y atentos a lo que suceda. Pero el Buda era pragmático y entendía muy bien la mente humana. Cuando ciertos pensamientos son muy poderosos y perturbadores como para lidiar con ellos directamente, la mejor manera de disiparlos consiste simplemente en pensar en otra cosa. Si uno está continuamente cavilando o permitiéndose fantasías poco realistas, una distracción saludable puede ser la cosa más hábil para hacer en ese momento: ir a caminar por la naturaleza, hablar con un amigo, leer una novela apasionante o un libro inspirador. Hacer algo diferente puede ayudar a la mente a salir de su rodada y, con ello, disipar la energía y poder obsesivo de los pensamientos negativos.

Yo solía tener una tendencia a inventar. A menudo, una frase o imagen bastaba para enviarme a una espiral de pensamientos negativos inventados. Cuando me di cuenta de lo que estaba haciendo, comencé a utilizar el segundo y tercer método explicado en este *sutta.* O bien reflexionaba acerca del modo en que esos pensamientos compulsivos llevaban a un resultado doloroso, o, si esto fallaba, me distraía a mí misma leyendo una novela, por ejemplo, para que los pensamientos perdieran su sujeción sobre mí. El resultado final era que esta clase de pensamientos rápidamente dejaban de surgir. Esto me hizo comprender que, si no alimentas las llamas de la negatividad, el fuego morirá por sí mismo. Estos métodos no solo nos ayudan a lidiar con la situación que tengamos entre manos, con el tiempo nos ayudan a disminuir, y a veces a disolver enteramente, el surgimiento de ciertos patrones perturbadores de pensamiento.

El cuarto método consiste en *atender a la función y forma del pensamiento de esos pensamientos.* Para ilustrar esto, dijo el Buda: *Puede ocurrírsele a un hombre que está caminando de manera calmada: «¿Por qué camino despacio?... Supongamos que me recuesto».* De este modo, *el hombre, tras haber abandonado la postura más difícil, tomará la postura más fácil.* Al mirar hacia la raíz del pensamiento, nos sentimos alentados a cuestionar la forma del pensamiento mismo. ¿Por qué estamos pensando lo que pensamos? ¿Podríamos estar pensando algo diferente? Estas cuestiones abren otras posibilidades. Podemos interrogarnos más allá, sobre lo que causa el pensamiento de lo que estamos pensando. Esto no es psicoanalítico (la búsqueda de una explicación en los sucesos traumáticos de la niñez, por ejemplo), sino cuestionamiento experiencial: ¿qué es lo que me acaba de ocurrir para que piense de ese modo?

La quinta y última sugerencia en el *sutta* es *para que la mente subyugue, contenga y domine la mente.* La comparación en este caso se realiza con un *hombre fuerte, que, tras haber sujetado a uno más débil por la cabeza y los hombros, podría subyugarlo, contenerlo y dominarlo.* Esto puede parecer antitético con ciertas doctrinas psicológicas que insisten en que no deberíamos reprimir nada o contenernos de manera forzada. Me gusta este pragmatismo del Buda; si todo lo demás falla, y continúas teniendo pensamientos perturbadores y destructivos, detenlos por medio de la pura fuerza de voluntad. Recordemos que se trata de solo uno de cinco métodos, que solo debe ser aplicado cuando es necesario. También apunta a que la propia mente es más fuerte que cualquier pensamiento que pueda preocuparnos. Aunque puede que tengamos la tendencia a creer que nuestros pensamientos son más fuertes que nosotros, eso no es verdad. No debemos reducirnos a nosotros mismos a un solo pensamiento; somos más grandes y más ingeniosos que eso.

En la tradición Zen coreana, el *Vitakkasaṇṭhana Sutta* no es ni enseñado ni mencionado. Cuando escuché por primera vez a mi maestro explicar este *sutta,* me sorprendió particularmente porque era una descripción exacta de lo que yo había descubierto por mí misma después de 10 años de meditación Zen. Esto confirmó mi impresión de que la meditación budista ayuda a desarrollar una consciencia creativa o una atención [mindfulness] activa sabia, que nos permite reconocer y lidiar de manera más efectiva con nuestros patrones mentales. Entonces, un día, después de dar una conferencia acerca del modo en que puede utilizarse la meditación para lidiar con los patrones mentales, alguien de la audiencia me dijo que lo que estaba diciendo sonaba como una terapia cognitiva conductual. Entonces leí algunos libros sobre el tema y encontré un buen número de similitudes en esta estrategia. Desde entonces, no dejo de descubrir que hay numerosos puntos en común entre la práctica budista y la terapia cognitiva. Ambas lidian y tienen por objeto el mismo material: el sufrimiento humano y los modos de aliviarlo. También comparten una estrategia pragmática e independiente hacia la vida, que reconoce un gran valor a la aceptación y la compasión.

Conclusión

Samatha (concentración) estabiliza nuestra atención, mientras que *vipassanā* (cuestionamiento experiencial) nos ayuda a ver las cosas más claramente. El cultivo de ambos, a la vez, nos permite desarrollar una atención plena [mindfulness] que se caracteriza por la calma y la claridad. A medida que continuamos con la meditación, esta concede al mindfulness dos aspectos poderosos: aceptación y transformación, porque solo podemos aceptar aquello que vemos claramente sin rechazo ni deseo. Y cuando podemos ver ambos, los estados internos de la mente y las situaciones externas con claridad y aceptación, entonces encontramos la fortaleza y la capacidad para transformarlos. Tanto si practicamos la meditación budista, la reducción de estrés basada en el mindfulness, o la terapia cognitiva para la depresión basada en el mindfulness, parece que es ese proceso el que sirve como fundamento de un cambio efectivo.

BIBLIOGRAFÍA

BATCHELOR, M. (1996). *Walking on lotus flowers.* Londres: Thorsons.

Bhikkhu Boddhi (Ed.). (1995). *MAJJHMA NIKAYA: The middle lenght discourses of the Buddha: A new translation of the Majjhima Nikaya (Teachings of the Buddha).* (Bhikkhu Ñanamoli, trad.) Boston, MA: Wisdom Publications.

DIGHA NIKAYA: The long discourses of the Buddha. (1987). (M. Walshe, trad.) Boston, MA: Wisdom Publications.

WILLIAMS, M., TEASDALE, J. & SEGAL, Z. (2001). *Mindfulness-based cognitive therapy for depression: A new approach.* Nueva York: The Guilford Press.

11. Las raíces budistas del entrenamiento del mindfulness: la perspectiva del practicante[59]

Edel Maex

Vivir con plenitud las crisis, de Jon Kabat-Zinn, tuvo el hábil efecto de traducir los conceptos budistas tradicionales a un lenguaje moderno cotidiano, de modo que resultasen accesibles a Occidente. Fue un golpe de genialidad sacar el entrenamiento de mindfulness del contexto budista, pero el riesgo puede consistir, en vez de abrir las puertas del Dharma (las enseñanzas budistas), en cerrar la puerta que lleva a la vasta riqueza de ese contexto lleno de perspectivas y prácticas valiosas. Este artículo tiene el propósito de retraducir algunos de los conceptos del mindfulness a los conceptos budistas básicos (en dirección opuesta al primer movimiento de Jon Kabat-Zinn) para hacer más accesible la literatura budista a los maestros de MBSR y MBCT que están menos familiarizados con las tradiciones budistas, y permitirles reconectar con algunos de los tesoros que están presentes en nuestras raíces. Pasea libremente a través de los textos y los conceptos de diferentes tradiciones budistas, extrayéndolos, cuando parece relevante para la empresa, de la lógica del Canon Pāli, las metáforas de los *sūtras* del Mahayana y las paradojas de los *koans* Zen.

Hace algunos años, cuando estaba terminando mi educación como psiquiatra, me enfrenté cara a cara con una gran pregunta: ¿Cómo puedo sobrevivir a la confrontación cotidiana de tanto dolor humano, con la angustia, la ansiedad, los traumas, las pérdidas...? Tenía que encontrar una manera de navegar a salvo entre dos rocas peligrosas. De un lado estaba el riesgo de sentirme abrumado por todo el dolor y las emociones, y sufrir yo mismo de agotamiento. Por el otro lado, corría el riesgo de apartar mis propios sentimientos, y convertirme en alguien sin emociones, objetivo, no disponible, insensible al dolor de mis pacientes.

Mientras buscaba una respuesta, una cosa me llevó a otra y me encontré con la meditación Zen. Esta fue la respuesta a mi interrogante. Por supuesto, la meditación era algo que «me iba». He aprendido muchísimo gracias a ella. No solo me ha formado en la manera en la que trabajo, sino también en el modo en el que vivo mi vida cotidiana.

Después de 10 años empecé a sentir más y más algo de este estilo: «Esto no es justo. Me estoy quedando lo mejor para mí mismo». El problema es que no tenía ni idea de cómo presentar algo como la meditación Zen dentro de un contexto terapéutico. ¡Uno no puede empezar simplemente a practicar meditación en un hospital! ¿Y cómo explicar a alguien que está buscando que lo ayuden con su dolor que debe sentarse en silencio durante media hora y no esperar nada? El método Zen no es siempre tan accesible.

Empecé a experimentar entretejiendo algunos elementos de la meditación en mi trabajo. Entonces, un día, alguien me preguntó, «¿Conoces el trabajo de Jon Kabat-Zinn?». Nunca había oído hablar sobre él, pero rápidamente salí a buscar su libro —aún intacto— a la biblioteca del instituto donde estaba trabajando. Comprendí inmediatamente: «¡Esto me ahorrará 10 años de trabajo!». Jon Kabat-Zinn venía de una situación similar, y con motivaciones similares a las mías había creado un programa de reducción de estrés. Este programa estaba siendo utilizado en un hospital y era objeto de un programa de investigación científica riguroso que demostraba ser una herramienta aceptable en el mundo médico. Caí en la cuenta de que no debía redescubrir la rueda. Me puse en contacto con Jon Kabat-Zinn y comencé un programa de ocho semanas de entrenamiento basado en su trabajo. Ese fue el primero de los muchos en los que participé.

En el prólogo del libro de Jon Kabat-Zinn, *Vivir con plenitud las crisis*,[60] Thich Nhat Hanh describe el libro como una puerta del Dharma hacia el mundo, y también como una puerta del mundo hacia el Dharma.[61] En su libro, Jon Kabat-Zinn logró hábilmente traducir los conceptos budistas tradicionales a un lenguaje cotidiano, moderno, haciéndolos accesibles para Occidente. Si no hubiera sido por el prólogo de Thich Nhat Hanh, el origen budista de este hubiera pasado en su mayor parte desapercibido para muchos lectores. Thich Nhat Hanh es uno de los más destacados maestros budistas en Occidente, y sus pocas palabras ciertamente atrajeron a muchos practicantes budistas a ese libro, y a la aplicación del mindfulness a la práctica clínica. Este trabajo dio lugar a la primera generación de maestros del MBSR.

Jon Kabat-Zinn no solo se nutrió de la tradición budista, sino que, de igual modo, lo hizo de la tradición científica en la que había sido formado, creando aceptación por su trabajo en el mundo de la ciencia y la medicina. Eso atrajo a muchos investigadores prominentes al campo del mindfulness, produciendo resultados apasionantes a partir de sus investigaciones. Lo que vemos ahora es una segunda generación de maestros del mindfulness, muchos de los cuales no tienen un trasfondo budista, aunque tengan una sincera práctica personal. Fue un golpe genial extraer el aprendizaje del mindfulness del contexto budista, pero el riesgo puede consistir en que, en vez de abrir la puerta del Dharma, cierre la puerta que lleva a la vasta riqueza de ese contexto lleno de valiosas perspectivas y prácticas.

Muchas preguntas que surgen en la investigación del mindfulness hoy ya tienen una larga historia en la literatura budista como tema de discusión y experimentación. Para dar solo un ejemplo: en el *Sūtra del loto,* una niña de ocho años de edad, sin ninguna experiencia meditativa, de pronto alcanza la iluminación.[62] Sin duda alguna, este pasaje pone en la agenda la cuestión acerca de cuánta práctica formal es necesaria (y en aquel tiempo, critica duramente la actitud monástica chauvinista masculina). Algunos de esos textos son muy precisos en el uso de lenguaje filosófico, como ocurre con importantes partes del Canon Pāli. Otros textos, como el *Sūtra del loto* o el *Libro tibetano de los muertos,* parecen mágicos y oscuros, y es difícil imaginar de qué modo contienen las raíces del aprendizaje del mindfulness.

Este artículo tiene el objetivo de retraducir algunos de los conceptos del mindfulness a conceptos budistas básicos (en un movimiento opuesto al primer movimiento realizado por Kabat-Zinn) con el propósito de hacer más accesible la literatura budista a los maestros de MBSR y MBCT que no están tan familiarizados con las tradiciones budistas, permitiéndonos reconectar con algunos de sus tesoros que están presentes en nuestras raíces. Me permito deambular libremente a través de los textos y los conceptos de diferentes tradiciones budistas cuando es relevante para esta empresa. No tengo la menor pretensión de ser exhaustivo, pero me gustaría permitirme saborear una cuota de ellos, recordándome a mí mismo los dichos del Buda: «Como el gran océano contiene muchos tesoros, pero tiene solo un sabor, el de la sal, las enseñanzas contienen muchos tesoros, pero solo tienen un sabor, el de la liberación».[63]

Upāya

Lo que hizo Jon Kabat-Zinn está en línea con una antigua estrategia budista llamada *upāya*, normalmente traducida como 'medios hábiles'. El budismo no es dogmático, no es un credo. Es una práctica que debe ser aprendida, y cuando leemos los textos más antiguos, los más próximos al Buda histórico, descubrimos que fue un maestro excelente. El Buda siempre se dirigió a la persona con la cual hablaba en el lenguaje y en el marco de referencia de esta persona. Esto tuvo como resultado una rica literatura en la cual el mismo mensaje es articulado de muchas maneras diferentes. Los maestros budistas posteriores al Buda han continuado de ese modo, por eso vemos que el budismo chino es explicado de manera muy china, y que el budismo tibetano tiene un estilo tibetano. Esto explica la proliferación de estilos, textos y colores.

Jon Kabat-Zinn no ha hecho nada más que continuar con esta tradición y reafirmar las enseñanzas de un modo que las haga aceptables para el mundo médico y científico. El desarrollo del MBCT continúa con la misma tradición en la reformulación de las mismas enseñanzas en el lenguaje de TCC[64] (terapia cognitiva conductual), adaptada a las personas que sufren de depresión recurrente. Otros desarrollos seguirán un camino semejante. Todo esto es, de una manera budista muy tradicional, el producto de *upāya*.

Upāya es un tema importante en el *Sūtra del loto.* Cuenta la historia de un hombre rico, cuyos hijos tenían muchos juguetes. En un momento determinado, se da cuenta de que la casa se ha incendiado y que los niños están dentro, jugando. Grita: «¡Fuego! ¡Fuego!», pero los niños piensan que se trata de otro juego y continúan con sus juguetes. Al final, el padre acaba diciéndoles: «Salgan rápidamente, les he comprado unos juegos nuevos maravillosos». Los niños salen y son salvados del fuego.[65] Este texto compara algunas de las enseñanzas del Buda con un juguete, cuyo propósito es salvarnos del sufrimiento a través de un medio hábil (*upāya*), sin ningún otro sentido intrínseco. De este modo, critica una tendencia de aquel tiempo de volverse doctrinario y perder de vista el objetivo clave de la práctica.

Las hipótesis de investigación no son generadas al azar. Siempre comienza con una suposición instruida. Para que una suposición sea instruida es mejor que surja de las fuentes científicas, clínicas o budistas. Esto puede ayudarnos en nuestra investigación para generar hipótesis que sean significativas y útiles, y no perdernos en el estudio de juguetes que son intrínsecamente insignificantes.

Las Cuatro Nobles Verdades

En el *Kālāma Sutta* del Canon Pāli, le preguntan al Buda lo siguiente: «Hay tantos maestros a nuestro alrededor, ¿a quién debemos creerle?». A lo cual él responde: «No confíe en una tradición, escritura, autoridad o filosofía. Solo cuando vea por usted mismo que la práctica lleva al sufrimiento o al bienestar, deberá rechazarla o aceptarla».[66] Este texto ilustra que el sufrimiento está en el centro de todo. El Dharma es acerca del sufrimiento, y nada más. ¡No debería sorprendernos que nos sintamos atraídos a utilizarlo en la práctica clínica!

Esta es la llamada *Primera Noble Verdad*:[67] la observación de que hay sufrimiento. No se trata de un dogma. No dice que todo es sufrimiento. Solo afirma que el sufrimiento es un hecho observable. Esto también explica por qué es genérico: no se trata de dolor crónico, ni acerca de la depresión, ni acerca de los desórdenes alimentarios. Apunta a ser útil en todas las condiciones que implican sufrimiento. Pero, por supuesto, *upāya* nos enseña a adaptarlo a la situación concreta de este sufrimiento concreto individual. Otro aspecto interesante de este pasaje en el *Kālāma Sutta* es que el Buda explícitamente presenta el Dharma como una hipótesis que debe ser puesta a prueba. No debería asombrarnos que muchos científicos se sientan atraídos hacia el budismo.

La *Segunda Noble Verdad* es acerca del origen del sufrimiento y la *tercera*, acerca de la cesación del sufrimiento a causa de la cesación de su origen. El origen es definido como «ansia o sed» (pali *taṇhā*). El ansia, a su vez, se origina en el sentimiento (*vedanā*). La conexión entre sentimiento y ansia no es absoluta; puede prevenirse que los sentimientos se conviertan en ansia.

Un ejemplo: supongamos que me enamoro de la mujer de mi vecino. En cierto modo, no hay nada incorrecto en ello, hasta el momento en el que definitivamente quiero poseerla, cuando empiezo a ver mi vida como despreciable sin ella, cuando estoy preparado para hacer cualquier cosa... Ahí es cuando el sentimiento se convierte en ansia y cuando podemos estar seguros de que traerá consigo mucho sufrimiento. Es parte de una cadena de sucesos que llevan a muchos al suicidio o al asesinato. Lo mismo ocurre con los pensamientos, sentimientos y acciones. En el momento en el que me identifico con ellos, en el momento en que los persigo, el sufrimiento adviene.

El campo del mindfulness en la medicina moderna y en el servicio sanitario tiene un lenguaje muy hermoso para describir esto. Hablamos de reactividad al estrés y respuesta al estrés. La reactividad ocurre cuando el ansia nos cautiva, la respuesta es posible mientras el sentimiento o el pensamiento permanezca como un sentimiento o un pensamiento, y podamos permanecer conscientes de ello sin reaccionar automáticamente. También hablamos de una metacognición que nos permite «ver un pensamiento *como* pensamiento o un sentimiento *como* un sentimiento». La investigación científica ha demostrado que esto es un elemento clave para que el entrenamiento del mindfulness sea exitoso.[68]

¿Cómo aprendemos esto? Hay un camino, un método. La Cuarta Noble Verdad es el camino que lleva a la cesación del sufrimiento. El camino es conocido como el Óctuple Sendero.

El Óctuple Sendero

Los ocho elementos del Óctuple Sendero no son una simple secuencia. Son mutuamente inclusivos. Son llamados «rectos», pero el término sánscrito (*sammā/samyak*) deriva de la teoría musical y significa en realidad 'armónico'. Son rectos en el sentido de estar a tono el uno con el otro para formar una escala o acorde. Como los ocho elementos son difíciles de memorizar, son a menudo sintetizados en tres grupos: comprensión, virtud y meditación.

La comprensión (*prajñā*) es la entrada del camino. Por experiencia sé que las personas que buscan ayuda en contextos médicos o de asistencia sanitaria no se comprometerán con los programas de MBSR o MBCT a menos que tengan alguna comprensión sobre las razones para hacerlo, y confianza acerca de su beneficio.

Virtud (*śīla*) es el elemento con el cual seguramente nos sentimos menos a gusto. ¿No debería estar la ciencia libre de valores? Mindfulness, definitivamente, no lo está. Sin amabilidad, respeto y dignidad no hay recto (*sammā*) mindfulness, de ningún modo. Estas virtudes son, además de un prerrequisito, un elemento y una consecuencia del camino. La ética en el budismo es completamente diferente de la que estamos acostumbrados en Occidente, en el hecho de que se define en relación con el sufrimiento: saludable es lo que lleva al bienestar, insalubre es aquello que lleva al sufrimiento. Puesto en estos términos, incluso la ética se convierte en una hipótesis que puede probarse. Y, por supuesto, es una piedra angular de la medicina occidental en el juramento hipocrático y su mandamiento, *primum non nocere.*

La meditación (*samādhi*) es el tercer grupo. La meditación es mucho más popular en Occidente que lo es en Oriente. Tendemos a favorecerla tanto que el equilibrio con los otros elementos del camino corre el riesgo de perderse.

La meditación budista consiste en una interacción entre *śamatha* y *vipaśyanā*. *Śamatha* consiste en parar y calmar. Se refiere al acto de parar nuestras actividades habituales y llevar nuestra atención a algo simple. Es esencial a la respuesta relajada de Benson.[69] El siguiente paso es *vipaśyanā*: examinar, ver claramente. Esta relajación que ocurre durante el entrenamiento del mindfulness no es un fin en sí mismo, sino un paso hacia el examen, hacia la consciencia (metacognitiva). La meditación es una situación de laboratorio. Es el lugar donde vemos nuestra mente funcionando y aprendemos cómo cambiar, yendo de la reacción a lo que se presenta en sí mismo, a aprehenderlo con plena atención, respondiendo de manera apropiada y saludable, es decir, con sabiduría y compasión.

La recta atención [mindfulness] (*sammā-sati*) encuentra aquí su lugar, Sin embargo, el significado del término «mindfulness» se ha expandido en los últimos años más allá de su significación original.

Es evidente que el asunto no termina en el cojín de meditación. A partir de lo que descubrimos en la meditación, crece la comprensión. De esta comprensión, crece la amabilidad, lo cual, a su vez, motiva y mantiene la práctica meditativa que lleva a una profundización de la comprensión, que lleva a su vez… El círculo es interminable.

Karma

El karma era el tema candente de debate en los tiempos del Buda. La palabra «karma» significa 'acción intencional, comportamiento'. De acuerdo con los textos clásicos, el karma puede ser generado por el cuerpo, la palabra y el pensamiento (en un lenguaje que suena sorprendentemente familiar a los terapeutas cognitivos contemporáneos). La discusión en aquella época era acerca de las consecuencias de nuestro comportamiento. Había, entre otras, una facción nihilista que negaba que el comportamiento tuviera algún tipo de consecuencia, y afirmaba que la vida era más o menos azarosa. Otros propugnaban una visión materialista, afirmando que las acciones solo tenían consecuencias materiales y no psicológicas, o éticas. La afirmación del Buda fue muy clara: «Soy el dueño de mis acciones (karma), heredero de mis acciones, nacido de mis acciones, relacionado a través de mis acciones y tengo mis acciones como mi árbitro. Haga lo que haga, para bien o para mal, de esa voluntad me convertiré en heredero».[70] El Buda defendía una visión de desempeño de la persona. Somos lo que hacemos.

Las Cuatro Nobles Verdades, por lo tanto, son una teoría del karma. Dicen que hay un problema, y que algo puede hacerse acerca de ello. Nuestras acciones importan. La fórmula acaba con una explicación acerca de lo que debe hacerse.

Por esa razón, un criterio para participar en los programas de MBSR y el MBCT es, como mínimo, una buena disposición para examinar toda la cuestión del control de tu comportamiento, para explorar la posibilidad de que nuestra situación no dependa exclusivamente de las condiciones externas, que podemos adoptar algún tipo de responsabilidad sobre nosotros mismos. A veces llegan pacientes con la expectativa de que el mindfulness actuará sobre ellos como una clase de droga. En ese caso, les digo: «el mindfulness no hará nada por ustedes, pero quizá pueda enseñarles cómo hacer algo por ustedes mismos». Para muchos pacientes, esto es exactamente lo que están buscando y es lo que necesitan más que ninguna otra cosa, una manera de *participar* en su propia salud y bienestar. Se sienten felices de haber encontrado, finalmente, lo que pueden hacer por sí mismos, en vez de confiar impotentes en las condiciones externas, drogas y doctores.

Los pacientes con una depresión clínica grave, o con psicosis, pueden no ser capaces, en ese momento, de aceptar la responsabilidad de sus comportamientos y, en ese caso, el entrenamiento del mindfulness sería una contraindicación. Sin embargo, incluso las personas que sufren de psicosis pueden ser ayudadas, y pueden encontrar la manera de tener control sobre sus alucinaciones perturbadoras, como el trabajo de Chadwick y sus colegas ha mostrado.[71]

El entrenamiento del mindfulness en un contexto clínico se vuelve una manera de trabajar con la gente que los empodera. No nos centramos en lo que es erróneo, sino en lo que es posible. A través del trabajo con mindfulness, llegué a comprender, como clínico, que había sido formado para subestimar las capacidades de las personas. Al leer un texto como el Sūtra del Loto, me conmovió la noción omnipresente de que cada uno de nosotros tiene el potencial de convertirse en un buda. Iniciar el trabajo con un nuevo grupo de MBSR o MBCT no consiste en comenzar con un grupo de personas con problemas más o menos graves; por el contrario, es comenzar con un grupo con el potencial de un buda. Al menos, esa es la manera en que yo lo veo, y sé que esto también es así para muchas personas que enseñan intervenciones basadas en el mindfulness.

Prajñā-karuṇā

La investigación actual nos ha mostrado los efectos beneficiosos de la meditación (*samādhi*). Estamos adquiriendo una creciente comprensión (*prajñā*) sobre los mecanismos subyacentes. Lo que está menos articulado en el campo de la investigación del mindfulness es *śīla*, la virtud. El hecho de que sea menos explícita no significa que no esté presente; no puede estar ausente.

En el budismo, el fruto de la práctica es a menudo designado como *prajñā-karuṇā* (*karuṇā* significa 'compasión'). Desde el comienzo mismo del budismo, lo cognitivo y lo ético van de la mano.[72] *Prajñā* y *karuṇā* no son dos. Son uno. El elemento cognitivo y el elemento ético forman una totalidad inseparable. En el Zen se dice que la comprensión y la compasión están relacionadas la una con la otra como la llama y el calor, una siendo la función de la otra. La compasión fluye naturalmente de la comprensión. Sin la compasión, ninguna comprensión es posible.

¿Cómo podemos explicar esto en términos psicológicos más familiares? La consciencia metacognitiva es una interpretación moderna del *prajñā*. Sin embargo, no puedo ser consciente metacognitivamente de mis sentimientos de tristeza sin generar una cuota de amabilidad hacia mis sentimientos y hacia mí mismo. Es imposible estar atento a todo lo que se presenta sin una buena dosis de amabilidad. Ser honesto con uno mismo de este modo conlleva estar abierto a todo. Y no todo es bonito.

Puede ocurrir que me siente en mi cojín de meditación por la noche y, de repente, recuerde algo verdaderamente estúpido que hice, un error garrafal, algo ridículo... Estuve tan ocupado durante el día que lo había olvidado completamente. Pero luego, por la noche, lo recuerdo en el cojín y no hay escapatoria. Sería cruel hacerme consciente de mi propia estupidez sin amabilidad. Necesitamos de la amabilidad para hacer posible y soportable tener una atención abierta y receptiva. Tengo que soltar el enjuiciamiento y el reproche a mí mismo por mis pensamientos y sentimientos. El acto de ser consciente cognitivamente es imposible sin una actitud compasiva.

En este sentido, la atención necesita de la amabilidad, pero ¿hay también una consecuencia ética de la atención metacognitiva? La ética de la atención no es de ningún modo moralizante. Supongamos que estoy muy enojado, tan enojado que podría matar a alguien. Mi enojo estrecha mi consciencia. En este estrechamiento radica un enorme peligro. Cuando, en vez del estrechamiento, puedo abrirme y ver mi enojo y sujetarlo, sin actuar impulsivamente, cuando puedo ver mi pensamiento y mis juicios funcionando sin tomarlos por la realidad misma, ¿qué ocurre?

Habrá una consciencia mayor de la situación, de la interconexión de mis propios motivos, de las perspectivas de los otros, de las causas y consecuencias de mis sentimientos y de mis elecciones, y del sufrimiento que todo ello supone. La compasión emerge de la consciencia del sufrimiento, en mí y en el otro, y en nuestra interconexión. El asesinato, muy probablemente, no tendrá lugar. Una consciencia mayor, muy probablemente, nos conduzca a tratar de manera más adecuada todos los pros y contras de la situación.

Descubrí que, muy a menudo, después de los programas de ocho semanas, los participantes caen en la cuenta de que se han vuelto más compasivos hacia los animales. He escuchado muchos intentos, algunos de ellos muy divertidos, por salvar arañas, que en otras ocasiones hubieran sido matadas desconsideradamente. Al principio me sorprendió escuchar estos resultados del entrenamiento en el mindfulness, sobre todo debido a que la retórica del Mahayana en torno a «salvar a todos los seres sentientes» está ausente en el programa. Pero el simple hecho de ser más conscientes hace que la gente sea más sensible frente al sufrimiento, incluso de un pequeño animal. Muy a menudo me conmovía ante esto.

Es lógico que los investigadores cognitivos se aproximaran al campo desde la perspectiva cognitiva. Sería maravilloso si encontráramos una manera de conceptualizar e investigar de mejor modo los aspectos compasivos del mindfulness. El trabajo reciente *Compassion Focus Therapy* de Paul Gilbert[73] ofrece un ejemplo en esta dirección.

Enseñanza

Como ocurre con muchos aspectos de las enseñanzas, las diferentes tradiciones budistas han adaptado su modelo de relación estudiante-maestro a la cultura en la cual se enseña. En el MBCT, esta relación entra en el mundo de la medicina y la psicoterapia. Esta cultura se transforma dando lugar a muchas dificultades.

Enseñar el mindfulness, como en la enseñanza de cualquier otra habilidad, es visto como una interacción entre la habilidad misma, la habilidad del maestro y la habilidad del estudiante. Las enseñanzas deben ser hábilmente acomodadas a las habilidades del estudiante. El estudiante es asimismo un elemento definitorio en la relación como lo es el maestro.

No hay otro lugar donde la propia práctica del instructor del mindfulness sea más desafiada que en la investigación y diálogo. Ser un terapeuta es, a menudo, un impedimento para enseñar mindfulness. En mi experiencia en la enseñanza y en la supervisión de instructores de mindfulness he constatado que los terapeutas y los médicos, en muchas ocasiones, caen en la tentación de dar consejos o ser cálidos, amigables u ofrecer apoyo, a veces de modos que disminuyen el empoderamiento de la persona. El entrenamiento en mindfulness, en cambio, reconoce la responsabilidad que cada persona tiene en relación con sus pensamientos y sentimientos, y su práctica.

El cuestionamiento durante una clase es solo una de las técnicas para enseñar mindfulness, como el escaneo corporal, o el espacio de tres minutos de respiración. El error común es ver el cuestionamiento como una exploración psicoterapéutica, orientada hacia un encuadramiento o solución del problema.

Durante el proceso de cuestionamiento, el maestro es continuamente desafiado (aunque no lo sea intencionalmente), y resulta más fácil reaccionar que responder. Ya surja el miedo, el enfado o la tristeza, el maestro atiende a ello con amabilidad, sin enjuiciamiento, con una mente abierta. Se acepta como un hecho, como la manera en que el aprendiz experimenta su propia perspectiva. Se reconocen las perspectivas de los participantes como sus perspectivas, sin tener que identificarse ni estar de acuerdo con ellas.

Como entrenadores, estamos llamados a encarnar el mindfulness. Notaremos la tendencia de la mente a defender, consolar, estar de acuerdo, contradecir, reaccionar. El grupo nos observará y se preguntará ¿Qué es lo que dirá? Respondiendo sin reaccionar a lo sea que surja, nos volvemos un modelo en el proceso de enseñanza del mindfulness. El modo de reaccionar está orientado por la intención de enseñar a los aprendices a atender con plena atención a su propia experiencia. Aceptamos lo que los estudiantes presentan como su perspectiva en el mundo y asistimos en la aclaración de dicha experiencia.

El primer lugar donde aprender acerca del cuestionamiento es en la propia práctica de meditación. Sentarse o recostarse de manera no enjuiciadora y con amabilidad, atendiendo a lo que se presenta, es un poderoso entrenamiento. Ocurre exactamente lo mismo que con el cuestionamiento.

Este es el motivo por el cual es muy difícil enseñar a alguien una habilidad en la que no hemos logrado maestría nosotros mismos. Todo comienza con la propia práctica: «Enseñamos a partir de la propia pasión por la práctica», dice Jon Kabat-Zinn. Thich Nhat Hanh, en una conferencia, contó la historia de un estudiante envidioso que le preguntó: «¿Cuándo estaré listo para convertirme en un maestro?». Su respuesta fue veloz: «Cuando seas feliz». Un criterio aleccionador y una buena medida de la motivación de alguien que desea enseñar el mindfulness.

El *Sūtra del loto* tiene un consejo conmovedor para cualquier maestro: «[el maestro] debe entrar a la habitación del Buda, ponerse los hábitos del Buda, y sentarse en el trono del Buda». El *sūtra* explica: «La gran compasión es la habitación, la amabilidad y la paciencia son los hábitos, la vacuidad de todos los Dharmas es el trono.»[74] La primera influencia de meditación Zen en mi práctica clínica fue que aprendí a ver a mis pacientes no como perturbados, sino como sufrientes. Para un psiquiatra, este es un giro en su paradigma. La compasión es la respuesta de curación espontánea hacia el sufrimiento. La amabilidad y la paciencia nos ayudan a no reaccionar automáticamente frente a las circunstancias adversas. Como un hábito, nos puede proteger, incluso cuando el proceso de cambio es difícil. La vacuidad se refiere a la apertura que descubrimos y cultivamos en nuestra propia práctica. Se refiere a la comprensión profunda en la naturaleza vacía, intrínsecamente insustancial, de todas las cosas, que no son permanentes ni existen por sí mismas. Es el punto a partir del cual todo comienza.

Convertir las intervenciones en manuales

Entre las historias de los vastos tesoros budistas podemos encontrar la siguiente perla:

> *El maestro Zen Gutei, cuando era interrogado, simplemente levantaba un dedo.*
>
> *En una ocasión tenía un servidor joven a quien un visitante le pregunto: «¿Qué es el Zen que enseña tu maestro?». El joven también levantó un dedo. Al saberlo, Gutei le cortó el dedo al joven con un cuchillo. Mientras el joven corría gritando de dolor, Gutei lo llamó. Cuando el joven se volvió hacia él, Gutei levantó su dedo. El joven de repente alcanzó la iluminación.*[75]

Solo para tranquilizarlos: este suceso jamás ocurrió de verdad. Los maestros Zen no deambulan por ahí cargando cuchillos, y mucho menos cortando dedos. Esta clase de historia didáctica, a la que se llama *kōan*, deliberadamente y con un gran sentido del humor, desafía nuestras precomprensiones.

Esta historia trata (entre otras cosas) acerca de convertir las intervenciones en manuales. Gutei, en sus enseñanzas, parecía seguir un protocolo muy simple para sus intervenciones: tan solo levantaba un dedo. Pero cuando su joven «aprendiz de brujo» siguió el protocolo de su maestro, fracasó rotundamente. El mismo comportamiento, al menos eso parece, sin duda alguna no tiene el mismo significado. Solo cuando el protocolo se rompe (simbolizado con la amputación del dedo) alcanza su sentido.

El comportamiento exhibido en este *kōan*, definitivamente, ¡no es un protocolo para ser imitado en un entrenamiento del mindfulness! Pero, cuando uno se pregunta qué comportamiento puede ser reconocido por un observador como un cuestionamiento hábil, esta historia nos advierte de no ser superficiales en nuestra comprensión acerca de lo que en realidad está pasando.

Las Tres Joyas

En el centro de todas las tradiciones budistas están las llamadas Tres Joyas: Buda, Dharma y Sangha.

Originalmente, Buda representa a la persona histórica. Más tarde, el significado cambió de ser la persona para convertirse en aquello que representa. Jon Kabat-Zinn muestra en ocasiones una fotografía de una enorme estatua del Buda en sus conferencias y sugiere a su audiencia que no debe ser entendida como la representación de una deidad, sino más bien como un estado mental particular, llamado el despertar.

El Dharma es la enseñanza y la práctica. Como muestra la historia del budismo, se encuentra en un proceso de continua reformulación de acuerdo con las necesidades presentes de aquellos que se hallan frente a nosotros.

La Sangha es la comunidad, originalmente es el significado de la comunidad monástica (monjes y monjas) que se extiende a todos aquellos que están implicados. En un sentido firme, no se trata de algo individual. El grupo es importante. Nos apoyamos mutuamente cuando practicamos juntos. Esa es una de las razones por la cual es tan potente enseñar el mindfulness en grupo.

Existe también la comunidad de maestros e investigadores del mindfulness. Somos también una *sangha*. Espero que esta *sangha*, a medida que crezca y se arraigue en la ciencia occidental y en la práctica clínica, no pierda sus lazos con la riqueza de las antiguas raíces budistas. Hay todavía mucho que aprender de esta tradición.

Por ese motivo, acabaré este texto, como una ofrenda a la *sangha*, con un diálogo hermoso entre el Buda y Ananda:

> *Ananda dijo al Bendito: «Esta es la mitad de la vida santa, señor: admirable amistad, admirable compañerismo, admirable camaradería».*
>
> *No digas eso, Ananda. No digas eso. La admirable amistad, el admirable compañerismo y la admirable camaradería son la totalidad de la vida santa. Cuando un monje tiene gente admirable como amigos, compañeros y camaradas, puede esperar a desarrollar y proseguir el Óctuple Sendero.*[76]

BIBLIOGRAFÍA

BENSON, H., ROSNER, B., MARZETTA, B. & KLEMCHUK, H. (1974). Decreased blood-pressure in pharmacologically treated hypertensive patients who regularly elicited the relaxation response. *The Lancet*, 1 (7852), 289-91.

CHADWICK, P., HUGHES, S., RUSSEL D., RUSSEL, I. & DAGNAN, D. (2009). Mindfulness groups for distressing voices and paranoia: A replication and randomized feasibility trial. *Behavioural and Cognitive Psychotherapy*, 37 (4), 403-12.

GILBERT, P. (2010). *Compassion focused therapy*. Londres y Nueva York: Routledege.

HANH, T. N. (1990). Foreword. En J. Kabat-Zinn, *Full catastrophe living: the program of the stress reduction clinic at the University of Massachusetts medical center*. New York: Dell Publishing.

KABAT-ZINN, J. (1999). *Full catastrophe living*. New York: Dell.

KEWON. (1992). *The nature ofBuddhist ethics*. Basingstoke, UK: MacMillan/ Palgrave.

The lotus Sutra, a comentary and translation of a Buddhist Classic. (2009). (G. REEVES, Trad.) Ithaca, NY: Wisdom Publications.

TEASDALE, J., MOORE, R., HAYHURST, H., POPE, M., WILLIAMS, S. & SEGAL, Z. (2002). Metacognitive awareness and prevention of relapse in depression: Empirical evidence. *Journal of Consulting Clinical Psycology*, *70* (2), 275-87.

12. El mindfulness y la bondad

Sharon Salzberg

Mindfulness, tal como la palabra es habitualmente utilizada en las enseñanzas contemporáneas de meditación, se refiere a ser consciente de nuestra experiencia en el momento presente, y relacionarnos con dicha experiencia sin aferramiento, aversión o engaño. Estas tres tendencias habituales distorsionan nuestra percepción de lo que ocurre y nos llevan a esfuerzos fútiles y desencaminados por negar o controlar nuestra experiencia. La bondad es una cualidad del corazón que reconoce de qué modo estamos conectados con todos. La bondad es esencialmente una forma de inclusión del cuidado, en vez de categorizar a los otros en términos de aquellos a quienes cuidamos y aquellos que pueden ser excluidos, ignorados o desdeñados. Cualquier reducción de nuestras tendencias a caer en manos del apego, la aversión o el engaño nos ayuda a mejorar y expandir la fuerza de la bondad. Una profundización de la comprensión incluirá siempre ver de qué modo todas nuestras vidas se encuentran inextricablemente interconectadas. La disminución del aferramiento, la aversión y el engaño, y el incremento de la comprensión son, ambas, razones por las que el mindfulness nos lleve naturalmente a una mayor bondad.

En las enseñanzas contemporáneas de meditación, la palabra «mindfulness» se utiliza de diversos modos, como significado del acto de recordar, como estar presente y, de manera muy general, como una clase de término compuesto que, en la lengua pali, el lenguaje original de los textos budistas, sería *sati-sampajañña*, o consciencia y clara comprensión combinadas.

Una manera de ver esto es diciendo que el mindfulness es un proceso relacional; el mindfulness no es solo conocer lo que ocurre, como, por ejemplo, «En este momento estoy escuchando un sonido». Estar plenamente atento es saber que estamos escuchando un sonido de un cierto modo, es decir, escuchar libres de apego, aversión y engaño. Uno de mis primeros maestros de meditación, Anagarika Munindra, a menudo enfatizaba este aspecto del mindfulness diciendo que, precisamente, debido a esta característica en particular, hablamos acerca de vivir de una manera que nunca esté separada del mindfulness, vivir de tal manera que siempre estemos conectados al mindfulness.

Aunque el mero hecho de ser consciente en el momento que estamos escuchando un sonido, gustando un sabor o sintiendo cierta sensación, sin duda, tiene enormes e importantes beneficios, es el hecho de que el mindfulness esté libre de apego (codicia), aversión (ira) y engaño el que significa que proporciona la plataforma para una transformación y comprensión sostenible.

Hablamos de encontrar un camino que nos aleje de la codicia, la ira y el engaño porque estas son fuerzas que distorsionan nuestra percepción de lo que es real y nos atan a viejos hábitos, incluso si estos hábitos, de manera reiterada, nos causan sufrimiento. El camino que nos aleja de estas distorsiones también nos aproxima a una mayor bondad.

La bondad es la cualidad del corazón que reconoce cuán conectados estamos. Algunas veces es descrita como una suerte de extensión de la amistad por nuestra parte hacia otras personas; no en el sentido de que todos nos gustan, o en el sentido de conceder una suerte de aprobación universal, sino más bien como un conocimiento interior de que todas nuestras vidas están inextricablemente conectadas. Cuando experimentamos la bondad reconocemos que cada uno de nosotros comparte el mismo deseo de felicidad y, a menudo, una confusión similar acerca de cómo lograr dicha felicidad. También reconocemos que compartimos la misma vulnerabilidad frente al cambio y el sufrimiento, lo cual provoca un sentido de cuidado.

En parte, mindfulness lleva a una mayor bondad al disminuir esas reacciones dolorosas habituales, como el aferramiento, la aversión y el engaño en nuestras mentes, y, en parte, porque esa misma disminución se convierte en una plataforma para ver más claramente verdades que están siempre presentes, pero pueden estar ocultas a nuestra vista, como, por ejemplo, la natural interconexión de toda la vida.

El mindfulness es una vía de escape frente a las reacciones exclusivamente reflejas a nuestra experiencia, y por ese motivo es llamado el gran protector. Funciona como una protección porque nos ayuda a atravesar las leyendas, los mitos, los hábitos, los sesgos y mentiras que se entretejen alrededor de nuestras vidas. Podemos abandonar la persistencia de estas distorsiones, y su familiaridad, y llegar a ver de manera mucho más clara, por nosotros mismos, la verdad. Cuando podemos ver lo que es verdadero, podemos dar forma a nuestra vida de manera diferente.

Regresemos al momento en el que escuchamos con plena atención un sonido. Hay tantas maneras de escucharlo. Ese momento en el que escuchamos puede convertirse en una puerta hacia una profunda comprensión. O podemos oírlo y reaccionar, oírlo en el sentido convencional.

Cuando fui a Birmania para practicar intensamente la meditación en 1985, durante todo el periodo en el que estuve allí, a menos de 100 metros de distancia de donde yo estaba, construían un nuevo edificio que serviría como comedor. Día tras día, una hora tras otra, el metal golpeando contra el metal. Había una inimaginable descarga de ruido.

Fui allí con una amiga íntima que se hospedó en la habitación contigua a la mía. Un día, estaba yo fuera, haciendo meditación caminando, moviéndome muy lentamente, notando la elevación, el movimiento y la colocación de mi pierna en medio del increíble barullo de la construcción. Entonces alcé la vista y vi que ella salía de su habitación con una lata de leche en polvo en su mano alzada detrás de su hombro, lista para ser arrojada. La miré y le tomé el brazo, conminándola, «No lo hagas».

Hay tantas maneras de escuchar un sonido. ¿Escuchamos el sonido de la construcción y nos llenamos de alegría por la generosidad de tantos donantes, incluso gente muy pobre que hizo ofrendas con esfuerzo? ¿Escuchamos el sonido y celebramos la ampliación del monasterio? ¿Escuchamos el sonido y nos sentimos furiosos por que el sonido esté permeando nuestra búsqueda de paz? ¿Escuchamos el sonido y culpamos con ira a los trabajadores, que están simplemente trabajando con el fin de alimentar a sus familias (y llevar a cabo proyectos nobles)?

El mindfulness nos dice que hay una diferencia entre oír simplemente un sonido y la historia que construimos a su alrededor; y cuando podemos encontrar el espacio, podemos echar una mirada a la historia y ver si queremos ampliarla o no, actuar motivados por ella, o no. Podemos escuchar el sonido e involucrarnos más y más y reaccionar y disgustarnos; podemos escucharlo y observar cuál es la naturaleza de esta experiencia, qué es lo que en realidad está ocurriendo. Eso no significa que nunca tengamos que hacer algo respecto a los sonidos irritantes; lo que significa es que observamos nuestra reacción con el propósito de entenderla más plenamente, y entender, además, si en realidad la acción que estamos a punto de realizar es apropiada. ¡Dejar de arrojar latas a la gente sería un muy buen resultado!

En la psicología budista se dice que cada una de nuestras experiencias la sentimos como placentera, desagradable o neutral. Algunas personas temen que, si desarrollan el mindfulness de manera excesiva, si se vuelven expertos en la práctica de meditación, todo se volverá gris, una mancha neutral, y no sentirán nunca más algo placentero o desagradable. Esto no es así. Este tono sentimental es una parte de todo lo que podemos conocer: ver, escuchar, tocar, saborear, oler, pensar. Lo que ocurre después de registrar el tono sentimental de lo placentero, lo desagradable o lo neutral es el lugar donde nos relacionamos con el mindfulness y emergemos en libertad, o continuamos sufriendo.

Hay tres elementos centrales o maneras de condicionamiento que vemos con gran claridad a través del mindfulness. En primer lugar, vemos que estamos condicionados a sentir apego hacia los objetos placenteros: sonidos, impresiones visuales, sensaciones en el cuerpo, estados mentales placenteros. La calidad del apego en este sentido particular consiste en sujetar, aferrar, apegar. Sujetarse, aferrarse, apegarse crea inseguridad, dependencia, ya que aquello a lo que nos sujetamos es frágil por la naturaleza constantemente cambiante de las cosas, la naturaleza transitoria de toda la vida.

El invierno llega. ¿Qué ocurre si nos aferramos al otoño? ¿Qué ocurre cuando nos aferramos a la juventud? ¿Qué ocurre cuando nos aferramos a la vida misma? Podemos ver que las personas consideran la enfermedad, el envejecimiento o la muerte casi como si se tratara de una suerte de humillación personal, como si estuviera en nuestras manos poder determinar que no ocurrieran, como si hubiéramos cometido un grave error en algún lugar. Sin embargo, no podemos controlarlo. ¿Cómo podríamos hacerlo? El cuerpo tiene su propia naturaleza y está continuamente cambiando. La mente tiene su propia naturaleza. Si piensas en cuántos estados mentales has experimentado desde el momento que has comenzado a leer, ¿cuál de ellos no ha cambiado? ¿Cuál de ellos es tu verdadero yo en ese sentido? Las personas cambian, más allá de su control. ¿Cómo podemos lograr que esto deje de ocurrir?

El apego, o la codicia, referida al deseo por que las cosas ocurran de cierto modo, no es buena o mala, algo que debe ser enjuiciado con dureza o condenado. Aunque puede no ser útil ver el apego como malo o erróneo, es acertado verlo como algo que causa mucho sufrimiento en nuestras vidas. Estar apegado significa que no estamos en armonía con el modo en que las cosas son en realidad, o que no estamos en armonía con la verdad, y por ello tiene que ser doloroso, tiene que estar en conflicto en algún punto, en algún momento.

Estar apegado significa pensar que deberíamos ser capaces de tener el control, que las cosas no deberían cambiar, que deberían continuar siendo del modo en el que queremos que sean. Debido a que la felicidad que experimentamos mientras estamos en estado de apego es efímera, frágil, se hará añicos una y otra vez; y cualquier bondad que intentemos cultivar es probable que sea superada por las demandas del apego.

La bondad es, esencialmente, una forma de generosidad, una ofrenda del corazón, en lugar de categorizar a otros en términos de aquellos a quienes cuidamos, aquellos a los que con facilidad podemos excluir, ignorar o desdeñar. La bondad puede o no manifestarse como generosidad material, pero es una clase de generosidad del espíritu que nos mueve, desde nuestra preocupación normal por nosotros mismos, a un tipo de atención completamente inclusiva dirigida hacia todos los seres. El apego rápidamente cargará a la bondad con impaciencia, expectativas, una urgencia por ser reconocido, una necesidad imperiosa de ver resultados en los cambios de comportamiento o actitudes de alguien. Cualquier reducción en nuestra tendencia a caer en el apego nos ayuda a mejorar y expandir la fuerza de la bondad.

El siguiente condicionante habitual que a menudo vemos en la mente es la aversión. La aversión incluye el enojo, el miedo, la venganza, la frustración, la impaciencia, el no agrado, o la culpa corrosiva, que a veces es una forma de aversión crónica hacia uno mismo. Todos estos hábitos de la mente nos hieren, son estados mentales dañinos. Son dolorosos en el momento en el cual los experimentamos porque hay una clase de ardor que los acompaña.

La aversión es el estado mental que siente disgusto hacia el objeto que conocemos en el momento, y arremete contra este. Es un estado en el que deseamos la separación de aquello que está ocurriendo, la creación de una distancia, de una no conexión; es un estado que no se aferra, sino que busca faltas; es un estado de repulsión. Si se vuelve habitual, tendemos a encontrar experiencias desagradables e inaceptables en todas partes; en todos lados buscamos aquello que es erróneo. No nos gusta lo que la persona viste, no nos gusta con quien está, y no nos gusta el empapelado en la pared, etcétera.

Cuando reaccionamos a las experiencias que se sienten desagradables con aversión significa que arremetemos contra ellas, simplemente no queremos ser conscientes del sentimiento desagradable. Nos retiramos de la experiencia, nos separamos de ella, o sentimos temor frente ella, o nos mostramos impacientes con respecto a ella. Quizá, tomamos lo que está ocurriendo en un momento y lo proyectamos en el tiempo como si nunca fuera a cambiar de ningún modo. O lo prolongamos elaborando asociaciones con lo que está ocurriendo: «Esto significa que estaré solo para siempre». «Por esto nunca seré feliz».

Lo que nos enseña el mindfulness es que puede haber una enorme diferencia entre el dolor y el sufrimiento. Podemos escuchar un sonido doloroso, ver algo doloroso, tener una experiencia dolorosa en el cuerpo o en la mente, y no necesitar agregarle el sufrimiento del miedo, el enojo, o la angustia mental.

En la aversión hay, frecuentemente, un poderoso factor de expectación de que no seremos capaces de afrontarlo. Expectación acerca de nosotros mismos, acerca de la situación que tenemos entre manos, acerca de otra persona. Es importante entender que el enojo no existe de manera inherente en ningún objeto doloroso o decepcionante; al contrario, existe en nuestra relación con él. Frente a cualquier situación hay siempre muchas respuestas posibles, que van desde el enojo a la compasión, y todo lo que está en medio del espectro entre ambos.

Cuando el enojo es muy fuerte, funciona como una lente distorsionante que no nos permite ver con claridad lo que en realidad está ocurriendo. Cuando sentimos enojo con el dolor, la pérdida o el cambio, eso significa que sentimos enojo hacia la vida misma, porque esos son los elementos inevitables de la existencia. Cuando la aversión se repite, se vuelve habitual y lleva a la desarmonía, la desconfianza y la ausencia de la alegría.

Sin duda, una mente llena de aversión no está predispuesta hacia la bondad. Aunque es importante no condenar u odiar el enojo cuando lo vemos surgir en nosotros, el mindfulness muestra su naturaleza limitada y cerrada. Por ejemplo, ¿cuándo fue la última vez que se mostró muy enojado con usted mismo debido a algo indiscreto o estúpido que dijo un día, al tiempo que recordaba las cincuenta cosas buenas que había hecho ese mismo día?

¡No es muy probable! Lo más seguro es que el sentido de lo que somos y todo lo que alguna vez seremos se hayan derrumbado alrededor de ese comentario inapropiado. La bondad no consiste en insistir en que ese comentario en particular fue brillante u ocurrente –quizá fue realmente estúpido y tendrá sus propias consecuencias–, pero ese comentario indiscreto no es la totalidad de lo que somos. No podría serlo. Es una característica del enojo alimentar ese fracaso, esa visión de túnel.

Si no nos perdemos en el enojo que sentimos, entonces no nos quedamos atrapados en la concretización o reificación de ese rasgo o característica de esa persona, de esa situación o pensamiento. No vemos lo transitorio como permanente, o equivocamos un estado que tiene el potencial de cambiar con uno que nos hace, a nosotros mismos o a otras personas, ser eso para siempre. El mindfulness que nos libera del aferramiento hacia los sentimientos de aversión nos da flexibilidad de atención, optimismo y amplitud atencional. Esto nos permite ser ágiles y atender a nuestra experiencia desde diferentes ángulos, ver más allá de las rígidas caracterizaciones, como «Soy un estúpido y siempre lo seré», y «Eres tan malo, y eso es lo único que serás para siempre». Abre la puerta para que entre la bondad y la compasión.

El tercer condicionamiento habitual que domina nuestras vidas es el engaño. La palabra «engaño» se utiliza de diferentes maneras en las enseñanzas budistas; significa ignorancia, como no saber, y como saber erróneamente. Aquí estoy utilizando el término engaño como desconexión, aturdimiento, confusión frente a lo que está ocurriendo ahora mismo. Sobre todo, cuando nuestra experiencia es sentida de manera más o menos neutral, es decir, no particularmente agradable o desagradable, tenemos la tendencia, en efecto, de dormirnos, cayendo presas del engaño. Estamos condicionados para no estar presentes, para no estar plenamente despiertos cuando algo no está llamándonos la atención con su agrado o desagrado. Nos desconectamos, no entendemos lo que está pasando, porque no estamos prestando atención plenamente.

No solemos estar muy a tono con las sutilezas, y dependemos en gran medida de la intensidad para poder sentirnos vivos. En un terreno neutral, nuestra atención se vuelve laxa y se escabulle. Este estado de engaño se caracteriza por la ansiedad, la incertidumbre, la perplejidad, la pereza y el letargo.

Cuando el engaño se vuelve habitual, se esparce más allá de esos momentos en los cuales nuestra experiencia es neutral (lo cual es ya de por sí problemático). Cuando la mente está plena de engaño, o cuando el engaño, en un momento en particular, es muy poderoso en nosotros, no vemos cómo operan el apego o la aversión. Apenas notaremos un sentido interno de insatisfacción, o el dolor de la confusión acerca de lo que está ocurriendo, y aunque lo notamos, tampoco nos importa. Hay complacencia en nuestras vidas; simplemente no nos importa lo suficiente como para causar un cambio.

Perdidos en el engaño, es difícil saber qué estamos sintiendo y, por ello, se vuelve más difícil sentir lo que otros puedan estar sintiendo, lo cual es la base esencial, tanto para la moralidad, como para la empatía. Si vivimos más o menos sumergidos en una niebla, tendemos a estar desconectados de nuestras propias reacciones emocionales y, sencillamente, no reconocemos de qué modo sentimos cuando somos excluidos, dañados, engañados o desdeñados. Sin esa sensibilidad, nos quedamos sin un importante ingrediente para el deseo de ayudar en vez de dañar, de incluir en vez de excluir, de ser honestos en vez de ser hipócritas.

También nos apoyamos en esta clase de sensibilidad con el fin de profundizar en la empatía. Rememorando lo que se siente al ser humillados, nos reflejamos en aquel que se encuentra en una posición humillante. A partir de ahí, podemos sentir que nuestros corazones se mueven, estirar una mano y establecer un lazo de solidaridad con la persona, en vez de observar desde la altura de nuestro distanciamiento, como si nuestras vidas no hubieran sido tocadas por esa clase de emoción o situación.

Cuanto más transparentes seamos respecto a nuestras emociones y reacciones, mayor será nuestro esfuerzo por crear una base desde donde responder, conscientes y solidarios. Cuanto mayor sea nuestra comprensión de la naturaleza de la vida, mayor será nuestra consciencia acerca de lo mucho que tenemos en común. Descubrimos un sentido más amplio de conexión con todo.

Las enseñanzas del mindfulness nos invitan a ser conscientes y a estar presentes, en equilibrio, serenidad y comprensión, cuando nuestra experiencia es placentera, cuando es desagradable y cuando es neutral. Vemos, y aprendemos a estar libres de los hábitos del aferramiento, la aversión y el engaño, a través del cultivo constante del mindfulness. Esta libertad es la base de la que puede emerger una mayor bondad, hacia nosotros mismos y hacia los otros.

13. El mindfulness en la educación superior

Mirabai Bush

Este artículo explora la introducción del mindfulness en cursos de educación superior. Algunos de estos cursos son impartidos por especialistas budistas; otros son impartidos por especialistas de otras disciplinas que cultivan su propia práctica meditativa. Los especialistas incluidos aquí representan un número mayor en diversos establecimientos, incluidas las universidades estatales, las de artes liberales, las instituciones de la Liga de la Hiedra y los colegios históricamente negros. Enseñan en casi todas las disciplinas, incluidas arquitectura, poesía, química, economía y leyes. Los cursos analizados en este artículo son impartidos por miembros de «Práctica contemplativa», un programa del Centro para la mente contemplativa en la sociedad. El artículo también sitúa este movimiento en el contexto de una breve historia de la educación contemplativa, y plantea cuestiones sobre su futuro impacto en la escuela.

En este artículo exploramos la introducción del mindfulness en cursos de educación superior. Algunos de estos cursos son impartidos por especialistas budistas; otros son impartidos por especialistas de otras disciplinas que cultivan su propia práctica meditativa. Los especialistas incluidos aquí representan un número mayor en diversos establecimientos, incluidas las universidades estatales, las de artes liberales, las instituciones de la Liga de la Hiedra y los colegios históricamente negros. Enseñan en casi todas las disciplinas, incluidas arquitectura, poesía, química, economía y leyes. Los cursos analizados en este artículo son impartidos por miembros de «Práctica contemplativa», un programa del Centro para la mente contemplativa en la sociedad.

Estos cursos son parte de un movimiento en la educación superior, inspirados por John Dewey y William James para incluir estrategias de «primera persona» en el estudio de las disciplinas de la ciencia, las humanidades y las artes, como también en las escuelas profesionales. Los estudiantes son animados a participar directamente en las técnicas contemplativas, incluyendo el mindfulness, para luego evaluar su experiencia sobre su sentido y significación. Estos métodos son introducidos, no como alternativa, sino como completo del aprendizaje en «tercera persona», la capacidad crítica para observar, analizar, documentar y discutir un tema desde una perspectiva distanciada.

Este movimiento está ocurriendo, no por casualidad, a medida que la investigación científica sobre el mindfulness se expande, produciendo resultados relevantes para la enseñanza, el aprendizaje y el conocimiento. Por otro lado, el contexto de las aulas nos presenta cuestiones interesantes que no están actualmente en el primer plano, de los estudios en la salud y la curación, acerca del potencial del mindfulness para la transformación cognitiva. La tradición budista ofrece un conjunto de prácticas cuyo objetivo es conocer la naturaleza esencial de la mente; para ello, uno necesita una mente serena y estable. Los educadores están interesados en las cualidades de serenidad, tranquilidad y concentración del mindfulness que ayuden a los estudiantes a reducir el estrés y ser más pacientes y estar presentes en las aulas, pero también están interesados en el modo en que la estabilidad puede afectar positivamente a funciones cognitivas como la atención, la memoria de trabajo, la memoria a largo plazo, y finalmente conducir hacia la comprensión y la sabiduría. Aprecian el poder del mindfulness a la hora de reducir el sufrimiento, pero también se centran en el trabajo de la academia: los estudiantes necesitan un plan, establecer metas, establecer prioridades, avanzar y retroceder en sus tareas. Necesitan pensar acerca del significado de la nueva información y conectarlo con aquello que ya conocen. Necesitan crear una memoria a largo plazo que sea accesible durante un examen, muchas horas después de haber adquirido la información (un verdadero alivio del sufrimiento). Necesitan explorar las interconexiones y ampliar su comprensión de las dimensiones verbales y visuales de sus trabajos. Necesitan encontrar el significado en esas interconexiones. Necesitan ver con claridad y cultivar la comprensión profunda. Como dice Arthur Zajonc, profesor de Física en Amherst College y actual director del centro, en *Meditation as Contemplative Inquiry:* «La verdadera meta de la meditación es lograr una manera de experimentar directamente el mundo y a nosotros mismos, que no esté cautiva o distorsionada por hábitos mentales o deseos emocionales. Cuando nos liberamos de ellos, nos abrimos a una exploración más rica de la realidad que nos presenta una nueva comprensión de nuestra persona y el mundo».

Descubrí por vez primera el mindfulness en 1970. Me había tomado un año sabático para dedicarme a la escritura después de completar mis cursos y exámenes orales de doctorado en Literatura estadounidense contemporánea, y mi intención era pasar dos semanas en la India antes de comenzar a escribir. En

Delhi, supe que, por primera vez, se impartía en Bodh Gayā un curso de meditación para occidentales. Había estudiado con algunos mentores poetas contemplativos –Robert Creeley, Robert Hass, y otros–, pero nunca había meditado, y tampoco había estudiado budismo. Me pareció que sonaba interesante. El curso duró 10 días, y me afectó tan profundamente que me quedé y practiqué durante dos meses, y luego permanecí en la India durante dos años, encontrándome y practicando con otros maestros.

Cuando cofundé el Center for Contemplative Mind in Society para explorar los beneficios potenciales de la integración de las prácticas contemplativas y la visión del modo de vida estadounidense, ofrecimos retiros y diseñamos programas de formación en leyes, negocios, medioambiente, activismo en justicia social y periodismo. También consideramos la educación superior, pero se me ocurrió que no era un lugar fácil donde pudiera ocurrir un cambio social sistemático, y pensé que habría una enorme resistencia a la oferta de prácticas extraídas de las tradiciones religiosas entre los estudiantes de instituciones seculares.

Resultó ser que había mucha menos resistencia de la que habíamos imaginado, en parte por la asociación que establecimos con el American Council of Learned Societies, que administró las becas que nosotros diseñamos, llamadas Contemplative Practice Fellowship. Los beneficiarios de las becas se comprometieron a desarrollar y enseñar cursos que integraran las prácticas contemplativas y sus enseñanzas. Durante 12 años, 158 becarios fueron seleccionados entre más de 1.000 aplicaciones. Durante el primer año, muchos profesores simplemente introdujeron unos pocos minutos del mindfulness al comienzo y al final de la clase, pero con el correr de los años, los becarios aprendieron los unos de los otros, y de sus estudiantes, de qué manera profundizar en sus propias prácticas. Actualmente, muchos cursos combinan la consciencia plena con el núcleo de las enseñanzas de la disciplina misma, como ocurre cuando un profesor de arquitectura pide a los estudiantes que presten atención a la luz que atraviesa las hojas de los árboles mientras estas caen en el lugar de construcción, durante 24 horas.

Estos cursos son parte de un movimiento más amplio en la educación superior, conocido como educación contemplativa. Antes de describir los cursos y los temas que contienen, quisiera ofrecer un breve resumen de la prehistoria de la educación contemplativa superior en los Estados Unidos; en concreto, específicamente, lo que llevó a la articulación de los programas del centro, y otros cursos en el seno de las artes, las ciencias y las humanidades que incluyen prácticas del mindfulness, o el cultivo de una perspectiva contemplativa:

1890: William James publica *Principios de psicología,* donde describe cuatro métodos, incluida la introspección, o su estudio sobre su propio estado de la mente, y concluye con esta cita que está incluida en cada sitio web y PowerPoint dedicado a la educación contemplativa: «La facultad que nos permite traer de regreso, una y otra vez, voluntariamente, la atención distraída, es la raíz misma del juicio, el carácter y la voluntad [...]. Una educación que mejoraría esta facultad sería la educación por excelencia, pero es más fácil definir este ideal que dar instrucciones prácticas para llevarla a cabo».

Década de 1970: William James Hall, Harvard: Después de que Timothy Leary y Richard Alpert dejaran el departamento que había sido inspirado por Williams James y se alojaran en William James Hall, el interés por la consciencia expandida y las nuevas maneras de conocer continuaron, alentadas, en parte, por David McClelland, quien dirigió la cátedra del Departamento de Relaciones Sociales, y cuyos estudiantes de entonces –Daniel Goleman (*Inteligencia emocional*) y Richie Davidson (Universidad de Wisconsin, Laboratorio de imagen cerebral funcional y comportamiento y el Laboratorio de neurociencia afectiva), Cliff Saran (Shamatha Project, Universidad de California en Davis) y Mark Epstein (*Thoughts without Thinker*)– más tarde se volvieron líderes importantes en la investigación y el pensamiento para la integración de la práctica del mindfulness en los Estados Unidos. Fuera de la clase, David y su esposa artista, Mary, ambos cuáqueros, interesados en Thomas Merton y las religiones orientales, son los anfitriones de una tertulia permanente en su casa, acerca de las prácticas meditativas y la consciencia. El gran maestro de toda la vida, David, quiere saber, ¿cómo las prácticas contemplativas pueden afectar al conocimiento y el aprendizaje, la sanación, las relaciones sociales y la motivación? Entre las diversas personas que visitaron la gran casa de Cambridge, de McClelland, y unieron sus voces con los estudiantes de David, y algunos de nosotros que vivimos allí durante largos periodos de tiempo, estuvieron Octavio Paz, el poeta mexicano, el escritor Harvey Cox, maestros de la meditación de visión profunda como Joseph Goldstein, Jack Kornfield y Sharon Salzberg, Jon Kabat-Zinn (que entonces comenzaba su clínica de mindfulness en la Universidad de Massachusetts), el maestro Zen Seung Sahn, Kalu Rinpoche, Allen Ginsberg y

Chogyam Trungpa Rinpoche. Richard Alpert, ahora Ram Dass, también estuvo allí.

1974: En una sesión de verano en Boulder, Chogyam Trungpa Rinpoche fundó el Instituto Naropa (más tarde llamado Universidad de Naropa), basado en principios de educación contemplativa budista. Esperaba crear una institución donde el aprendizaje fuese «infundido con la experiencia de la consciencia, la comprensión de la visión profunda y la compasión por uno mismo y por los otros, perfeccionado a través de la práctica de meditación sentada y otras disciplinas contemplativas». Como no era muy conocido en los Estados Unidos en aquella época, Trungpa le pidió a Ram Dass, que tenía una enorme cantidad de seguidores después de publicar *Be Here Now*, en 1971, que enseñara en Naropa con el fin de atraer estudiantes. Los organizadores esperaban que entre 300 y 500 personas tomaran cursos en el instituto, pero más de 1.300 estudiantes acudieron a Boulder.*

Avance rápido a 1995: Charles Halpern, presidente de la Fundación Nathan Cummings, y Robert Lehman, presidente del Instituto Fetzer, inician el grupo de trabajo Contemplative Mind in Society, e invitan a especialistas a explorar la educación contemplativa en informes:

* «De un día para otro, Boulder se había convertido en un imán para el aprendizaje, entusiasmo y promesa [...] el alumnado está compuesto de una variedad increíble de estudiantes universitarios, marginados, especialistas, científicos, artistas, terapeutas, bailarines, jefes de departamento, músicos, amas de casa, etc. Toda la primera semana parece estar plena de una suerte de incredulidad gozosa de que Naropa esta ocurriendo verdaderamente» (*East West Journal*, septiembre, 1974).

Robert Thurman, Columbia: creencias realistas, otras serviciales y hábiles, meditaciones y prácticas, todo esto puede ayudar a apoyar el proceso de educación, pero la comprensión realista que libera es el propio proceso y logro individual. Como la sabiduría es la última causa del despertar, de la liberación de la ignorancia, entonces estas disciplinas y prácticas son educacionales en el sentido clásico. Una persona no puede despertar a otra. Dios no puede despertar a nadie. Ni la creencia puede despertar a alguien. Ni la meditación puede despertar a alguien. La comprensión transformativa individual es su despertar.

La meditación encaja en el currículo tradicional de la ciencia de la interioridad en el nivel más alto del cultivo de la sabiduría: primero, estudiar la sabiduría; luego, reflexionar sobre la sabiduría, y, finalmente, contemplar la sabiduría. Por lo tanto, es virtualmente indispensable si queremos que la sabiduría se convierta en plenamente transformativa. De este modo, la cuestión para las instituciones dedicadas a la enseñanza de las artes liberales, no es la de sumar un detalle atractivo a la vasta oferta de posibilidades. Se trata de completar efectivamente su propósito, que consiste en proporcionar una educación liberal, es decir, una educación liberadora que empodere.

Brian Stock, Universidad de Toronto: Tenemos que enseñar a los estudiantes qué trata la actividad contemplativa. Entre otras cosas, tienen que ser instruidos en la lectura de literatura meditativa, pero no como leerían poesía, teatro o novela moderna, sino como leen los contemplativos, utilizando los textos como medio para un fin, y no como ocurre habitualmente en la práctica literaria contemporánea, como fines en sí mismos. También tendrán que explorar tipos de meditación que, a diferencia de lo que ocurre con la tradición judeo-cristiana, no requieren la presencia de textos, imágenes u otros soportes sensoriales. Más allá de esto, los profesores de humanidades tendrán que utilizar el renovado interés en la vida contemplativa para comenzar a explorar qué es lo que significa la «identidad moderna», lo cual significa rastrear las variadas corrientes de lo que significa ser un agente, persona o yo humano. Esto implica ampliar la discusión de la ética más allá de los confines tradicionalmente estrechos de la especulación académica, tomando en cuenta numerosas conexiones culturales: historia religiosa, orientación de género, consideraciones ecológicas, etcétera.

Steven Rockefeller, Middlebury College: La meditación puede mejorar la calidad de vida de aquellos que deciden practicarla guiados por un maestro competente. Cuando es ejercitada seriamente como una disciplina, puede añadir una profundidad única a una vida democrática y ecológica; puede ayudar a las personas a ser seres plenamente humanos y libres. En sí misma, la meditación no impele a los seres humanos a la acción social, tiene que ser compensada con un interés por la reconstrucción social y las relaciones personales. Sin embargo, en una sociedad democrática, ecológica, que afirma la vida en el mundo y valora la acción social y comunitaria, la práctica de la meditación puede ayudar a modelar la dirección de la acción social, contribuyendo a una integración de la ética y la política, lo espiritual y lo práctico. En los cursos universitarios de grado es donde estos temas deben ser cuidadosamente explorados.

1997: El Center for Contemplative Mind in Society se incorpora y se asocia con el American Council of Learned Societies con el fin

> de ofrecer becas a académicos que estén interesados en desarrollar cursos con componentes contemplativos. Entre los consejeros del proyecto se incluyen Carolyn Brown, de la Biblioteca del Congreso, Robert Thurman, Sharon Daloz Parks (Kennedy School of Government en la Universidad de Harvard), Francisco Varela (quien introdujo en las neurociencias el concepto de «ciencia de primera persona», en el cual los observadores examinan su propia experiencia consciente utilizando métodos verificables, que más tarde se convierten en claves para la investigación sobre la meditación) y miembros del grupo original de Cambridge: Daniel Goleman, Deborah Salter-Klimburg (directora del Instituto de Historia del arte tibetano en la Universidad de Viena), Joseph Goldstein y David McClelland. Aunque es incierto que el comité de selección recibirá propuestas, finalmente se han presentado 136. El comité considera muchas de ellas extraordinarias, creativas y rigurosas, y concede las primeras 16 becas de prácticas contemplativas para «crear currículos en diversas disciplinas que abarcan y animan el estudio de la contemplación». Para el año 2010, hay 158 becarios en más de 100 universidades. Muchos están utilizando las prácticas para mejorar el aprendizaje en clase.

Los cursos analizados a continuación fueron impartidos por estos becarios. Algunos lo fueron por especialistas budistas y otros por profesores de otras disciplinas, practicantes ellos mismos, o por maestros budistas locales invitados para dirigir la práctica de sus estudiantes. La mayoría adoptó una definición del mindfulness inspirada por Jon Kabat-Zinn: una manera de ser en la cual uno está muy consciente y centrado en la realidad del momento presente, aceptándola y reconociéndola, sin quedar atrapado en los pensamientos acerca de la situación, o en reacciones emocionales frente a la situación. Hay otras definiciones y aptitudes exploradas por Georges Dreyfus, John Dunne, y otros autores que contribuyen al presente volumen, como es la capacidad del mindfulness de conjugar varios aspectos de la experiencia, de modo que conduzca a una comprensión clara de la naturaleza de los estados mentales y corporales. Evidentemente, el interés de la mayoría de estos profesores experimentados no se reduce a la amplitud no enjuiciadora de la quietud que el mindfulness desarrolla, sino al papel central que desempeña en los procesos cognitivos. Ellos informan sobre cambios que sugieren una transformación cognitiva: incremento en la concentración, mayor capacidad de pensamiento sintético, flexibilidad conceptual y una apreciación de diferentes tipos de procesos intelectuales; diferentes a los procesos lineales, analíticos y orientados a resultados, a menudo valorados en la educación contemporánea.

La definición del aprendizaje y la enseñanza del mindfulness está en proceso. Ellen Langer, parte del legado de William James en el Departamento de Psicología de Harvard, señalaba «el poder del aprendizaje plenamente consciente» en 1997. Lo describía a partir de tres características: la continua creación de nuevas categorías; el estar abierto a nueva información, y una consciencia implícita de más de una perspectiva. Afirma que la esencia del mindfulness es el pensamiento flexible. Dan Siegel, en *The Mindful Brain,* identifica las dimensiones esenciales del aprendizaje consciente, como apertura a la novedad, actitud despierta frente a las distinciones, sensibilidad referida al contexto, perspectivas múltiples y orientación al presente. Llama a la reflexión la cuarta «R» de la educación, la habilidad de insertar el autoconocimiento y la empatía en el currículo.

Mary Rose O'Reilly, en *Radical Presence: Teaching as a Contemplative Practice*, afirma que lo esencial está relacionado con estar despierto, estar ahí, estar presente, escuchar, crear un espacio para el aprendizaje y desarrollar la vida interior a través de la misma atención dirigida al momento presente.

La cuestión en torno a la epistemología contemplativa, o el conocimiento meditativo, está apenas comenzando a explorarse desde el punto de vista académico, pero el enfoque incluye la suspensión de la incredulidad (y la creencia) en un intento por «conocer» la realidad a través de la observación directa, estando plenamente conscientes en el momento presente. Es, como el mejor de los métodos académicos, una investigación acerca de la naturaleza de las cosas. Chogyam Trungpa Rimpoche, educado en Lhasa y en Oxford, decía que la sabiduría es «una visión profunda, inmediata y no conceptual, que proporciona la inspiración básica para el estudio intelectual». Tras haber visto claramente la propia mente, tenemos el deseo natural de ver de qué modo otras personas experimentan la realidad.

Por lo tanto, ¿qué es lo que todos estos becarios llevaron a las aulas contemporáneas? En una reunión de becarios en arte y arquitectura en Chautauqua, en Boulder, nos sentamos en sillas de madera estilo Stickley, envueltos en edredones para mantenernos calientes, mientras la nieve caía fuera, y planteamos las siguientes preguntas: ¿Qué es lo que la meditación puede ofrecer a los artistas? ¿Cómo describes a otras personas las prácticas contemplativas en el marco de la educación artística? ¿Qué es lo que me hace un mejor maestro contemplativo? Se trata de preguntas sencillas, con respuestas complejas. Esto nos recordó otras palabras de Chogyam Trungpa Rimpoche, quien en una ocasión nos enseñó en Boulder: «El arte está basado en la idea de que primero vemos nuestro universo con mucha claridad y precisión, de manera muy rigurosa». Joanna Ziegler, que enseñó historia del Arte en Holy Cross, nos guío en la práctica del mindfulness, luego proyectó una pintura en la pared y nos pidió que escribiéramos brevemente lo que veíamos y leyéramos el resultado. Cada uno era diferente. «¿Qué es lo que en realidad hay allí? ¿Qué es lo que estás llevando a la imagen?», preguntó. Mira nuevamente. De nuevo, otra vez. Una hora después todavía continuábamos pelando la cebolla de nuestros juicios condicionados. Sus estudiantes lo hicieron durante 13 semanas.

Amy Cheng, profesor de Estudio de arte en la Universidad de Nueva York, en New Paltz, ve la conexión inherente entre las artes y el mindfulness. «Nuestro propósito último en mi curso es encontrar estrategias literarias que, como la meditación, nos ayuden a dar un toque a las funciones creativas del cerebro derecho: pensar imágenes complejas, en lugar de un orden secuencial, ver tanto la totalidad como las partes, aprehender las interconexiones, correspondencias, semejanzas, los matices, en vez de los fragmentos y piezas, patrones lógicos y lineales». Una de sus estudiantes observó tres aspectos de la creatividad en un contexto meditativo:

- Hacer algo nuevo, original o inesperado.
- Renovar o mantener lo que ya existe.
- Sanar, hacer de las cosas una totalidad.

En la Universidad de Siracusa, Anne Beffel enseña mindfulness en el marco de su curso en Artes contemplativas y sociedad. Atrae a estudiantes que aspiran a cultivar la creatividad, el bienestar y las conexiones compasivas. Practican lo que ellos llaman prestar atención y abrir la consciencia a sus conexiones con su entorno y entre ellos. Desarrollaron el proyecto contemplativo de vídeo «sentarse en calma», el cual incluye ejercicios diseñados específicamente para desarrollar una observación íntima. Como parte del festival de Arte de lugares raros de Nueva York, los del City Meditation Crew, vestidos con uniformes blancos, llevaron la filosofía del «¿Qué pasa, hombre? Tranquilo» a Union Square, donde construyeron lentamente un *mandala* gigante con envoltorios de gomas de mascar (en honor al aniversario de Gandhi, el 2 de octubre).

Una *performance* como los del City Meditation Crew es la perfecta forma de arte budista, en particular para esta generación: aquí un momento, ido en el siguiente. ¿Vi en verdad a un hombre caminando sobre un cable entre esas torres? En una reciente sesión de verano en el Smith College sobre el desarrollo de cursos contemplativos auspiciado por el Center for Contemplative Mind, el artista de *performance* Akim Funk Buddha presentó una ceremonia hip hop de té, a la que llamo «pray-formance».[77] Surgiendo en un momento, desapareciendo en el siguiente. Y aunque no siempre podemos eliminar el sufrimiento del otro (incluso cuando eliminamos las causas del dolor), podemos estimular la imaginación e inspirarnos mutuamente a movernos hacia la liberación. En el texto recomendado en el curso de Anne Beffel, Robert Thurman llama a la sonrisa del Buda «una pieza original de arte performativo. Como un artista, un Buda ve la belleza en el mundo. Su deleite fluye naturalmente como una expresión que de manera automática comparte esa visión y deleita a otros».[78]

Debido a que muchos estudiantes de arte y diseño son muy duros consigo mismos y tienden a ser perfeccionistas, Beffel enfatiza el no enjuiciamiento, utilizando la frase de Pema Chodron, ser «incondicionalmente amigable con uno mismo». Un estudiante escribió: «Antes de esta clase, a menudo me encontraba a mí mismo juzgando mi trabajo mientras estaba creando. Tenía dificultades para permanecer en el momento presente y permitirme relajarme y disfrutar del proceso. Me preocupaba lo que otras personas podían pensar acerca de mi arte. En ese curso me di cuenta de que me había alejado de lo que yo creía que era el verdadero arte: un arte que me complete como un artista. Quería volver al escenario donde no notaba las opiniones enjuiciadoras de otras personas y simplemente hacía el arte para mí mismo, conectado y en estado de aceptación».

Otro estudiante escribió: «desarrollé una práctica diaria basada en la meditación caminando, solo con pintura. En vez de centrarme en el movimiento de los pasos de mis pies, me centré en el movimiento del pincel. Pinté con agua hacia delante y hacia atrás una pequeña pieza de madera. Me permitía estar centrado exclusivamente en la repetición relajante de la pintura sin enjuiciar el resultado». Y otros: «Para mí, la consciencia es el sentimiento de ver todo como si fuera la primera vez y la última, al mismo tiempo». Los actos de desaceleración, de mirar a nuestro alrededor, de escuchar a alguien, de saborear una pasa de uva, todas estas cosas son alternativas a la violencia [...], incluso si no estás pensando de manera explícita "esto es no violencia", estás actuando de este modo y esto te ofrece una alternativa...».

Los lugares que resultan más problemáticos en el ámbito académico a la hora de introducir las prácticas contemplativas han sido los departamentos de religión, donde la preocupación ha sido que un profesor que practica la religión que enseña no será lo suficientemente objetivo. Enseñar este tipo de práctica a los estudiantes suscita otras preocupaciones en torno al proselitismo. Estas preocupaciones se remontan al nacimiento de la escuela moderna, cuando el pensamiento ilustrado y el método científico reemplazaron a las instituciones monásticas tempranas. Algunos profesores, sin embargo, han encontrado maneras basadas en la investigación crítica y el «estudio de primera persona» para animar a los estudiantes en la práctica que están estudiando en sus textos.

Harold Roth, especialista en taoísmo, enseña en la Universidad de Brown, donde ha establecido una iniciativa de Estudios Contemplativos, un grupo de la facultad de Brown con diversas especializaciones académicas que están unidos alrededor de un interés común por el estudio de los estados contemplativos de la mente, incluidas la filosofía, la psicología y la fenomenología de lo humano que subyace a la experiencia contemplativa.

En «Introducción a los estudios contemplativos», inicia a los estudiantes en una variedad de experiencias contemplativas que van desde el Zen, el taoísmo y las tradiciones del Vipassanā, a través del estudio de textos y práctica, en lo que llama un «Lab», pero que ante otros ojos aparece como una sala de meditación. Muy temprano, cada día, transforman el estudio de danza, mientras los bailarines aún están durmiendo, y hacen su trabajo de Lab de primera persona, la meditación. Durante la semana cinco y seis, leen *Embodied Mind* de Varela, Thompson y Roach y el *Ānāpāṇasati Sutta,* y practican mindfulness de la respiración en la punta de la nariz y el diafragma; en las semanas siete y ocho, aprenden a escanear el cuerpo y el mindfulness en las sensaciones, sentimientos, pensamientos y percepciones. Analizan sus experiencias según lo que han leído en el texto. Aquellos estudiantes que han elegido concentrarse en los estudios contemplativos, reciben además un total de 11 cursos multidisciplinares. La Escuela de Medicina de Brown tiene actualmente especialización en estudios contemplativos.

En Mount Holyoke, el profesor Lawrence Fine enseñó prácticas contemplativas y tradiciones religiosas. Cubrió cinco tradiciones, que una vez acabado el curso juzgó excesivas, puesto que requería, además, lecturas contemplativas y la redacción de un diario. Su propia formación es judía y budista. En relación con la práctica budista, invitó al sacerdote Zen de la localidad para que enseñase Zazen y a un alumno de Mount Holyoke, que instruye en Insight Meditation Society, para que enseñase Vipassanā. Para sus alumnos y para él mismo, el aspecto más fascinante del curso fue la integración del estudio académico y la práctica contemplativa. La integración le planteó las siguientes preguntas: ¿De qué modo guiar de manera elegante y natural a los estudiantes en las prácticas contemplativas en un escenario académico? ¿Cómo negociamos las diferencias de «presencia» que manifestamos en la clase, al menos durante ciertos momentos? ¿Cómo movernos hacia atrás y hacia delante vistiendo «diferentes sombreros»? ¿Cuál es la frontera exacta entre el hecho de hacer algo que se sienta apropiado desde la perspectiva de la experiencia, y hacer algo que se sienta devocional? ¿Cómo invitar a los estudiantes a llevar la totalidad de sí mismos al curso, al tiempo que los juzgamos a través de una evaluación y una calificación? Estas preguntas hicieron del curso un desafío muy gratificante. En el informe final, dijo: «Quizá, para mí, el aspecto más gratificante del curso haya sido el permiso que me di a mí mismo para ser más abierto, más informal, y más personal de lo que habitualmente soy como docente».

En Bryn Mawr College, Michelle Francl, profesora de Química, enseña Estados cuánticos del ser, incorporando prácticas contemplativas en el currículo de química. Su intención es proporcionar a los científicos principiantes otro conjunto de estrategias para reflexionar sobre sus trabajos en relación con un mundo más amplio. Enseña mindfulness del sonido, una práctica que ella llama «Escuchando los confines» (extendiendo la escucha más allá, en círculos concéntricos). «Comenzamos con el sonido más próximo: el estudiante en el escritorio vecino que hace crujir unos papeles, la bomba resoplando en la mesa de trabajo del laboratorio, el rugir de los gases en la campana. Lentamente extiende tu consciencia más allá...».

Al argumentar a favor de la importancia del mindfulness, escribió:

> No solo tiene el potencial de producir científicos, sino que además les permite a los científicos dedicarse a formarse a sí mismos. La ciencia toca casi todo lo que tocamos, el mundo, por lo tanto, merece científicos que no se vean a sí mismos exclusivamente como señores de la naturaleza, capaces de engañar al mundo natural para que haga lo que les place, sino como aquellos que pueden escuchar atentamente lo suficiente del mundo como para oír lo que es necesario que se haga. El mundo clama por científicos reflexivos, que puedan crear a propósito un espacio

> en el cual ver su trabajo en su contexto completo: científico, cultural, político y personal. Luego, al incrustar estas prácticas, no en cualquier curso, sino en un curso que sea visto como riguroso y fundamental para la disciplina, se les permite a los estudiantes crecer como científicos en una cultura que reconoce que estos modos de ver y relacionarse con el mundo son útiles para su trabajo y no incongruentes con lo que los científicos deben hacer. [Michelle Francl].[79]

Los cursos de ciencia revelan la naturaleza investigadora de las prácticas del mindfulness. Arthur Zajonc, en Amherst, pide a sus estudiantes que lleven el mindfulness hacia objetos naturales y hechos por el hombre. «Primero estudien los objetos físicos meticulosamente: su forma, color, tamaño, componentes estructurales, etcétera. Si ha seleccionado un sujetapapeles, observe su superficie brillante, el grosor del alambre del cual está hecho, su forma peculiar, etcétera. Entonces cierre sus ojos e imagínelo delante de usted, de manera detallada. ¿Puede rememorar la forma exacta del sujetapapeles? Si no puede hacerlo, regrese al objeto físico una vez más, y realice una nueva observación, repitiéndolo hasta que la imagen mental de todo el objeto aparezca claramente...».

En la Universidad de Alberta, Canadá, el profesor de Ciencias Políticas David Kahane enseña Ciudadanía y Democracia: llevar la contemplación y la compasión al aprendizaje del servicio comunitario. Utiliza la práctica del mindfulness (*shamatha*) para ayudar a los estudiantes a explorar modos habituales de combatir la injusticia y el sufrimiento. Los estudiantes escriben acerca de sus prácticas en sus diarios. El entretejido de la práctica de mindfulness con el contexto del aprendizaje de servicio, junto con el trabajo en clase, hacen de la meditación algo «mucho más interesante e instructivo, debido a que estos contextos verdaderamente nos desafían a permanecer atentos y a notar con cuánta rapidez la actividad, la conversación y la complejidad pueden desviarnos de la consciencia del momento presente». David Kahane considera esta capacidad de los estudiantes de experimentar sus propias reacciones auténticamente, sin enjuiciarlas, como la base del aprendizaje. «Se trata de un profundo incentivo para los estudiantes: por el hecho de estar estudiando no tienen la necesidad de convertirse en alguien diferente –más inteligentes, más serenos, más seguros–, sino que tienen que experimentar lo que están viviendo de manera abierta y bondadosa, compartiendo lo que ven con otras personas».

Al Kaszniak enseña Psicología en la Universidad de Arizona. En 2010 enseñó Psicología de la empatía y la compasión: perspectivas científica y contemplativa, que combina la atención plena integrada con el enfoque en la respiración, la plena atención al sonido y la escritura reflexiva de un diario en clase. El diario reflexivo es en realidad un ejercicio de mindfulness.

- Antes de leer, haz 10 minutos de mindfulness centrado en la respiración.
- No pienses acerca de la lectura; intenta estar plenamente atento a la respiración.
- Intenta mantener la actitud de plena atención durante toda la lectura.
- Después de la lectura, haz otra práctica de 10 minutos de práctica centrado en la respiración, y escribe, con una extensión no mayor de una página, una descripción del modo

en que la lectura se relaciona con tu experiencia personal. Sé específico.
- Describe cualquier cosa que hayas notado acerca de tu experiencia durante la lectura.

A medida que avanza el semestre, mientras enseña acerca de la empatía y la compasión desde la perspectiva de las tradiciones contemplativas y científicas, introduce prácticas relevantes para la sesión: respiración atenta cuando enseña acerca de la atención, bondad cuando presenta una perspectiva de las neurociencias y la empatía. La sesión final ocurre en un jardín contemplativo, donde practican atención plena y analizan sobre de qué modo los entornos naturales y construidos se relacionan con la expresión o inhibición de la empatía y la compasión.

En la Universidad Americana, Paul Wapner está enseñando Medio-ambientalismo práctico. Enseñó mindfulness y otras prácticas contemplativas para ayudar a los estudiantes a lidiar con las dificultades que encuentran en la acción política medioambiental, donde se producen unas pocas victorias en una batalla contra un enemigo enorme. Introdujo el mindfulness como un medio para que sus estudiantes pudieran reducir el estrés y estar más plenamente presentes en el aula, siendo conscientes de su motivación para participar en el curso. La práctica del mindfulness también preparó a los estudiantes para discutir «la experiencia interna del compromiso político».

Muchos educadores están preocupados por los efectos de la tecnología y la cultura multitarea de sus estudiantes. En la Universidad de Washington, David Levy utiliza las prácticas contemplativas como una lente para observar y criticar las prácticas de información, y en particular para investigar los problemas que supone la sobrecarga de información, la fragmentación de la atención y la aceleración y sobreocupación de la vida cotidiana. La práctica básica del curso es el mindfulness: sentarse plenamente atento (centrándose en la respiración) y caminar (centrándose en los pies). Luego, los estudiantes atienden con plena consciencia a una práctica de información, como un procesamiento de texto o el envío de un mensaje, documentan lo observado, y reflexionan acerca del modo que lo han documentado. Descubren, por ejemplo, que tienden a comprobar los mensajes de correo electrónico cuando están ansiosos o aburridos y que la lectura de los mensajes de texto solo exacerba su ansiedad.

Su práctica resultó en:

1. Observar los propios patrones de comportamiento, llevando la atención al cuerpo, la respiración, las emociones, etcétera.
2. Decidir cuáles de las dimensiones de la experiencia uno desea cultivar o minimizar (claridad en la atención, fatiga, ansiedad, etcétera).
3. Elegir conscientemente, con el fin de cultivar algunos estados y minimizar otros.

Allen Stairs se interesó por el estudio del mindfulness como materia. Impartió un curso sobre Perspectivas múltiples en la meditación Vipassanā: Experiencia, Psicología y Filosofía, en la Universidad de Maryland. Enseñó mindfulness durante las sesiones de clase e invitó a enseñar a un maestro de la comunidad de meditación de visión profunda de Washington DC.

Los estudiantes leyeron artículos sobre los estudios empíricos de la meditación y exploraron las conexiones entre el mindfulness y las discusiones filosóficas del llamado «problema de la identidad personal», incluido el filósofo Derek Parfit, cuya obra niega que exista un yo perdurable. Exploraron las objeciones que señalan que «cualquiera que sea el valor de la perspectiva recomendada por el mindfulness, necesita ser enriquecida por una comprensión acerca de la importancia de las maneras de vernos a nosotros mismos *que no descanse* en el aquí y ahora». También analizaron si nuestra tendencia a vernos en términos narrativos supone una genuina contribución al florecimiento, incluso si las narrativas no son «verdaderas» en un nivel metafísico más profundo.

Light Carruyo, que enseña Sociología, Estudios de la mujer y Estudios Latinoamericanos y Latinos en Vassar, introdujo el mindfulness para explorar de qué modo puede ayudar a los estudiantes a afrontar los temas difíciles, que inevitablemente comprometen la experiencia de los estudiantes como seres sociales y emocionales. Al enseñar el curso en el pasado había descubierto que al desdeñar lo personal y centrarse en el texto, este se volvía «infinitamente más manejable», pero limitaba el alcance del aprendizaje, por ese motivo estaba interesada en los efectos del mindfulness como parte de una «forma de sanación de la investigación crítica». El mindfulness incrementó la consciencia de la emoción, y las discusiones llevaron a un diálogo entre la transformación personal y la transformación de las estructuras de la desigualdad, un diálogo crítico que es vibrante en la comunidad activista de la sociedad civil.

El centro llevó a cabo tres retiros con Joseph Goldstein para los estudiantes de la Escuela de Leyes de Yale. Aunque los retiros no se llevaron a cabo dentro del campus y no incluían aspectos del currículo de leyes, condujeron a los estudiantes a apreciar de diversas maneras en qué podría beneficiarse la educación en leyes con el mindfulness, incluidos los temas referidos al escuchar, la relación entre conflicto interno y externo, separación y conexión, tener éxito y no tenerlo. En 1999, el profesor Len Riskin, entonces en la Facultad de Leyes de la Universidad de Missouri-Columbia, basó su curso –Entender el conflicto–, sobre estos temas, integrándolos con el mindfulness, lecturas y discusiones. Se analizó de qué modo el mindfulness puede ayudar a los abogados a estar presentes frente al sufrimiento de sus clientes, cómo desarrollar compasión y paciencia y cómo tomar decisiones. Un estudiante escribió: «Creo que lo más importante que nos dio la práctica es la deliberación. He descubierto que soy menos propenso a esgrimir conclusiones apresuradas, tal como nuestros profesores de leyes intentan que hagamos. Es más difícil llevarme hasta ese punto, como lo era antes de comenzar con la práctica. Mantengo la cabeza más fría y estoy más inclinado a mirar los temas desde diversos ángulos, lo cual es la clave para resolver problemas legales».

Más recientemente, en la Facultad de Leyes de la Universidad Roger Williams, David Zlotnick enseñó Defensa Judicial, integrando la teoría y la práctica del mindfulness. Introdujo el mindfulness para enseñarle a los estudiantes a estar en el momento presente y soltar la ilusión de control, con el fin de mejorar su confianza y habilidades. También los expuso a prácticas más profundas de compasión y conectividad para enseñarles que hay una manera de ser un abogado defensor compasivo, sin perder la efectividad en la corte. Una de las prácticas más interesantes fue la siguiente: los estudiantes practicaron el mindfulness centrados en la presencia. Luego, sin aviso previo, los estudiantes tuvieron que rehacer un examen directo con los ojos tapados, lo cual requería que dejaran sus notas a un costado y escucharan al testigo. Los estudiantes consideraron este ejercicio liberador y beneficioso. Más tarde, después de hacer una práctica del mindfulness centrada en estar presentes con la incomodidad y explorándola atentamente, simularon un proceso durante el cual el abogado trataba de frustrar al estudiante con reiteradas objeciones (que el juez respaldaba). Cuando el estudiante comenzaba a manifestar enfado, se hacía sonar una campana, con la instrucción de intentar practicar el mindfulness sobre el enojo. Los estudiantes comentaron que la práctica les permitía soltar el enojo y regresar al momento presente con una mente clara, de modo que podían centrarse en los hechos del caso.

Carolyn Jacobs, decana de la Escuela de Trabajo Social en el Smith College, ha introducido el primer programa certificado contemplativo de grado para trabajadores de clínica social. «Cultivar la atención consciente –dice– es crucial para la práctica clínica en un mundo complejo y global. La capacidad del trabajador social clínico de prestar atención a las dinámicas de la relación clínica puede mejorar a través de una continua autorreflexión y práctica contemplativa». Los estudiantes aprenden la práctica del mindfulness y la escucha atenta, a través de la cual las palabras de la otra persona se vuelven el objeto de atención.

En la mayoría de estos cursos, la adición del mindfulness parece iluminar la relevancia de la disciplina académica para la vida fuera del aula. Aquí tenemos un último ejemplo que me pareció especialmente relevante cuando escribía esto en 2010. En el Amherst College, Daniel Barbezat imparte un curso de comportamiento económico en el cual utiliza la consciencia del pensamiento y la emoción para enseñar principios generales de economía. La descripción del curso comienza con una cita de Ajahn Chah: «... vemos que en realidad no hay nada que merezca la pena desearse; solo hay surgimiento y desaparición, un nacimiento, seguido de una muerte. Esto ocurre cuando la mente llega al punto de soltar, soltar todo de acuerdo con su propia naturaleza [...]. Y este conocer la felicidad significa que no la identificamos como siendo nuestra...».

Barbazet ayuda primero a los estudiantes a desarrollar una consciencia concertada en un punto y luego los guía a través de meditaciones en las que evoca emociones, como el arrepentimiento. Entonces les pide que exploren los sentimientos de arrepentimiento y muestra de qué modo son parte incluso de las más pequeñas decisiones; ¿Me arrepentiré de haber tomado un paraguas hoy que no llueve? ¿De qué modo ese factor tiene lugar o no en mi decisión? ¿De qué modo ese factor se da en mi decisión de comprar un chocolate de camino a casa (¿me arrepentiré de comerlo por sus calorías o me arrepentiré de no comerlo porque es delicioso?). Ser consciente de los pensamientos y emociones que surgen se convierte en esencial a la hora de tomar buenas decisiones económicas en todos los niveles o, al menos, para tener una mayor variedad de opciones.

El economista y exjefe de la Reserva Federal, Alan Greenspan, recientemente afirmó que había cometido un error que llevó al colapso económico de 2008, el error consistió en creer que las personas siempre actúan en su propio interés, de modo que su comportamiento no necesita ser regulado.

Mucho sufrimiento se generó en el mundo debido a ese error. Barbezat demuestra a sus estudiantes que no podemos saber cuál es nuestro interés en realidad, a menos que seamos plenamente conscientes de nosotros mismos. Como hemos llegado a entender la naturaleza del deseo y la aversión, nos damos cuenta de que puede oscurecer la sabia autoconsciencia. Algunas acciones nos benefician a corto plazo, pero nos dañan y dañan a otros a largo plazo, como les ocurrió a muchos con la crisis económica. La auténtica autoconsciencia también revela nuestra interconexión con otros, de modo que podemos entender de qué manera nuestro autointerés es interdependiente del interés de otros.

Espero que estos pocos ejemplos, de los que hay muchos más, comiencen a representar este momento vertiginoso en la educación superior, el cual, como el propio mindfulness, tiene el potencial de una transformación radical. La Association for Contemplative Mind in Higher Education, una parte del Centro, está detrás del trabajo de sus 600 miembros mientras exploran el terreno. Como mínimo, estos cursos suscitan interrogantes, tanto para los maestros del Dharma como para los educadores seculares, acerca de la introducción del mindfulness en los escenarios seculares y en los ámbitos educativos. Entre ellos podemos enumerar los siguientes:

> La cuestión acerca de la experiencia meditativa de los maestros, ¿Cuánto es suficiente?
>
> La cuestión del valor académico. ¿Qué valor ofrece la práctica del mindfulness a cada disciplina, desde una perspectiva epistemológica y pedagógica? ¿Mejora los procesos creativos, pro-

> fundiza el interés de los estudiantes hacia el material, o lleva a una comprensión más específica que, de otro modo, no estaría disponible?
>
> La cuestión del lenguaje. Este es un tema relativo a cualquier tipo de pedagogía, pero puede ser especialmente complejo en aquellas palabras cuyas raíces se encuentran en las tradiciones de sabiduría en las que el valor puede estar implícito. ¿Cómo traducimos la sabiduría en las actividades de la educación superior?

El tema del lenguaje merece un artículo propio, pero unos pocos ejemplos pueden servir para identificar el tema. En los estudios de prácticas contemplativas en su contexto histórico, como ocurre en los cursos de estudios religiosos sobre el budismo, el uso de términos pali y sánscrito (*satori, śamatha*) con sus respectivas traducciones es, por supuesto, apropiado. Pero en cursos en los que el mindfulness ha sido introducido como un método secular para lograr un interés más efectivo del tema, los docentes, por lo general, ofrecen una terminología más accesible para definir e introducir la práctica, a menudo basándose en la historia o la filosofía de su disciplina. Un profesor de arquitectura puede citar a C.S. Lewis, quien dijo que la construcción contemplativa (o el diseño plenamente consciente) «es más extenso por dentro que por fuera». O Mies van der Rohe, cuyos famosos aforismos «menos es más» y «Dios está en los detalles» hacen parecer a la práctica del mindfulness un requisito obligatorio para el grado en arquitectura. En una historia del arte, algunos docentes se refieren a la observación contemplativa, al estudio plenamente consciente de la pintura y la escultura, como «contemplando»,[80] con aprecio y cuidado, una manera de ser en la cual los sentidos están concretamente involucrados. Joanna Ziegler, que enseñó en el Holy Cross College, rastrea el término en la obra de filósofos, de Platón a Heidegger, quienes definen el auténtico ver «como una atención reverente al des-ocultamiento de lo que es presencia». Y también se remite a la antropología filosófica de Josef Pieper, quien define la contemplación como «percepción visual provocada por la aceptación amorosa». Michelle Francl, en el curso de Química en Bryn Mawr, utiliza la frase «encontrar los huesos del problema» para describir el ejercicio del mindfulness. Varios docentes de ciencia, al enseñar mindfulness del sonido, llaman a la práctica «escuchar fuera» para notar «la acústica ecológica». En su curso titulado Defensa procesal Avanzada en la Escuela de Leyes Roger Williams, David Zlotnick llama a la práctica de mindfulness para la unidad de Interrogatorio «equilibrar esfuerzo y facilidad». A la práctica para la unidad de Declaración inicial (Encontrar la historia en el Caso) la llama «Encontrar tus pies, tu respiración y tu postura».

El lenguaje de las neurociencias ha introducido otro vocabulario para analizar mindfulness en la clase. Las discusiones populares sobre neuroplasticidad, la capacidad del cerebro humano de cambiar como resultado de la propia experiencia del sujeto han enseñado a la comunidad, en general, y a la comunidad académica, en particular, acerca del papel de las prácticas disciplinadas en el desarrollo de las capacidades cognitivas y emocionales. De este modo, los docentes de diversas disciplinas se refieren a esta investigación cuando analizan los beneficios del mindfulness en busca de una comprensión más profunda de su tema.

Corremos el peligro, por supuesto, de reducir el potencial de la atención plena cuando utilizamos palabras y frases familiares, lo cual supone una razón más para la profundización continua de la práctica de aquellos que la enseñan.

La cuestión del instrumentalismo. ¿Cómo enseñar a los estudiantes que cultivar mindfulness supone una serie de resultados probablemente beneficiosos, al tiempo que los ayudamos a practicarlo en un espíritu de exploración abierta? No hay logro, no hay no logro. ¿Es apropiado establecer una meta de tipo académica para motivarlos, al tiempo que confiamos en que eso los llevará a una comprensión de que el viaje es la meta, que no hay otro sitio donde ir más allá de aquel en el que estamos?

¡Que la conversación que anima estas preguntas y otras sea enérgica, sorprendente y fructífera!

BIBLIOGRAFÍA

BAAS, J. (2005). *Smile of the Buddha: Eastern philosophy and western art.* Berkeley: University of California Press.

EPSTEIN, M. (2004). *Thoughts without a thinker.* Nueva York: Basic Books.

GOLEMAN, D. (1995). *Emotional intelligence.* Nueva York: Bantan Books.

LANGER, E. (1997). *The power of mindful learning.* Cambridge, MA: Da Capo Press.

O'REILLY, M. (1998). *Radical presence: Teaching as a contemplative practice.* Portsmouth, NH: Boynton/Cook.

SIEGEL, D. (2007). *The Mindful Brain: Reflection and attunement in the cultivation of well-being.* Nueva York: Norton.

VARELA, F., THOMPSON, E. & ROACH, E. (1991). *The embodied mind: Cognitive science and the human experience.* Cambridge, MA: MIT Press.

ZAJONC, A. (2010). *Meditation as contemplative inquiry.* Great Barrington, MA: Lindisfarne Books.

14. «Disfruta de tu muerte»: lecciones de liderazgo forjadas en el crisol de la muerte y el renacimiento organizacional, infundidas con mindfulness y maestría

Saki F. Santorelli

Los líderes forjados en diversas esferas de influencia social, incluidas la medicina, el cuidado sanitario, la salud pública, los servicios legales, la educación y los negocios, tienen un interés creciente en el papel potencial de la práctica de la meditación del mindfulness para experimentar, apreciar y vivir sus vidas más plenamente en el trabajo y en el hogar. La disciplina de la meditación del mindfulness podría ofrecer a los líderes unos medios efectivos para actualizar en sus vidas una mejora en su capacidad de autoconocimiento directo, además de ayudarles a aprender a utilizar de manera efectiva las demandas, tanto rutinarias como extraordinarias, relacionadas con el trabajo, y los desafíos que afrontan, interpretándolos como medios para cultivar cualidades innatas latentes, imprescindibles para un liderazgo efectivo. Basada en la experiencia directa como líder frente a una crisis significativa y prolongada, el autor detalla su experiencia de integración de la práctica del mindfulness en su propia vida y en las decisiones tomadas relacionadas con el liderazgo.

> Una tarea se convierte en un deber en el momento en el que sospechas que es una parte esencial de esa integridad exclusiva que hace merecedora a una persona de asumir responsabilidad.
>
> Dag Hammarskjöld

Prólogo

De manera muy real, percibido a través de una serie de lentes, el relato al que me referiré es historia; ocurrió hace mucho tiempo. Y, sin embargo, hay algo detrás del relato que puede servirnos para examinar con fino detalle, la experiencia vivida del liderazgo: el liderazgo individual, colectiva y organizativamente. El liderazgo, basado en la práctica meditativa, mindfulness y maestría. Antes del relato, expongo alguna información de fondo con el objetivo de minimizar la potencial confusión debido al despliegue de las organizaciones asociadas en los eventos expuestos.

En 1998, 19 años después de la fundación de la Clínica de reducción de estrés, y tres años, después de la fundación del Centro para el mindfulness en Medicina, asistencia sanitaria y sociedad, dejó de existir. Como resultado de una gran fusión, en su lugar fueron creadas dos entidades separadas. Una de las entidades, UMass Memorial Health Care (UMMHC), se convirtió en el hospital de tres escuelas: la Escuela de Medicina, la Escuela de Graduados de Ciencias Biomédicas y la Escuela de Graduados de Enfermería. Durante la etapa temprana de esta fusión, la Clínica de reducción de estrés –la institución más afamada del Centro de mindfulness y, por ello, la fuente más importante de sus recursos– fue parte del UMMHC (el hospital y su sistema de clínicas). El resto de aspectos del centro (las fuentes más discretas de fondos), incluida la educación médica académica, la investigación, la educación, el entrenamiento profesional y los programas de servicios públicos, residían dentro de la Escuela de Medicina.

Un comentario explicativo final: A lo largo de este artículo he subtitulado varias secciones del texto. En la mayoría de los casos, los temas asociados con estos subtítulos son evidentes. Sin embargo, en dos casos, he utilizado términos de la literatura alquímica relacionados con el proceso de transformación. De origen latino, estos términos son *solve* ('disolver') y *coagule* ('coagular'). Para que el crecimiento ocurra, se requiere desintegración y disolución; individual y organizacionalmente esta disolución trae consigo la muerte de lo antiguo (*solve*). A partir de esta disolución puede ocurrir una nueva reconstrucción y consolidación, la cual emerge como una nueva visión y una nueva capacidad para una posibilidad emergente, flexibilidad, y una relación y acción sabia (*coagule*). En cada uno de nosotros, y también dentro de las organizaciones, este proceso se repite de manera interminable.

1. *Solve*

A finales de octubre del año 2000, aproximadamente tres meses después de haberme convertido en director ejecutivo del Centro de mindfulness en Medicina, Asistencia Sanitaria y Sociedad, recibí el siguiente correo electrónico de la administración del hospital:

Requerimos que dentro de las siguientes 48 horas presente un presupuesto no deficitario para la Clínica de Reducción de Estrés, cuyo presupuesto total no supere los 173.000 dólares.

En ese momento, el presupuesto anual de la Clínica de Reducción de Estrés era de 283.000 dólares. Para cumplir el requerimiento debía reducir el presupuesto en 110.000 dólares. Para ello, recorté el presupuesto en 40.000 dólares y, debido a que la Clínica de Reducción de Estrés estaba ella misma insertada dentro del Centro de mindfulness, pude completar la reducción del presupuesto demandado desplazando un coste adicional de 70.000 dólares del presupuesto de la Clínica al presupuesto operativo global del centro. Como respuesta a estos cambios recibí el siguiente correo:

Además de disminuir el presupuesto a 173.000 dólares, se requiere que genere un anexo del cien por cien de sus costos generales.

Eso significaba que a la Clínica de Reducción de Estrés se le exigía que generara cerca de 350.000 dólares de ingresos anualmente, una tarea virtualmente imposible.

La prolongada fusión y la carga de la deuda acumulada había dejado al hospital y al sistema clínico recientemente formado sin otra elección que recortar un conjunto de clínicas y programas. Sin embargo, prácticamente de un día para otro, después de 21 años operando de manera continua, la Clínica de Reducción de Estrés –la clínica original del programa de Reducción de Estrés Basado en Mindfulness (MBSR)– fue eliminada del sistema clínico.

Eso significaba que llegaban a su fin: el sistema de derivaciones formales de los médicos, el sistema de citas y recordatorio de nuestros pacientes, las coberturas de seguro a terceros, los servicios de dictado y registro médico, los servicios de facturación a través del hospital y el estatus como clínica dentro del hospital mayor y el sistema de clínicas. Sin ello, ¿cómo podíamos continuar siendo un ejemplo para los colegas de las nacientes clínicas de MBSR a lo largo y ancho del mundo que habían comenzado a introducir el mindfulness en el cuidado de los pacientes, y en los programas de investigación y educación médica?

Dentro del Centro de mindfulness, este temblor de la institución mayor fue como un seísmo, creando un déficit en el presupuesto operacional inmediato de aproximadamente 300.000 dólares. Debía haber un recorte del 50% entre los empleados: algunos fueron despedidos, otros decidieron renunciar, otros encontraron nuevos empleos dentro de la institución mayor. Aquellos que fueron despedidos o renunciaron necesitaban ser respetados, protegidos e indemnizados por sus años de servicios y tiempo de vacaciones pendiente. Yo tenía la responsabilidad moral y fiduciaria de asegurar que los fondos que necesitábamos estuvieran a su disposición. Para el Centro de mindfulness, eso significaba que en caso de cerrar nuestras puertas o permanecer abiertos, requeríamos de una buena cantidad de capital que no teníamos.

Con mis colegas deliberamos seriamente acerca de las ventajas de cerrar las puertas o intentar continuar. Este análisis y reflexión resultaron ser muy valiosos. Por mi parte, sentí que había logrado muchas cosas en el curso de dos décadas. El trabajo del centro había puesto las piedras fundacionales en un nuevo campo de investigación y estrategia de tratamiento en la medicina y el cuidado sanitario y, en parte, a través de nuestro esfuerzo, una forma secular de la práctica del mindfulness estaba comenzando a ser conocida y experimentada directamente por un público numeroso y creciente, y por la comunidad científica. Llegué a darme cuenta de que, incluso si decidíamos cerrar las puertas, lo que había sido logrado era sustancial. Sin embargo, también creía firmemente que todavía había cosas por explorar y metas que cumplir a través del centro y tomé la decisión de avanzar e intentar crear un nuevo futuro dentro de la UMass. Sin embargo, con la pérdida de un centro y un presupuesto operativo para la Clínica de Reducción de Estrés, un déficit presupuestario significativo y una reducción de personal del 50%, había muchas barreras y poco espacio para moverse.

Como respuesta a las noticias acerca de la difícil situación del centro, antiguos colegas de trabajo, y amigos próximos y de alrededor del país, enviaron muchas ideas sobre el mejor modo en el que podíamos responder a la situación. En un extremo, hubo quienes propusieron que cerráramos sigilosamente las puertas y escribiéramos una carta abierta al *New York Times* anunciando nuestra decisión, agradeciendo a nuestros contribuyentes alrededor del mundo su generosidad y apoyo. En el otro extremo, hubo quienes propusieron unir la buena voluntad y la energía de los 12.000 pacientes, médicos (y muchos otros profesionales de los servicios de salud) con quienes trabajamos desde 1979, con el fin de montar una campaña de cartas y llamadas telefónicas. Además, sugerían que contratáramos a periodistas de diarios locales y regionales para que la historia saliera a la luz, y acabar con un evento: varios días sin interrupción de «sentadas» en los pasillos principales comunes del centro médico. Aunque era espectacular y sugerente, juzgué que embarcarnos en cualquiera de estas últimas estrategias acabaría contrariándonos con los administradores superiores, sellando virtualmente la negociación y clausurando cualquier posibilidad de nuestra existencia en la Umass.

Para seguir a flote, y al mismo tiempo comenzar de nuevo, lo primero que necesitábamos era una nueva casa para el centro. Cuando todo se volvía más tenso, oscuro y aparentemente imposible de superar, se abrió una pequeña brecha. Recibí un correo electrónico inesperado de un directivo de la Escuela de Medicina invitándome a conversar acerca del futuro del centro, el cual podía localizarse dentro de la Escuela médica de la Universidad de Massachusetts bajo su completo auspicio. Las negociaciones estaban en marcha para establecer los términos de la desocupación del hospital y el sistema de clínicas. Con esta invitación, se iniciaron las negociaciones orientadas al establecimiento del centro dentro de la Escuela de Medicina. Algunos días me encontraba con los directivos del hospital para negociar los términos de la desocupación; en otros, me encontraba con los directivos de la Escuela de Medicina para negociar los términos de la ocupación. Judith Ockene, Ph.D., M.Ed, mi jefa de división, en un acto de inmensa generosidad y de asunción de riesgo, convino en garantizar nuestro presupuesto en el caso de que fuera deficitario, aumentara nuestra deuda y tuviéramos que cerrar el negocio. A comienzos de febrero de 2001, tras haber llegado a un acuerdo sobre los términos finales de esta transición, el caballero que tenía la última palabra sobre nuestro destino se volvió hacia mí y proclamó sin ambigüedad los términos reales de dicho acuerdo:

Mantenga el trabajo académico y editorial, administre sus operaciones como un negocio, saque a flote su propio barco, o será despedido.

Dura realidad; los términos fueron sorprendentemente claros y terriblemente sobrecogedores. Hubo fracasos y pérdidas sustantivas durante los cuatro meses previos. Sin embargo, habíamos tenido un logro esencial; habíamos recibido una oferta de última hora del espacio que necesitábamos para movernos hacia delante. Hafiz, el poeta y maestro sufí del siglo XV describía muy bien nuestra situación y motivación:

Sé fuerte, Hafiz.
Trabaja aquí, tiempo interior,
allí donde falles, agárrate nuevamente
y trepa.[81]

Muchos de mis colegas que tomaron la decisión de permanecer en el Centro tuvieron que renunciar a aspectos significativos de sus beneficios y planes de jubilación con el fin de lograr un acuerdo sobre los términos de la transición. Aun así, de cara a estos términos inflexibles, soportamos el fuego, y nos mantuvimos con vida.

Sea lo que fuera, no se ha producido aún en nosotros...

Ocho meses más tarde, la auditoría contable fue completada por la institución mayor, que resultó en el cálculo adicional de un déficit de 200.000 dólares (el cual originalmente se pensó que era un superávit operativo del año anterior) que requería una recuperación completa. De este modo, en los primeros 12 a 14 meses de mi dirección, cinco años después de su fundación y 21 años desde la introducción formal del mindfulness en la educación y el cuidado de pacientes, el centro afrontaba un déficit financiero que rondaba los 500.000 dólares.

Entonces, ocurrió el 11/S. Le siguió el caos social; la incertidumbre y el miedo se apropiaron de los primeros puestos en la mente colectiva de la mayoría de los estadounidenses. La economía se desplomó. Las derivaciones clínicas se suspendieron; los ingresos de la clínica disminuyeron en un 50%. La caída y la inevitable muerte del centro, tal como lo habíamos conocido durante los últimos 21 años, nos rondaron durante 36 meses. Era perceptible la pérdida de la identidad de la organización; la realidad de la inseparabilidad, y el hecho completamente innegable de su realidad interdependiente, fueron validados una y otra vez a través de nuestra experiencia, viéndola y sintiéndola *en todos lados*.

Aunque esta historia no es ni excepcional ni única, es *real*; con las características fundamentales de la vida, incluidos el sufrimiento, la transitoriedad y la ausencia de esencia. Los momentos hilvanados de este modo, tienen una forma intransigente e imponente de forzarnos a ver como real lo que parece teórico o distante; todo se vuelve próximo y evidente, vibrantemente real e ineludible si nos volvemos a ello en vez de intentar darle la espalda como acostumbramos.

Impregnando de manera predominante el despliegue de toda esta historia estaba lo que en ocasiones llamamos la «cuarta» características del vivir: la cualidad del *ahora*. El *ahora* en toda su furia palpable, persistente, innegable, desempeñó un papel central en el despliegue de esta historia: hubo siempre perspectivas múltiples y en ocasiones rivales que debían ser establecidas y entendidas *ahora*; hubo bifurcaciones de posibilidades a las que podíamos regresar, o de las cuales podíamos alejarnos *ahora*; hubo fuertes emociones y ondas de energía sentidas, a menudo amenazantes, cautivas en el *ahora*, o vistas a través del *ahora*; hubo decisiones que afectaban a las vidas y la subsistencia de mis colegas, cientos de pacientes médicos, y a miles de colegas profesionales alrededor del mundo sobre los cuales gravitábamos y actuábamos *ahora*.

Fueron momentos de vida y muerte; los desafíos del liderazgo implacable, sin tregua. Elegí informar de esta historia en el contexto de este número especial de *Contemporary Buddhism* porque los sucesos tal como son descritos, y aquello que detallaré de manera más completa, ponen de manifiesto temas importantes y relevantes acerca del mindfulness y su papel potencial en el entrenamiento de la mente y el corazón, como un elemento esencial del cultivo y desarrollo de líderes y liderazgos.

Sin embargo, antes de hacer esto, quiero dejar completamente claro que mientras fui el director de la Clínica de Reducción de Estrés y del Centro de Mindfulness y, por ello, el líder y la persona central de todo lo que he descrito y describiré a continuación, algunos de mis colegas fueron también líderes en este proceso. En efecto, era mi responsabilidad comunicar, negociar y tomar decisiones finales. Aun cuando el liderazgo fuera *compartido*, estaba distribuido entre muchos de nosotros. Éramos responsables cada uno frente a sí mismo, uno frente al otro, y también ante la comunidad de la institución mayor en la que estábamos inmersos. Me parece que este es uno de los aspectos destacados del liderazgo que ha sido inculcado por el mindfulness: el reconocimiento de que cada uno de nosotros es responsable frente a sí mismo de nuestras propias vidas y acciones («Sé una luz para ti mismo»). Y, de igual modo, en consonancia con el espíritu democrático y una visión compartida, cada uno es responsable frente a los otros en nuestro intento de forjar un sentido de propiedad colectiva organizacional, claridad y propósito expresivo de nuestro compromiso con un sentido universal de responsabilidad.

Entre los líderes del centro, mi colega Larry Horwitz fue particularmente valioso durante el largo período de la crisis y la transición gradual hacia un Centro de Mindfulness más robusto, más rico programáticamente y más sólido fiscalmente. Durante mucho tiempo comparé el papel de Larry en el centro con el de *Fudo*, el gran protector del Dharma descrito como un «guardián inmóvil, inamovible e imperturbable». Mis colegas y fieles compañeras, Florence Meleo-Meyer y Melissa Blacker, se mantuvieron firmes en su compromiso de permanecer durante todo el curso, creando nuevas posibilidades programáticas en medio de la catástrofe, abrazando con gran comprensión y aceptación afectiva la cascada de ondas de energía y emociones que se nos presentaban mientras compartíamos este largo viaje que, por momentos, se sentía como el infierno y, en otros momentos, como el paraíso. De manera semejante, Jean Baril, la directora de negocio, fue un pilar sólido y necesario mientras afrontábamos, a diario, los sombríos cálculos y las comprensibles olas de ansiedad debidas al futuro imminente del personal administrativo que ella tenía a cargo, supervisándolo y apoyándolo.

> Ahora, de regreso a la historia...
> No quería que esto ocurriera durante mi período...
> Estaba ocurriendo durante mi período.
> Sentí que me estaba desmoronando...
> Todo estaba desmoronándose.

Cuando los sucesos descritos acontecieron, sentí que había caído en una emboscada. Me sentí disgustado, indignado, deprimido, y luego enfadado. Escribí mensajes de correo, introduje en mi agenda encuentros con directivos del hospital, apelé a mis aliados más fuertes en el centro médico y a mis jefes de división y departamento. Al final, nada de esto causó la más mínima diferencia en lo que respecta al resultado final. Desarmados y arrastrados por la fuerza gravitacional de esos momentos, el poeta español Antonio Machado reconoció nuestro más profundo temor a «la caída».

Como entidad u organización, estábamos cayendo. En medio de toda esa disolución y muerte, creo, hasta el día de hoy, que hasta que vi cuán impersonal era todo, no tuve la claridad necesaria en la mente y el corazón como para afrontar esa situación con plenitud e intentar avanzar.

En los cuatro meses, entre mi asunción en el papel de director ejecutivo y la recepción del primer mensaje de la administración hospitalaria acerca del presupuesto de la clínica, aún no había decorado mi oficina. Había tantas cosas a las que atender; la curva de aprendizaje era pronunciada. Bastante impropio de mí: simplemente no me había tomado el tiempo para crear un lugar de trabajo confortable. Mis colegas se reían por ello o, bien, desconcertados, negaban con la cabeza y decían: «Saki, ¿cuándo vas a mudarte? ¿Acaso no piensas mudarte aquí?». Poco después la crisis nos sacudió, un poema de Rumi se abrió paso en mi vida; se titula «Alí en la batalla». Para mí, se trataba de un poema que encajaba a la perfección con la situación. Lo pegué en la pared que miraba cada día cuando me sentaba en mi escritorio. Era el único objeto de las paredes de mi oficina. Permaneció allí durante los 24 meses que siguieron.

Aprende de Alí cómo pelear
sin que tu ego participe.
El león de Dios no hizo nada
que no se haya originado
en su más profundo centro.

Una vez en la batalla consiguió lo mejor de cierto caballero
y rápidamente sacó su espada. El hombre,
indefenso en el suelo, escupió
en la cara de Alí. Alí soltó su espada,
relajado, y ayudó al hombre a ponerse en pie.

«¿Por qué me has escupido?
¿De qué modo el relámpago regresa
dentro de su nube? Habla, mi príncipe,
para que mi alma comience a revolverse
en mí como un embrión».

Alí estaba tranquilo y finalmente respondió,
«Soy el león de Dios, no el león de la pasión.
El sol es mi señor. No tengo anhelo
excepto por el Uno.

Cuando el viento de la reacción personal surge,
no voy detrás de él.
Hay muchos vientos llenos de enfado,
y lujuria, y codicia. Mueven la basura
alrededor, pero las sólidas montañas de nuestra verdadera
naturaleza
permanecen donde siempre han estado.

No hay nada ahora,
excepto las cualidades divinas.
Ven a través de la apertura dentro de mí.

Tu indolencia fue mejor que cualquier reverencia,
porque en ese momento yo soy tú y tú eres yo.
Te ofrezco este corazón abierto como Dios dona sus
obsequios:
el veneno de tu escupitajo se ha convertido
en la miel de la amistad.[82]

Para mí, este poema expresa la esencia del mindfulness, la maestría y el liderazgo. El poema trata acerca de detenerse en el calor que fácilmente nos deslumbra en el momento, trata acerca de las fuerzas del condicionamiento; de anclarse uno mismo, profundamente sobrio, en la agonizante intoxicación de las circunstancias; de tomar decisiones, y elegir acciones surgidas de la soberanía y la nobleza intrínseca; del respeto fundamental por el «otro»; de la conciliación y la humildad; de la no dualidad y la disolución de las fronteras convencionales del yo y del otro, y el florecimiento de la compasión que emerge de esta visión; de honrar nuestra capacidad innata para residir en el corazón desnudo, abierto, recordando el verdadero origen de la sabiduría y el poder.

Era la única decoración que necesitaba o quería en mi oficina...

2. *Coagule*

En la larga batalla librada para mantener abiertas las puertas del centro, necesitaba recordarme diariamente, a menudo muchas veces al día, que las decisiones que habían creado esta situación eran impersonales y, también, que podíamos trabajar con ellas. No se trataba de mí, no tenía ningún derecho debido a mis contribuciones previas a la clínica o a mis contribuciones pasadas en el centro médico. Y, lo más importante, tenía profundos recursos internos que podía llevar a mis relaciones con todos. Puedo decirlo de este modo: hasta que no comprendí de manera indiscutible todas estas cosas, en mi corazón y en mi mente, en mi cuerpo y alma, estuve cautivo, y por esa razón fui ineficaz. Cuando comprendí que la situación era completamente impersonal –y con ello quiero decir absolutamente impersonal–, toda la situación se convirtió en algo mucho más maleable, porque ya no se trataba de mí; el éxito o el fracaso no estaban ya en juego. Era libre para actuar.

Aún más, lo que estaba ocurriendo dentro de mí, detrás de las apariencias del centro «desplomándose», era la emergencia de la profunda significación de que se me había confiado algo precioso; algo a lo que valía la pena dedicar una enorme cantidad de energía. Algo que era mucho más grande que mi persona. Algo que podía continuar beneficiando al mundo de manera enorme si lo atendíamos cuidadosa y sabiamente con mis colegas y nuestra comunidad de soporte local y a todo lo largo del planeta.

Diariamente, esta visión iba creciendo con más fuerza dentro de mí. Cada día rezaba para ser capaz de llevarla a cabo, para poder nutrir y sostener de manera adecuada lo que se me había confiado. Lo que supe fue que la esencia de un buen liderazgo es el *dharma*; *dharma* en el sentido esencial de *deber*.[83] Quizá, el reconocimiento de la responsabilidad universal es el deber de todos los líderes. El Dharma es también el camino, para que los seres humanos aprendan a conectar y encarnar la vastedad de la consciencia –un reconocimiento directo, experimental, de la realidad misma–, el carácter ilimitado del universo animado, palpable en cada uno de nosotros. Ver de manera más amplia nos permite liberarnos de los grilletes de separación que nos aprisionan, nos provee de medios para aprender a estar en sintonía y dejarnos guiar por la gran cadena de seres sabios y compasivos que nos antecedieron. Teñido de misterio y a disposición de todos, ¿no es está la realidad del Dharma en toda su universalidad, ofrecida a cada uno de nosotros cuando, serena y deliberadamente, comenzamos a hacernos responsables de todo el mundo, cada uno a su manera? No es otra cosa, sino el voto del *bodhisattva* hecho realidad, efecto de la intención de afrontar con valentía y con afecto el meollo de los problemas de la existencia cotidiana.

En medio de toda esta agonía hubo simultáneamente un amanecer. Estábamos mucho más vivos. Ahí estábamos, cada día. Reíamos. Trabajamos duro y cada vez con más sabiduría. Restablecimos el programa de reducción de estrés en un nuevo lugar (una pequeña cafetería utilizada por los empleados) y seguimos adelante con nuestra investigación, educación profesional y programas para estudiantes de medicina. Cuando pasaron los primeros tres años de esta dura labor, algunos de mis queridos y antiguos colegas, que inicialmente se habían quedado, renunciaron generosamente cuando percibieron nuestros problemas financieros. Otros se marcharon debido a que no les agradaron los cambios ineludibles que nos vimos forzados a realizar en sus responsabilidades laborales. Creamos un nuevo plan estratégico. Pedimos ayuda a nuestros pacientes, colegas profesionales y benefactores.

Seis meses después de la primera funesta auditoría, el hospital nos informó del descubrimiento de 183.000 dólares de los fondos del Centro que habían sido cargados durante algún año fiscal previo, pero no retornados a nuestra cuenta operativa después de la salida del sistema hospitalario. La resta de los 183.000 dólares a los 480.000 dólares nos dejó con un déficit de 297.000 dólares. Combinando los requeridos despidos, el logro de una medida apropiada de la organización y el impulso que habíamos estado reuniendo, que mostraba pequeños incrementos, ahora parecía posible salir de la abultada deuda. En tres años nos liberamos de toda la deuda. Más del 80% de los fondos requeridos como devolución para el balance presupuestario surgieron directamente de nuestros esfuerzos programáticos. El resto fueron donaciones y regalos de amigos del centro. Forjado en la encrucijada de la muerte y renacimiento organizacional, este logro alteró la consciencia del centro de manera notable hasta el día de hoy. Somos un ejemplo de una comunidad vibrante que surgió del desastre.[84]

3. El espíritu de la maestría

En el título de este artículo he usado los términos «mindfulness» y «maestría». Quisiera decir algo acerca de este último. Maestría es el cultivo deliberado de una fortaleza interior a la hora de afrontar los continuos desafíos de la vida. Esto supone utilizar la realización misma –los objetos de dicha realización y la renuncia deliberada a esos objetos una vez la hemos alcanzado– como un camino de liberación.

La autodisciplina, motivación, concentración, paciencia, fortaleza, perseverancia, voluntad, poder, responsabilidad y el sentido de deber son todos cultivados y utilizados para aprender a *dar* en vez de tomar del mundo. Para mí está claro que el mindfulness y la maestría van de la mano en el cultivo del liderazgo. La meditación del mindfulness es una tecnología exquisita para el cultivo y el refinamiento de nuestros recursos innatos, latentes; para el liderazgo. Para la mayoría de nosotros, viviendo en el mundo actual, se trata de un proceso interno que se completa y se hace manifiesto al afrontar y llegar a dominar los desafíos cotidianos.

> En todos los ámbitos de la vida se demostrará a quien busca la verdad que hay una llave para el éxito, una llave para la felicidad, una llave para el fomento y la evolución de la vida; y esta llave es el logro de la maestría... Uno debe examinar los impulsos erróneos, incluso aquellos tan pequeños como el pensamiento de comer algo que a uno le agrada, el deseo de beber algo que uno desea, el impulso a responder a una persona que nos ha insultado, el impulso a pellizcar a una persona diciendo una palabra, el impulso a dañar a una persona con palabras hirientes, el impulso

> a inmiscuirnos en los secretos de otros, el impulso a criticar. Todos estos impulsos indeseables pueden ser dominados. Y no se trata de que los hayamos dominados, sino de que hemos ganado control sobre nosotros mismos.[85]

Mi propia experiencia me sugiere que no se está dispuesto a hablar de la maestría en su manifestación más aparente y mundana en relación con la meditación y la práctica del mindfulness. Muchas veces me he preguntado a qué se debe esto. Quizá porque la maestría parece estar asociada con un ejercicio agresivo de la voluntad; un tipo de esfuerzo dirigido al dominio de la mente sobre el cuerpo y otras formas de represión y subyugación. Por el contrario, en mi experiencia, la maestría es acerca de la libertad en relación al hábito, la realización subsecuente de la elección y el darse cuenta de que el mindfulness no está confinado a situaciones o circunstancias especializadas. Por otro lado, me parece que la elección siempre implica control sobre uno mismo. Sin embargo, a menudo, la palabra «control» parece una palabra que denota aversión en la comunidad del Dharma, incluso si el control se expresa a sí mismo constantemente en nuestras vidas como refrenarse, avanzar, flexibilidad, ejercitar o contener el poder; como rendición, conciliación, franqueza, o como orientación hacia una meta y logro; como responsabilidad y, en última instancia, como encarnación de una libertad intrínseca. Es el lugar del proverbial «donde el zapato aprieta» de la meditación en acción.

Desde el punto de vista interior, a través de la práctica meditativa, la maestría se cultiva al atender a los pensamientos, emociones y sensaciones físicas como sucesos en el campo de la consciencia, permitiendo que surjan esos sucesos, que sean vistos, reconocidos por lo que son, y que al final se disipen o disuelvan, en lugar de que dominen la mente. El proceso se extiende y se amplía a medida que nos familiarizamos íntimamente con nuestros patrones habituales de pensamiento y acción, y descubrimos a través de este proceso de familiarización que tenemos otras alternativas además de las que antes habíamos imaginado. El proceso madura cuando reconocemos que tenemos nuestras manos en el timón proverbial y podemos utilizar todos nuestros recursos interiores con el fin de tomar nuestras vidas en nuestras propias manos a través de un entrenamiento sistemático de la mente y el corazón. En mi experiencia, el proceso mejora cuando comenzamos el abordaje de las circunstancias y acontecimientos exteriores con la misma estrategia, perspectiva y entrenamiento de la mente y el corazón que desarrollamos interiormente. Al mismo tiempo, el entrenamiento de la mente y el cultivo del corazón a través de la meditación y el mindfulness, acompañados de nuestro compromiso de afrontar las circunstancias exteriores en nuestras vidas con las mismas cualidades innatas y recursos (maestría), crean una sinergia que puede ser más poderosa que cualquier modalidad en sí misma.

Mi propio entrenamiento fue primero en la tradición sufí y budista. He sido un estudiante formal en la tradición de Vipassanā occidental durante 27 años y un estudiante de sufismo durante 36. Mi primer maestro sufí, Pir Vilayat Inayat Khan, me envió a mi primer retiro budista. La tradición sufí tiene un cuerpo profundo, extenso y bien desarrollado de enseñanzas sobre la meditación, el mindfulness y la práctica contemplativa. Hay cuatro órdenes mayores y, de estas cuatro, han desarrollado una gran variedad de otras órdenes y linajes. Sin embargo, e importante de apuntar en el contexto de este artículo, no hay órdenes monásticas formales. Asimismo, hay una larga y rigurosa tradición de retiro. Aunque la retirada relativamente permanente del mundo no está enfatizada de manera especial. En la mayoría de los casos, maestros y estudiantes se casan, tienen hijos, establecen negocios y profesiones. De este modo, el cultivo interior y exterior del mindfulness y la maestría «al servicio de lo real» tienen un lugar de importancia crítica en la vida del sufí. Como estudiante de esta tradición, he tenido la buena fortuna de estar expuesto a ella, de explorar sistemáticamente y de estudiar estas enseñanzas en profundidad y durante un prolongado periodo de tiempo. *Mastery Through Accomplishment* (Khan, 1985), escrito por Pir-O-Murshid Hazrat Inayat Khan en la década de 1920 (el primer maestro sufí en Occidente), es un manual básico para este cuerpo de enseñanzas.

La maestría es cultivada y nutrida a través de la fricción que surge entre la práctica interior y el encuentro con las circunstancias exteriores de nuestras vidas. Es este punto de encuentro el que posibilita que el mindfulness se haga real y, por ello, valioso y duradero en nuestras vidas, nuestras relaciones y nuestro trabajo en el mundo. En mi experiencia, el logro y la realización son oportunidades valiosas para hacer de la práctica de la meditación algo útil debido a que las circunstancias, las cuestiones y las responsabilidades que afrontamos a diario nos desafían a consolidar y actualizar directamente en nuestras vidas las cualidades y atributos latentes. Me parece que, en nuestra era actual, el verdadero desafío frente a nosotros es vivir una vida en el mundo inspirada por la profundidad y la extensión de nuestra vida interior:

> No es necesario para el hombre dejar todas las cosas del mundo e irse de retiro. Puede atender su negocio, su profesión, sus deberes en la vida, al tiempo que desarrolla este espíritu en sí mismo que es el espíritu de la maestría. El espíritu de la maestría es como una chispa; al soplar continuamente sobre ella, crecerá y se convertirá en un fuego, de allí surgirá una llama. En realidad, todo está en el interior.[86]

4. Liderazgo

Volvamos ahora nuestra atención de manera más directa a la relación entre el mindfulness, la maestría y el liderazgo. Comenzaré poniendo sobre el tapete una pregunta que me hice cuando comencé a pensar acerca del tema de este asunto especial.

> Como líder que afronta una crisis significativa y prolongada, ¿de qué manera, si hay alguna, fue la práctica del mindfulness útil a la hora de conocer y guiar mis acciones, decisiones y liderazgo?

La lista habitual de características que encontramos en los libros acerca de los líderes incluye atributos como ser visionario, capacidad de influencia, modelo por seguir, poder, responsabilidad, capacidad de inspirar, carisma, confiabilidad y generosidad. Todos ellos son valiosos atributos de los líderes. Sin embargo, muchos de los mejores líderes que he conocido a lo largo de los años tienen la persistente sensación de que los líderes y el liderazgo no son necesariamente la misma cosa. Los líderes lideran: establecen metas, toman decisiones, están a la altura de sus parámetros, apoyan, educan y hacen avanzar a aquellos que lideran, como también a sus organizaciones. Para esos mismos líderes, el *liderazgo* reside en una perspectiva más amplia; una visión que es global, fundada en el reconocimiento de la conectividad y un sentido de lo que ellos describen como una «responsabilidad universal». Esto es alentador y quizá contrarresta en cierta medida nuestra visión estereotipada de los intereses y actitudes de los líderes corporativos.

En la siguiente sección quisiera ofrecer otra perspectiva sobre estas características del liderazgo describiendo las cualidades que podrían, de hecho, ser los atributos fundacionales para muchas de aquellas que ya hemos señalado anteriormente. En esta sección final, he intentado identificar cinco cualidades humanas animadas por el trabajo interior de la práctica del mindfulness y el modo en el que estas pueden ser fortalecidas, consolidadas y estar disponibles en nuestra experiencia cotidiana de liderazgo. Como veremos, he emparejado atributos con el fin de una identificación más efectiva de las fases de disolución (*solve*) e integración (*coagule*) de su desarrollo y expresión. He intentado describir solamente aquello que he vivido yo mismo, sin pretensión de que esta descripción sea ni definitiva ni exhaustiva.

Caída e intimidad

Aprender a caer es una habilidad muy subestimada. Cuando era un niño pequeño que vivía en Japón, estudié jiu-jitsu. Durante todo el primer año de las clases semanales, mi maestro no dejaba de tirarme por encima de su cadera, enseñándome cómo caer. En su mayor parte, esto fue todo lo que ocurrió.

A lo largo de la larga crisis que he detallado, aprendí de manera reiterada que «el miedo a caer» es más aterrador que la «caída» misma. La habilidad por medio de la cual la práctica del mindfulness nos enseña a cómo dejarnos caer una y otra vez –y seguir con ello voluntaria y resueltamente sin emplear nuestros patrones de control habitual y condicionado–, me ofreció una posibilidad real para estar despierto en el infierno y en muchas otras situaciones.

En la situación que he relatado, mis colegas y yo perdimos el confort de la historia. Perdimos nuestro estatus. Perdimos nuestro lugar. Lo que no pensábamos que nos pasaría, finalmente, *ocurrió*. Nos desintegramos y nos disolvimos. En la comunidad general del centro médico, habitualmente, éramos vistos como irresponsables o como víctimas. Incluso algunos de nuestros colegas más próximos nos acusaron de abandonar o comprometer «la visión» al alterar la estructura original de la clínica como medida para acomodar un conjunto de nuevas realidades financieras y operacionales, desarrollando un plan de nuevas estrategias e iniciando un nuevo modelo de negocio.

Caer me ofreció una apreciación novedosa y más profunda de la *intimidad*; la intimidad con la textura del fracaso, la consistencia de la disolución, el sentimiento de humillación, la áspera superficie de la vergüenza y el calor de la desintegración. Suavizó y me ayudó a comenzar a apreciar y sentir más directamente la ansiedad y la incertidumbre de mis compañeros de trabajo. Esto me hizo un líder más compasivo. Llegué a ver que al permitirme entrar en contacto con todo aquello que estaba surgiendo dentro de mí, comenzaba a desarrollar una apreciación más profunda acerca de mis propias luchas y las de mis pacientes y colegas. Esto enriqueció y mejoró mi capacidad de parar, escuchar más íntima plenamente a mis colegas de la institución mayor, en particular a aquellos que, según supe, habían actuado de acuerdo con lo que creían era mejor, y aquellos que en sus departamentos habían intentado minimizar el daño y conjurar la incertidumbre que la fusión anunciaba.

Rendición y soberanía

De acuerdo con mi experiencia, la capacidad de rendición es tremendamente poderosa. Esto no tiene nada que ver con la resignación, la abdicación o el abandono. Tiene que ver con ver las situaciones claramente, exactamente como son. Tiene que ver con darse cuenta profundamente, en nuestras entrañas, que hay momentos en nuestras vidas en los que cualquier movimiento es un movimiento erróneo, que es hora de ceder ante la realidad. Sé muy bien que permitir la presencia intensa de la sensación de debilidad y vulnerabilidad es a menudo una enorme fuente de fortaleza oculta.

> Lo blando se vuelve duro;
> lo suave se vuelve rígido.
> Todos sabemos que esto es verdad,
> pero pocos pueden ponerlo en práctica.[87]

Rendirse a la naturaleza impersonal de los acontecimientos que habían sucedido, a la sensación de hipocresía o a la falta de comprensión que percibí al comienzo del proceso por parte de los otros respecto al trabajo de la Clínica y el Centro, y la sensación de injusticia acerca de la situación que cargaba conmigo, fue una práctica difícil. Se me exigía demasiado «ver de manera clara» y una gran cantidad de práctica de «soltar». Tenía que renunciar a la historia y, además, renunciar a la timidez y a la ingenuidad. Estos estados mentales y actitudes eran demasiado seguros, era demasiado fácil aprovecharse de ellos y, lo más importante, eran una interpretación errónea de lo que sabía, internamente, que era la verdad. Como consecuencia, me rendí a tener que actuar: a expresar abiertamente la verdad de mi experiencia, a decir lo que veía mientras estaba en presencia de personas que tenían el poder de ejercitar su autoridad cerrando nuestras puertas. Parecía que todo debía pasar. Tuve que entregar todo aquello que pudiera entorpecer mi voz frente al creciente rugido de león y lo más intransigente dentro de mí.

A través de este proceso, llegué a entender de manera más directa y completa la relación matizada entre rendición y soberanía. La rendición a la que me estoy refiriendo no consiste en una rendición a la voluntad de otros con la esperanza de lograr lo que uno quiere. Tampoco se trataba de seguirle la corriente a algo que estaba por debajo de mis ideales o mi sentido de consciencia clara. Al aprender a rendir mi condicionamiento y mi mentalidad estrecha una y otra vez, estaba aprendiendo a rendirme a la verdad, a lo que era más profundo, más fundacional e indómito dentro de mí. Mi experiencia me sugirió que esta visión más abarcadora de la función de la rendición —como una forma de desgastar las preocupaciones exclusivamente personales del yo— puede ser una fuente real de visión e inspiración, integridad y nobleza. Por lo que a mí me toca, este proceso parece no tener fin. La rendición y los desafíos asociados a ella simplemente parecen continuar ocurriendo una y otra vez.

Conciliación y sabiduría

Durante los cuatro meses de deliberaciones y negociaciones con el hospital y los directivos de la Escuela Médica, mi objetivo principal fue llegar a un acuerdo con el que ambas partes pudieran congeniar. Eso no significaba renunciar a principios o posiciones en las que yo creía o que parecían mejores para el centro. Implicaba, en cambio, entender al «otro» más íntimamente y, en contrapartida, intentar encontrarse en una visión de algún modo más amplia de los temas que teníamos por delante en los que debíamos ponernos de acuerdo.

Un día, inmersos en el proceso de negociación, la administradora de negocios del centro y yo habíamos programado encontrarnos con un hombre que, en última instancia, iba a decidir nuestro destino. El encuentro fue programado para que tuviera lugar en una pequeña sala de conferencias junto a su oficina. En privado, esta administradora me insistía enérgicamente en que me sentara a la cabecera de la mesa, enfrente de este señor. Estuve en desacuerdo con ella e insistí en sentarme deliberadamente a su izquierda. Quería tener que girarme hacia él y no «enfrentarme» de ningún modo. Después del encuentro, la administradora estaba increíblemente enojada conmigo. Me dijo que, desde su perspectiva, mi decisión a la hora de sentarme había puesto en peligro la posición del centro y las esperanzas de que este pudiera abrirse camino dentro de la Escuela de Medicina. Me dijo que ella conocía muy bien a ese hombre y que él «solo respetaba a aquellos que lo desafiaban y que percibía como iguales». Le respondí diciendo que no tenía intención o deseo de jugar el juego del «hombre a hombre» con él. Tal como yo lo veía, algo diferente se necesitaba en nuestra relación en aquel momento. Estaba familiarizado con el valor de la fricción y el diálogo persistente y el debate en torno a los puntos de diferencia. Sin embargo, en esta situación no iba a por las diferencias; lo que pretendía era una comprensión y un compromiso.

Juntos, él y yo miramos detenidamente los documentos durante ese encuentro. Sentados tal como estábamos, nos inclinábamos el uno sobre el otro, en algunos momentos nuestras cabezas parecían estar a punto de tocarse; nuestras manos estaban a una breve distancia, sobre el mismo documento. Sin duda, en cierto nivel había una clara diferencia de poder entre nosotros, pero yo intentaba un acuerdo, no un desafío. Lo necesitaba para entender el potencial de crecimiento del centro y el beneficio que comportaba para la Escuela Médica, científica, programática y financieramente. Recuerdo que en un momento se detuvo, mientras examinaba minuciosamente nuestra propuesta de modelo de negocio, desafiando de manera firme un componente clave de nuestra propuesta: «Con este nuevo modelo de negocio, ¿para qué necesitan el programa de reducción de estrés?». Estando tan cerca, pude decirle de manera deliberada y calmada, «porque es el corazón de nuestro trabajo, la interrelación de nuestra investigación, nuestra educación profesional y nuestro programa de entrenamiento». Él respondió inmediatamente: «Oh, es vuestro laboratorio. Vale. Lo veo». Creo que ese fue el punto de retorno de los cuatro meses de proceso. Estoy bastante convencido de que si me hubiera sentado directamente frente él no hubiera producido el mismo resultado. Por supuesto, quién lo sabe.

En mi experiencia, la calidad de la conciliación está subestimada y, como consecuencia, no se cultiva sistemáticamente. Sin embargo, volviendo la vista a mi vida, veo que este es un recurso básico para la comprensión porque nos permite considerar más a fondo los puntos de vista y las perspectivas, las emociones y las ideas de otras personas. Esto no significa que tengamos que estar siempre de acuerdo o ceder constantemente frente a las perspectivas de otros, pero nos ayuda a encontrarnos con la gente allí donde se encuentran y comenzar a comprenderlos. Para mí, este proceso comienza en casa, en mi interior. Aprendiendo a encontrarme y hacerme amigo de mí mismo a través de la práctica del mindfulness, estoy aprendiendo a hacer espacio dentro de mí ante cualquier cosa que surja, me guste o no. Esto es en sí mismo un acto de hospitalidad, una expresión básica de calidez y simpatía que, a su vez, comienza a fluir hacia mis relaciones con los otros. Como tal, es la base de la comprensión y, por ello, la base de la sabiduría. Por otro lado, me parece que el creciente sentido de comprensión de uno mismo y de otros es una fuente inagotable de confianza en uno mismo; una cualidad exigida a todos los líderes. Cada vez me resultaba más notorio que no era posible para mí ser conciliador y defensivo –o displicente frente a otro (incluso en pensamiento)– al mismo tiempo. Debido a que la conciliación es por naturaleza respetuosa, me ayuda a llevarme bien con la gente. Me hace humilde y me permite acomodar la diferencia y la diversidad, porque puedo descansar más fácil y completamente en mi sentido interior de «grandeza» y en mi capacidad para acomodar y considerar diversas visiones con mayor facilidad.

Permanecer dentro de las cosas y mantener la concentración

Aunque había aspectos de la crisis descrita que requerían la toma de decisiones a diario, la capacidad de aprender cómo permanecer dentro y «sujetar» la tensión durante largos periodos de tiempo sin actuar de manera prematura se convirtió en uno de mis mejores aliados. Esta capacidad es continuamente cultivada y mejorada a través de la práctica del mindfulness, pero también al trabajar en el interior de una institución mayor, donde todo lleva su tiempo y tiene que atravesar muchas mentes y manos. Este aspecto de la práctica del mindfulness no consiste simplemente en aprender a «tolerar» condiciones (todos hemos tenido mucho entrenamiento en este sentido). Por el contrario, se trata de recuperar o volver a aprender de nuevo y luego ser capaces de permanecer durante un tiempo en el «no saber» y en la disposición a estar quieto hasta que la decisión o la acción correcta emerja en la consciencia.

Como he descrito anteriormente, el proceso de negociación con el Hospital y la Escuela Médica duró cuatro meses. Sin embargo, la decisión final acerca del destino del centro no llegó hasta mucho más tarde. Durante más de 100 días no tuvimos una idea clara acerca cuál sería el resultado final. Y durante todo ese tiempo, estuvimos inmersos en la incertidumbre y el no saber. Aun así, íbamos a trabajar cada día, continuábamos con nuestros programas y actividades planeadas, veíamos la partida de algunos de nuestros colegas, afrontábamos los entramados de nuestras mentes individuales y colectivas, y continuábamos negociando. Esto es lo que aprendí: las elaboraciones mentales acerca de cómo las cosas solían ser (pasado), cómo podían ser o queríamos que fueran (futuro) son agobiantes; nos consumen enormes cantidades de la energía que necesitamos y, en el proceso, interrumpen el flujo de la creatividad. Más aún, en la turbulencia de esas «olas mentales», o bien el momento presente pasa desapercibido, o, cuando lo notamos, resulta intolerable. A medida que aprendía a vivir de manera más liviana en la tensión, la incertidumbre acerca del futuro se volvió menos paralizante. Del mismo modo, dejó de ser una excusa para la inacción. Como resultado, planeamos, cuando éramos capaces ejecutábamos y desarrollábamos una apreciación mejorada del proceso de emergencia.

No obstante, el cultivo de la paciencia fue y sigue siendo un verdadero desafío y una práctica difícil; tiene que ver con la resistencia y el desarrollo de una visión a largo plazo con respecto al logro de una meta o ideal. Descrita como «una de las alas del poder de la concentración» en las enseñanzas sufís sobre la maestría (Khan, 1962), la paciencia es una capacidad crítica para los líderes que están constantemente llamados a desarrollar, dirigir y sostener una concentración férrea sobre un objeto, a menudo durante largos períodos de tiempo. La capacidad de mantener la concentración y permanecer centrado de manera atenta es apoyada y nutrida por la paciencia, y es una de las formas en la que la mente unidireccional y la capacidad para una atención más focalizada se desarrollan por medio de los asuntos cotidianos.

El vaciamiento del yo y la innovación

Había algo que estaba sucediendo tras la apariencia de disolución y muerte. La desintegración de nuestras identidades individuales y colectivas era confusa, desgarradora, apabullante y, en última instancia, liberadora. Hubo un tiempo en el que no tuvimos una dirección real, un lugar real donde regresar y reunirnos para recibir consejo. Todo nos resultaba indiferente. Aguantamos 100 días sin saber cuál sería nuestro destino, e incluso después del momentáneo alivio que supuso saber que teníamos un lugar dentro de la Escuela de Medicina, afrontamos tres años de deudas y una larga incertidumbre financiera. Todo esto nos forzó a parar, *sentir* la situación lo más plenamente que fuera posible y desarmar el pasado. Estábamos vaciándonos. Lo sabíamos. A través de la muerte, mis colegas y yo volvimos a la vida.

Nos volvimos audaces; comenzamos a dar forma a un futuro que seguramente tenía las semillas del pasado, pero que requería un nuevo jardín en el cual florecer, mientras plantábamos nuevas semillas y nuevas visiones. Descubrí que amaba el espíritu emprendedor requerido para «mantener tu trabajo académico y erudito, conducir tus operaciones como un negocio y sacar a flote tu propia embarcación». La raíz del significado del emprendedor la encontramos en el término francés *entreprende*, 'acometer'. Me encantaba el sentimiento de «acometer» y dar forma a algo nuevo, vital y, tal vez, de mayor beneficio para el mundo. Aunque fue inicialmente desalentador, este mandato fue y permanece perfectamente en correspondencia con el espíritu innovador y emprendedor que ha impregnado a la Clínica y al Centro durante tres décadas. Siendo así, ofrecí a mis colegas y a mí la libertad de ser atrevidamente innovadores, desarrollando e implementando programas e iniciativas, asociaciones, políticas y economías, que reflejasen nuestros valores más profundos. Sin vacilación, hayamos tenido éxito o no, puede decirse que comenzamos a descubrir lo que Warren Buffet ha encarnado plenamente en su propia vida:

> Has alcanzado éxito en tu campo cuando no sabes si lo que estás haciendo es trabajo o juego.

Resumiendo, mi experiencia sugiere de manera consistente que el calor forjado en la encrucijada de esta crisis, junto con mi experiencia de liderar el Centro de mindfulness durante los últimos 10 años, hicieron crecer dentro de mí el despliegue de un espectro de cualidades y atributos humanos generalmente asociados con la meditación y el entrenamiento mental. De manera semejante, abrió posibilidades dormidas que no habrían podido manifestarse y estar a mi disposición sin la fricción y el calor surgidos de estos acontecimientos vitales. Reflexionando acerca de ello, me gustaría traer a colación lo que el ex Secretario General de las Naciones Unidas, Dag Hammarskjold, decía con aguda perspicacia:

> En nuestra era, el camino a la santidad pasa necesariamente a través del mundo de la acción.

5. La práctica del mindfulness en contextos contemporáneos

He intentado describir y hacer más real algunos de los pequeños detalles del trabajo interior de las prácticas de meditación y del mindfulness y las circunstancias externas en las cuales nos encontramos, como un terreno fértil para el cultivo del liderazgo. Aunque es un tema para otro artículo, de manera paralela, también me gustaría sugerir que la concepción actual de la práctica o de los centros de Dharma podría también necesitar una visión más amplia. Por ejemplo, el Centro de mindfulness en medicina, asistencia sanitaria y sociedad es un centro práctico en un sentido pleno del término. Sin embargo, a diferencia de los centros de práctica tradicional, su contexto tiene una estrecha semejanza al Jonás que residió en el estómago de la ballena. Durante 31 años, la vida y el trabajo del centro han sido resueltamente *encarnados* en un centro médico académico de la corriente dominante. Al estar *dentro*, están sujetos a todas las reglas y requerimientos de la medicina y la ciencia, y el cuidado de los pacientes, a todas las reglas, procedimentales y legales, de una institución mayor; una institución que está ella misma unida al sistema universitario, el cual, a su vez, está unido al estado de Massachusetts. Por lo tanto, por su propia naturaleza y ubicación, el centro se debate entre dos mundos simultáneamente.

A través de estos años, hemos utilizado esa posición única como un laboratorio: un campo experimental para poner a prueba maneras en las que podemos permanecer absoluta e inequívocamente fieles a las raíces fundacionales del trabajo, al tiempo que estamos en contacto y plenamente vivos en el mundo de aquellas personas que no están interesadas en los centros de práctica tradicional. Dado el estado del mundo, este tipo de «vehículos» pueden resultar valiosos de contemplar e inspiradores. Cargados con su propio conjunto de obligaciones y procedimientos, trabajar dentro de una institución mayor de la corriente dominante crea una fricción que, si es utilizada de manera sabia, puede proporcionar un terreno increíblemente rico en el cual realizar de primera mano la interconectividad del mundo, y desarrollar un conjunto de estrategias y métodos que expresen el potencial de una mente entrenada y un corazón cultivado. Liberados de los constreñimientos culturales, la jerga familiar y las asunciones subyacentes de los centros tradicionales de práctica contemplativa, no importa cuáles sean sus creencias, un entorno institucional de este tipo nos fuerza a traducir, transmitir y encarnar con habilidad, de una manera secular, la realidad esencial de la interconectividad, el entrenamiento mente-corazón, una ética saludable y una economía, y una responsabilidad universal de modo tal que resulte no alienante e inclusivo, grato y muy participativo. Dado el estado del mundo, los intentos por forjar esta clase de laboratorios deben ser animados, apoyados y analizados con respecto a su accesibilidad y efectividad.

Cuando comenzaba uno de mis primeros retiros, las palabras finales de mi maestro fueron: «Goza tu muerte». Lo dijo con una claridad de conocimiento y un genuino interés por mí. En el contexto de ese retiro solitario, descubrí la verdad de esas palabras. A través de los sucesos descritos, he vivido en la realidad cotidiana la sabiduría que mora en esas palabras, *fuera* de la sala de meditación y en el escenario del retiro. ¿Qué valía puede tener la invitación a gozar tu muerte para aquellos como nosotros que estamos llamados a liderarla? ¿Qué ocurre si detrás de todo el hacer, tomar decisiones y ejecutar, llegamos a darnos cuenta en nuestras entrañas del poder de la disolución y la desintegración para remodelar de maneras fundamentales nuestros modos condicionados de percibir, pensar y actuar? ¿Cuál es la implicación si de forma concertada nos entregamos a estos ciclos recurrentes de desintegración y reintegración? ¿Qué podemos aprender al permitir que nuestras visiones, opiniones e ideas más queridas sobre el modo de ser de las cosas se deshicieran, derritieran y disolvieran? ¿Qué podríamos ver y visionar entonces? ¿Qué ocurriría si, detrás de todo este «liderazgo», reconocemos la posibilidad de que seamos nosotros los que somos *liderados*?

Atender a lo que estas preguntas señalan nos pide mucho. Aprender a parar, escuchar más íntimamente, entender situaciones y tomar sabias decisiones y elecciones, todo ello requiere de nosotros volvernos más íntimos con nuestro interior. Quizá, nuestro trabajo real consiste en aprender a lidiar desde el *interior*, explorando y entendiendo, de primera mano, nuestro terreno interior y, al hacerlo, llegar a darnos cuenta de que, como cualquier otra capacidad humana, los atributos y cualidades necesarios para un liderazgo efectivo son innatos y que, por ello, son capaces de ser llamados e integrados, a través de la disciplina del mindfulness, en la vida cotidiana, en el trabajo y en nuestro hogar.

BIBLIOGRAFÍA

COLEMAN, B. & MOYNE, J. (1995). *The essential Rumi*. Nueva York: Harper Collins Publishers.

KHAN, H. I. (1985). *Mastery through accomplishment.* Nueva York: Omega Press.

KHAN, H. I. (1993). *The hand of poetry: Five mystic poets of Persia*. (C. Barks, trad.) Nueva York: Omega Press.

KHAN, H. (1962). *The sufi message of Hazrat Inayat Khan* (Vol. I y VII). Londres: Berrie and Jenkins Khan.

KHAN, V. I. (1978). *The message in our time.* Nueva York: Harper & Row.

MACHADO, A. (1983). *Times alone: selected poems of Antonio Machado.* (R. Bly, trad.) Connecticut: Weyslan University Press.
MITCHELL, S. (1988). *Tao Te Ching.* Nueva York: Harper Collins.
SOLNIT, R. (2009). *A paradise built in hell.* Nueva York: Viking Press.

15. El mindfulness, por cualquier otro nombre...: ensayos y tribulaciones de *sati* en la psicología y en la ciencia occidental

Paul Grossman y Nicholas T. van Dam

El constructo budista del mindfulness es un elemento central de las intervenciones basadas en mindfulness y deriva de un programa fenomenológico sistemático desarrollado a lo largo de varios milenios para investigar la experiencia subjetiva. El entusiasmo por el «mindfulness» en la psicología occidental y en otras ciencias ha tenido como consecuencia la proliferación de definiciones, aproximaciones operacionales e inventarios de informes personales que tienen el propósito de medir la atención plena de la consciencia como rasgo. Este artículo se centra en ciertos temas aparentemente insolubles en relación con los actuales intentos por caracterizar el mindfulness, y también en destacar ciertas vulnerabilidades en este campo que pueden llevar a desnaturalizar, distorsionar, diluir o reificar el constructo budista relacionado con el mindfulness. Enriquecer los paradigmas positivistas de la psicología occidental con la detallada y compleja fenomenología budista de la mente puede requerir un mayor estudio y una práctica más prolongada de la meditación de la visión profunda de lo que es común entre los psicólogos y otros científicos. La búsqueda de este tipo de estrategia parecería requerir de las precondiciones necesarias para los intentos de caracterización y cuantificación del mindfulness.

Definiendo el mindfulness

Primer plano

Mindfulness es el «corazón» de las enseñanzas del Buda (Hanh, 1998) y es el corazón y homónimo de una clase de intervención que tiene como objetivo aliviar las formas comunes de sufrimiento: Intervenciones Basadas en Mindfulness (IBM; denominada originalmente «Reducción de Estrés Basado en Mindfulness» [MBSR], Kabat-Zinn, 1990; luego, «Terapia Cognitiva Basada en Mindfulness» [MBCT], Segal, Williams y Teasdale, 2002; y otros programas relacionados). Entre los especialistas budistas y los científicos occidentales, de manera separada o en común, existe una falta de acuerdo acerca de la definición específica del mindfulness (Baer, 2011; Dreyfus, 2008; Gethin, 1998; Grossman, 2008). Sin embargo, una base común de comprensión existe entre los eruditos budistas, aunque las interpretaciones y descripciones varían en sus énfasis. Algunas, por ejemplo, acentúan los aspectos de la atención, mientras otras son más explícitas en lo que respecta al reconocimiento de la compleja y dinámica interacción de numerosos factores, incluidos los cognitivos, emocionales, sociales y éticos.

Dentro de la psicología occidental, mindfulness es asumido generalmente como reflejo del constructo budista. Sin embargo, las definiciones de los términos varían mucho, de aquellas que lo conciben como una simple terapia o técnica experiencial (Hayes y Plumb, 2007), a otras que lo ven como una actividad multifacética que requiere práctica y perfeccionamiento (Grossman, 2010). Por supuesto, una definición más elaborada parece tener mayor apoyo en los textos contemplativos (Dreyfus, 2008), explicaciones modernas de la consciencia (Thompson, 2007) y en el funcionamiento del sistema nervioso (Thompson y Varela, 2001; Varela *et al.*, 1991).

Cuando el fin de las iniciativas realizadas consiste en integrar sus raíces tradicionales con las teorías modernas de la consciencia y la función psicológica, mindfulness es también promocionado en Occidente como parte de un amplio conjunto de prácticas incrustadas en un camino transicional alejado de los modos ordinarios de funcionamiento cotidiano (Grossman, 2010; Hanh, 1998; Kabat-Zinn, 2005). Dentro del contexto de este camino transicional, que incluye dimensiones afectivas, conductuales, cognitivas, éticas, social y otras, se cree que el mindfulness contribuye a la promoción del bienestar y la disminución del sufrimiento. Dada esta complejidad contextual, puede ser difícil, sino imposible, separar el mindfulness de sus otros componentes, tejidos conjuntamente en el género de este camino transicional. Los métodos científicos convencionales puede que no conduzcan fácilmente a una exploración refinada del mindfulness. Como Christopher y Gilbert (2007) señalaron, basados en la literatura del monje tailandés y maestro Buddhadāsa Bhikkhu (1998): «La psicología occidental exige que los constructos deban ser explicados y puestos en práctica para ser precisamente evaluados. Sin embargo, la mayoría de las tradiciones budistas dictan que mindfulness no puede ser fácilmente extraído y analizado aislado de los conceptos inherentemente interrelacionados». Si esto es cierto, los científicos necesitan abrazar nuevas estrategias para el estudio del mindfulness, y los modelos meramente lineales y aditivos que suman supuestos indicadores relacionados con el mindfulness no serán suficientes. Por lo tanto, los intentos por delinear los componentes discretos del mindfulness (por ejemplo, véase el modelo de tres factores de Buchheld, Grossman y Walach, 2001; o el modelo de cinco facetas de Baer *et al.*, 2006) es probable que no sean capaces de capturar las interrelaciones inherentes mencionadas por Christopher y Gilbert (2007), ni ver el reforzamiento sinérgico mutuo.

Aquí examinamos líneas en curso de investigaciones empíricas en mindfulness, confinando nuestra discusión a unos pocos, pero para nosotros, cruciales interrogantes: 1) ¿De qué modo los psicólogos y otros científicos caracterizan actualmente el mindfulness?; 2) ¿Son estas caracterizaciones compatibles con las enseñanzas originales budistas sobre el mindfulness?, y 3) ¿Están las caracterizaciones del mindfulness a la altura de los estándares empíricos de la metodología científica contemporánea?

Denotaciones y connotaciones del mindfulness

«Mindfulness» es la traducción del término pali *sati*, que también transmite el significado de 'recordar', posiblemente como recordar, mantener la consciencia (Batchelor, 1997). El término *sati* está, quizá, mejor traducido como «ser plenamente consciente», en marcado contraste con el uso de la palabra «mindfulness» que, por supuesto, es un sustantivo y fácilmente implica un rasgo fijo. Aunque la distinción puede parecer simple, puede tener implicaciones sustanciales para la conceptualización del término *mindfulness*.

Los textos budistas se refieren principalmente al mindfulness no como una función mental o rasgo de personalidad (véase la temprana traducción de textos: Bodhi, 2000;

Ñāṇamoli y Bodhi, 2001), sino como una *práctica* o procesos que suponen, al menos, cuatro fases distintas, como se menciona en el *Satipaṭṭhāna Sutta* (uno de los más antiguos discursos budistas sobre el mindfulness), que se extienden desde el mindfulness, o atención plena, a las sensaciones corporales, hasta la consciencia más expansiva de los contenidos y procesos mentales, como las emociones y las visiones alteradas de uno mismo (Ñāṇamoli y Bodhi, 2001). Esto implica varias características: 1) una consciencia deliberada y abierta del momento-a-momento de la experiencia perceptible; 2) un proceso sujeto y sostenido por cualidades como la amabilidad, la tolerancia, la paciencia, el coraje (apuntaladas por una postura de no enjuiciamiento y aceptación); 3) una práctica de investigación no discursiva y no analítica de la experiencia en curso; 4) una consciencia notablemente diferente de los distintos modos de atención cotidiana, y 5) en general, una necesidad de práctica sistemática para su gradual perfeccionamiento (Bodhi, 1994; Hanh, 1998; Ireland, 1997; Kabat-Zinn, 2005; Ñāṇamoli y Bodhi, 2000).

En cambio, la tendencia actual en la psicología occidental consiste en definir el mindfulness en términos operativos, como un rasgo relativamente estable, de manera que no toma en consideración los aspectos contextuales y del desarrollo inherentes en la formulación budista (por ejemplo, Mindfulness Attention Awareness Scale [MAAS], Brown y Ryan, 2003). El espectro de definiciones del mindfulness varía enormemente entre diferentes cuestionarios, a partir del modo en que los individuos, usualmente, *piensan* que experimentan los lapsus de atención (Brown y Ryan, 2003), cuán correctamente *creen* que pueden expresarse a sí mismos en palabras (sub-escala descriptiva, de las Five-Facet Mindfulness [FFMQ], Baer *et al.*, 2006), pero también incluye las autoatribuciones de actitudes no enjuiciadoras, apertura a la experiencia, atención al momento presente, e identificación personal con la experiencia presente (Freiburg Mindfulness Inventory [FMI], Buchheld, Grossman y Walach, 2001; y FFMQ). Tal como se ha señalado, el rasgo del mindfulness en la investigación psicológica ha llegado a definirse por las *descripciones que las mismas personas realizan* y estar asociado con dichas descripciones basadas en un muy breve cuestionario realizado con papel y lápiz. Esto parece problemático, porque un cuerpo sustancial de pruebas documenta que las percepciones del propio comportamiento están a menudo en contradicción flagrante con las acciones documentadas (véase, Baumeister, Vohs y Funder, 2007), especialmente en lo que concierne a los comportamientos deseados.

Por lo tanto, las definiciones del mindfulness en la psicología académica actual a menudo se apoyan sobre la autodescripción de un rasgo supuestamente estable, en vez de hacerlo sobre una prueba concreta con la cual uno se encuentra activamente involucrado en la práctica del mindfulness (véase la figura 1). Por otro lado, la práctica de mindfulness es definida y englobada operacionalmente de manera divergente por diferentes grupos de investigadores, a menudo dependiendo de la especialización psicológica específica de los autores (Grossman, 2008). Nuestra lectura de la literatura especializada, además, nos lleva a creer que los creadores de los cuestionarios de mindfulness en general insinúan que sus cuestionarios en su mayor parte reflejan la definición budista del mindfulness, aunque sea en términos occidentales (FMI,

Buchheld, Grossman y Walach, 2001; Kentucky Inventory of Mindfulness Skills [KIMS], Baer *et al.*, 2004; MAAS, Brown y Ryan, 2003). Nosotros creemos que los creadores de estos inventarios no han puesto la suficiente atención en las distinciones entre sus propias caracterizaciones del mindfulness y las definiciones budistas generales. Incluso cuando ciertas advertencias con respecto a este tema han sido explicitadas en las publicaciones, por lo general solo se las menciona muy brevemente, lo cual puede contribuir a que sean pasadas por alto por otros científicos que más tarde utilizarán los cuestionarios.

El estado de la cuestión, en cuanto a la medición del mindfulness, también necesita ponerse dentro del contexto general de las actuales tendencias en la investigación científica. En años recientes, los datos de los cuestionarios se han vuelto

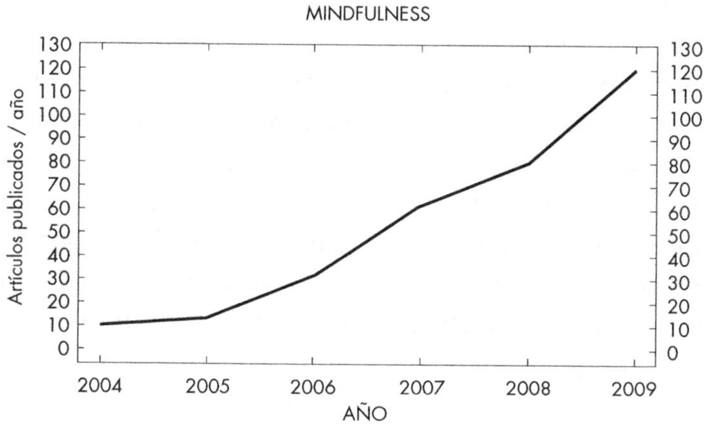

FIGURA 1. Cantidad de artículos publicados con citas por año refiriéndose a los estudios validados de tres de los más populares cuestionarios que pretenden medir el «mindfulness»: Kentucky Inventory of Mindfulness skills (KIMS) y Five Facets of Mindfulness Questionnaire (FFMQ) (Baer *et al.*, 2004,2006); Mindfulness Attention Awareness Scale (MAAS) (Brown y Ryan, 2003). Fueron encontrados un total de 350 estudios durante 2009 en las webs de las publicaciones científicas indexadas (PubMed, eb of Science, Google Scholar).

extremadamente populares en la investigación psicológica contemporánea, quizá porque son fáciles de administrar y fáciles de obtener. Baumeister *et al.* (2007) proporciona pruebas sugerentes que señalan que hasta el 80% de la actual investigación en psicología social y psicología de la personalidad puede apoyarse en evaluaciones indirectas de comportamiento. Esta inclinación por la medición indirecta es también claramente evidente en las investigaciones sobre el mindfulness (véase la figura 1) y podría tener serias consecuencias para el futuro del mindfulness en psicología. Una posibilidad es una situación en la cual un número importante de investigadores individuales —que no están familiarizados con el conocimiento básico del constructo budista acerca del mindfulness— emplee cuestionarios dispares para «medir» el mindfulness, creyendo que sus resultados se aproximan estrechamente al constructo original budista del mindfulness.

Otro tema potencialmente relevante es que algunos psicólogos puedan promover una interpretación muy restrictiva del mindfulness, estrechándolo a las capacidades cognitivas de atención y consciencia (Hayes y Plumb, 2007). Un enfoque exclusivo en las capacidades cognitivas específicas, por supuesto, limita el alcance de lo que se está investigando. Desde la perspectiva budista tradicional, las nociones de atención (del término pali *manasikāra*) y consciencia (del término pali *citta*) tienen orígenes separados del de *sati*, o mindfulness. En la interpretación budista, la atención y la consciencia son parte de cualquier estado mental discriminativo (Dreyfus y Thompson, 2007). Como mínimo, esto indica que la atención y la consciencia son como muchos *aspectos que sirven como precondición*, y no equivalentes del mindfulness.

Los intentos por entender y medir el mindfulness pueden, en consecuencia, verse dificultados por las estrategias metodológicas y prácticas que son negligentes a la hora de dar cuenta de la composición única de las interacciones variopintas de los factores involucrados en el constructo budista (véanse Grossman, 2008, 2010; Van Dam, Earleywine y Danoff-Burg, 2009; Van Dam *et al.*, 2011). Analizar mindfulness sin incluir estos otros aspectos integrales de la práctica budista, el Óctuple Sendero y los cuatro «inconmensurables» (esto es, los *bramavihāra*: compasión, amor, alegría y ecuanimidad), puede llevar a desvirtuar significativamente el mindfulness. Aunque un acercamiento desnaturalizado puede, de todos modos, producir algún beneficio por lo que respecta a la salud, como una parte está más en línea con la aplicación de componentes limitados en un proceso más amplio, no fácilmente diseccionado, en lugar de explorar el proceso como una totalidad (Gethin, 1998).

El desarrollo del mindfulness

Estrategia budista y psicología corriente

El método budista clásico para desarrollar el mindfulness está basado en la meditación, la cual progresa de una práctica que mejora la atención, a otra que tiene por objeto un estudio analítico y una comprensión profunda, dentro del contexto amplio mencionado más arriba (Bodhi, 1994). El proceso de perfeccionamiento está normalmente generado por la utilización de un tipo de práctica llamada meditación *samatha*, o calma duradera (véase Bodhi, 1995; Hanh, 1998), mientras que la comprensión se genera a través de *vipassanā*, o meditación en la visión profunda (véase Rosenberg, 1998). De acuerdo con las perspectivas budistas, solo la meditación en la visión profunda (*vipassanā*) puede generar verdaderamente sabiduría, pero el progreso no ocurre si no se ha desarrollado en primer lugar la atención mental a través de *samatha* (Bodhi, 1994). La atención mejorada y el desarrollo de la concentración son considerados prerrequisitos para la comprensión profunda (Gethin, 1998), lo cual explica de forma parcial por qué motivo muchas prácticas contemplativas comienzan con una meta aparentemente simple (aunque, de hecho, resulta un desafío considerable) que consiste en mantener la atención en la respiración.

Una breve descripción del papel que la consciencia de la respiración desempeña a veces en la práctica de mindfulness puede ilustrar de qué modo las características de las prácticas meditativas son compatibles y comprensibles en el marco de disciplinas científicas como la psicología. También apunta a la complejidad del proceso de la práctica del mindfulness, y subraya la naturaleza gradual de la adquisición de la «recta» concentración, la «recta atención plena» (mindfulness) y la comprensión (Gethin, 1998).

A menudo, la respiración sirve como un objeto muy práctico de la consciencia, y como un ancla en la meditación. La respiración es una de las funciones fisiológicas vitales que es accesible continuamente a la sensación y a la percepción durante los estados de vigilia. Aunque las personas en raras ocasiones prestan atención a su respiración en los estados ordinarios saludables, es experimentalmente y empíricamente evidente que (mientras las capacidades mentales estén intactas) somos capaces de volver nuestra atención a la respiración en todas las situaciones y en todo momento, hasta que la respiración se extingue finalmente en el momento de la muerte. La respiración está disponible a todos los sentidos centrales –gusto, tacto, olfato, oído y visión, así como a otros procesos perceptuales internos estrechamente asociados a la experiencia consciente de uno mismo (interocepción, propriocepción y experiencia kinestética). Además, los pulmones representan el más grande y más poderoso sistema de bombeo (y oscilador fisiológico) en el cuerpo. Como consecuencia, otras funciones vitales (los latidos del corazón, la presión arterial, la actividad del sistema nervioso central) a menudo se sincronizan con el ritmo de la respiración (Grossman, 1983). La respiración es también exquisitamente sensible a numerosas actividades emocionales, cognitivas y conductuales (Grossman y Wientjes, 2001). Además, respirar puede funcionar alternativamente, casi al cien por cien, bajo control inconsciente o casi completamente bajo control consciente (Phillipson *et al*, 1978) poniendo este proceso fisiológico, precisamente, en el lugar liminar de la experiencia consciente e inconsciente. Por todas estas razones y muchas otras (véase Grossman, 2010), la consciencia de la respiración puede ponernos en contacto con experiencias por debajo del umbral de la usual experiencia consciente y puede servir como una poderosa herramienta para mejorar y ampliar la comprensión de nuestros propios pensamientos, sentimientos y otros estados mentales.

La aparente «simplicidad» de la consciencia de la respiración es contradicha por la actual experiencia de la práctica del mindfulness de la respiración: el meditador se enfrenta con el vagabundeo, aferramiento, aversión y enjuiciamiento de la mente. Un compromiso decidido con la práctica del mindfulness de la respiración deja claro rápidamente que el proceso es exigente y complejo, y que la curva es empinada y larga. La respiración «simple» se convierte en un microcosmos de la experiencia, con texturas, placeres e incomodidades, encantos y aversiones que cambian constantemente: presencia mental en un momento y su completa ausencia en el siguiente. Contrastemos esta *experiencia vivida* del mindfulness de la respiración como práctica con un concepto psicológico del «mindfulness de la respiración» que podría, por ejemplo, ser la base para un ejercicio grabado de 10 minutos de «mindfulness de la respiración» orientado a la relajación. Al hacer esta comparación podemos lograr una mayor apreciación del abismo que a menudo se manifiesta entre la comprensión de la psicología académica occidental y la orientación budista existencial (Rosenberg, 1998).

Nada en el ejemplo anterior del mindfulness de la respiración —su utilidad, su aplicación práctica, complejidad, bases empíricas y, en particular, su curso gradual— debería ser difícil de entender para los científicos y psicólogos. Sin embargo, incluso un examen superficial de la bibliografía académica indica que el pensamiento psicológico actual está orientado hacia las estrategias de intervención de corta duración. Es quizá esta una de las razones parciales que explican el hecho de que la comprensión del mindfulness entre los psicólogos tiende a no ser, al menos explícitamente, de desarrollo y no tiene en cuenta seriamente la práctica prolongada y la experiencia a lo largo de los años. Nosotros creemos que un énfasis mayor en la consideración de la naturaleza gradual del cultivo del mindfulness puede beneficiar los esfuerzos que se realizan para definir, y operar o incluso medir, el mindfulness. Regresaremos a este tema más tarde, en otro contexto.

Hacia una mayor valorización de lo subjetivo

Vale la pena considerar que diferentes comprensiones del mindfulness en la ciencia occidental frente a la psicología budista pueden reflejar diferencias culturales profundas en el modo en el cual se concibe y valora la experiencia subjetiva como fuente de indagación dentro de las tradiciones. No es probable que un cirujano en los Estados Unidos o Europa considere especialmente valiosa para su habilidad quirúrgica el hecho de estar él mismo sujeto a un procedimiento quirúrgico. Tampoco es, en general, entrenado sistemáticamente con el fin de lograr mayor sensibilidad respecto a su propia experiencia inmediata interior, ni tampoco la de sus pacientes. La ciencia médica, históricamente, enfatiza el conocimiento intelectual y la experiencia concreta como calificación quirúrgica, no la investigación de la vida subjetiva interna del médico durante las consultas o cirugías. De manera similar, los conductistas y otros movimientos positivistas en psicología han promocionado el valor del conocimiento intelectual de los estados cognitivos o conductuales, y de las técnicas sistemáticas usadas para alterarlas, a menudo descuidando la autoindagación (Grossman, 2010).

Por consiguiente, la inclinación a tomar atajos en lo que respecta a la propia experiencia básica en la práctica del mindfulness puede parecer natural a muchos psicólogos que no se han familiarizado con los modos de autoinvestigación durante sus estudios. Incluso la exploración de la propia experiencia subjetiva tiende a desempeñar un papel menor en el entrenamiento de muchos psicoterapeutas. Por ese motivo, para los psicólogos, puede resultar difícil –cuando consideran por primera vez esta manera no habitual de aproximarse a la experiencia– entender un tipo de comprensión que no está basada exclusiva o predominantemente en lo intelectual o conceptual (véase Bush, 2011). Esta falta de experiencia está llamada a tener serias consecuencias para la comprensión, definición y transmisión del mindfulness. Batchelor (1997) señala; «La experiencia no puede tenerse en cuenta exclusivamente en lo que se refiere a una categoría conceptual. Su ambigüedad última consiste en el hecho de que es simultáneamente cognoscible e incognoscible. No importa cuán bien conocemos algo, ser testigos de su intrínseca libertad impele la humilde admisión: *Realmente no lo conozco*». En otras palabras, la comprensión fenomenológica no puede apoyarse exclusivamente en el conocimiento intelectual o en métodos científicos contemporáneos populares de evaluación, experimentación y del pensamiento que hay tras ellos.

El valor puesto en la investigación de la experiencia interna accesible puede tener consecuencias en lo que concierne a los modos en los cuales son aplicadas las intervenciones basadas en mindfulness. Un alto valor implica por su parte la necesidad de contar con maestros ampliamente experimentados, capaces de encarnar esta experiencia en sus enseñanzas. Dentro de esta perspectiva, el maestro (y, quizá, también el terapeuta e investigador) será incapaz de señalar lo que él mismo no ha explorado aún (Kabat-Zinn, 2003; Segal *et al.*, 2002). Uno puede recitar pasajes de un libro y dar repetidas respuestas a las preguntas, pero el giro fundamental en la experiencia no puede ser simulado (Teasdale *et al.*, 2002).

Otro punto relacionado, raramente considerado en la literatura psicológica, es si los beneficios de bienestar de las intervenciones basadas en mindfulness están relacionados de manera importante con el aprendizaje de los participantes de la valoración de los aspectos integrales en el cultivo de la consciencia plena, por ejemplo, el aprecio de la calma, la atención y la paciencia. Puede pasar que estos cambios en los sistemas de valores desempeñen un papel mucho mayor en el resultado clínico que la actual maestría del mindfulness en la vida cotidiana. Parece que vale la pena explorar estos temas.

Midiendo el mindfulness

El mindfulness es un concepto difícil —o quizá, para decirlo de manera más precisa, un percepto— de precisar, como debe ser obvio a partir del análisis anterior. Por lo tanto, lógicamente, dos cuestiones parecen surgir: 1) ¿cómo saber cuándo alguien se vuelve más atento [*mindful*]?, y 2) ¿debemos acaso hacer este tipo de pregunta en esta fase temprana de la investigación científica? Algunos argumentan que, con el fin de validar las intervenciones basadas en el mindfulness dentro de la psicología y la ciencia básica, debe encontrarse una manera para medir el constructo y determinar que el mecanismo propuesto de cambio es responsable de lo que ha cambiado (por ejemplo, Baer, 2011).

Aquellos que investigan el mindfulness han hecho, en nuestra opinión, loables avances hacia la identificación de las características que puedan estar relacionadas con el mindfulness. Sin embargo, como esperamos dejar claro más adelante, muchos esfuerzos cuantitativos confunden características psicológicas discretas con una definición y cuantificación del mindfulness. Encontramos que esta confusión va en detrimento de esta área de investigación. Creemos que los cuestionarios preliminares de información pueden llevar a una representación muy simplificada del mindfulness que muy difícilmente represente la idea general. Este problema está relacionado con el hecho de que en la literatura psicología actual encontramos definiciones muy dispares del mindfulness, y no hay un «estándar privilegiado» exterior que sirva como referente para validar las medidas. Además, algunos cuestionarios parecen marcados por propiedades psicométricas inconsistentes. Otra cuestión importante es que la comprensión de los temas de los cuestionarios puede también variar enormemente entre los diferentes grupos (por ejemplo, meditadores frente a no meditadores), lo cual invalidará las comparaciones.

Vemos que una consecuencia seria del entusiasmo que suscita la medición es que los cuestionarios personalizados pueden llegar a definir el mindfulness en la psicología (véase la figura 1). El proceso iterativo de refinamiento y reevaluación dentro del método científico, que muchas veces es visto como un proceso de autocorrección, puede, de hecho, acabar no corrigiendo malentendidos conceptuales fundamentales acerca del mindfulness, sino perpetuándolos y fortificándolos. La facilidad y la velocidad con la cual se administran estas escalas que implican a un gran número de personas, como también la gran cantidad de investigadores que las están adoptando, pueden facilitar la proliferación de publicaciones sobre el «mindfulness» en relación con otros fenómenos psicológicos. En otras palabras, estas escalas pueden tomar vida propia a la hora de definir y cosificar el mindfulness en la literatura psicológica. Por otro lado, muchos científicos con limitada o ninguna experiencia en la práctica del mindfulness pueden confundir las caracterizaciones psicológicas y budistas de la consciencia del mindfulness. Los intereses establecidos (defensa de estudios previos que usaron estas escalas o nuevas posibilidades de financiación engendradas por la popularidad de las nuevas estrategias) tienden a su vez a ejercer efectos significativos sobre la dirección de desarrollo que toman este tipo de evaluaciones técnicas. Dadas estas preocupaciones, el resto de este artículo se ocupará de las posibles deficiencias de los actuales intentos por cuantificar el mindfulness a través de cuestionarios personalizados.

¿Qué es lo que puede decirnos el mindfulness acerca del mindfulness?

Algunos han sugerido que el empleo de ítems que se asumen como un reflejo opuesto del mindfulness (operar en «piloto automático») pueden servir como un índice útil del mindfulness (utilizando una pequeña manipulación matemática, es decir, marcadores reversos de artículos; véase Baer, 2011; Brown y Ryan, 2003). Un ejemplo consiste en preguntarle a la gente cuán a menudo se quedan dormidos o dejan de prestar atención, y luego invertir sus respuestas de modo que la afirmación «Mi mente no se distrae muy a menudo» (este sería el nivel más bajo de la escala) es tomada como una sugerencia de algo como «Mi mente se mantiene enfocada en la tarea presente la mayor parte del tiempo». Mientras los ítems que emplean estos procedimientos de marcadores reversos son a menudo útiles en cuestionarios cuyo objetivo es identificar participantes que no prestan una atención plena y que pueden responder con descuido durante el proceso de compleción, la mayoría de los artículos en los cuestionarios son normalmente formulaciones positivas que de manera directa evalúan la idea de interés.

Consideremos un inventario popular de depresión que incluye cuatro ítems (entre un total de 20) que reflejan un estado anímico positivo en contraposición a la depresión, y el hecho de que estos ítems positivos pueden correlacionarse de manera muy limitada con respecto a otros ítems en la escala. Reflexionando sobre este tema, dos prominentes especialistas en estadísticas en psicología han enfatizado recientemente que la aprobación del estándar menor en la escala de características no implica una presencia fuerte de la opuesta; por ejemplo, una aprobación baja de los síntomas depresivos no necesariamente sugiere felicidad, o la aprobación de los estándares inferiores de una escala de discapacidad física no sugiere salud física (Reise y Waller, 2009). Esto no significa que los ítems documentados en reverso nunca sean útiles, sino que la inclusión de estos ítems en el cuestionario supone un proceso complejo.

Una escala completa compuesta por ítems medidos en reverso es considerablemente más problemática. Supongamos que un individuo responde a todos los ítems acerca del actual nivel de discapacidad física logrando la respuesta más baja (no todos). ¿Lo etiquetaremos necesariamente como físicamente en forma basándonos en sus respuestas? Puede no estar físicamente incapacitado, pero eso es muy diferente a estar en forma. Por lo tanto, ¿qué haremos entonces con una escala del mindfulness que mide la falta de atención percibida? La escala administrada más común que supuestamente mide el mindfulness (MAAS; Brown y Ryan, 2003) se apoya por completo en este tipo de ítems formulados negativamente, basados en la autoatribución de falta de atención (véase Grossman, próxima publicación, para un análisis en profundidad). Sin embargo, varias investigaciones sugieren que esta escala puede relacionarse más con la propensión a las experiencias de lapsus de atención que con las cualidades positivas posiblemente asociadas al mindfulness (Carriere, Cheyne y Smilek, 2008; Cheyne, Carriere y Smilek, 2006). Además, los análisis más recientes también van en la misma dirección al sugerir que el MAAS refleja la experiencia de la falta de atención general, no la atención plena [*mindfulness*] (Van Dam, Earleywine y Borders, 2010).

¿Podemos saber cuándo tenemos un lapsus de atención?

La mayoría de nosotros hemos tenido la experiencia de «despertar» de una ensoñación o de llegar a un lugar y darnos cuenta de que no hemos prestado atención a cómo llegamos allí. Estas observaciones sugieren que todos sabemos lo que se siente en un lapsus de atención. Sin embargo, ¿cuán buenos somos para identificar nuestra disposición general a la hora de actuar de ese modo? En otras palabras, ¿acaso nuestra experiencia o autointerpretación de la falta de atención durante la vida cotidiana refleja cuán faltos de atención somos en realidad? ¿Podemos estimar con exactitud cuánto tiempo, en general, estamos en los estados de distracción o cuán típicos son estos estados para nosotros, como sugieren ciertos cuestionarios del mindfulness (Brown y Ryan, 2003)?

La investigación apunta que la divagación mental (semejante a la ensoñación) está a menudo asociada a una falta de metaconsciencia (o consciencia de que uno es consciente; véase Schooler, 2002). Además, experimentos en neurociencia cognitiva sugieren que los individuos procesan muy poco de su entorno externo cuando sus mentes divagan (Smallwood *et al.*, 2008), creando una falta de referencia para los estados de lapsus de atención. Otras investigaciones han mostrado, además, que los meditadores expertos utilizan menos recursos cognitivos para volver su atención a la tarea que tienen delante y son más hábiles a la hora de prevenir que sus mentes divaguen (Pagnoni *et al.*, 2008). Estos descubrimientos crean un acertijo conceptual en lo que concierne al diagnóstico que uno se hace a sí mismo sobre la distracción: las diferencias individuales en las características psicológicas o de otro tipo pueden influenciar de manera importante la precisión de las personas a la hora de evaluar su propia distracción. Por lo tanto, es plausible que el MAAS no sea después de todo un instrumento muy preciso para evaluar los lapsus de atención, y mucho menos el mindfulness. Por otra parte, es posible que sea preciso evaluar cuán limitado *piensan* los entrevistados que es su desempeño atencional en la vida cotidiana. Un argumento similar puede esgrimirse respecto a otras medidas de autoevaluación descritas en los cuestionarios del «mindfulness», los cuales pueden enfatizar capacidades diferentes de aquellas a las que atiende el MAAS (para más detalles, véase Grossman, próxima publicación).

Cuídate de la parcialidad

Los cuestionarios del mindfulness evitan el lenguaje arcano a favor de palabras y oraciones simples que *parecen ser* igualmente accesibles para todos (incluso para aquellos sin entrenamiento en el mindfulness). Sin embargo, este lenguaje simple está basado en general en la retórica implicada en las mismas intervenciones basadas en el mindfulness (MBSR y MBCT). De acuerdo con esto, muchas frases utilizadas en los cuestionarios del «mindfulness» (operar en «piloto automático», «centrarse en el momento presente») son más accesibles, después de participar en una intervención basada en el mindfulness (IBM), que antes de hacerlo. La mera accesibilidad no significa necesariamente que los individuos estén más dispuestos a refrendar el ítem, aunque hay pruebas de que podrían hacerlo (Mayo, White y Eysenck, 1978).

El alcance por parte de los participantes de la valoración de la idea de lo que el ítem representa puede tener, además, un impacto en la extensión en la cual refrenden un ítem (Grossman, 2008). Alguien que ha pasado por una intervención de ocho semanas en la que se le exigieron 45 minutos diarios de práctica de meditación, o alguien diferente que ha empleado los últimos 15 años de su vida para meditar regularmente, es probable que atribuya alguna importancia a los valores que son parte de esa práctica, especialmente si ha llegado a internalizar esos valores. En consecuencia, los individuos pueden querer demostrarse (inconsciente o conscientemente) a sí mismos, o demostrar a otros, que ellos poseen, al menos hasta cierto punto, las cualidades que los cuestionarios describen. Por otro lado, puede que confundan las aspiraciones hacia ciertos atributos con los logros mismos. Hay una literatura sustancial relacionada con otros cuestionarios que apoyan la probabilidad de este tipo de influencias sesgadas en los resultados.

Baer (2011) sugiere que la parcialidad no es un problema, porque los participantes de las intervenciones basadas en el mindfulness están dispuestos a informar de los tiempos de práctica que son menores que los estándares recomendados, mostrándose a sí mismo bajo una luz potencialmente negativa. Mientras, que, en la superficie, esto puede parecer relacionado con el tema de la parcialidad (los participantes están, de hecho, dispuestos a ser percibidos negativamente), es más probable que un sesgo *inconsciente* presente un problema que un sesgo *consciente*.

Hay numerosos factores que contribuyen a la parcialidad en la medición de los informes personales (Van Dam *et al.*, 2011), y estos sesgos han sido repetidamente observados en la literatura psicológica. Las pruebas en la investigación, específicamente relacionada con los cuestionarios del mindfulness, también sugieren que los sesgos pueden desempeñar un papel importante en los informes personales. En comparación con un pequeño grupo de meditadores, en los estudiantes sin experiencia meditativa, se encontraron pruebas de que las personas con resultados globales comparables estaban dispuestas a refrendar opciones en sus respuestas completamente diferentes basadas en su membresía grupal (Van Dam, Earleywine y Danoff-Burg, 2009). De igual modo, los meditadores estaban dispuestos a refrendar opciones del mindfulness o distracción, mientras que los estudiantes estaban más dispuestos a rechazar afirmaciones de distracción que a refrendar ítems que positivamente pretendían reflejar el mindfulness. Esta investigación indica que, pese a que un meditador frecuente y un estudiante universitario pueden tener un resultado total semejante en una escala del «mindfulness», ese resultado puede ser alcanzado de maneras muy diferentes (véase Van Dam, Earleywine y Danoff-Burg, 2009). Esto sugiere interpretaciones diferentes acerca del sentido de los ítems entre los grupos.

Como respuesta al estudio anterior, Baer *et al.* (2011) sugiere que un estudio recientemente llevado a cabo por ellos, utilizando análisis comparativo con grupos bien calibrados demográficamente de meditadores y no meditadores, muestra «muy poca evidencia de interpretación diferencial de los ítems». Sin embargo, los métodos estadísticos que Baer *et al.* (2011) eligieron utilizar pueden favorecer en demasía la posición de que la interpretación diferencial de ítems no es un problema, que el umbral para probar la evidencia que eligieron puede, en sí mismo, excluir la posibilidad de encontrar estas diferencias. Podemos representar diferentes estadísticas en la misma información recopilada utilizando niveles convencionales de probabilidad para evaluar cada ítem, y encontrar que en dos sub-escalas de sus cuestionarios («Observación» y «actuación» con «consciencia»), la mitad de los ítems en una sub-escala y tres cuartos de los ítems en la otra muestran pruebas de este tipo de problemas, excediendo lo que podría esperarse por azar. En el mejor caso, el estudio de Baer *et al.* (2011) puede sugerir que la utilización de muestras bien calibradas a partir de variables demográficas (edad, género y educación) podría reducir modestamente esta clase de problemas con las escalas del mindfulness, pero también poner de relieve el hecho de que diferentes grupos pueden interpretar el significado de los mismos ítems de manera diferente. En algunos casos, esas diferencias pueden ser el resultado de diferencias demográficas, y en otros casos, del entrenamiento del mindfulness. Esta no es una situación óptima para un cuestionario que tiene el objetivo de comparar diferentes poblaciones. Además, las pruebas que se desprende de Baer *et al.* (2008) indican que un aspecto central del mindfulness («Observación»; también una de las sub-escalas que muestran una prueba del funcionamiento diferencial de un ítem) puede no ser evaluado de manera fidedigna, de tal modo que los meditadores y los no meditadores puedan ser válidamente comparados: los ítems en esta sub-escala parecen haber tenido diferentes significaciones para cada grupo.

Las variadas interpretaciones de no meditadores y meditadores (Baer *et al.*, 2008; Grossman, 2008; Van Dam, Earleywine y Danoff-Burg, 2009) sugieren que el lenguaje ordinario puede no hacer justicia a la complejidad del mindfulness, porque las palabras utilizadas en el instrumento evaluado serán entendidas de modo diferente por parte de los distintos grupos. Si la práctica de la meditación implica un giro cualitativo en la experiencia subjetiva (Kabat-Zinn, 2005), entonces la elección de las palabras continuará siendo problemática cuando comparemos aquellos con práctica meditativa con aquellos otros sin exposición a la meditación.

Un ejemplo indica que las diferencias entre grupos en la interpretación de los ítems pueden llevar a conclusiones absurdas cuando se usa la información personal del mindfulness (Grossman, 2008): los resultados del FMI [Freiburg Mindfulness Inventory] compararon el desempeño de estudiantes atiborrados de bebidas alcohólicas y estudiantes en estado normal (Leigh, Bowen y Marlatt, 2005) con el de meditadores experimentados después de un retiro de meditación de varios días (Buchheld, Grossman y Walach, 2001). La figura 2 muestra que los estudiantes borrachos puntuaban significativamente por encima de los meditadores experimentados en el «mindfulness», y en el medio los estudiantes sanos normales. De modo interesante, Leigh, Bowen y Marlatt (2005) concluyen que el constructo del mindfulness «puede ser medido de ma-

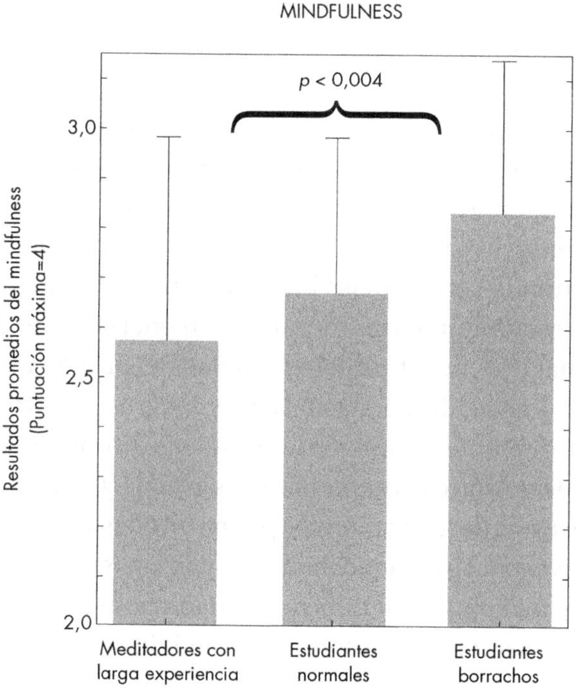

FIGURA 2. Resultados del mindfulness (Freiburg Mindfulness Inventory [FMI]); promedio (desviaciones estándares) de meditadores con larga experiencia, estudiantes sanos sin experiencia de meditación previa y estudiantes sin experiencia meditativa anterior atiborrados de bebidas alcohólicas. Diferencias entre meditadores y bebedores alcoholizados ($p < 0,0004$); diferencias entre meditadores y estudiantes normales ($p < 0,06$).

nera fidedigna a través de informes personales y puede servir para identificar una importante relación entre el uso de sustancias y el mindfulness». De ahí que las implicaciones de este estudio sean claras: el uso excesivo de alcohol es propicio para estar atentos, pero la meditación del mindfulness no lo es. En un sentido más serio, una manera en la cual estos descubrimientos paradójicos pueden ser explicados es que los estudiantes atiborrados de bebidas alcohólicas interpretaron el significado de los ítems (relacionados con la consciencia de las sensaciones corporales) de forma muy diferente a la de los meditadores.

Temas semejantes, aunque de algún modo menos frívolos, han sido surgeridos en otras investigaciones. Otro estudio de MAAS [Mindfulness Attention Awareness Scale] y KIMS [Kentucky Inventory of Mindfulness Skills] entre la población tailandesa (donde las creencias budistas son predominantes) y muestras estadounidenses (donde las creencias budistas son minoritarias) no encontró diferencias globales en el MAAS (aun cuando los índices de meditación en los dos grupos son sustancialmente diferentes); también los KIMS mostraron relaciones inconsistentes entre los ítems entre los grupos (Christopher *et al.*, 2009). Estos descubrimientos ponen en cuestión lo que los psicólogos están en realidad midiendo con estos cuestionarios y, si existe un soporte científico adecuado para su uso continuado, si es caracterizado como una medida de mindfulness.

Diversidad de definiciones en las escalas del mindfulness

No existe una referencia estándar que pueda ser utilizada con el fin de evaluar los cuestionarios propuestos para medir el mindfulness. Por lo tanto, no podemos saber si un cuestionario mide de manera fiable algunos aspectos del mindfulness. A diferencia de lo que ocurre a la hora de probar las habilidades matemáticas, no hay una prueba definitiva para el mindfulness, no hay un indicador de crecimiento o actividad en el cerebro, no hay tampoco ningún referente conductual que haya sido documentado como específico para el mindfulness. Esta situación abre la puerta a definiciones del mindfulness que corren el peligro de perder la relación con las prácticas y enseñanzas que dieron lugar al surgimiento de los programas de MBSR y MBCT. En ocasiones, dará lugar a definiciones híbridas y de funcionamiento del mindfulness que están posiblemente aún más lejos de las raíces dhármicas originales de esta manera de ser (Grossman, 2008).

Hemos analizado el ejemplo del MAAS, cuyos ítems evalúan la percepción de los lapsus atencionales en la vida diaria. No obstante, los autores de esta escala asumen claramente que están midiendo el mindfulness y se refieren a ello como tal cuando los descubrimientos del MAAS son presentados. El FFMQ [Five-Facet Mindfulness Questionnaire] (Baer *et al.*, 2006) adopta directamente muchos ítems del MAAS en una de sus sub-escalas, «Actuar con consciencia» (*Act with Awareness*). Sin embargo, estos autores no etiquetan estas respuestas como el «mindfulness», sino como «actuar con consciencia», una de las cinco facetas del mindfulness. Solo esto es una fuente de confusión significativa. ¿Es el «MAAS mindfulness» solo una faceta del «FFMQ mindfulness» o únicamente una medida de los lapsus de atención experimentados, como indican otros estudios (Carriere, Cheyne y Smilek, 2008; Cheyne, Carriere y Smilek, 2006)?

Baer *et al.* (2006) también incluyen otra sub-escala que parece evaluar de qué modo piensan los participantes que pueden expresarse verbalmente. Baer (2011) justifica esta sub-escala afirmando que refleja la técnica de etiquetado o notación a veces empleada en la meditación de la visión. Sin embargo, tal como la entendemos nosotros, esta notación verbal sirve principalmente de recurso mnemotécnico para mantener la consciencia momento a momento. La meta no es investigar la experiencia a nivel verbal, sino emplear el etiquetado para ayudar al contacto sin costura con la experiencia pasajera, un proceso que a menudo, de hecho, se caracteriza como preverbal o no verbal, pero que en ningún sitio se describe como un rico y fluido monólogo de la experiencia momentánea. Una secuencia mental –como «inspirar, espirar, picar, calor, incomodidad, espiración, pensamiento, pensamiento»– no es, en sí misma, la esencia de la experiencia de la meditación. Por otro lado, la práctica que consiste en etiquetar mentalmente la experiencia durante la meditación no parece estar asociada de manera importante con las evaluaciones en torno al modo en que uno piensa que en general puede expresarse sobre sí mismo. Esta sub-escala deriva posiblemente de los propios intereses de los autores y el trabajo en la Terapia dialéctica conductual (Dialectical Behaviour Therapy [DBT]; Linehan, 1993), porque la expresividad verbal es a menudo deficiente en la población señalada por el DBT, y una técnica que promueve la descripción verbal ha sido denominada como una habilidad en el «mindfulness» en el DBT. Por lo tanto, su inclusión parece indicar que el inventario de cinco sub-escalas proporciona una definición híbrida del mindfulness, y al menos algunas sub-escalas parecen tener muy poca semejanza con el constructo budista original (véase la primera sección). El FFMQ contiene: 1) una sub-escala de expresividad verbal que parece tener poco que ver con la comprensión tradicional del mindfulness; 2) otra sub-escala que evalúa los lapsus de atención percibidos; 3) una tercera escala que refleja de qué modo las personas creen que pueden observar o prestar atención a la experiencia (sin embargo, como mencionamos más arriba, esta sub-escala funciona de manera muy diferente entre meditadores y no meditadores), y 4) otras dos escalas que evalúan los informes personales sobre la no reactividad enjuiciadora y emocional. Por lo tanto, dos de estas cinco sub-escalas puede que no reflejen el mindfulness de modo alguno. Una tercera, aunque dirigida a una de las características centrales del mindfulness (observar/notar, atender), no es desde un punto de vista metodológico válida para ser usada transversalmente entre diferentes grupos de personas (Baer *et al.*, 2008) y es altamente probable que sea susceptible a variaciones en la interpretación semántica. No obstante, esta escala de cinco facetas es bastante popular, empleada por muchos psicólogos para medir la extensión del mindfulness.

No deseamos condenar aquí esta escala, pero su uso es un ejemplo de los tipos de problemas que surgen con los cuestionarios de informes personales que pretenden medir el mindfulness. Casi todos los cuestionarios disponibles tienen deficiencias similares, incluido el FMI, con el cual el primer autor ha estado íntimamente asociado. Por otro lado, se correlacionan de manera pobre –o, como mucho, de manera moderada– unos con otros (Baer *et al.*, 2004; 2006; Grossman, 2008, próxima publicación), lo cual significa que una persona puede fácilmente figurar muy alto en una escala del «mindfulness» y muy por debajo en otra. Sin algún tipo de criterio externo que nos permita evaluar estas conclusiones, es imposible decir qué es lo que en realidad estos significan descubrimientos.

¿Todos somos conscientes?

Varios cuestionarios del mindfulness han sido desarrollados con el único propósito de medir el mindfulness en los individuos que tienen experiencia meditativa (FMI, Buchheld, Grossman y Walach, 2001; Developmental Mindfulness Questionnaire [DMS], Solloway y Fischer, 2007; Toronto Mindfulness Scale [TMS], Lau *et al.*, 2006), aunque dos han sido adaptados posteriormente por algunos de sus autores originales con el fin de ser usados para medir características (FMI, Walach *et al.*, 2006; TMS, Davis, Lau y Cairns, 2009). Otros cuestionarios han sido desarrollados con la idea de que el mindfulness es accesible y puede ser comprendido por cualquiera de la población general, independientemente de su exposición previa a la meditación (véase Baer, 2011). Hace poco, las escalas han sido desarrolladas con el propósito de medir el mindfulness en los niños. Esta estrategia general, por lo tanto, asume que es posible y significativo medir el mindfulness en casi todas las personas.

Revisando un análisis anterior, la mejor formulación del mindfulness es entendida, a partir de los discursos budistas tempranos, hasta las enseñanzas modernas actuales, como un proceso de desarrollo radicalmente gradual. Se asume que las personas que no están familiarizadas con la práctica del mindfulness poseen cualidades incipientes de consciencia plena, caracterizada como elemental, no desarrollada e inmadura (en su versión contemporánea [Kabat-Zinn, 2005]: «... estas capacidades necesitan ser descubiertas, desarrolladas y puestas en funcionamiento»). Solo un cultivo lento y gradual, a través de un entrenamiento mental continuo, supuestamente resultará en una profundización del mindfulness y su comprensión. Así en uno de los tratados budistas tempranos (Ireland, traducción de 1997): «Como el gran océano gradualmente se decanta, se acuesta y se inclina, y no hay un repentino precipicio, del mismo modo en esta doctrina y disciplina hay un entrenamiento gradual, un curso gradual, una progresión gradual, y no hay una repentina penetración...». Más recientemente, Rosenberg (1998) escribió: «El mindfulness consiste en el poder de la mente de observar, un poder que varía con la madurez del practicante».

Desde esta perspectiva, los individuos sin experiencia meditativa responderán de modo casi inevitable a la palabra «mindfulness» –y a los ítems de los cuestionarios que pretenden medirlo– de manera radicalmente diferente al modo en que lo harán aquellas personas con experiencia meditativa. Como ha señalado un maestro famoso de meditación (Khema, 1989) acerca de los efectos del entrenamiento meditativo: «La diferencia entre la mente entrenada y la mente sin entrenamiento se entiende en la experiencia». E incluso aquellos con diversos niveles de entrenamiento mental es posible que tengan comprensiones divergentes. Las definiciones y operaciones sobre el mindfulness que no toman en cuenta la naturaleza gradual del entrenamiento atencional, la progresión gradual en términos de mayor estabilidad de la atención e intensidad de la experiencia, o los enormes desafíos inherentes que implica vivir plenamente atento, es muy probable que acaben malinterpretando y banalizando el constructo del mindfulness, el cual no es verdaderamente un constructo tal como nosotros tradicionalmente lo entendemos en la psicología occidental, sino, más profundamente, una manera de ser.

Conclusiones sobre la comprensión del mindfulness

En un periodo de tiempo relativamente breve, se ha logrado un notable progreso en lo que concierne a la integración de conceptos desconocidos dentro de los paradigmas occidentales de la psicología. Hace no mucho tiempo, parecía inimaginable que la psicología dominante pudiera llegar tan rápidamente a reconocer como un tema legítimo de estudio el mundo interior, abierto incluso a la investigación de cualidades como la compasión, la bondad o la ecuanimidad. Parece útil, debido a que estas áreas están en su infancia, que al embarcarnos en estas cuestiones durante este estadio de su desarrollo, cultivemos el cuidado y la paciencia, para evitar la reificación y la trivialización de conceptos que tienen una riqueza de la cual no podemos aún ser completamente conscientes.

¿Cuáles son algunas de las estrategias cuantitativas posibles que podrían ser apropiadas en esta fase de investigación científica sobre el mindfulness? No pretendemos tener todas las respuestas. Sin embargo, podemos sugerir un número plausible de estrategias para evitar varias de las limitaciones y errores potenciales que producen las escalas autoadministradas analizadas anteriormente.

1. Una de ellas sería evaluar, en un formato similar a los informes personales como los actuales inventarios, no cuán hábiles piensan que son las personas en relación a cualidades o comportamientos específicos, sino hasta qué punto consideran valiosas esas características, es decir, examinar si la práctica del mindfulness está asociada con diferencias y cambios en los sistemas de valores. Por ejemplo, ¿cuán valioso encuentran diferentes personas el mero acto de sentarse en calma notando qué sensaciones, pensamientos y/o emociones surgen momento a momento, o examinando las experiencias pasajeras, sean estas placenteras, desagradables o neutrales? Estas preguntas tendrán que ser cuidadosamente formuladas, pero podrían darnos información significativa acerca de *lo que es importante* para las personas que practican la meditación del mindfulness y para aquellos que no la practican. Además, esta estrategia podría arrojar luz acerca del modo en que la práctica del mindfulness influye en la perspectiva de las personas sobre los desafíos de su vida y sus experiencias inspiradoras. Este tipo de escalas sigue estando sujeta a sesgos análogos a los de otras mediciones de informes personales, pero, al menos, son menos propensas a refundir logros con aspiraciones.

2. Una opción viable para preservar la integridad y la riqueza de la comprensión budista del mindfulness podría ser llamar a esas diversas cualidades, que hoy pretenden ser el mindfulness, con nombres más próximos a lo que en realidad representan («lapsus de atención experimentados», en el caso de Brown y Ryan, 2003; «autocompetencia percibida de expresividad verbal», en el caso de una de las sub-escalas de Baer *et al.*, 2006). Los nombres podrían ser plenamente descriptivos respecto a lo que las escalas individuales en realidad evalúan,

y la exención de responsabilidad en los estudios publicados podría afirmar que esas escalas no evalúan directamente el mindfulness. Las relaciones entre estas medidas y aspectos de la práctica del mindfulness pueden aún ser evaluadas, pero tendría que haber una clara distinción entre las características medidas («lapsus de atención experimentados») y el mindfulness. De hecho, una estrategia cuidadosa de este tipo está siendo implementada actualmente por algunos investigadores («descentramiento», Fresco *et al.*, 2007; consciencia metacognitiva, Hargus *et al.*, 2010; Teasdale *et al.*, 2002). Un mayor trabajo podría servir para incrementar la comprensión de los mecanismos psicológicos más allá de los logros que ocurren cuando los investigadores nombran globalmente sus medidas, como ocurre con el «mindfulness».

3. Es probable que las estrategias de entrevistas (Teasdale *et al.*, 2002; Hargus *et al.*, 2010), aunque más elaboradas, ofrezcan una mayor comprensión respecto a los mecanismos psicológicos y las características asociadas con el mindfulness que los cinco minutos de informe mental de los inventarios, sobre todo porque las complejidades semánticas y las respuestas sesgadas pueden ser encaradas de mejor modo en las interacciones cara a cara (especialmente con entrevistadores habilidosos e informados).

4. Debido a que se ha planteado como hipótesis que la práctica del mindfulness contribuye al alivio del sufrimiento, pueden enfatizarse medidas resultantes que pongan a prueba la especificidad de los efectos, incluso dimensiones basadas en constructos antiguos, como los siete factores de la iluminación (energía, gozo, concentración, calma, interés, ecuanimidad y el mindfulness). Aunque este tipo de cualidades serán a menudo

difíciles de conjugar con los términos occidentales, pueden ofrecer una estrategia para la medición que evalúa los efectos específicos de las intervenciones del mindfulness, proveen una base para probar las asunciones budistas acerca de las consecuencias de la práctica del mindfulness, y pueden tener el potencial de mediar entre paradigmas. Esta estrategia puede también ser aplicada al examen de los cambios conductuales después de las intervenciones basadas en el mindfulness (Singh *et al.*, 2004).

5. Deben continuar realizándose esfuerzos con el fin de examinar cuidadosamente los cambios psicológicos y fisiológicos que acompañan la *práctica* y el *proceso* del mindfulness; es probable que esta estrategia nos permita revelar paralelismos con los conceptos empíricos occidentales y nos ayude a construir puentes más sólidos entre las psicologías budista y occidental que la mera utilización de asunciones *a priori* acerca del mindfulness.

En conclusión, el comienzo de un cambio de paradigma parece evidente en las nuevas formas de la exploración científica concurrente de lo subjetivo y lo objetivo (Thompson, 2007; Varela, Thompson y Rosch, 1991). Quizá uno de los beneficios más importantes al que puede contribuir el mindfulness mismo a la investigación sobre el mindfulness es que podamos aprender a cultivar una consciencia intencional y paciente del momento presente y de nuestras propias mentes en el trabajo mismo que estamos llevando a cabo.

BIBLIOGRAFÍA

The middle length discourses of the Buddha. A translation of the Majjhima Nikaya. (2000). (B. ÑANAMOLI, & B. BODHI, Trads.) Boston, MA: Wisdom Press.

BAER, R. (2011). Measuring mindfulness. *Contemporary Buddhism,* 12, 241-261.

BAER, R., SAMUELS, D. & LYKINS, E. (2011). Differential item functioning on the Five Facet Mindfulness Questionnaire is minimal in demographically matched meditators and nonmeditators. *Assessment,* 18, 3-10.

BAER, R., SMITH, G. & ALLEN, K. (2004). Assessment of mindfulness by self report: The Kentucky inventory of mindfulness skills. *Assessment,* 11, 191-206.

BAER, R., SMITH, G., HOPKINS, J., KRIETEMEYER, J. & TONEY, L. (2006). Using self-report assesment methods to explore facets of mindfulness. *Assessment,* 13, 27-45.

BAER, R., SMITH, G., LYKINS, E., BUTTON, D., KRIETEMEYER, J., SAUER, S. y otros. (2008). Construct validity of the Five Facet Mindfulness Questionnaire in meditating and non-meditating samples. *Assessment,* 15, 329-42.

BATCHELOR, S. (1997). *Buddhism without beliefs: A contemporary guide to awakening.* Nueva York: Riverhead.

BAUMEISTER, R., VOHS, K. & FUNDER, D. (2007). Psychology as the science of self-reports and finger movements Whatever happended to actual behavior? *Perspectives on Psychological Science,* 2, 396-403.

BHIKKHU, B. (1988). *Mindfulness with breathing: A manual for serious beginners.* Boston, MA: Shambala.

The connected discourses of the Buddha: A new translation of the Samyutta Nikaya. (2000). (B. BODHI, Trad.) Boston, MA: Wisdom .

BODHI, B. (1994). *The noble eightfold path: The way to the end of suffering* (2 ed.). Kandy, Sri Lanka: Buddhist Publication Society.

BROWN, K. & RYAN, R. (2003). The benefits of being present: Mindfulness and its role in psychological well being. *Jounal of Personality and Social Psychology,* 84, 822-44.

BUCHHELD, N., GROSSMAN, N. & WALACH, H. (2001). Measuring mindfulness in insight meditation (vipassana) and meditation-based psychotherapy: The development of the Freiburg Mindfulness inventory (FMI). *Journal for meditation and Meditation Research,* 1, 11-34.

BUSH, M. (2011). Mindfulness in higher education . *Contemporary Buddhism,* 12, 183-197.

CARRIERE, J., CHEYNE, J. & SMILEK, D. (2008). Everyday attention lapses and memory failures: The affective consequences of mindedness. *Consciousness and Cognition*, 17, 835-47.
CHEYNE, J., CARRIERE, J. & SMILEK, D. (2006). Absent-mindedness: Lapses of conscious awareness and everyday cognitive failures. *Consciousness and Cognition*, 15, 578-92.
CHRISTOPHER, M. S., CHAROENSUK, S., GILBERT, B., NEARY, T. & PEARCE, K. (2009). Mindfulness in Thailand and the United States: A case of apples versus oranges? *Journal of Clinical Psychology*, 65, 509-612.
CHRISTOPHER, M. & GILBERT, B. (2007). *Psychometric properties of the Kentucky Inventory of Mindfulness Skills (KIMS) and Mindful Attention Awareness Scale (MAAS among Thai Theravada Buddhist monks*. Obtenido de Pacific University Oregon: http://commons.pacificu.edu/sppfac/2/
DAVIS, K., LAU, M. & CAIRNS, D. (2009). Development and preliminary validation of trait version of the Toronto Mindfulness Scale. *Journal of Cognitve Psychotherapy*, 23, 185-97.
DREYFUS, G. (6-12 de junio de 2006). Attention and the regulation of ethically relevant mental states: An Abhhidharmic view. Garrison, NY.
DREYFUS, G. & THOMPSON, E. (2007). Asian Perspectives: Indian theories of mind. En P. Zelayo, M. Moscovitch, & E. Thompson (Edits.), *The Cambridge handbook of consciousness*. New York: Cambridge University Press.
FRESCO, D., MOORE, M., VAN DULMEN, M., SEGAL, Z., TEASDALE, J., MA, H. y otros. (2007). Initial psychometric properties of the Experiences Questionnaire: A self-report survey of decentering. *Behavior Therapy*, 38, 234-46.
GETHIN, R. (1998). *The foundations of Buddhism*. Oxford: Oxford University Press.
GROSSMAN, P. (en prensa). Defining mindfulness by «how poorly I think I pay attention in everyday awareness» and other intractable problems for psychology's (re) invention of mindfulness. *Psychological Assessment*.
GROSSMAN, P. (2010). Mindfulness for psychologist: Paying kind attention to be perceptible. *Mindfulness*, 1, 87-97.
GROSSMAN, P. (2008). On measuring mindfulness in psychosomatic and psychological research. *Journal of Psychosomatic Research*, 64, 405-8.
GROSSMAN, P. (1983). Respiration, stress, and cardiovascular function. *Psychophysiology*, 20, 284-300.
GROSSMAN, P. & WEINTJES, C. (2001). How breathing adjusts to mental and physical demands. En Y. Haruki, I. Homma, A. Umezawa, & Y. Masaoka (edits.), *Respiration and emotion*. Nueva York: Springer.

HANH, T. N. (1998). *The heart of the Buddha's teaching: Transforming suffering into peace, joy, and liberation.* Nueva York: Broadway Books.

HARGUS, E., CRANE, C., BARNHOFER, T. & WILLIAMS, J. (2010). Effects of mindfulness on meta-awareness and specifity of describing prodromal symptons in suicidal depression. *Emotion*, 10, 34-42.

HAYES, S. & PLUMB, J. (2007). Mindfulness from the bottom up: Providing an inductive framework for understanding mindfulness process and their application. *Psychological Inquiry*, 18, 242-8.

IRELAND, J. D. (1997). *The Udana: Inspired utterances of the Buddha.* Kandy, Sri Lanka: Buddhist Publication Society.

KABAT-ZINN, J. (1999). *Full catastrophe living.* Nueva York: Dell.

KABAT-ZINN, J. (2005). *Coming to our senses: Healing ourselves and the world through mindfulness.* Londres: Piatkus Books.

KABAT-ZINN, J. (2003). Mindfulness-based interventions in context: Past, present, and future. *Clinical Psychology: Science and Practice*, 10, 144-56.

KHEMA, A. (1989). Supreme efforts: III. Aware and awake. Obtenido de Vipassana Fellowship: http://www.vipassana.com

LAU, M., BISHOP, S., SEGAL, Z., BUIS, T., ANDERSON, N. & *et al.* (2006). The Toronto mindfulness scale: Development and validation. *Journal of Clinical Psychology*, 62, 1445-67.

LEIGH, J., BOWEN, S. & MARLATT, G. (2005). Spirituality, mindfulness and substance abuse. *Addiction Behaviors, 30,* 1335-41.

LINEHAN, M. (1993). *Cognitive-bahavioral treatment of bordeline personaly disorder.* Nueva York: Guilford.

MAYO, J., WHITE, O. & EYSENCK, H. (1978). An empirical study of the relation between astrological factors and personality. *Journal of Social Psychology*, 105, 229-36.

PAGNONI, G., CEKIK, M. & GUO, Y. (2008). Thinking about not-thinking: Neural correlates of conceptual processing during Zen meditation. *PLoS ONE*, 2, e3083.

PHILLIPSON, E., MCCELAN, P., SULLIVAN, C. & ZAMEL, N. (1978). Interaction between metabolic and behavioral respiratory control during hypercapnia and speech. *The American Review of Respiratory Disease*, 117, 903-9.

REISE, S. & WALLER, N. (2009). Item response theory and clinical measurement. *Annual Review of Clinical Psychology*, 5, 27-48.

ROSENBERG, L. (1998). *Breath by breath: The liberating practice of insight meditation.* Boston, MA: Shambala.

SCHOOLER, J. (2002). Re-presenting consciousness: Dissociations between experience and meta-consciousness. *TRENDS in Cognitive Sciences*, 6, 339-4.

SEGAL, Z., WILLIAM, J. & TEASDALE, J. (2002). *Mindfulness-based cognitive therapy for depression: A new approach to preventing relapse.* Nueva York: Guilford Press.

SINGH, N., LANCIONI, G., WINTON, A., WAHLER, R., SINGH, J. & SAGE, M. (2004). Mindful caregiving increases happiness among individuals with profound multiple disabilities. *Research in Developmental Disabilities*, 25, 207-18.

SMALLWOOD, J., BEACH, E., SCHOOLER, J. & HANDY, T. (2008). Going AWOL in the brain: Mind wandering reduces cortical analysis of external events. *Journal of cognitive Neuroscience*, 20, 458-69.

SOLLOWAY, S. & FISHERW.P. (2007). Mindfulness practice: A Rasch variable construct innovation. *Journal of Applied Measurement*, 8, 359-72.

TEASDALE, J., MOORE, R., HAYHURST, H., POPE, M., WILLIAMS, S. & SEGAL, Z. (2002). Metacognitive awareness and prevention of relapse in depression: Empirical evidence. *Journal of Consulting Clinical Psycology*, 70 (2), 275-87.

THOMPSON, E. (2007). *Mind in life: Biology, phenomenology, and the sciences of mind.* Cambridge, MA: Harvard University Press.

THOMPSON, E. & VARELA, F. (2001). Radical embodiment: Neural dynamics and consciousness. *TRENDS in Cognitive Sciences*, 5, 418-25.

VAN DAM, N., EARLEYWINE, M. & BORDERS, A. (2010). Measuring mindfulness? An item response theory analysis of the mindful attention awareness scale. *Personaly and Individual Differences*, 49, 805-10.

VAN DAM, N., EARLEYWINE, M. & DANOFF-BURG, S. (2009). Differential item function across meditators and non-meditators on the Five Facet Mindfulness Questionnaire. *Personality and Individual Differences*, 47, 516-21.

VAN DAM, N., SHEPPARD, S., FORSYTH, J. & EARLEYWINE, M. (2011). Self-compassion is a better predictor than mindfulness of sympton severity and quality of life in mixed anxiety and depression. *Journal of Anxiety Disorders*, 25, 123-30.

VARELA, F., THOMPSON, E. & ROACH, E. (1991). *The embodied mind: Cognitive science and the human experience.* Cambridge, MA: MIT Press.

WALACH, H., BUCHHELD, N., BUTTENMULLER, V., KLEINKNECHT, N. & SCHMIDT, S. (2006). Measuring mindfulness - the Freiburg Mindfulness inventory (FMI). *Personality and Individual Differences*, 40, 1543-55.

16. La medición del mindfulness

Ruth A. Baer

El compromiso de una práctica basada en la evidencia en la psicología clínica requiere una investigación científica de los efectos de los tratamientos y mecanismos de cambio. La evidencia clínica sugiere que los tratamientos basados en el mindfulness proporcionan mejoras clínicamente significativas para personas que sufren problemas importantes de diversa índole, incluida la depresión, la ansiedad, el dolor y el estrés. Sin embargo, los procesos de cambio que producen estos resultados beneficiosos no están claros. Las cuestiones centrales giran en torno al modo en que el entrenamiento del mindfulness conduce a un incremento en la tendencia general a responder de manera plena a las experiencias de la vida cotidiana; y si esto es así, si estos cambios son responsables de la mejora, que a menudo notamos, en la salud mental. Para responder a estas cuestiones necesitamos métodos de evaluación del mindfulness. En la actualidad, varias herramientas para este propósito están disponibles, y las pruebas iniciales sugieren que son útiles e informativas, pese a las deficiencias que exigen un trabajo adicional. En este artículo se resume la razón que hay tras los cuestionarios del mindfulness, los métodos utilizados para construirlos y los descubrimientos respecto a su utilidad. Son analizados los desafíos relacionados con el mantenimiento de la coherencia con las concepciones budistas del mindfulness, al tiempo que se aplican métodos de investigación psicológica al estudio de su evaluación.

La medición del mindfulness

De manera creciente, el campo de la psicología clínica está comprometido con la ciencia como fundamento de la práctica clínica. Este compromiso requiere que evaluemos y tratemos a las personas que buscan ayuda para afrontar sus dificultades psicológicas guiándolas a partir de la mejor literatura científica. Cuando es posible, los clínicos comprometidos con prácticas basadas en pruebas proporcionan tratamiento con un fuerte soporte científico por su eficacia. Hasta que la evidencia científica respecto a su efectividad ha sido publicada en revistas con revisión colegiada, los desarrollos de tratamientos novedosos se consideraban experimentales. Los estándares de efectividad pueden variar con las condiciones y la población que sea estudiada, y los métodos óptimos para demostrar la efectividad son temas de análisis continuados. En general, sin embargo, los psicólogos clínicos empíricos están de acuerdo en que la investigación científica es la fuente más fiable de conocimiento acerca de la mejor manera de aliviar el sufrimiento psicológico. La investigación empírica es también esencial para asegurar que nuestros tratamientos no sean dañinos y entender los aspectos de la mente y el cerebro que subyacen al alivio del sufrimiento.

El estudio científico sobre la efectividad del tratamiento requiere medidas acerca de los problemas para los cuales las personas buscan ayuda. Como ha crecido el compromiso con la evidencia científica en la psicología clínica, igualmente lo ha hecho el conjunto de los métodos disponibles para medir la gravedad de un síntoma desagradable y un comportamiento inadaptado, como la depresión, la ansiedad, los desórdenes alimentarios, el abuso de sustancias, y muchos otros. Un extenso corpus literario demuestra que muchas de las dificultades psicológicas pueden ser tratadas efectivamente. Normalmente, eso implica que los participantes en un tratamiento muestran reducciones significativas en los síntomas por los que buscan ayuda. En algunos casos, eso quiere decir que los tratamientos llevaron a un incremento importante en la calidad de vida, o a una reducción en el estrés, pese a una condición incurable, como ocurre con una enfermedad crónica. De acuerdo con las reglas de la evidencia científica, los diseños de investigación a menudo proporcionan una fuerte indicación de que las mejoras son atribuibles al tratamiento, en lugar de ser el resultado de factores externos, como es el paso del tiempo, o el efecto placebo.

Hasta hace muy poco, la investigación sobre la efectividad de los tratamientos psicológicos se enfocaba básicamente en lo mejor de la salud mental. Sin embargo, a medida que la confianza en la efectividad del tratamiento psicológico ha crecido, la atención ha girado de manera notoria hacia los procesos que dan cuenta del modo en que esos tratamientos funcionan. Por ejemplo, numerosos estudios muestran que una serie de estrategias de tratamiento lleva a una reducción sustancial de la depresión. Sin embargo, ¿por qué ocurre esto? ¿Ocurre acaso porque los patrones de pensamiento de las personas están menos distorsionados, o porque su relación con otros se ha vuelto más saludable, o es porque se han involucrado en más actividades gratificantes? Responder a este tipo de preguntas nos permite incrementar la efectividad del tratamiento al mejorar los componentes que son responsables del cambio terapéutico y hacer hincapié en soltar aquellos componentes que no contribuyen a la mejoría. Por lo tanto, los estudios que miden la gravedad de los síntomas antes y después del tratamiento son necesarios pero no suficientes. Entender de qué modo los tratamientos funcionan requiere que sean medidos los procesos hipotéticos de cambio. Por ese motivo, si se diseña una estrategia de tratamiento para aliviar la depresión al enseñar a las personas a pensar de una manera menos distorsionada, entonces los estudios de ese tratamiento deben medir la extensión de la distorsión en el pensamiento de las personas antes y después del tratamiento, y deben examinar si los grados de cambio en los pensamientos distorsionados están relacionados con el grado de mejora en la depresión.

En el marco de la psicología clínica científica, los tratamientos basados en el mindfulness han generado un interés considerable. Aunque los tratamientos más usuales son efectivos para muchas personas, algunos participantes muestran solo una mejoría parcial o ninguna mejoría; por ello, se reconoce la necesidad de un trabajo adicional. Las estrategias que proponen nuevas ideas y métodos serán bienvenidas, especialmente si sus bases teóricas y conceptuales están bien articuladas y las pruebas preliminares sugieren que son efectivos. El estudio empírico de las estrategias basadas en el mindfulness es relativamente reciente; sin embargo, la literatura se extiende rápidamente y sugiere que las intervenciones, como la Reducción de Estrés Basado en el Mindfulness (MBSR; Kabat-Zinn, 1982, 1990) y la Terapia Cognitiva Basada en el Mindfulness (MBCT; Segal, Williams y Teasdale, 2002), entre otras, producen mejorías clínicamente significativas en personas que sufren muchos problemas importantes, incluidas la depresión, la ansiedad, el dolor y el estrés. Los tratamientos que integran el entrenamiento del mindfulness con una variedad de otras estrategias, como son la terapia conductual dialéctica (TCD, Linehan, 1993) y la terapia de aceptación y compromiso (TAC; Hayes, Strosahl y Wilson, 1999), también tienen un fuerte soporte empírico por su eficacia.

Sin embargo, no queda completamente claro de qué modo los tratamientos basados en el mindfulness producen sus resultados beneficiosos. Encarar esta pregunta requiere medir los procesos de cambio que, se cree, explican los beneficios del entrenamiento del mindfulness. Parece razonable asumir que enseñar a los participantes a practicar la meditación del mindfulness, o las habilidades del mindfulness, cultivará su capacidad para responder de manera más atenta a la experiencia cotidiana, incluidas las sensaciones, cogniciones y emociones, así como las visiones, los sonidos y otros estímulos medioambientales. A su vez, se cree que el incremento del mindfulness en la vida diaria conducirá a una reducción del sufrimiento (Goldstein y Kornfield, 1987). Debido a que la estrategia científica requiere que probemos estas asunciones empíricamente, los investigadores han comenzado a preguntar: «¿Lleva el entrenamiento del mindfulness a un incremento del mindfulness [de la atención plena] en la vida cotidiana?», y «¿Es por este motivo por el que las intervenciones basadas en el mindfulness se consideran beneficiosas?». Estas preguntas no pueden responderse sin métodos de medición del mindfulness. Aunque esta tarea parece un enorme desafío, los psicólogos han comenzado a considerar de qué manera debe ser abordada.

Métodos para evaluar variables psicológicas

Los psicólogos han comenzado a desarrollar métodos para evaluar comportamientos, características y funciones psicológicas humanas. Por ejemplo, la observación directa de participantes entrenados ha contribuido ampliamente a la comprensión de muchas formas de comportamiento manifiesto, como son los tipos de juegos de los niños pequeños, los daños autoinfligidos en personas incapacitadas en su desarrollo, y modos de argumentar en las parejas matrimoniales, entre otros numerosos casos. Probablemente, el mindfulness no encaja muy bien en este tipo de métodos, porque no es verdaderamente observable por otros. Los marcadores fisiológicos de comportamiento como fumar, consumir alcohol y utilizar drogas pueden ser evaluados en los participantes voluntarios con pruebas respiratorias o de orina. Sin embargo, ninguno de los marcadores de mindfulness en la vida cotidiana han sido identificados. Las tecnologías de escaneo pueden ser utilizadas para estudiar los cerebros de personas que practican la meditación del mindfulness. Aunque estos métodos ofrecen resultados fascinantes en lo que concierne a meditadores de prácticas prolongadas y participantes en intervenciones basadas en el mindfulness, no está muy claro que el escaneo cerebral pueda ser utilizado para cuantificar la tendencia general de la atención plena en la vida cotidiana. Las pruebas por ordenador u otras pruebas cognitivas pueden proporcionar medidas objetivas de un amplio espectro de habilidades. Esta estrategia ha sido utilizada en varios estudios del mindfulness y algunos investigadores han presentado asociaciones entre el entrenamiento del mindfulness y mejoras en capacidades como la atención sostenida o la memoria de trabajo (Jha, Krompinger y Baime, 2007; Jha *et al.*, 2010). Sin embargo, los resultados no son claros, y aunque estas capacidades pueden ser relacionadas con el mindfulness, no parece que el mindfulness sea sinónimo de la atención sostenida, la memoria de trabajo u otras capacidades cognitivas reconocidas previamente. No ha sido desarrollada una prueba objetiva del mindfulness.

Otra estrategia de evaluación consiste en pedir a las personas que describan sus pensamientos, sentimientos o su hipotético comportamiento como respuesta a unos interrogantes abiertos o viñetas. Las respuestas son grabadas y transcritas y, luego, pueden ser analizadas por codificadores entrenados. La medida de consciencia y respuesta en memoria autobiográfica (MACAM [Measure of Awareness and Coping in Autobiographical Memory]; Moore, Hayhurst, and Teasdale, 1996) utiliza estos métodos para evaluar el descentramiento, que está íntimamente relacionado con el mindfulness. La literatura psicológica define el descentramiento como la capacidad de observar pensamientos y sentimientos como eventos mentales transitorios que no necesariamente reflejan la realidad, la verdad o la valía personal, no son necesariamente importantes, y no requieren un comportamiento particular en la respuesta. El MACAM es una entrevista basada en viñetas en la cual se pide a los participantes que se imaginen a sí mismos en medio de diversas situaciones medianamente estresantes, como, por ejemplo, esperando a un amigo que no aparece en una cita para almorzar. Se les pide que rememoren ocasiones específicas de su propia vida que son llevadas a la mente por las emociones que las viñetas generan, y describir esas ocasiones en detalle, incluidos sus sentimientos en la situación y cómo respondieron a estos. Los codificadores entrenados clasifican las respuestas en la medida en que demuestran la postura descentrada, definida como la consciencia de pensamientos y sentimientos separada de la persona misma. Los niveles más bajos de la clasificación son otorgados a las descripciones que sugieren estar inmersos o anegados en pensamientos y sentimientos indiferenciados (sentirse de manera «horrible»), mientras que la clasificación superior es otorgada a las secuencias en las que se notan pensamientos y sentimientos específicos, al tiempo que se reconoce que uno puede dar un paso a un costado frente a ello, o permitir que pasen.

Los investigadores muestran que el MACAM puede ofrecer resultados confiables, y estos resultados están relacionados teoréticamente de maneras significativas a importantes variables, como la recuperación de la depresión y la posibilidad de experimentar un episodio análogo en el futuro. Además, la metaconsciencia evaluada a través de este procedimiento ha mostrado que cambia con la participación en un programa de mindfulness (Hargus *et al.*, 2010). Sin embargo, el MACAM es difícil y en términos temporales, costoso. Requiere una larga intervención cara a cara con un entrevistador entrenado, así como codificadores entrenados para clasificar las respuestas. Estas dificultades han dado lugar al desarrollo reciente de cuestionarios personales para evaluar el descentramiento.

Los cuestionarios personales son populares por varias razones. Son convenientes y eficientes y pueden proporcionar información confiable y útil. Cumplen un papel vital en la investigación psicológica porque muchas de las variables de interés para los psicólogos clínicos, como son los pensamientos, las emociones y otros procesos mentales, son observables, básicamente, por las personas que los experimentan. La manera más práctica para aprender acerca de estas variables psicológicas es preguntar a las personas. Los cuestionarios proporcionan un medio para preguntar sistemáticamente de modos estandarizados con el fin de permitir comparaciones entre individuos y sobre los individuos a lo largo del tiempo. Durante décadas, los psicólogos han desarrollado incontables cuestionarios. Miden una enorme diversidad de variables psicológicas que van desde las relativamente estrechas (expectativas alimentarias) hasta las más amplias (personalidad). Muchos de estos cuestionarios han sido utilizados en estudios de resultados del mindfulness con el fin de evaluar las reducciones del estrés, la ansiedad y la depresión; incremento en la coherencia personal, resistencia y compasión hacia uno mismo; y para predecir los abandonos en los programas del mindfulness. Una serie de principios y procedimientos guía el desarrollo y la evaluación de los cuestionarios psicológicos (véase Clark y Watson, 1995, para una síntesis del tema). En años recientes, estos métodos han sido aplicados en el desarrollo de cuestionarios diseñados para medir el mismo mindfulness. Varios cuestionarios de mindfulness están ahora disponibles en la literatura publicada. Como la mayoría de los cuestionarios, consisten en una serie de afirmaciones (conocidas como ítems) que los encuestados califican de acuerdo con el modo en que cada uno de ellos los describe, a menudo en una escala del 1 al 5, en la cual 1 = no es verdad de ningún modo, 3 = es moderadamente verdadero, y 5 = es muy cierto. La mayoría de los cuestionarios del mindfulness están diseñados para evaluar la tendencia general por lo que respecta a la plena atención en la vida cotidiana.

El desarrollo de los cuestionarios del mindfulness

¿Qué es lo que estamos midiendo?

El primer paso en la construcción de un cuestionario consiste en desarrollar una descripción detallada de la variable que va a ser medida, normalmente basada en una revisión exhaustiva de la literatura relevante. Este paso es un desafío excepcional en el caso del mindfulness. Debido a que la mayoría de los psicólogos no son especialistas budistas, el desarrollo de los cuestionarios del mindfulness se ha apoyado en su mayor parte en la literatura escrita por psicólogos que han estudiado el mindfulness, o por maestros que han trabajado para hacer del mindfulness una disciplina accesible para los occidentales no budistas. Varios psicólogos han notado que el significado del mindfulness es sutil y escurridizo, y que definirlo en términos precisos es una tarea difícil (Block-Lerner, Salters-Pednaul y Tull, 2005; Brown y Ryan, 2004). Sin embargo, hay numerosas definiciones y descripciones del mindfulness disponibles. Quizá la más conocida es la definición práctica articulada por Kabat-Zinn (1994), que describe el mindfulness como «prestar atención, en un modo particular: con propósito, en el momento presente, y de manera no enjuiciadora». En un artículo posterior, Kabat-Zinn (2003) sugiere también que el mindfulness incluye «una cualidad afectuosa, compasiva dentro de la atención, un sentido de apertura del corazón, una presencia amigable e interesada». Brown y Ryan (2003) definen el mindfulness como «un estado de atención y consciencia a lo que está teniendo lugar en el presente». De manera similar, Marlatt y Kristeller (1999) definen el mindfulness como «un llevar la propia atención de manera completa a las experiencias del presente, sobre la base del momento a momento». También sugieren que el mindfulness implica la observación de la experiencia «con una actitud de aceptación y amabilidad bondadosa». De manera algo más elaborada, Segal, Williams y Teasdale (2002) lo describen diciendo que: «... en la práctica del mindfulness, el foco de la atención de una persona está abierto a admitir cualquier cosa que entre en su experiencia, al tiempo que una postura de amable curiosidad le permite investigar lo que aparece, sin caer prisionero de los juicios automáticos o la reactividad». También advierten que el mindfulness puede ser comparado con una manera mecánica de comportamiento, o sin consciencia de las propias acciones, de un modo que llamamos *piloto automático.* Bishop y sus colegas (2004) sugieren que el mindfulness incluye llevar «la consciencia no elaborada a la experiencia en curso» con una orientación de «curiosidad, apertura experimental y aceptación». Aunque cualquiera de estas definiciones puede dejar fuera algún elemento significativo, todas parecen capturar, al menos, alguna de las cualidades que los maestros del mindfulness reconocerían como importantes.

Las instrucciones que son usualmente utilizadas en las clases de enseñanza del mindfulness proporcionan otra fuente de información acerca de la naturaleza del mindfulness, especialmente para los desarrolladores de cuestionarios, quienes están interesados, a menudo, en evaluar las habilidades de los tratamientos contemporáneos basados en el mindfulness. Algunas son prácticas de meditación formales, mientras otras son ejercicios menos formales para cultivar el mindfulness en la vida diaria. Varias instrucciones son comunes a la mayoría de las prácticas del mindfulness. Tradicionalmente, se anima a los participantes a centrar su atención en los estímulos que son observables en el momento presente, como las sensaciones y los movimientos de la respiración, o los sonidos que pueden ser escuchados en el entorno. Si surgen pensamientos, emociones, impulsos o sensaciones, a los participantes se les instruye para observarlos de manera minuciosa, y no juzgarlos, en la medida de lo posible. Por ejemplo, los participantes pueden decir silenciosamente «pensando», «doliendo» o «la tristeza está aquí» mientras la experiencia viene y va. Cuando se practica el mindfulness en la vida cotidiana, a los participantes se les anima a llevar la consciencia momento a momento a las actividades ordinarias como comer, caminar o lavar los platos, y amablemente retornar su atención a esa actividad cuando se distraen. Se les pide que adopten una actitud o postura de aceptación, permisión, apertura, curiosidad, amabilidad, cordialidad ante todas las experiencias observadas, incluso si son desagradables o no queridas.

La mayoría de los cuestionarios del mindfulness están basados en definiciones, descripciones e instrucciones como estas. Muchas incluyen ítems que proporcionan ejemplos de la tendencia que han de advertir, observar, prestar atención a lo interno o externo en las experiencias momento a momento. Son muy comunes los ítems que describen la consciencia en la actividad en curso. La mayoría de los cuestionarios también incluyen ítems que describen cómo adoptar una postura de aceptación, no enjuiciadora, no reactiva, no evasiva hacia las experiencias observadas. Algunas incluyen responder a las experiencias observadas con curiosidad, amabilidad o apertura, y otras incluyen ítems acerca del advertir y etiquetar las experiencias observadas con palabras. La mayoría de estos cuestionarios tratan el mindfulness como una disposición o una variable de carácter que es relativamente coherente a lo largo del tiempo y a través de las diferentes situaciones. Sin embargo, se asume que la tendencia a responder atentamente a las experiencias cotidianas está sujeta a cambios por la práctica. De hecho, un propósito central de estos cuestionarios es evaluar los cambios que ocurren en el curso de una intervención basada en el mindfulness a largo plazo.

Los principios de la construcción de cuestionarios

Un principio importante que gobierna la construcción de cuestionarios es que, en la mayoría de las circunstancias, deben ser útiles para las personas corrientes. La población general incluye una amplia gama de niveles de educación y de habilidades lectoras. Algunas personas pueden tener poco conocimiento de las variables que están siendo medidas. Por ejemplo, aunque mucha gente probablemente tiene una comprensión idiosincrática de la depresión, la mayoría no está familiarizada con los términos técnicos y los criterios de diagnóstico que actualmente utilizan los profesionales de la salud mental. Por ese motivo, los cuestionarios de depresión acostumbran a utilizar un lenguaje corriente a la hora de evaluar las experiencias comunes que presentan elementos de depresión, como son los sentimientos de tristeza o culpa, sentimientos como el fracaso, haber tenido problemas para dormir o concentrarse, o perder interés por las cosas, entre otros. La mayoría de las personas pueden clasificar cuán acertada es la descripción de un ítem de estas características, independientemente de su conocimiento o experiencia con la depresión.

Un principio de diseño de un cuestionario relacionado es que cada ítem debe evaluar solo una característica o idea. Por ejemplo, «evito las reuniones sociales porque no me gusta entrar en conversación» es potencialmente problemático porque contiene dos temas diferentes (evitar las reuniones sociales y el desagrado que produce la conversación) que pueden ser diferencialmente verdaderos para algunas personas. Aunque algunos encuentran este ítem fácil de clasificar, otros pueden encontrarlo desconcertante si, por ejemplo, les gusta la conversación, pero evitan las reuniones sociales por otras razones, o si asisten a reuniones a pesar de las dificultades con la conversación. Las respuestas a ítems como estos pueden ser difíciles de interpretar.

Una práctica común a la hora de redactar cuestionarios es incluir ítems que directamente describan la variable que va a ser medida, así como el ítem que describe su opuesto o su ausencia. Por ejemplo, la tendencia a experimentar enfado puede ser evaluada con ítems como «soy una persona de mal genio» y «me irrito fácilmente», o con ítems como «soy una persona tranquila» y «se necesita mucho para hacerme enfadar». Con estos últimos tipos de ítems (conocidos como resultados reversos), los marcadores revierten la clasificación antes de ser sumada al total, de modo que los resultados altos reflejan de manera coherente una tendencia mayor a enfadarse (los clasificados como 1 se transforman en 5, mientras que los 5 son cambiados por 1, etcétera). Los expertos han recomendado extensamente que los cuestionarios incluyan ambos, ítems articulados directamente e ítems de resultados reversos, de modo que las tendencias al conformismo o a la oposición puedan equilibrarse (Nunnelly, 1967; Paulhus, 1991). Los ítems de resultados reversos son muy comunes; sin embargo, pueden, ocasionalmente, ser problemáticos. Por ejemplo, si están redactados de manera pobre, pueden causar confusión, especialmente si crean una doble negación (¿No es cierto de mí que no siempre estoy sereno?). En algunos casos, los ítems de resultados reversos pueden no medir el mismo concepto de la misma manera que los ítems articulados directamente (Rodebaugh, Woods y Heimberg, 2007). Al final del balance, sin embargo, se cree en general que los ítems de resultados reversos sirven a propósitos útiles.

Como un ítem simple que utiliza un lenguaje simple para evaluar una única idea no puede capturar todo el contenido relevante de ninguna variable psicológica importante, los cuestionarios acostumbran a tener múltiples ítems. Por ejemplo, el cuestionario que comúnmente se utiliza para evaluar la depresión y la ansiedad tiene en cada caso 20 ítems. Las calificaciones son sumadas para cuantificar la extensión en la cual el encuestado está deprimido o ansioso. La necesidad de un lenguaje corriente también puede crear la falsa impresión de que el resultado del cuestionario es simplista o superficial. En realidad, es necesario un extenso conocimiento de la variable en cuestión para redactar los ítems representados en términos simples.

Hasta cierto punto, los creadores de los cuestionarios del mindfulness se han esforzado por seguir los principios descritos anteriormente. Muchos han asumido que es útil evaluar el mindfulness en personas corrientes, la mayoría de las cuales no tienen un conocimiento explícito del mindfulness o experiencia con la meditación. Esta asunción está basada en la idea de que el mindfulness es una capacidad humana inherente que (como la mayoría de las capacidades humanas) varía en la población general, incluso en ausencia de entrenamiento en mindfulness. Eso significa que algunas personas están naturalmente inclinadas a estar plenamente atentas en la vida cotidiana, algunos están inclinados a estar bastante desatentos la mayoría del tiempo, y otros caen en un grado u otro, momento a momento. Sin embargo, no es útil preguntar a las personas explícitamente dónde se ubican en una escala de atención, porque es probable que tengan una comprensión idiosincrática (o ninguna comprensión) de lo que ello signifique. Por el contrario, el lenguaje corriente debe ser utilizado para describir experiencias ordinarias y reconocibles que son coherentes con el mindfulness (o ausencia del mindfulness), como por ejemplo notar sensaciones en el cuerpo, hacer algo sin prestar atención, o intentar evitar los pensamientos desagradables. Es decir, el uso del lenguaje de la vida cotidiana tiene el propósito de asegurar que los encuestados no necesiten tener una comprensión del mindfulness para completar el cuestionario. Solo necesitan comprender el lenguaje de cada ítem. Los ítems de resultados reversos se han considerado útiles para este propósito, quizá porque las experiencias inconscientes (acciones realizadas automáticamente) son fácilmente reconocibles por las personas. Por último, como el mindfulness parece tener varios elementos o facetas, un ítem individual no puede cubrir todos los contenidos relevantes (consciencia, no enjuiciamiento, no reactividad, etcétera). Por el contrario, las calificaciones de varios ítems son sumadas con el fin de proporcionar una indicación de la tendencia general del encuestado a estar atento en la vida diaria.

Como la redacción de buenos ítems es difícil y sumamente importante, los creadores de cuestionarios a menudo piden a expertos independientes que valoren la calidad de sus ítems en varias dimensiones. La mayoría de los creadores de los cuestionarios del mindfulness han consultado a maestros experimentados en el mindfulness o a practicantes para calificar sus ítems en relación con la claridad y el mejor modo de representar el sentido del mindfulness en el lenguaje cotidiano. Los ítems evaluados por expertos con resultados pobres son usualmente modificados o excluidos. Los cuestionarios son luego administrados a grupos numerosos de encuestados y los resultados son analizados con una serie de métodos estadísticos. Los ítems pueden ser sumados, borrados o modificados durante este proceso. De esta manera, la mayoría de los cuestionarios evolucionan a través de varias iteraciones. La versión que es publicada en una revista sometida a revisión colegiada acostumbra a haber sido estudiada extensamente. A continuación, se incluye una breve descripción de los cuestionarios del mindfulness que han sido publicados hasta el momento. La tabla 1 los enlista con ejemplos de cada uno de los ítems.

Cuestionarios del mindfulness publicados

El Freiburg Mindfulness Inventory (FMI; Buchheld, Grossman, y Walach, 2001) es un cuestionario de 30 ítems que evalúan la observación no enjuiciadora en el momento presente y la apertura a experiencias negativas. La versión original fue desarrollada con participantes en retiros de meditación del mindfulness y (esto es importante apuntarlo) para el uso con meditadores experimentados. Por lo tanto, el sentido de algunos ítems puede ser poco claro para personas sin una experiencia meditativa. Una versión tardía (Walach *et al.*, 2006) que consiste en 14 de los ítems originales, fue desarrollada para ser utilizada sobre población sin experiencia meditativa. El ítem que se muestra en la tabla 1 aparece en ambas versiones.

Mindfulness Attention Awareness Scale (MAAS; Brown y Ryan, 2003) es un instrumento de 15 ítems para medir la atención y consciencia de la experiencia en el momento presente en la vida diaria. Los ítems describen características que son incoherentes con el mindfulness, como la acción en piloto automático, estar preocupado y no prestar atención al momento presente. Luego los resultados son revertidos de modo que los más altos representen los niveles superiores del mindfulness.

El Kentucky Inventory Mindfulness Skills (KIMS; Baer, Smith y Allen, 2004) es un instrumento de 39 ítems diseñado para medir cuatro elementos del mindfulness: experiencias de observación del momento presente, descripción (aplicando etiquetas verbales), actuar con consciencia, y aceptar la experiencia del momento presente sin enjuiciarla. Estuvo basado en su mayor parte en las conceptualizaciones de las habilidades del mindfulness en DBT, aunque se realizaron esfuerzos para que fuera coherente con las descripciones del mindfulness de los programas de Reducción de estrés basados en el mindfulness (MBSR) y de Teoría Cognitiva Basada en el Mindfulness (MBCT), y con los escritos de maestros de meditación como Goldstein y Kornfield (1987), Gunaratana (2002) y Rosenberg (1998).

La Cognitive and Affective Mindfulness Scale-Revisada (CAMS-R; Feldman *et al.*, 2007) es un cuestionario de 12 ítems

TABLA 1. Cuestionarios del mindfulness publicados y ejemplos de ítems

Freiburg Mindfulness Inventory
Estoy abierto a la experiencia del momento presente.
Siento mi cuerpo, cuando como, cocino, limpio o hablo.
Cuando noto la distracción de la mente, regreso amablemente a la experiencia del aquí y ahora.

Mindfulness Attention Awareness Scale
Me encuentro haciendo cosas sin prestar atención. (R)[88]
Rompo o vuelco cosas por falta de cuidado, no prestar atención, o estar prestando atención a algo diferente. (R)
Parece que estoy «funcionando en automático» sin mucha consciencia de lo que estoy haciendo. (R)

Kentucky Inventory of Mindfulness Skills
Cuando camino, deliberadamente noto la sensación de mi cuerpo moviéndose.
Soy bueno a la hora de encontrar palabras que describan mis sentimientos.
Cuando hago cosas, mi mente divaga y soy fácilmente distraído.

Cognitive and Affective Mindfulness Scale - Revised
Soy capaz de centrarme en el momento presente.
Estoy preocupado por el pasado. (R)
Soy capaz de aceptar los pensamientos y sentimientos que tengo.

Southampton Mindfulness Questionnaire
Cuando tengo pensamientos o imágenes perturbadoras, soy capaz simplemente de notarlos sin reaccionar.
Cuando tengo pensamientos o imágenes perturbadoras, juzgo el pensamiento o la imagen como buena o mala. (R)
Cuando tengo pensamientos o imágenes perturbadoras, en mi mente trato de forzarlos a marcharse. (R)

Five Facet Mindfulness Questionnaire
(Esta es una composición de los cinco cuestionarios anteriores e incluye ítems de cada uno)

Philadelphia Mindfulness Scale
Soy consciente de los pensamientos que pasan a través de mi mente.
Cuando alguien me pregunta cómo me siento, puedo identificar mis emociones fácilmente.
Me digo a mí mismo que no debo tener ciertos pensamientos. (R)

Toronto Mindfulness Scale
Tenía curiosidad por ver en lo que estaba mi mente momento a momento.
Era receptivo a observar pensamientos y sentimientos desagradables sin interferir con ellos.
Me aproximaba a cada experiencia tratando de aceptarla, sin considerar si era placentera o desagradable.

R = Ítem de resultado reverso

diseñado para medir la atención, la consciencia, el enfoque en el presente, y la aceptación y la capacidad de no enjuiciar pensamientos y sentimientos en general en la vida cotidiana.

El Southampton Mindfulness Questionnaire (Chadwick *et al.*, 2008) es un instrumento de 16 ítems diseñado para medir elementos de mindfulness cuando surgen pensamientos o imágenes desagradables, incluida la observación atenta, soltar, no aversión y no enjuiciamiento.

La Five Facet Mindfulness Questionnaire (FFMQ; Baer *et al.*, 2006) es un conjunto de 39 ítems de los cinco instrumentos descritos anteriormente. Fueron utilizados procedimientos empíricos y estadísticos para identificar y seleccionar ítems de estos cuestionarios con las más fuertes propiedades psicométricas. La FFMQ mide cinco elementos del mindfulness: observación, descripción, acción con consciencia, no enjuiciamiento de la experiencia interior, y no reactividad ante la experiencia interior.

La Philadelphia Mindfulness Scale (PHLMS; Cardaciotto *et al.*, 2008) es un cuestionario de 20 ítems diseñado para medir dos dimensiones del mindfulness: consciencia y aceptación. Los ítems referidos a la consciencia evalúan advertir y observar las experiencias internas y externas. Los ítems referidos a la aceptación evalúan el no enjuiciamiento y la apertura a la experiencia y el abstenerse de cualquier intento por escapar de ella o evitarla.

La Toronto Mindfulness Scale (Lau *et al.*, 2006) mide el logro de un estado de plena atención inmediatamente después de un ejercicio del mindfulness. Los participantes comienzan a practicar 15 minutos de ejercicio meditativo y luego califican cuán atentos permanecieron durante el ejercicio. La TMS incluye dos factores: curiosidad o interés con respecto a las experiencias internas, y descentramiento de las experiencias (consciencia de ellas, sin quedar atrapados o ser arrastrados por ellas). Una versión modificada de la TMS (Davis, Lau y Cairns, 2009) hizo pequeños cambios en los ítems con el fin de medir las mismas tendencias en la vida diaria en general. Por ejemplo, en vez de «tenía curiosidad acerca de cada uno de mis pensamientos y sentimientos mientras ocurrían», esta versión decía: «tengo curiosidad acerca de cada uno de mis pensamientos y sentimientos mientras ocurren».

La evaluación de los cuestionarios del mindfulness

La literatura publicada proporciona pruebas alentadoras de que los cuestionarios del mindfulness descritos antes son razonablemente competentes. Por ejemplo, los resultados para la mayoría de ellos son significativamente correlativos los unos con los otros. Esto sugiere que sus autores tienen concepciones similares (aunque no idénticas) de la naturaleza general del mindfulness en la vida diaria. Una excepción de este patrón lo encontramos en la versión original de la Toronto Mindfulness Scale, que no mide el mindfulness en la vida diaria, sino que en su lugar mide el mindfulness durante un ejercicio del mindfulness particular. La mayoría de los cuestionarios del mindfulness son correlativos con características psicológicas que, en teoría, deben estar relacionadas con el mindfulness. Por ejemplo, debido a que el mindfulness incluye el permitir que los pensamientos surjan y desaparezcan a su propio ritmo, debe correlacionarse negativamente con pensamientos de supresión (la tendencia a tratar de deshacerse de pensamientos no deseados). De modo similar, el mindfulness implica un tipo particular de atención a las emociones y, por ello, debe ser positivamente correlacionado con la inteligencia emocional. La investigación corrobora de manera constante estos patrones (Baer *et al.*, 2006; Brown y Ryan, 2003). Un reciente estudio de neuroimagen (Way *et al.*, 2010) descubrió correlaciones negativas significativas entre los informes personales del mindfulness (medidos con el MAAS) y la actividad de la amígdala (que está asociada con la depresión), ofreciendo pruebas preliminares de que los informes personales del mindfulness están asociados con mediciones objetivas de actividad cerebral.

Los participantes de MBSR y MBCT muestran incrementos significativos en resultados del mindfulness durante el curso del tratamiento, sugiriendo que están aprendiendo a ser más atentos en la vida diaria (Carmody y Baer, 2008; Kuyken *et al.*, 2010). En los participantes de MBSR, Carmody y Baer (2008) encontraron que las mejorías en los informes personales del mindfulness (tal como fueron medidos por el FFMQ) estaban correlacionadas fuertemente con el tiempo de práctica del mindfulness en casa (tal como se desprendía de los registros de los diarios semanales) y con la extensión de la reducción en los síntomas psicológicos y el estrés. Los análisis estadísticos sugieren que el incremento en las habilidades del mindfulness logradas a través de la práctica en casa es responsable de las mejoras observadas en la salud psicológica. Estos descubrimientos proporcionan la primera prueba empírica de la idea de que la práctica del mindfulness lleva a un incremento del mindfulness en la vida diaria, lo cual, a su vez, reduce el sufrimiento psicológico. De manera semejante, las personas deprimidas que completan un MBCT muestran un incremento en las habilidades del mindfulness (medido con el KIMS) que predicen reducción de depresión 15 meses más tarde (Kuyken *et al.*, en prensa).

Otras pruebas que demuestran la validez de los cuestionarios del mindfulness surgen de los estudios de meditadores experimentados, los cuales han mostrado resultados más altos que los de los no meditadores en varias de estas mediciones (para un resumen, véase Baer, Walsh y Lykins, 2009). Una reciente comparación de meditadores y no meditadores (Baer *et al.*, 2008) encontró que el desarrollo de las habilidades del mindfulness en la vida diaria (tal como es medido por el FFMQ) parece ser responsable de la mejora del bienestar psicológico que estaba asociado con la extensión de la experiencia meditativa. Globalmente, la literatura de investigación sugiere que los datos de los cuestionarios del mindfulness muestran patrones que son coherentes con las expectativas teóricas. De este modo, parecen ser instrumentos útiles en el estudio de la naturaleza del mindfulness y están ofreciendo una información importante acerca de los frutos del entrenamiento del mindfulness para el funcionamiento psicológico.

Sin embargo, los cuestionarios del mindfulness también han sido recibidos con escepticismo. Algunas de las objeciones a los cuestionarios del mindfulness se dirigen a los instrumentos de informe personal. Los cuestionarios pueden estar sujetos a parcialidades en las que los encuestados se tergiversan a sí mismos, sea deliberada o inconscientemente. En el caso de los cuestionarios del mindfulness, las personas que reconocen las respuestas del mindfulness, de manera lógica pueden calificarse a sí mismas como muy atentas, independientemente de sus verdaderas tendencias, sobre todo si las circunstancias crean una demanda para tales patrones. Los meditadores experimentados, por ejemplo, pueden desear crear la impresión de que su práctica los ha hecho especialmente atentos, o quizá puede que se perciban en verdad de ese modo, cuando en realidad su tendencia a estar atentos es más pobre de lo que dicen. Y asimismo, los participantes en un MBSR o en un MBCT, que han pasado recientemente ocho semanas comprometidos con una práctica intensiva de meditación del mindfulness, pueden mostrar una parcialidad deliberada o inconsciente a la hora de informar sobre incrementos pronunciados en su tendencia a estar atentos, independientemente de los efectos reales del tratamiento.

Aunque estas respuestas tendenciosas son posibles, es poco probable que den cuenta de los prometedores descubrimientos de los cuestionarios del mindfulness. Las respuestas tendenciosas han sido reconocidas durante décadas y los psicólogos las han estudiado ampliamente. Las respuestas sesgadas se observan ante todo en escenarios en los que importantes consecuencias personales (como lograr la custodia de los propios hijos o ser despedido de un trabajo deseable) dependen de los descubrimientos de esta evaluación. Cuando las respuestas son anónimas o confidenciales y no tienen consecuencias para los participantes, las distorsiones se vuelven raras (Costa y McCrae, 1992b). La literatura del mindfulness muestra que muchos participantes están dispuestos a proporcionar información que es coherente con los sesgos positivos. Por ejemplo, en los estudios que incluyen los tiempos de práctica en casa, el promedio de las prácticas referidas por ellos es a menudo mucho menor que el recomendado. Además, aunque los resultados de MBSR son generalmente positivos, algunos estudios muestran solo efectos acotados, sugiriendo que los participantes que experimentaron un pequeño beneficio están dispuestos a decirlo. La investigación en otras áreas de la psicología muestra que los informes personales son a menudo significativamente correlativos con otros métodos de evaluación. Los informes personales sobre rasgos de personalidad son correlativos con los de los cónyuges, independientemente de la deseabilidad del rasgo (calidez, altruismo, hostilidad, impulsividad; Costa y McCrae, 1992a). Los informes personales sobre el uso de alcohol corresponden de manera razonable con los marcadores bioquímicos y los informes de los cónyuges sobre la bebida (Del Boca y Darkes, 2003). Esto es especialmente alentador frente al potencial de respuestas sesgadas cuando las personas informan sobre su uso del alcohol. En el caso de que los informes personales y otros métodos discrepen, no debe asumirse que los informes personales sean menos precisos. Los marcadores bioquímicos pueden ser influenciados por factores externos. Los informes de otras personas, incluso si conocen bien a la persona, no siempre están basados en la misma información que está disponible para quien realiza un informe personal. En general, la literatura sugiere que los informes personales son generalmente útiles. La literatura más reciente del mindfulness sugiere que, cuando cambia durante el tratamiento, predice importantes consecuencias de recaída (Carmody y Baer, 2008; Kuyken *et al.*, 2010).

Una preocupación relacionada que es más específica para los cuestionarios del mindfulness es que, incluso cuando los encuestados están siendo honestos y francos, son incapaces de informar de manera precisa sobre sus propias tendencias a estar atentos porque están acostumbrados a notar esos aspectos de su propio funcionamiento. Como señalamos anteriormente, los desarrolladores de los cuestionarios han intentado evitar este problema redactando ítems que utilicen un lenguaje corriente para describir experiencias comunes que la mayoría de las personas reconoce, incluso si no saben que este tipo de experiencias son coherentes (o incoherentes) con el mindfulness. Por ejemplo, notar el modo en el cual el propio cuerpo es sentido, hacer algo sin prestar atención y tratar de expulsar pensamientos negativos parecen experiencias familiares, incluso para personas sin entrenamiento alguno del mindfulness. Las personas deben, por lo tanto, ser capaces de calificar cuán a menudo tienen estas experiencias o cuán típicas estas experiencias son para ellos. La investigación sobre la mente distraída muestra que las personas corrientes son capaces de informar si sus mentes están distraídas en momentos particulares durante un experimento (Smallwood, McSpadden y Schooler, 2007), y que estos informes se correlacionan con las mediciones cognitivas, como aquellas que hablan de cuán exitosa puede ser la generación de números aleatorios (Teasdale *et al.*, 1995). Estos descubrimientos implican que las personas pueden también informar sobre este tipo de experiencias en la vida cotidiana.

Una preocupación adicional acerca de los cuestionarios del mindfulness es que el conocimiento y la experiencia con la meditación del mindfulness pueden llevar a los meditadores y no meditadores a interpretar el sentido de los ítems de diferentes maneras. El uso del lenguaje ordinario para describir las experiencias comunes tiene el propósito de sortear este problema. Sin embargo, las pruebas empíricas sugieren que los ítems sobre advertir u observar experiencias (véase las escalas de observación de KIMS y FFMQ) funcionan de manera diferente en las muestras de meditadores y no meditadores. Los meditadores parecen interpretar el sentido de *observación* como atender a la experiencia de una manera no enjuiciadora y no reactiva (coherente con el mindfulness), mientras que los no meditadores parecen interpretar el sentido de *observación* como atender a la experiencia de maneras que pueden (o no) ser enjuiciadoras o reactivas. Estos descubrimientos sugieren que los ítems de *observación* pueden proporcionar descubrimientos distorsionados o confusos en las muestras de no meditadores, y por ese motivo deben ser utilizados con cautela. La modificación o supresión de ítems de *observación* puede ser útil en el desarrollo de futuros cuestionarios del mindfulness.

Otro estudio reciente de meditadores y no meditadores (Van Dam, Earleywine y Danoff-Burg, 2009) informó de pruebas estadísticas de funcionamientos diferenciales de ítems en muchos ítems de FFMQ. Sin embargo, estos descubrimientos son cuestionables en varios sentidos y un estudio posterior (Baer, Samuel y Lykins, en prensa) no los reprodujo. Por otra parte, es posible que las diferencias entre meditadores y no meditadores en las maneras de entender ítems particulares no sean siempre problemáticas. Probablemente, un patrón similar se da respecto a muchas características psicológicas para las que los cuestionarios personales están bien establecidos. Por ejemplo, las personas que han experimentado episodios depresivos importantes pueden tener una comprensión mucho más sutil y matizada de lo que significa sentirse culpable, despreciable y suicida, que las personas que nunca han vivido una depresión. Esto no previene que las personas que nunca hayan tenido una depresión ofrezcan respuestas útiles en los cuestionarios sobre la depresión que puedan ser comparadas directamente con las respuestas de personas que actualmente o previamente hayan vivido una depresión.

Independientemente del modo en que sea resuelto este tema específico, estos descubrimientos recientes ilustran un beneficio importante de los cuestionarios de desarrollo: la conceptualización de la variable que ha de ser medida por los ítems de cuestionarios redactados y, luego, probándolos empíricamente, proporcionando pruebas que contribuyan a mejorar las conceptualizaciones, lo que, a su vez, puede llevar a mejorar las estrategias de medición. En otras palabras, necesitamos investigar para revelar resultados sorprendentes, para entender mejor la variable subyacente que estamos midiendo, y de qué modo podemos mejorar su medición. Los esfuerzos para evaluar el mindfulness son muy recientes, comparados con las evaluaciones de variables reconocidas desde hace tiempo, como la depresión, la ansiedad y la personalidad. Por lo tanto, no es sorprendente que algunos de estos intentos hayan suscitado descubrimientos inesperados.

Pese a sus rasgos prometedores, es evidente que los cuestionarios del mindfulness son imperfectos en diversos modos. Como apuntamos anteriormente, los ítems relacionados con la *observación* parecen significar diferentes cosas para las muestras de meditadores y no meditadores, especialmente cuando los no meditadores son estudiantes de grado. Esto ha tenido como consecuencia algunos descubrimientos anómalos. Por ejemplo, en una muestra de estudiantes, la escala de *observación* de la FFMQ es correlacionada positivamente con características adaptativas y mal adaptativas (apertura a la experiencia, inteligencia emocional, síntomas psicológicos, supresión de pensamientos; Baer *et al.*, 2006). En un estudio reciente, los estudiantes fumadores y bebedores de manera inesperada obtuvieron calificaciones superiores en el Freiburg Mindfulness Inventory que los estudiantes no bebedores y no fumadores (Leigh, Bowen y Marlatt, 2005). Esta diferencia se debió a los altos niveles de consciencia corporal de los bebedores y fumadores, sugiriendo que los estudiantes no meditadores podían observar sus sensaciones de manera desatenta. Además, las escalas de *descripción* que resultaron en el KIMS y FFMQ son más relevantes a algunas estrategias de entrenamiento del mindfulness que a otras. La lógica de la *descripción* como un elemento de los cuestionarios del mindfulness es que la tendencia a decir: «¡Ah, la tristeza ha surgido!», o «Aquí hay un pensamiento autocrítico», refleja una postura de atención hacia esas experiencias; han sido observadas y notadas en términos no enjuiciadores. Sin embargo, la descripción no es enfatizada de manera uniforme en las estrategias de entrenamiento del mindfulness, y los ítems *descritos* no necesariamente capturan la cualidad no enjuiciadora (es posible describir las propias experiencias de manera enjuiciadora). Además, algunos autores han expresado preocupación debido a que la ausencia de una cualidad particular no siempre implica la presencia de su opuesta (Grossman y Van Dam, 2011), y a que los ítems de resultados reversos son problemáticos. A pesar de que esta preocupación es válida, no es aplicable a todas las variables. Aunque la ausencia de depresión no es felicidad (Reise y Walker, 2009), una ratio baja de enjuiciamientos implica no enjuiciamiento, y una ratio baja de «hacer cosas sin prestar atención» (Brown y Ryan, 2003) implica una tendencia a actuar conscientemente. Por lo tanto, estos ítems de resultados reversos parecen haber estado correctamente conceptualizados. La prueba empírica de que son problemáticos es debatible; sin embargo, la cuestión necesita mayor estudio (Baer *et al.*, en prensa; Van Dam, Earleywine y Danoff-Burg, 2009).

¿Son los cuestionarios suficientes para realizar la tarea de evaluar el mindfulness? Se ha reconocido ampliamente en psicología que la mayoría de las variables deben ser evaluadas con múltiples métodos. La convergencia de métodos incrementa la confianza de que estamos midiendo lo que intentamos medir. Por lo tanto, deben ser desarrolladas alternativas a los informes personales para evaluar el mindfulness. El método de análisis de texto utilizado por el MACAM para evaluar descentramiento (descrito anteriormente) puede ser adaptado para el estudio del mindfulness (como en Hargus *et al.*, 2010). El trabajo en curso sobre tareas basadas en el ordenador y la evaluación basada en el cerebro pueden llevar a indicadores útiles de la tendencia de la atención en la vida cotidiana. Sin embargo, no se debe asumir que los métodos alternativos necesariamente serán más precisos o más útiles que los informes personales. Todos los métodos de evaluación están sujetos a error. Los marcadores biológicos pueden ser influenciados por factores diferentes a las variables que se estudian. También pueden proporcionar poca información acerca de la atención de la experiencia percibida. Las pruebas basadas en el ordenador pueden no ser representativas de la misma capacidad en la vida cotidiana. Por esas razones, es también importante que el trabajo continúe en la mejora de los métodos de informe personal para evaluar el mindfulness. Con ese fin, el aluvión continuo de investigación en la que se utilizan las mediciones actualmente disponibles, aunque lamentado por Grossman y Van Dam (2011) como potencialmente dañino para este campo de estudio, es probablemente una ventaja. Es probable que aclare las fortalezas y debilidades de esas mediciones, lo cual, a su vez, estimulará nuevas ideas acerca del mejor modo en el cual podemos proceder. El desarrollo de nuevos diseños de medición que rectifiquen las debilidades de los métodos anteriores es común en la literatura psicológica de evaluación. El intenso interés por el mindfulness sugiere que aparecerán nuevos métodos para su evaluación.

Los cuestionarios del mindfulness y las concepciones budistas del mindfulness

Una preocupación importante acerca de los cuestionarios del mindfulness es que pueden no representar adecuadamente el sentido del mindfulness tal como es descrito en la tradición budista. La mayoría de los creadores de cuestionarios han hecho un enorme esfuerzo para ser coherentes con el mindfulness, tal como es descrito en las intervenciones occidentales (Reducción de Estrés Basado en el Mindfulness [MBSR], Terapia Cognitiva Basada en el Mindfulness [MBCT], Terapia Dialéctica de Comportamiento [TDC], Terapia de Aceptación y Compromiso [TAC])[89] y otros artículos relacionados en la literatura psicológica, y a veces en los escritos contemporáneos de maestros como Goldstein, Kornfield y Hanh, entre otros. Sin embargo, la mayoría no pretende tener conocimiento de los textos budistas originales o sus traducciones directas. Por lo tanto, las incongruencias con las concepciones budistas originales son probablemente inevitables, por varias razones relacionadas. Primero, la necesidad de secularizar el mindfulness, para que sea accesible a la población occidental. La secularización ha hecho que los beneficios del entrenamiento del mindfulness sean mucho más accesibles que lo que, de otro modo, hubiera sido posible. Sin embargo, la secularización también puede haber llevado a una comprensión del mindfulness dentro de la psicología que no captura del todo los detalles y sutilezas de las enseñanzas budistas. Un factor relacionado gira en torno a la necesidad de definir el mindfulness de modo que se avenga al estudio científico dentro de la disciplina de la psicología. Con ese propósito a la vista, debe ser descrito en términos claramente psicológicos. Por último, como apuntamos anteriormente, la mayoría de los psicólogos no son especialistas budistas y deben apoyarse en fuentes secundarias para entender los sistemas de pensamiento y práctica budista en los que está inmersa la práctica del mindfulness. Estos factores sugieren dos fuentes generales de incoherencia entre los cuestionarios del mindfulness y las concepciones budistas del mindfulness. Primero, los cuestionarios pueden reflejar adaptaciones deliberadas hechas por los desarrolladores de tratamiento que conocen la práctica budista y son experimentados meditadores, quienes hacen un esfuerzo con el fin de potenciar la viabilidad y eficacia del entrenamiento del mindfulness dirigida a la población clínica occidental. Segundo, los cuestionarios pueden incluir distorsiones no deliberadas, no reconocidas de los significados budistas del mindfulness que surgen de un conocimiento incompleto de los escritos budistas.

Para afrontar esta situación, varias estrategias merecen ser consideradas. Una de ellas consiste en incrementar la comunicación entre los especialistas budistas y los psicólogos que trabajan en el mindfulness, tal como ocurre en este volumen. La tradición budista proporciona una incomparable riqueza de fuentes de conocimiento acerca del mindfulness, cómo enseñarlo y su papel en la reducción del sufrimiento. Por lo tanto, el trabajo académico sobre los textos budistas y los diálogos con maestros del mindfulness en las tradiciones budistas deben desempeñar un papel importante en las discusiones del mindfulness en la ciencia psicológica occidental. Es posible que algo fundamental se pierda cuando el mindfulness es traducido a los términos de la psicología occidental. Si los psicólogos pueden entender con mayor claridad lo que se pierde, podemos encontrar maneras de mitigar las pérdidas y optimizar nuestras evaluaciones e intervenciones, al tiempo que mantenemos una perspectiva secular y científica.

Puede ser útil recordar la distinción entre medir una variable y manipularla. Cuando medimos una variable (como el mindfulness), examinamos de qué modo estas medidas se relacionan con otras variables (pensamientos, emociones, comportamientos) y de qué manera cambian con el tratamiento. Para algunos propósitos de la investigación, una alternativa a la medición del mindfulness es manipularla. En estos estudios, enseñamos el mindfulness o guiamos a los participantes en la práctica y luego evaluamos sus emociones, cogniciones, o los comportamientos que le siguen. En un estudio reciente de este tipo (Sauer y Baer, 2011) se les pide a adultos con desórdenes límite de personalidad que estén enojados que, o bien rumien su enojo, o practiquen el mindfulness, durante ocho minutos, y a continuación realicen una difícil tarea aritmética. Aquellos que practicaron el mindfulness persistieron durante más tiempo en la difícil tarea que aquellos que rumiaron su enfado. Los estudios de este tipo no intentan medir el mindfulness, sino que proporcionan información importante acerca de los efectos de la práctica del mindfulness. Sin embargo, debido a que estos estudios están a menudo presentados en situaciones experimentales que son, hasta cierto punto, artificiales, nos dicen muy poco acerca del modo en que los tratamientos basados en el mindfulness mejoran la salud mental en la vida diaria. Por lo tanto, ambas estrategias (medir y manipular) son consideradas métodos importantes de estudio.

Otra aproximación a la falta de coherencia con las concepciones budistas del mindfulness consiste en reconocer que la ciencia tiene sus propias reglas y métodos, y que sus resultados no pueden ser siempre previstos. El trabajo científico continuado sobre la evaluación del mindfulness y sobre los tratamientos basados en el mindfulness puede llevar a una conceptualización del mindfulness que es más coherente con las enseñanzas budistas originales, especialmente si es afirmada por un diálogo duradero con los maestros budistas. Por otro lado, la investigación psicológica puede sugerir al final que la manera más útil de conceptualizar y enseñar el mindfulness a la población clínica occidental no es completamente coherente con las enseñanzas budistas originales. Por ejemplo, la TDC opera sobre el mindfulness como un conjunto de habilidades conductuales adaptadas de las prácticas del Zen (Linehan, 1993) y no requieren meditación formal. El KIMS (Baer, Smith y Allen, 2004), aunque coherente en general con muchas explicaciones del mindfulness, está basado en su mayor parte en esas conceptualizaciones de las habilidades del mindfulness. Grossman y Van Dam (2011) advierten que las operaciones de este tipo se arriesgan a trivializar y a banalizar la concepción budista del mindfulness. Sin embargo, la experiencia clínica muestra que las habilidades del mindfulness en la terapia dialéctica conductual proporciona experiencias ricas y complejas para los clientes que pueden ser profundamente significativas y, a menudo, transformativas. Estas habilidades, y los recientes esfuerzos para evaluarlas, son coherentes con la meta principal de la ciencia de la psicología clínica: maximizar la efectividad de los tratamientos y la comprensión de los procesos en los que trabaja. En este esfuerzo, la investigación empírica utilizando el mejor método disponible, y la revisión de nuestros métodos cuando descubrimos algo mejor, es coherente con las éticas fundacionales de la tradición budista y nuestra ciencia.

Conclusiones

En el marco de la psicología clínica científica, cualquier tratamiento que afirme la mejora de la salud mental enseñando un conjunto particular de habilidades es sujeto a evaluación en diversas dimensiones. Es necesario mostrar (de acuerdo con las reglas de la ciencia en esta área) que la participación en el tratamiento no solo no causa daño, sino que además lleva a mejoras en la salud mental que no son atribuibles a la casualidad. Es también importante determinar si los participantes están aprendiendo lo que los proveedores de los tratamientos están enseñando. Si los participantes no están aprendiendo esas habilidades, pero su salud está mejorando, entonces el tratamiento está posiblemente funcionando de manera no prevista, y podría ser que fuera más efectivo si se tomara más tiempo en ingredientes activos. Si los participantes están aprendiendo las habilidades, y su salud mental está mejorando, es posible que las habilidades que son explícitamente enseñadas sean las responsables de las mejoras en la salud mental. Si este es el caso, el tratamiento será más efectivo si se dedica más esfuerzo a los elementos que son responsables de la mejora observada. Con el fin de determinar si los participantes están aprendiendo lo que el tratamiento está enseñando, y si los resultados beneficiosos deben ser atribuidos a este nuevo aprendizaje o a otros factores, no podemos evitar el desafío de medir los procesos que puedan dar cuenta de los cambios terapéuticos.

Admitimos que este es un desafío difícil en la mayoría de las circunstancias. En el caso de los tratamientos basados en el mindfulness, se trata de un auténtico reto. El mindfulness se origina en las antiguas tradiciones budistas y es descrito en textos escritos mucho antes del advenimiento de la ciencia occidental y con un lenguaje que no nos es familiar. Parece que la comprensión de lo que la literatura budista original significó con la palabra «mindfulness» no es una cuestión fácil de develar. Dadas estas realidades, es improbable que las comprensiones actuales de los psicólogos occidentales del mindfulness capturen completamente las enseñanzas budistas. Pese a estas dificultades, la literatura de investigación sugiere que las enseñanzas del mindfulness en las formas en que los maestros pioneros occidentales, como Kabat-Zinn, Linehan, Goldstein, Kornfield y Salzberg las han desarrollado son beneficiosas en muchos sentidos y para muy diferentes problemas y condiciones. El compromiso con el estudio científico requiere que apliquemos los mejores métodos disponibles para entender lo que implican las enseñanzas en los tratamientos basados en el mindfulness, qué es lo que los participantes están aprendiendo y de qué modo este nuevo aprendizaje es útil para ellos.

Mientras contemplamos estas responsabilidades aleccionadoras, reconozcamos cuán lejos hemos llegado hasta el momento. En solo unas pocas décadas, los beneficios potenciales del entrenamiento del mindfulness están disponibles para un enorme número de occidentales, muchos de los cuales han estado sufriendo graves condiciones, como la depresión, el dolor crónico y los desórdenes límite de personalidad. En unos pocos años, se ha acumulado suficientes pruebas científicas como para sugerir que las estrategias basadas en el mindfulness son probablemente efectivas en el tratamiento de estas condiciones y muchas otras. Desde hace poco, estamos comenzando a entender, en términos científicos y psicológicos, el proceso a través del cual estos resultados beneficiosos surgen. Ninguno de ellos podría ser posible sin los esfuerzos de muchos maestros, especialistas, investigadores y escritores para hacer el mindfulness accesible a la comunidad occidental. Las adaptaciones a partir de las enseñanzas budistas originales pueden ser necesarias, y los errores conceptuales involuntarios no identificados pueden ser difíciles de eludir. Aun así, en la balanza, parece que los beneficios han sido mayores que las dificultades.

BIBLIOGRAFÍA

BAER, R., SAMUELS, D. & LYKINS, E. (2011). Differential item functioning on the Five Facet Mindfulness Questionnaire is minimal in demographically matched meditators and nonmeditators. *Assessment*, 18, 3-10.

BAER, R., SMITH, G. & ALLEN, K. (2004). Assessment of mindfulness by self report: The Kentucky Inventory of Mindfulness Skills. *Assessment*, 11, 191-206.

BAER, R., SMITH, G., HOPKINS, J., KRIETEMEYER, J. & TONEY, L. (2006). Using self-report assesment methods to explore facets of mindfulness. *Assessment*, 13, 27-45.

BAER, R., SMITH, G., LYKINS, E., BUTTON, D., KRIETEMEYER, J., SAUER, S. y otros. (2008). Construct validity of the Five Facet Mindfulness Questionnaire in meditating and non-meditating samples. *Assessment*, 15, 329-42.

BAER, R., WALSH, E. & LYKINS, E. (2009). Assessment of mindfulness. En F. Didonna (Ed.). Nueva York: Springer.

BISHOP, S., LAU, M., SHAPIRO, S., CARLSON, L., ANDERSON, N., CARMODY, J. y otros. (2004). Mindfulness: A proposed Definition. *Clinical Psychology: Science and Practice*, 11, 230-41.

BLOCK-LERNER, J., SALTERS-PEDNAULT, K. & TULL, M. (2005). Assessing mindfulness and experiential acceptance: Attempts to capture inherently elusive phenomena. En S. Orsillo, & L. Roemer (edits.). Nueva York: Springer, 71-100.

BROWN, K. & RYAN, R. (2003). The benefits of being in the present: Mindfulness and its role in psychological well-being. *Journal of Personality and Social Psychology*, 84, 822-48.

BUCHHELD, N., GROSSMAN, N. & WALACH, H. (2001). Measuring mindfulness in insight meditation (vipassana) and meditation-based psychotherapy: The development of the Freiburg Mindfulness Inventory (FMI). *Journal for meditation and Meditation Research*, 1, 11-34.

CARDACIATTO, L., HERBERT, J., FORMAN, E., MOITRA, E. & FARROW, V. (2007). The assessment of present-moment awareness and acceptance: The Philadelphia Mindfulness Scale. *Assessment*, 15, 204-23.

CARMODY, J. & BAER, R. (2008). Relationships between mindfulness practice and levels of mindfulness, medical and psychological symptons, and well-being in a mindfulness-based stress reduction program. *Journal of Behavioral Medicine*, 31, 23-33.

CHADWICK, P., HEMBER, M., SYMES, J., PETERS, E., KUIPERS, E. & DAGNAN, D. (2008). Responding mindfully to unpleasant thoughts and images: Reliability and vadility of the Southampton mindfulness questionnaire. *British Journal of Clinical Psychology*, 47, 451-5.

CLARK, L. & WATSON, D. (1995). Constructing validity: Basic issues in objective scale development. *Phychological Assessment*, 7, 309-19.

COSTA, P. & MACCRAE, R. (1992a). *NEO Personality Inventory-Revised: Professional manual.* Odessa, FL: Psychological Assessment Resources.

COSTA, P.T. & MCCRAE, R. (1992b). Normal personality assessment in clinical practice: The NEO personality inventory. *Psychological Assessment*, 4, 5-15.

DAVIS, K., LAU, M. & CAIRNS, D. (2009). Development and preliminary validation of trait version of the Toronto Mindfulness Scale. *Journal of Cognitve Psychotherapy*, 23, 185-97.

DEL BOCA, F. & DARKES, J. (2003). The validity of self-reports of alcohol consumption: State of the science and challenges for research. *Addiction*, 98 (suppl. 2), 1-12.

FELDMAN, G., HAYES, A., KUMAR, S., GREESON, J. & LAURENCEAU, J. (2007). Mindulness and emotion regulation: The development and initial validation of the cognitive and affective mindfulness scale-revised (CAMS-R). *Journal of Psychopathology and Behavioral Assessment*, 29, 177-90.

GOLDSTEIN, J. & KORNFIELD, J. (1987). *Seeking the heart of wisdom: The path of insight meditation.* Boston, MA: Shambala Classics.

GROSSMAN, P. & VAN DAM, T. (2011). Mindfulness, by any other name...: Trials and tribulations of sati in western psychology and science. *Contemporary Buddhism*, 12, 219-239.

GUNARATANA, H. (2002). *Mindfulness in plain English.* Boston, MA: Wisdom Publications.

HARGUS, E., CRANE, C., BARNHOFER, T. & WILLIAMS, J. (2010). Effects of mindfulness on meta-awareness and specifity of describing prodromal symptons in suicidal depression. *Emotion*, 10, 34-42.

HAYES, S., STROSAHL, K. & WILSON, K. (2003). *Acceptance and commitment therapy: An experiential approach to behavior change.* Nueva York: The Guilford Press.

JHA, A. P., J. KROMPINGER y M. J. BAIME (2007). Mindfulness training modifies subsystems of attention. Cognitive, Affective, Behavioral Neuroscience 7:109-19.

JHA, A., STANLEY, E. KIYONAGA, A., WONG, L. & GELFAND, L. (2010). Examining the protective effects of mindfulness training on working memory capacity and affective experience. *Emotion*, 10 (1), 54-64.

KABAT-ZINN, J. (1982). An outpatient program in behavioral medicine for chronic pain patients based on the practice of mindfulness meditation: Theoretical considerations and preliminary results. *General Hospital Psychiatry*, 4, 33-47.

KABAT-ZINN, J. (1990). *Full catastrophe living: Using the wisdo of your body and mind to face stress, pain and illness* (15th aniversary ed., 2005 ed.). Nueva York: Dell.

KABAT-ZINN, J. (2003). Mindfulness-based interventions in context: Past, present, and future. *Clinical Psychology: Science and Practice*, 10, 144-56.

KABAT-ZINN, J. (1994). *Wherever you go there you are.* Nueva York: Hyperion.

KUYKEN, W., WATKINS, E., HOLDEN, E., WHITE, K., TAYLOR, R., BYFORD, S. y otros. (2010). How does mindfulness-based cognitive therapy work? *Behaviour Research and Therapy*, 48, 1105-12.

LAU, M., BISHOP, S., SEGAL, Z., BUIS, T., ANDERSON, N. & *et al.* (2006). The Toronto mindfulness scale: Development and validation. *Journal of Clinical Psychology*, 62, 1445-67.

LEIGH, J., BOWEN, S. & MARLATT, G. (2005). Spirituality, mindfulness and substance abuse. *Addiction Behaviors*, 30, 1335-41.

LINEHAN, M. (1993). *Cognitive-behavioral treatment of bordeline personaly disorder.* Nueva York: Guilford.

MARLATT, G. & KRISTELLER, J. (1999). Mindfulness and meditation. En W. Miller (ed.), *Integrating spirituality into treatment.* Washington, DC: American Psychological Association.

MOORE, R., HAYHURST, H. & TEASDALE, J. (s.f.). Measure of awareness and coping in autobiographical memory: Instruction for administering and coding. *En prensa* . University of Cambridge.

NUNNALLY, J. (1967). *Psychometric theory.* Nueva York: McGraw Hill.

PAULHUS, D. (1991). Measurement and control of response bias. En *Measures of personality and social psychological attitudes*, J. Robinson, R. Shaver, & L. Wrightsman (edits.). San Diego, CA: Academic Press.

REISE, S. & WALLER, N. (2009). Item response theory and clinical measurement. *Annual Review of Clinical Psychology*, 5, 27-48.

RODEBAUGH, T., WOODS, C. & HEIMBERG, R. (2007). The reverse of social anxiety is not always the opposite: The reverse-scored items of the social interaction anxiety scale do not belong. *Behavior Therapy*, 38, 192-206.

ROSENBERG, L. (1998). *Breath by breath: The liberating practice of insight meditation.* Boston, MA: Shambala.

SAUER, S. & BAER, R. (2011). Effects of mindfulness and rumination following an angry mood induction in individuals with borderline personality disorder. *Manuscrito en proceso de referato* .

SEGAL, Z., WILLIAM, J. & TEASDALE, J. (2002). *Mindfulness-based cognitive therapy for depression: A new approach to preventing relapse.* Nueva York: Guilford Press.

SMALLWOOD, J., MCSPADDEN, M. & SCHOOLER, J. (2007). The lights are on but on one's home: Meta-awareness and the decoupling of attention when the mind wanders. *Psychonomic Bulletin and Review,* 14, 527-33.

TEASDALE, J., DRITSCHEL, B., TAYLOR, M. & PROCTOR, L. (1995). Stimulus-independent thought depends on central executive resources. *Memory and Cognition,* 23, 551-9.

VAN DAM, N., EARLEYWINE, M. & DANOFF-BURG, S. (2009). Differential item function across meditators and non-meditators on the Five Facet Mindfulness Questionnaire. *Personality and Individual Differences,* 47, 516-21.

WALACH, H., BUCHHELD, N., BUTTENMULLER, V., KLEINKNECHT, N. & SCHMIDT, S. (2006). Measuring mindfulness - the Freiburg Mindfulness inventory (FMI). *Personality and Individual Differences, 40,* 1543-55.

WAY, B., CRESWELL, D., EISENBERGER, N. & LIEBERMAN, M. (2010). Dispositional mindfulness and depressive symptomatology: correlations with limbic and self-referential neural activity during rest. *Emotion,* 10, 12-14.

17. Sobre algunas definiciones del mindfulness

Rupert Gethin

El término budista técnico fue primero traducido como «mindfulness» por T.W. Rhys Davids en 1881. Desde entonces, varios autores, incluido Rhys Davids, han intentado definiciones que convengan lo que precisamente significa el mindfulness. Inicialmente estas estaban basadas en lecturas e interpretaciones de los textos budistas antiguos. Desde la década de 1950, algunas de estas definiciones del mindfulness se fundaron en su mayor parte en la práctica misma de la meditación. En particular, la definición de Nyanaponika parece haber tenido una influencia significativa en la definición del mindfulness adoptada por aquellos que desarrollaron los programas de Reducción de Estrés Basado en el Mindfulness (MBSR) y Terapia Cognitiva Basada en el Mindfulness (MBCT). Volviendo a los diversos aspectos del mindfulness extraídos de las definiciones tradicionales del mindfulness del sistema Theravāda, varios de estos se destacan por no ser en principio evidentes en las definiciones actuales en el contexto de MBSR y MBCT. Además, las nociones del mindfulness como «no enjuiciadora» en el MBSR y el MBCT necesitan considerarse cuidadosamente desde la perspectiva budista tradicional. Sin embargo, la diferencia en el énfasis, claro en las definiciones teoréticas del mindfulness, puede no ser tan significativa en la aplicación clínica actual de las técnicas del mindfulness.

Parece haber sido T. W. Rhys Davids quien tradujo por primera vez el término técnico budista *sati* (en su forma pali) o *smṛti* (en su forma sánscrita) por la palabra inglesa «mindfulness». No podemos estar muy seguros de las consideraciones que llevaron a Rhys Davids a elegir esta palabra debido a que, por lo que sé, él nunca las reveló. Los diccionarios que podría haber tenido frente a él –Monier Williams, 1872; Childers, 1875; Böhtlingk and Roth, 1855-1875–[90] habrían sugerido traducciones como 'recuerdo, memoria, reminiscencia, acordarse de, pensar acerca de o sobre (cualquier persona o cosa), llevar a la mente' (Monier Williams, 1872), porque este era el significado usual en la vida cotidiana del entonces familiar término sánscrito *smṛti*. Es verdad que, para el verbo *smarati*, Monier Williams dio lo siguiente como campo inicial de significación: 'acordarse de... recodar, llevar a la mente, tener en cuenta, pensar acerca de, pensar sobre, ser consciente de', y esto puede haber sugerido la traducción 'mindfulness'. Sin embargo, el diccionario pali de Childers de 1875 ofrece solo 'acordarse de', a lo cual sumaba, consciente quizá de que estaba lidiando con un término técnico budista, 'estado activo de la mente, fijando con fuerza la mente en cualquier sujeto, atención, pensamiento, reflexión, consciencia'; para la expresión *upaṭṭhitā sati* eligió 'presencia mental' y para *satipaṭṭhāna*, 'fijar la atención, seria meditación'. Por supuesto, no hay razón alguna para asumir que «mindfulness» es necesariamente una traducción sorprendente de *sati*; el OED de usos del inglés hace constar «mindfulness» en el sentido de 'el estado o cualidad de estar atento; atención, memoria, intención, propósito' (www.oed.com).

Sin embargo, está claro que los traductores tempranos de los textos budistas no estaban muy seguros acerca del modo en que debía ser interpretado *sati* como término técnico budista, debido a que términos como «acordarse de» y «memoria» no parecían adecuarse a lo que requería su uso budista. La interpretación más temprana que he podido encontrar es la de Gogerly, de 1845, que traduce como 'correcta meditación' el término *sammā-sati* en el contexto del Óctuple Sendero.[91] En 1850, Spence Hardy explicó «smirti» como «la facultad que razona sobre temas morales, la consciencia» (1859, 442). Tres años más tarde en su *Manual of Buddhism,* en varios sitios, deja el término sin traducir (1853, 412, 413), pero explica *satipaṭṭhāna* como «cuatro temas del pensamiento sobre el cual la atención debe fijarse, y esto debe ser correctamente entendido» (1853, 497), y *sati* como un constituyente del despertar (*sambojjhaṅga*) como «el establecimiento de la verdad a través de la aplicación mental» (1853, 498) y, en su índice, simplemente como «consciencia» (1853, 531). Es fácil descartar estas tempranas «explicaciones y traducciones misioneras» como inadecuadas y basadas en malentendidos, sin embargo, ambos, Gogerly y Spence Hardy, pasaron muchos años en Ceilán, eran competentes en cingalés y tenían una íntima relación con los budistas laicos y monásticos; por lo tanto, es probable que sus interpretaciones y explicaciones reflejen, al menos, las impresiones derivadas de esas relaciones.

En 1881, T.W. Rhys Davids publicó traducciones de siete *suttas* del Dīgha y Majjhima Nikāyas. Su traducción del *Mahāparinibbāna Sutta* sugiere ciertas dudas acerca de la correcta interpretación de *sati.* Descubrimos a *sati* como una «actividad mental» (Rhys Davids, 1881, 9, 14, 63), como un simple «pensamiento» (1881, 63); mientras que *satippaṭṭhānas* también es «meditación seria» (1881, 62, 63).[92] No obstante, parece claro que «mindfulness» se convirtió en la traducción preferida de Rhys Davids. En su introducción a la traducción del *Dhammacakkappavattana Sutta* comenta sobre *sammā-sati* en el contexto del Óctuple Sendero:

> *Sati* es literalmente 'memoria', pero es utilizado con referencia a la frase, continuamente repetida, «atento y considerado» (*sato sampajāno*); y significa que la actividad de la mente y la constante presencia de la mente son uno de los deberes inculcados con mayor frecuencia al buen budista. [Rhys Davids, 1881, 145].

En su traducción de 1889 del primer volumen del Dīgha Nikāya utiliza «mindful(ness)» de manera más o menos coherente,[93] pero es en su traducción de 1910 del *Mahāsatipaṭṭhāna Sutta*[94] cuando Rhys Davids ofrece una atención más desarrollada del término. En la introducción de su traducción esgrime una serie de puntos. Sugiere que «la doctrina» expuesta en el *sutta* «es quizá la más importante, después de la de Aryan Path, en el budismo temprano», y que el *sutta* permanece «en frecuente y popular uso entre los budistas que se han afiliado a la fe antigua». Con respecto al tema de lo que es el «mindfulness», comenta simplemente que «esta suttana mostrará», pero continúa con ciertas observaciones acerca del término. Sugiere que, mientras *sati* es etimológicamente «memoria», en el contexto budista esta es «una muy inadecuada y engañosa traducción», porque *sati* se ha convertido aquí en «la memoria, el acordarse, el traer a la mente, el ser consciente de ciertos hechos específicos»:

> De estos el más importante era la transitoriedad (el devenir como resultado de una causa, y el desaparecer nuevamente) de todos los fenómenos corporales y mentales. E incluye la aplicación repetida de esta consciencia, a cada una de las experiencias de la vida, desde un punto de vista ético. [Rhys Davids, 1910, 322].

Aquí, Rhys Davis parece destacar uno de los estribillos repetidos del *Mahāsatipaṭṭhāna Sutta* que hace hincapié acerca del modo en que la práctica de *satipaṭṭhāna* implica el observar de qué manera las cosas «devienen» y de qué modo «desaparecen». Rhys Davids ofrece a continuación algunas reflexiones comparativas sobre las espiritualidades budista y cristiana:

> Cuando a los cristianos se les dice: «Por lo tanto ya comas o bebas, o sea lo que sea que hagas, hazlo todo para la gloria de Dios», un camino es indicado a través del cual cualquier acto, no importa cuán humilde sea, puede, a través del añadido de un recuerdo (a Sati), estar rodeado por un halo de entusiasmo moral superior; y de qué modo, a través de la práctica continua del recuerdo, una mejora permanente en el carácter puede ser obtenida. La idea budista es similar. Pero el recuerdo es acerca de lo que aquí podría llamar la ley natural, no sobre una deidad. Esta ha sido convertida en la piedra angular del sistema ético de autoentrenamiento. La piedra angular correspondiente en Occidente es la consciencia; y, de hecho, tan próximo es el recuerdo en sus efectos que un erudito ha elegido «consciencia» como traducción de Sati; equivocadamente, pensamos, ya que esta introduce una idea occidental dentro del budismo. [Rhys Davids, 1910, 323].

Es un tema de debate si Rhys Davids ha caracterizado correctamente las prácticas budista y cristiana. Sin embargo, desde la perspectiva de los textos budistas tempranos, no es difícil ver lo que llevó a Rhys Davids a establecer la comparación que hizo; el mensaje del *Mahāsatipaṭṭhāna Sutta* puede resumirse del siguiente modo: «si "te acuerdas" de manera sistemática de lo que estás haciendo en cualquier momento, verás lo que estás haciendo verdaderamente; y al ver verdaderamente lo que estás haciendo, aquellas de tus acciones, palabras y pensamientos que están motivados por la codicia, el odio y el engaño se convertirán en imposibles para ti». La asociación del «mindfulness» con la «consciencia», sin embargo, y su caracterización como una clase de intuición ética, no es lo que ha sido enfatizado o puesto en consideración en las definiciones que han sido más corrientes recientemente en el contexto de la terapia cognitiva basada en el mindfulness, por ejemplo, que tienden a enfatizar que el mindfulness es una clase de observación no enjuiciadora.

Dejando este tema de lado, parece claro que en la traducción de Rhys Davids del *Mahāsatipaṭṭhāna Sutta,* «mindfulness» se convirtió rápidamente en la única traducción posible al inglés del término *sati*. Por nombrar unas pocas obras significativas, es la traducción utilizada por Chalmers en su traducción parcial del Majjhima Nikāya (1926); de la señora C.A.F. Rhys Davids y F.L. Woodward en su traducción del Saṃyutta Nikāya (1917-1930); por E.M. Hare y F.L. Woodward en su traducción de Aṅguttara Nikayā (1932-1936); y quizá de manera más significativa por Bhikkhu Ñāṇamoli en su traducción muy influyente del *Visuddhimagga* de Buddhaghosa, primero publicada en 1956 y ampliamente reeditada.

Hasta ahora hemos estado considerando básicamente las traducciones especializadas pioneras de los textos budistas tempranos. Su influencia en cualquier perspectiva de la práctica budista actual es limitada, aunque no podemos descartar que Rhys Davids fue influenciado en su comprensión del *satipaṭṭhāna* por su contacto con monjes de Ceilán. Sin embargo, por lo que respecta al *Path of Purification* (1964) de Ñāṇamoli, nos ponemos en contacto directamente con la tradición de practicantes monásticos occidentales del budismo en general, y en particular con una tradición que ha identificado el «mindfulness» como el «corazón de la meditación budista», para usar el título del primer libro, importante e influyente, de Nyanaponika, publicado en 1954 (Nyanaponika, 1962, 14). Este no es el lugar para intentar rastrear la historia de esta tradición en particular de manera completa; pero lo que parece claro es que es esta tradición la que se encuentra detrás de una particular acogida moderna occidental de la meditación budista que la ha llevado a adoptar el término «mindfulness» y ciertas prácticas en el contexto de la psicoterapia moderna. En términos generales, la tradición puede ser rastreada hasta maestros meditadores como Mahāsī Sayādaw (1904-1982) y U Ba Khin (1899-1971); las instrucciones del primero sobre la meditación fueron de influencia formativa para la comprensión del propio Nyanaponika sobre el mindfulness y la meditación.[95] Nyanaponika desarrolló su interés inicial por la meditación del mindfulness influenciado por dos monjes ceilandeses, Kheminda Thera y Soma Thera. Este último publicó una traducción del *Satipaṭṭhāna Sutta* y su comentario en 1941 (Soma, 1967) después de completar un período de práctica meditativa en Birmania en 1936-1937 y regresar a Ceilán para permanecer un periodo de tiempo en la ermita de la isla Dodanduwa establecida por Nyanatiloka (1878-1957) en 1911 (Nyanatusita y Hecker, 2008, 36). El mismo Nyanaponika pasó una temporada practicando meditación en Birmania con Mahāsī Sayādaw a comienzos de la década de 1950.[96]

De hecho, Nyanaponika ofrece una descripción del mindfulness que está influida por su comprensión de la explicación técnica del proceso de percepción (*cittavīthi*) que se encuentra en el desarrollado pensamiento sistemático del Theravāda (*abhidhamma*). El mindfulness, nos dice, no es un estado «místico»; al contrario

> En su manifestación elemental, conocida con el término «atención», es una de las funciones cardinales de la consciencia, sin la cual no puede haber percepción de ningún objeto. [Nyanaponika, 1962, 24].

Nyanaponika no dice cuál es el término técnico pali, si lo hubiera, que corresponde a «atención». En una nota (1962, 112) indica que se está refiriendo a un estadio en la percepción conocido como *āvajjana,* 'volverse hacia (el objeto)'. Sin duda, en términos del *abhidhamma* técnico se encuentra entre los tipos de atención más básicos que hay; curiosamente, en términos del *abhidhamma* la cualidad mental de *sati* no está presente en este estadio en el proceso de percepción, algo de lo que Nyanaponika, quien sin duda tenía un sólido conocimiento del *abhidhamma,* debió haber sido consciente. A lo que él parecería, quizá, estar refiriéndose es a la comprensión del *abhidhamma* acerca del «llevar a la mente» o «prestar atención» (*manasikāra*), que es una característica presente en todos los actos de consciencia; además, el modo en el que giramos inicialmente nuestra atención hacia los objetos de percepción, a pesar de que estos se encuentren por debajo del umbral del control de la consciencia, se entiende que desempeña una parte crucial en el condicionamiento de nuestras respuestas emocionales posteriores hacia los objetos de percepción; es decir, la manera en que gobernamos de hecho las respuestas, haciéndolo con o sin «mindfulness».[97] Lo que Nyanaponika parece estar aquí sugiriendo es que el modo de nuestra atención inicial a los objetos de percepción es la semilla del mindfulness. Aunque continúa distinguiendo claramente entre esta «atención» inicial y la «recta atención» del mindfulness (*sammāsati*), no obstante, se centra posteriormente en «mindfulness en su aspecto específico de "atención desnuda"» (Nyanaponika, 1962, 30).

Al discutir la «atención desnuda», Nyanaponika la contrasta con nuestro hábito de juzgar lo que percibimos desde el punto de vista del interés propio; en vez de estar implicados en la articulación de una evaluación desinteresada acerca del modo verdadero de ser de las cosas, vemos los objetos «bajo la luz de nuestros juicios subjetivos adicionales» que están atados a nuestro sentido preconcebido de nosotros mismos, nuestra personalidad y ego (Nyanaponika, 1962, 32-4). Para Nyanaponika, la atención desnuda es una manera de comenzar a contrarrestar este proceso en el cual, con cada acto de consciencia, reforzamos nuestros hábitos mentales; una manera de comenzar a ver las cosas desde una perspectiva diferente.

La comprensión de Nyanaponika del mindfulness como atención desnuda parece haber sido enormemente influyente. Y aunque nosotros hemos sido cuidadosos al presentarla como un aspecto meramente elemental de la práctica del mindfulness, distinguiéndolo de la comprensión plena del mindfulness propiamente dicho –recta atención [*mindfulness*] como un elemento constitutivo del Óctuple Sendero–, ha habido una tendencia, a veces, por parte de aquellos que han escrito sobre el mindfulness posteriormente, a asimilarlo a la «atención desnuda».

La tradición fue divulgada y desarrollada en Occidente por varios maestros y escritores de meditación, entre los cuales podemos nombrar a Jack Kornfield (nacido en 1945) y Joseph Goldstein (nacido en 1944). Es, por lo tanto, una tradición de meditación budista que se basa en una aproximación particular al *Satipaṭṭhāna Sutta* e identifica esta aproximación con lo que significa para la tradición budista el término «visión profunda» (*vipassanā*).

En su útil antología de enseñanzas «de maestros budistas vivos» (que incluye a una mujer, Achaan Naeb, que anuncia una lectura no inclusiva de género del término «maestro»), Jack Kornfield introduce el mindfulness como «una cualidad sobre todas las otras» que es «la clave de la práctica» en el desarrollo de la sabiduría:

> La manera más directa de entender nuestra situación vital, quiénes somos y cómo operamos, consiste en observar con una mente que simplemente nota todos los sucesos del mismo modo. Esta actitud no enjuiciadora, de observación directa, permite que todos los sucesos ocurran de manera natural. Manteniendo la atención en el momento presente, podemos ver cada vez con mayor claridad las verdaderas características de nuestra mente y nuestro proceso corporal. [Kornfield, 1977, 13].

Esto nos ofrece un buen ejemplo de una emergente definición de trabajo de «mindfulness». Las características de esta definición son que el mindfulness es no enjuiciador, que es una observación directa de la mente y el cuerpo en el momento presente, junto con la afirmación de que esta clase de observación es peculiarmente eficaz.

El uso de la práctica budista del «mindfulness» en el contexto de la psicoterapia clínica occidental emergió en las décadas de 1980 y principios de 1990, y está asociado sobre todo con los nombres de Jon Kabat-Zinn y su trabajo en la Clínica de reducción de estrés (fundada en 1979) y el Centro para el Mindfulness en medicina, asistencia sanitaria y sociedad (fundado en 1995) en la Universidad de Massachusetts.[98] El programa de Reducción del Estrés Basado en Mindfulness (MBSR) de Jon Kabat-Zinn, a su vez, alimentó el desarrollo de la Terapia Cognitiva Basada en Mindfulness (MBCT) (Segal, Williams y Teasdale, 2002). Las influencias budistas directas sobre el enfoque MBSR de Kabat-Zinn son claras en numerosos de sus escritos: sin duda, las tradiciones de las meditaciones de la visión profunda y el mindfulness que hemos estado analizando anteriormente son algunas de sus influencias más importantes, aunque también cita otras prácticas de meditación y sus artículos más tempranos se refieren a otras tradiciones contemplativas no budistas.[99] A lo largo de 20 años de uso, de MBSR y MBCT como psicoterapia clínica en América y Europa, ha crecido considerablemente. En este contexto, los orígenes budistas del mindfulness, aunque no son exactamente un secreto, son a menudo minimizados o incluso no mencionados de modo alguno; el enfoque es práctico y lo que se enfatiza es la utilidad terapéutica del mindfulness en lugar de sus credenciales budistas, aunque a esto se alude de vez en cuento. Por lo tanto, en la introducción *The mindful way through depression* (2007), Williams, Teasdale y Kabat-Zinn hablan del uso clínico de las prácticas meditativas,

> Cultivar una forma particular de consciencia, conocida como el mindfulness, que se originó en las tradiciones de sabiduría de Asia. Estas prácticas [...] han sido parte de la cultura budista durante miles de años [...] Rápidamente descubrimos que la combinación de la ciencia cognitiva occidental y las prácticas orientales fue justo lo que necesitábamos para romper el ciclo de la depresión recurrente. [Williams *et al.*, 2007, 5].

Por otro lado, la obra temprana de Segal, Williams y Teasdale titulada *Terapia cognitiva basada en mindfulness para la depresión* (2015), menciona «la meditación budista del mindfulness» solo en una ocasión, refiriéndose a ella de pasada (2015), aunque en su lectura recomendada en la conclusión cita las guías de la meditación (budista) de la visión profunda.[100]

De qué manera percibamos la adaptación de la práctica budista del mindfulness al contexto de la clínica moderna para el tratamiento del estrés y la depresión, dependerá de nuestra perspectiva particular. Desde una cierta perspectiva budista, la abstracción del mindfulness de su contexto dentro de un campo más amplio de prácticas meditativas budistas puede parecer como una apropiación y distorsión del budismo tradicional que pierde de vista la meta budista, que consiste en erradicar la codicia, el odio y el engaño. Desde una perspectiva budista diferente, puede parecer un ejemplo de «medios hábiles» (*upāya-kauśalya*): proporciona un modo de dar a los seres la oportunidad de dar un primer e importante paso inicial en el camino que lleva a la cesación del sufrimiento. Desde otro punto de vista, todavía budista, que puede considerarse como «modernista», desnuda al budismo de su bagaje histórico y cultural innecesario, centrándonos en lo que es esencial y útil. Una perspectiva no budista podría considerar el traslado del bagaje histórico y cultural innecesario, como una revelación final de la esencial utilidad que hasta la fecha ha estado oscurecida por la religión budista. Finalmente, podríamos considerar el encuentro de las practicas derivadas del budismo con los métodos de la ciencia cognitiva moderna occidental como una oportunidad que nos permite un verdadero avance, que sustituye y convierte en superfluas las prácticas tradicionales budistas. Como observadores de la historia social, podríamos verlo también como un ejemplo de un cambio de una situación cultural, en la cual nos volvemos a la religión para sanar nuestras almas, a otra en la cual nos volvemos a la medicina y la ciencia.

Este no es el lugar en el que considerar la significación de todas estas posibles actitudes en profundidad. Sea cual sea la actitud que adoptemos, una particular comprensión y aproximación hacia el mindfulness ha emergido en el contexto de MBSR y MBCT; y dado el reconocimiento de la procedencia budista del mindfulness en general, parece oportuno considerar si este traslado de la India antigua a la clínica moderna «centrado en el mindfulness» ha sido sin dobleces, o si, por el contrario, se ha perdido en la traducción.

Una consideración más plena de esta cuestión requeriría una discusión no solo de la comprensión del mindfulness, sino de las prácticas específicas utilizadas en los contextos budista y clínico; esto está más allá del alcance de la presente discusión, la cual estará limitada a ciertos aspectos de la comprensión del mindfulness.

Aunque algunos análisis recientes sobre el mindfulness en el contexto de la psicoterapia moderna problematizan su definición, quizá la definición más frecuentemente citada sea la del propio Kabat-Zinn, caracterizada por su concisa operatividad: «Mindfulness significa prestar atención de un modo particular: voluntariamente, en el momento presente, y de modo no enjuiciador».[101] Una definición un poco más completa, también a menudo citada, dice:

> [Una] clase de consciencia, no elaborada, no enjuiciadora, centrada en el presente, en el cual cada pensamiento, sentimiento o sensación que surge en el campo de atención es reconocido y aceptado por lo que es. [Bishop *et al.*, 2004, 232].

Como ya he sugerido, los elementos esenciales de una definición de este tipo pueden ser observados en las caracterizaciones del mindfulness que emergieron en los contextos explícitamente budistas en las obras de Nyanaponika y Kornfield.

Encontrar definiciones sucintas del mindfulness similares en los textos del budismo temprano no es fácil. Cuando las hay, este tipo de definiciones son en realidad diferentes en carácter. Como respuesta a la pregunta «¿qué es la facultad de *sati?*», se nos dice que alguien que tiene *sati* «posee un *sati* perfecto y comprensión: se trata de alguien que recuerda y se acuerda de aquello que se hizo y dijo mucho tiempo antes» (S V 197-98).

Otra respuesta temprana a una pregunta directa sobre las características de *sati* la encontramos en el *Milindapañha* (Mil, 37-8) donde se explica que *sati* tiene dos características (*lakkhaṇa*): «evocar en la mente» (*apilāpana*) y «tomar posesión» (*upagaṇhana*). Así, *sati* explica cómo evocar las cualidades saludables y dañinas de tal forma que el meditador esté en la posición de saber cuáles son las cualidades que debe perseguir y cuáles son las que no; esto se compara con la manera en la que el tesoro de un rey constantemente recuerda al rey su gloria y propiedad. En segundo término, se dice que *sati* sigue los resultados de las cualidades con el propósito de saber qué cualidades son beneficiosas y cuáles no lo son, con el resultado de que el meditador puede eliminar aquellas que no son útiles y tomar posición de aquellas otras que lo son; esto es comparado con la manera en que el consejero de un rey mantiene al rey informado acerca de lo que es y lo que no es beneficioso.

La literatura temprana del Abhidhamma (véase Dhs 16) enumera varios de los términos que intentan ilustrar la naturaleza de *sati* que resultan de algún interés: recuerdo (*anussati*), memoria (*paṭissatī*), remembranza (*saraṇatā*), tener en cuenta (*dhāraṇatā*), ausencia de divagación (*apilāpanatā*), ausencia de olvido (*asammussanatā*).

Estas definiciones antiguas y la lista del Abhidhamma parecen estar en desacuerdo con la definición psicoterapéutica clínica moderna del mindfulness, e incluso (quizá) con las más recientes definiciones del mindfulness ofrecidas a través de la exposición de la práctica del *satipaṭṭhāna*.

Por supuesto, tales diferencias en la definición del mindfulness pueden ser el reflejo de que, de hecho, ha habido en la historia del pensamiento y la práctica budista enfoques y concepciones del mindfulness diferentes, e incluso conflictos. Aunque no quiero descartar esta posibilidad, me inclino a pensar que es posible sugerir maneras en las cuales estas definiciones tempranas complementan lo que podemos recoger de otras discusiones budistas tempranas del mindfulness; de este modo, podemos quizá llegar a una apreciación más plena y más completa de la comprensión budista temprana.

El elemento clave en las definiciones tempranas, me parece a mí, es que adoptan en serio el sentido de *sati* como «recordar». Aquí, la idea básica es directa: si uno es instruido a observar la respiración y ser consciente de si la respiración es larga o la respiración es corta, uno necesita recordar hacer esto, en vez de olvidarlo después de un minuto, cinco minutos, 30 minutos, etcétera. Esto es, uno tiene que recordar que lo que se supone que debería estar haciendo es recordar la respiración. Hay, además, una dimensión de este recuerdo, implicado en mi utilización de la expresión «lo que se supone que debería estar haciendo». En el contexto específico en el cual la práctica del mindfulness es concebida por los textos budistas antiguos, al recordar que uno debe recordar la respiración, uno está recordando que uno debe estar haciendo una práctica meditativa, al recordar que uno debe estar haciendo una práctica meditativa, uno está recordando que uno es un monje budista; al recordar que uno es un monje budista, uno está recordando que uno debe estar tratando de erradicar la codicia, el odio y el engaño. A la inversa, al olvidar la respiración, uno está olvidando que está haciendo una práctica meditativa; al olvidar que uno está haciendo una práctica meditativa, uno está olvidando que es un monje budista; al olvidar que uno es un monje budista, uno está olvidando que está tratando de erradicar la codicia, el odio y el engaño. Me parece que esto les da sentido a las meditaciones budistas tradicionales como el recuerdo (*anussati*) de las cualidades del Buda, el Dharma y el Sangha, que los mismos textos parecen tan interesados en incluir en el marco global de la práctica del mindfulness.

No quiero sugerir con esto que el mindfulness es concebido en términos de una serie de reflexiones conscientes y discursivas en estas líneas, sino simplemente que estos textos budistas antiguos entienden la presencia del mindfulness como, en efecto, recordándonos quiénes somos y cuáles son nuestros valores. Casualmente, pese a las definiciones del mindfulness utilizadas en el contexto del MBSR y el MBCT, parece que la práctica de mindfulness debe tener algo de esta cualidad, de otro modo es difícil ver de qué manera un paciente podría tener la motivación de continuar con los ejercicios del mindfulness.

Creo que hay además otros aspectos de *sati*, entendido como recuerdo, que se insinúan especialmente en la caracterización del *Milindapañha* de *sati*, como evocar varias cualidades buenas y malas, beneficiosas y perjudiciales. Por ejemplo, cuando estoy feliz, es difícil recordar cómo es ser infeliz; y a la inversa, cuando soy infeliz, es difícil recordar lo que se siente cuando somos felices. En estas circunstancias, es más probable identificarnos con el ánimo y los sentimientos pasajeros, los cuales pueden resultar reforzados y acabar desequilibrándonos mentalmente. Por otro lado, si recuerdo cuando soy feliz lo que se siente al ser infeliz, es menos probable que me deprima cuando el sentimiento pase, y más probable que sienta simpatía por aquellos a mi alrededor que no son felices. Si recuerdo, cuando me siento infeliz, lo que se siente al ser feliz, es posible que pueda lidiar mejor con el sentimiento hasta que este pase, y experimente menos resentimiento hacia aquellos de mi alrededor que estén sintiéndose felices. De manera similar, si no soy plenamente consciente, puedo olvidar el modo en el cual ciertos patrones particulares de comportamiento me hacen sentir, y por ello repetirlos. Pero si verdaderamente recuerdo que la última vez que actué de determinado modo resultó en sentimientos desagradables, será más difícil consentir esos patrones de comportamiento. Estas observaciones nos permiten dar sentido al énfasis del budismo tradicional en la comprensión del *sati* como «recuerdo». Quizá sea relevante resaltar en este contexto los descubrimientos realizados por Segal, Williams y Teasdale (2002, 28-30), que sugieren que un factor significativo en la recaída de la depresión pueda ser la manera en que alguien vulnerable a la depresión tiende a perder el control en un estado de ánimo dominado por la tristeza, el cual puede entonces provocar patrones habituales de pensamiento.

Dos de los términos del Abhidhamma que se utilizan en las explicaciones del mindfulness apuntan a este como algo más que, simplemente, una consciencia centrada en el presente de cada pensamiento, sentimiento o sensación que surge. Estos términos son «ausencia de divagación» (*apilāpanatā*) y «ausencia de olvido» (*asammussanatā*). El primer término es explicado a través de un símil: la ausencia de divagación debe ser contrastada con un estado en el que la mente se bambolea como una calabaza que flota en la superficie del agua; mindfulness, por el contrario, se sumerge en el objeto de la consciencia.[102] El segundo término nos permite hacer una conexión clara con un espectro semántico de uso en inglés que es paralelo, en buena medida, al uso en pali y en sánscrito. Esto es, la ausencia de olvido parece referirse no tanto a tener una buena memoria de los hechos y la información, como a no estar distraído y olvidadizo. El término está relacionado en los textos budistas a dos expresiones en pali, *muṭṭhā sati* y *upaṭṭhitā sati*, que significan literalmente 'mindfulness que está confundido' y 'mindfulness que está a la mano', pero que quizá pueden ser traducidos de manera más idiomática, e incluso más exactamente, como 'distracción' y 'presencia mental'.[103] Parece que el mindfulness para los textos budistas tiene algo que ver con la cualidad de «estar al tanto».

Volvamos ahora a una de las elaboraciones clásicas de definiciones budistas del mindfulness, me refiero a la que encontramos en los textos exegéticos de la tradición Theravāda.

> *Sati* es aquello por medio de lo cual [las cualidades que constituyen la mente] recordamos, o es aquello mismo que recuerda, o es, simplemente, recordar. Su característica no es la divagación, su propiedad es la ausencia del olvido, su manifestación es vigilar o estar frente a frente con un objeto de la consciencia; sus bases son la percepción estable o el establecimiento del mindfulness [la atención plena] del cuerpo, etc. Debido a que se encuentra firmemente establecido en el objeto de la consciencia, debe ser visto como un poste y, porque custodia los portales de los ojos y otros sentidos, como un guardián. [Vism XIV, 141].

Hemos tratado ya los aspectos del recordar, la ausencia de olvido y el no divagar destacado aquí; «estar frente a frente con el objeto de la consciencia» es bastante directo en términos de la clase de definición del mindfulness que encontramos en el contexto de la moderna meditación en la visión profunda, el MBSR y el MBCT; concebir el mindfulness como un poste, debido a que se encuentra firmemente establecido en el objeto de la consciencia, parece reforzar su caracterización como un estado sin divagación.

La manifestación del mindfulness como «vigilante» y como un «guardián» parece aludir a un pasaje en el que se describe al «guardián de los portales de los sentidos» que es a menudo repetido en los textos tempranos como un preludio para el establecimiento del mindfulness y la comprensión clara:

> ¿[Y] de qué manera un monje protege los portales de los sentidos? En esto, cuando él mira a un objeto visible con sus ojos, no se aferra a la experiencia general ni a los aspectos particulares. Como alguien que vive con los sentidos de la vista sin revisar, puede ser afectado por el deseo y el descontento, por cualidades malas, insalubres, trata de practicar la revisión del sentido de la vista, lo vigila, y logra dominarlo. Cuando escucha un sonido con sus oídos... huele olores con su nariz... gusta un sabor con su lengua... toca un objeto con su cuerpo... es consciente de un pensamiento en su mente, no se aferra a la experiencia general ni a los aspectos particulares. Como alguien que vive con su mente sin revisar, puede ser afectado por el deseo y el descontento, por cualidades malas, insalubres, trata de practicar la revisión de la mente; la vigila, y logra dominarla. [Véase, por ejemplo, D I 70].

Un símil que encontramos en otro sitio (S IV 194) compara el mindfulness directamente con un guardián que protege una ciudad (el cuerpo) con seis portales (los sentidos). La caracterización del mindfulness como vigilante y como un guardián parece estrechamente relacionada al mindfulness en sus capacidades de recordar y presencia mental. La idea es que si tenemos mindfulness [atención plena], entonces recordaremos lo que deberíamos estar haciendo en un momento dado (observar la respiración, por ejemplo, o prestar atención a la postura), y, de ese modo, cuando las percepciones, sentimientos, estados de la mente y emociones que puedan interferir con ello surjan, tendremos la presencia mental necesaria para evitar que invadan nuestra mente y se apoderen de nosotros.

La afirmación, en la definición exegética estándar del mindfulness en el Theravāda, de que su base es «una percepción estable» o «el establecimiento del mindfulness [atención plena] del cuerpo, etc.,» sitúa el cultivo y el desarrollo del mindfulness en las clases de prácticas que son expuestas en el *Satipaṭṭhāna Sutta*. Una exposición completa del *Satipaṭṭhāna Sutta* no es posible en el presente contexto, por ello me limitaré a unas pocas observaciones.

En primer lugar, parecería que tomar el *Satipaṭṭhāna Sutta* como un manual breve sobre la meditación en la visión profunda (*vipassanā*), en vez de la meditación en la quietud (*samatha*), es una interpretación budista moderna, en lugar de la tradicional. Los términos *vipassanā* y *samatha* no se mencionan en el Sutta, mientras que muchos otros Suttas que elaboran la práctica de *satipaṭṭhāna* las integran claramente con la práctica de la absorción (*jhāna*) y la concentración (*samādhi*), que es vista como una práctica emblemática de *samatha;* el «Discurso sobre el mindfulness del cuerpo» (M III, 88-99) presenta *de manera precisa* las prácticas expuestas en la sección del *Satipaṭṭhāna Sutta* ocupadas con el cuerpo como base para el logro de la absorción. La descripción que existe acerca de la manera en la que un monje observa el cuerpo como cuerpo, los sentimientos como sentimientos, la mente como mente y las cualidades como cualidades, al establecer el mindfulness, explica que el monje «vence su deseo y descontento frente al mundo». El comentario del siglo V d.C. de Buddhaghosa sobre el *Satipaṭṭhāna Sutta* destaca que esta frase puede ser entendida como indicando el abandono de los cinco obstáculos; los obstáculos básicos al logro de la absorción a través de la concentración (Gethin, 2001, 49-53).[104] Aquí no estoy interesado en establecer una interpretación original y auténtica del *Satipaṭṭhāna Sutta,* solo quiero establecer que hay una prueba clara en las fuentes pali de una interpretación tradicional del *Satipaṭṭhāna Sutta* que establece ambas, la práctica de la quietud y la práctica de la visión profunda, y unas pocas indicaciones explícitas antes del siglo XX que han sido interpretadas exclusivamente en términos de un camino de visión.

Que la observación del cuerpo como cuerpo con el mindfulness [atención plena] debe implicar la superación de los propios deseos y descontentos respecto al mundo podría sugerir que el mindfulness es concebido como algo más sostenido y desarrollado que la mera atención desnuda, o la observación del momento presente no enjuiciadora; sugiere que un prerrequisito para un verdadero mindfulness es observar desde el punto de vista de un estado mental relativamente calmo y pacífico.

Es posible que «no enjuiciador» deba ser interpretado como la implicación de un estado mental relativamente calmo y pacífico. Esto suscita la cuestión acerca de lo que significa «no enjuiciador» en el contexto de la comprensión del mindfulness en MBSR y MBCT. Como hemos visto, para Nyanaponika está claro que lo que es problemático en el contexto del mindfulness son nuestros juicios habituales y opiniones acerca de lo que somos nosotros mismos y otros; ser no enjuiciador es hacer espacio para una perspectiva diferente acerca del modo de ser de las cosas. Esto, queda claro, puede compararse, de algún modo, con la manera en la que, en el contexto del MBCT, el mindfulness «no enjuiciador» puede contrarrestar el problema de la «mente ruminativa [o meditabunda]» (Segal, Williams y Teasdale, 2002, 33-37). Aun así, desde una perspectiva budista Theravāda tradicional un énfasis incondicional del mindfulness como «no enjuiciador» podría entenderse implicando que el ser no enjuiciado es un fin en sí mismo y que todos los estados mentales son de algún modo de igual valor, que el deseo es tan bueno como el no apego, o el enojo como la simpatía. De hecho, en el contexto del MBSR y el MBCT, ser «no enjuiciador» parece en gran medida ser defendido como una postura práctica y no como una visión final acerca de la naturaleza de las cosas, mientras que la cuestión del «valor» último de nuestros estados mentales pasajeros nos lleva a áreas complejas del pensamiento y la filosofía budistas donde diferentes tradiciones budistas pueden expresarse de distintas maneras. Aun así, algo como una base común de la psicología budista puede ser expresada diciendo que, aunque —o, precisamente, debido a ello— el objetivo es liberarnos a nosotros mismos del deseo, el odio y el engaño o, inversamente, sentirnos satisfechos y apegados con nuestro propio no apego, simpatía y sabiduría cuando estos surgen, esto es claramente una trampa. Y es esta clase de aproximación práctica la que los pioneros del MBSR y el MBCT deliberadamente destacaron al caracterizar el mindfulness como no enjuiciador.

Regresando a la cuestión más general acerca de la posibilidad de distinguir entre el mindfulness propiamente dicho y la mera observación de lo que está ocurriendo, esto queda, quizá, implícito en la manera en que la definición budista citada más arriba dirige la atención hacia el hecho de que la base del mindfulness es la «percepción firme» o «el establecimiento del mindfulness del cuerpo, etcétera». Es decir, la observación firme y clara, la práctica desnuda de observar el cuerpo como cuerpo, no garantiza por sí misma, o constituye la presencia del mindfulness real; más precisamente, sienta las condiciones que conducirán a su surgimiento.

Que el mindfulness sea visto implicando el logro de una presencia mental sostenida, está quizá ilustrado de manera particularmente vívida a través de un símil (S V, 170). El mindfulness del cuerpo es comparado con el caso de un hombre que debe prestar atención al borde de un cuenco lleno de aceite que lleva en su cabeza. El hombre debe hacerlo delante de una multitud que se ha reunido a mirar a la mujer más hermosa de la Tierra, mientras ella baila y canta; y mientras el hombre se mueve entre la muchacha y la multitud con el cuenco en su cabeza, es seguido por otro hombre con una espada desenvainada quien, si derrama, aunque sea una gota del aceite, le cortará la cabeza. En esas circunstancias, se nos dice, el hombre prestará una atención muy cuidadosa al cuenco de aceite en su cabeza, y no se distraerá, ni por la multitud ni por la muchacha; con una cualidad de atención similar, el monje debe cultivar el mindfulness del cuerpo.

Me gustaría concluir haciendo algunos comentarios acerca del modo en que el mindfulness ha sido presentado como la práctica clave de la meditación budista. Como ya hemos visto, esto está relacionado, antes que nada, con la noción de que la meditación de la visión profunda es la forma por antonomasia de la meditación budista y que es la práctica del mindfulness lo que está en el corazón de la meditación de la visión profunda. He sugerido anteriormente que esto no parece reflejar la perspectiva tradicional Theravāda.[105] En el presente contexto parece valioso articular dos puntos adicionales.

Primero, la singularización de la práctica del mindfulness está en parte basada en una traducción problemática de la caracterización de las cuatro aplicaciones del mindfulness al comienzo del *Satipaṭṭhāna Sutta,* como un camino que es *ekāyana* (D II, 290; M I, 55). Todas las traducciones inglesas tempranas del *Satipaṭṭhāna Sutta* optaron por interpretar *ekāyana* con una caracterización de las cuatro maneras de aplicar mindfulness como el *único* camino para la purificación de los seres.[106] Mientras la interpretación precisa de la expresión permanece oscura, parece claro que lo que no significa es «solo», y que ello, probablemente, tiene el sentido de «ir solamente a un lugar» o «un único sitio», en vez de bifurcarlo, y de ese modo poder interpretarlo como «camino directo»: «este camino que lleva a la purificación de los seres, a saber, las cuatro maneras de aplicación del mindfulness, es directo y claro» (Gethin, 2001, 59-66).

En segundo término, mientras la práctica del mindfulness es, sin duda, considerada como importante en las explicaciones de meditación en el budismo temprano, de todos modos, se presenta siempre como una entre varias cualidades que necesitan estar igualmente equilibradas. En ningún otro contexto esto es más cierto que en el propio *Satipaṭṭhāna Sutta.*

En varios lugares de los Nikāyas, el camino budista se resume en términos del logro de cuatro maneras de establecer el mindfulness a través del abandono de los cinco obstáculos, y luego el desarrollo de los siete constituyentes del despertar.[107] En efecto, es posible leer el *Satipaṭṭhāna Sutta* precisamente como una expansión de esta afirmación breve en el sentido de que el cuarto estadio final del establecimiento del mindfulness (la observación de las cualidades como cualidades) implica, en primer término, ver que los cinco obstáculos han sido abandonados, y luego culmina en el desarrollo de los siete constituyentes del despertar y la comprensión de las Cuatro Nobles Verdades: sufrimiento, su origen, su cesación y el camino que lleva a su cesación. Que este despertar final sea visto, precisamente, como una función de los siete constituyentes del despertar que trabajan de manera equilibrada, en lugar de como un desenlace a partir de la práctica del mindfulness, por ejemplo, u otra cualidad, está muy bien ilustrado por el análisis acerca de cuál de los siete constituyentes del despertar uno debería tratar de cultivar cuando la mente está deprimida u opaca (*līna*), y cuál debería intentar cultivar cuando la mente está excitada o hiperactiva (*uddhatta*). Cuando la mente está deprimida, entonces no es el tiempo propicio para desarrollar la tranquilidad, la concentración y la ecuanimidad; hacer esto es como tirar hierba mojada en un pequeño fuego que uno quiere que arda. Sin embargo, es el momento propicio para desarrollar una investigación sobre las cualidades, la fuerza y la alegría; del mismo modo que uno lanzaría hierba seca en un pequeño fuego que uno quiere que arda. Cuando la mente está excitada, entonces no es el momento de desarrollar una investigación sobre las cualidades, la fuerza y la alegría; hacerlo sería como lanzar hierba sobre un gran fuego que uno quiere apagar. Sin embargo, es el momento propicio para desarrollar la tranquilidad, la concentración y la ecuanimidad;

de la misma manera que uno lanzaría hierba mojada en un gran fuego que uno quiere apagar. Con respecto al constituyente del despertar que es el mindfulness, es apropiado cultivarlo en todas las circunstancias anteriores. De este modo, aun cuando el mindfulness tiene un carácter distintivo, ya que puede ser beneficioso tanto si la mente se halla en estado de embotamiento como en estado hiperactividad, no obstante, continúa siendo solo uno entre los siete constituyentes del despertar.

La concepción del mindfulness que subyace al MBSR y el MBCT deriva de manera significativa de una particular tradición budista moderna del mindfulness. Desde la perspectiva de la explicación del *sati* que encontramos en las fuentes budistas tempranas, esta concepción moderna no parece estar centrada en una definición minimalista del mindfulness. La explicación budista tradicional del mindfulness juega con los aspectos del recuerdo, la memoria, el acordarse y la presencia mental, que pueden parecer minimizados o incluso perdidos en el contexto del MBSR y el MBCT. Aun así, esto podría ser, en parte, una consecuencia de las definiciones concisas, particulares, destacadas en el contexto del MBSR y el MBCT. Para la tradición budista y para el MBSR y el MBCT, «mindfulness» es parte de un conjunto de prácticas, y las prácticas pueden tener efectos particulares sean cuales sean nuestras ideas y teorías preconcebidas acerca de ellas. Esto es, en su aplicación en un contexto clínico, otros aspectos del mindfulness pueden manifestarse y ser relevantes.

BIBLIOGRAFÍA

ANALAYO. (2003). *Satipatthana: The direct path to realization.* Birmingham: Windhorse.

BISHOP, S., LAU, M., SHAPIRO, S., CARLSON, L., ANDERSON, N., CARMODY, J. y otros. (2004). Mindfulness: A proposed Definition. *Clinical Psychology: Science and Practice,* 11, 230-41.

BODHI, B. (1995). Life Sketch of venerable Nyanaponika. En B. Bodhi (ed.), *Nyanaponika: A farewell tribute.* Kandy, Sri Lanka: Buddhist Publication Society.

BÖHTLINGK, O. & ROTH, R. (1855). *Sanskrit-Wörterbuch.* St. Petersburg: Buchdruckerei der Kaiserlichen Akademie der Wissenschaften.

CHALMERS, R. (1926). *Further dialoges of the Buddha.* Londres: H. Milford.

CHILDERS, R. (1875). *A dictionary of the Pali Language.* Londres: Trübner & Co.

COUSINS, L. (1996). The Origins of Insight Meditation. *Buddhist Forum,* 4, 35-58.

GETHIN, R. (2001). *The Buddhist Path of Awakening.* Oxford: Oneworld Publications.

GILPIN, R. M. (2008). The use of Theravada Buddhist practices and perspectives in mindfulness-based cognitive therapy. *Contemporary Buddhism,* 9, 227-51.

GOGERLY, D. (1845). On Buddhism. *Journal of the Ceylon Branch of the Royal Asiatic Society,* 1, 7-28.

GOGERLY, D. (1998). The books of disciplina. En A. S. Bishop (Ed.), *Ceylon Buddhism being the collected writings of Daniel John Gogerly* (págs. 45-100). Colombo: Wesleyan Methodist Book Room.

HANH, T. N. (1976). *The miracle of mindfulness: A manual of meditation.* Boston, MA: Beacon Press.

HARDY, R. (1853). *Eastern manachism.* Londres: Partridge and Oakey.

HARDY, R. (1850). *A manual of Buddhism: In its modern development.* Londres: Partridge and Oakey.

HARE, E. & WOODWARD, F. (1932-1936). *The Book of the gradual Sayings* (Vol. 5). Londres: Pali Text Society.

HORNER, I. B. (1954-1959). *Middle lenght sayings.* 3 vols. Londres: Pali Text Society.

KABAT-ZINN, J. (1990). *Full catastrophe living.* Nueva York: Dell.

KABAT-ZINN, J. (1982). An outpatient program in behavioral medicine for chronic pain based on the practice of mindfulness meditation. *General Hospital Psychiatry*, 4, 33-47.

KABAT-ZINN, J., LIPWORTH, L. & BURNEY, R. (1985). The clinical use of mindfulness meditation for the self-regulation of chronic pain. *Journal of Behavioral Medicine*, 8, 163-90.

KORNFIELD, J. (1977). *Living Buddhist masters.* Santa Cruz: University Press.

KUAN, T.-F. (2008). *Mindfulness in early Buddhism: New approaches through psychology and textual analysis of Pali, Chinese and Sanskrit sources.* Londres: Routledge.

MONIER-WILLIAMS, M. *Sanskrit-English dictionary.* Delhi: Motilal Barnasidas.

NAYNATUSITA, B. & HECKER, H. (2008). *The life of Nyanatiloka Thera.* Kandy, Sri Lanka: Buddhist Publication Society.

The path of purification (visuddhimagga). (1976). (NYANAMOLI BIKKHU, Trad.) Boston, MA: Shambala.

NYANAPONIKA. (1962). *The heart of Buddhist meditation: A handbook of mental training based on the Buddha's way of mindfulness.* Londres: Rider & Company.

RHYS DAVIDS, C. & WOODWARD, F. (1917-1930). *The book of the kindred sayings* (Vol. 5). Londres: Pali Text Society.

RHYS DAVIDS, T. (1881). *Buddhist Suttas.* Oxford: Claredon Press.

RHYS DAVIDS, T. (s.f.). *Dialogues of the Buddha.* Obtenido de Pali Text Society: www.levityisland.com/buddhadust/www.buddhadust.org/The-Satipatthana/SettingUpMindfulness.htm

RHYS DAVIDS, T. (1910). *Dialogues of the Buddha* (Vol. 2). Londres: Henry Frowde.

RHYS DAVIDS, T. (1899). *Dialogues of the Buddha* (Vol. 1). Londres: Henry Frowde.

ROWE, D. (1983). *Depression: The way out of your prison.* Londres: Routledge & Kegan Paul.

SEGAL, Z., WILLIAM, J. & TEASDALE, J. (2002). *Mindfulness-based cognitive therapy for depression: A new approach to preventing relapse.* Nueva York: Guilford Press.

SHATTOCK, E. (1958). *An experiment in mindfulness.* Londres: Rider & Co.

THERA, S. (1967). *The way of mindfulness: The Satipatthana Sutta and commentary* (3.ª ed.). Kandy, Sri Lanka: Buddhist Publication Society.

WILLIAMS, J., TEASDALE, J., SEGAL, Z. & KABAT-ZINN, J. (2007). *The mindful way through depression.* Nueva York: Guilford Press.

18. Algunas reflexiones sobre los orígenes del MBSR, los medios hábiles y el problema de los mapas

Jon Kabat-Zinn

El autor narra parte de la historia temprana de lo que hoy es conocido como el MBSR, su relación con la medicina dominante, la ciencia de la conexión mente-cuerpo y la salud. Hace hincapié en que el MBSR y otras intervenciones basadas en el mindfulness deben estar basadas en una comprensión universal del Dharma, que sea congruente con el Buddhadharma, pero no constreñida por sus manifestaciones históricas, culturales y religiosas asociadas con sus límites de origen y sus tradiciones excluyentes. Localiza estos desarrollos dentro de la confluencia histórica de dos epistemologías muy diferentes que se encuentran por primera vez, la de la ciencia y la de las tradiciones meditativas. El autor dirige su atención a la base ética del MBSR, así como a las cuestiones relativas al linaje y la habilidad «lingüística» y otros medios afines para maximizar la posibilidad de que los valores del cultivo del mindfulness, en sentido amplio, puedan ser escuchados, abrazados y cultivados en el marco del sentido común y de una manera universal en el escenario secular. Se refiere directamente a los instructores de las intervenciones basadas en mindfulness que tratan los temas de la encarnación, extrayendo la esencia del Dharma, sin depender para ello de los vocabularios, textos y formas de enseñanzas de los entornos budistas tradicionales, aunque reconoce la importancia de conocerlos hasta cierto punto, como parte del propio desarrollo personal. La perspectiva del autor está basada en lo que la tradición Zen llama «la visión de los mil años». Aunque no se explicita en este texto, considera el interés actual del mindfulness y sus aplicaciones como un signo de

> una emergencia multidimensional, una promesa enormemente transformadora y liberadora, la cual, si somos capaces de ocuparnos de ella y cuidarla, puede dar lugar a un florecimiento incomparable y, en esta época global, convertirse en un renacimiento para el beneficio de todos los seres en nuestro mundo.

Como narraré más adelante, el programa de Reducción de Estrés Basado en el Mindfulness (MBSR) fue desarrollado como una, entre infinitas posibilidades de medios hábiles, para llevar el dharma a las actuales corrientes dominantes.[108] Nunca se ha tratado del MBSR en sí mismo. Siempre ha sido acerca de M. Y la M es una gran M, como intentaré describir en este artículo.

Dicho esto, la cualidad del MBSR como intervención solo es buena dependiendo del instructor de MBSR, y su comprensión de lo que se requiere para ofrecer, auténticamente, un programa basado en el mindfulness. Mucho de lo que se dice en este artículo, y en la revista del que forma parte, tiene el propósito de fortalecer nuestra investigación colectiva respecto a mantener los más altos estándares de comprensión y práctica a la hora de exponer este tipo de programas en el futuro, dado el exponencial crecimiento por lo que respecta al interés y la actividad de este campo floreciente, y los riesgos y oportunidades que supone. Ineludiblemente, la perspectiva que se ofrece aquí es personal, modelada por mi propia experiencia durante las últimas cuatro décadas. La ofrezco con la esperanza de que sea útil para otros y, también, para extender el diálogo en torno al significado y la esencia del mindfulness, su valor, y las promesas que extiende al mundo en general, los riesgos que acompañan este tipo de aspiraciones, y los desafíos que afrontamos individual y colectivamente de cara al futuro para el desarrollo de nuevas y efectivas vías y vehículos, con el fin de mover la curva de campana de nuestra sociedad hacia una sanidad y un bienestar mayor. En este sentido, el MBSR fue concebido y funciona como una intervención de salud pública, un vehículo para la transformación individual y social.

Cuando escribí *Vivir con plenitud las crisis,* nueve años después de comenzar con la Clínica de reducción de estrés, fue muy importante para mí capturar la esencia y espíritu del programa del MBSR, tal como se desplegaba en la experiencia de los pacientes. Al mismo tiempo, quería articular el dharma que subyacía al programa, pero sin utilizar nunca la palabra «Dharma» o invocar el pensamiento o la autoridad budista, debido a que, por razones obvias, no enseñamos el MBSR de ese modo. Mi intención y mi esperanza eran que el libro pudiera encarnar, al nivel que fuera posible, la esencia del dharma de las enseñanzas del Buda en acción, y hacerlo accesible a la mayoría de los estadounidenses que se enfrentaban al estrés, dolor y enfermedad. Esto se expresaba de manera directa en la «Introducción», en la cual no rehuí expresar explícitamente sus orígenes budistas. Sin embargo, desde el comienzo del MBSR me incliné por estructurarlo y encontrar maneras de hablar acerca de él que evitaran lo más posible el riesgo de ser visto como budista, «nueva era», «misticismo oriental» o, simplemente, un «rejunte». Para mí, esto fue siempre un riesgo serio que podría haber socavado nuestra intención de presentarlo como basado en la evidencia, el sentido común y, en última instancia, un legítimo elemento del cuidado médico dominante. Esto fue siempre un desafío presente, dado que el programa completo está basado en un entrenamiento y práctica de meditación y yoga relativamente intensos para principiantes, y la meditación y el yoga definen en buena medida uno de los elementos de la «nueva era».

Antes de que el libro fuera publicado, pedí a varios colegas que respeto que lo refrendaran. Entre ellos, se lo pedí a Thich Nhat Hanh, a quien no conocía en aquel tiempo, excepto a través de sus escritos, y en particular su pequeño libro, *The Miracle of Mindfulness* (Hanh, 1975), que tiene cierta cualidad de llaneza y simplicidad que yo admiraba. En este caso, más que esperar algún tipo de aprobación, pensé simplemente en compartir con él la dirección hacia la cual nos estábamos dirigiendo y aprehender su sentido acerca de ello. En realidad, no esperaba una respuesta. Sin embargo, respondió, y me ofreció una declaración que, sentí, mostraba que había aprehendido la esencia del libro y la línea en la que intentaba avanzar. Además, lo expresaba de una manera tan elegante y positiva, que lo recibí como un obsequio, de modo que pensé que resultaría una descortesía no utilizarla; no obstante, tenía mis dudas. Precipitó una suerte de crisis dentro de mí durante un tiempo, porque, en definitiva, Thich Nhat Hanh no era solo una autoridad budista, sino que en su breve aprobación utilizaba la palabra extranjera *dharma,* no solo en una ocasión, sino cuatro veces. No obstante, lo que decía hablaba profunda y directamente a la esencia de la visión e intención original del MBSR. Me pregunté: «¿Es el momento adecuado para esto? ¿Era acaso inteligente, en este punto, ampliar mi perspectiva? ¿O acabaría causando más daño que beneficio?». Pensándolo echando la vista atrás, estas preocupaciones pueden parecer tontas, pero en aquel momento parecían significativas.

Al mismo tiempo, me encontré reflexionando acerca de si mis preocupaciones no se habrían vuelto en aquel momento un poco anticuadas. Quizá, a partir de la década de 1990 ya no había distinciones tan contundentes entre la llamada nueva era y el mundo dominante. Tantas tendencias denominadas «contraculturales» habían penetrado en la cultura dominante para entonces, que resultaba difícil hacer algún tipo de distinción binaria acerca de lo que era la corriente dominante y cuáles eran sus márgenes. La publicidad estaba materializando y comercializándolo todo, explotando incluso el yoga y la meditación para sus propios intereses. En el proceso, se fueron rompiendo los estereotipos convencionales, mientras, simultáneamente, se creaban nuevos. El mundo estaba cambiando con rapidez, incluso antes de la inminente emergencia de internet, con su arremetida, constantemente acelerada, de información, y sus efectos en nuestras mentes y nuestro ritmo de vida. Quizá no había ya un riesgo importante de que nuestro trabajo fuera identificado con un «extremismo lunático». Quizá había ya suficientes pruebas alrededor que apoyaban la eficacia del MBSR para entreabrir al menos la puerta con vistas a expandir los caminos en los que podían articularse sus orígenes y su esencia –no tanto a los pacientes, pero si al creciente número de profesionales de la salud que estaban comenzando a interesarse por el mindfulness y sus aplicaciones clínicas–. Quizá era importante explicar por qué podría ser valioso llevar una perspectiva universal del dharma y los medios para cultivarlo en el mundo dominante.[109]

Por eso, al final, decidí utilizar las palabras de Thich Nhat Hanh y ponerlas al comienzo, con su permiso, como prefacio del libro. Era una simple extensión de algo que había estado haciendo durante mucho tiempo cuando daba conferencias (en rondas profesionales médicas y psiquiátricas) en los centros médicos alrededor del país, como también en las conferencias públicas. A mediados de la década de 1980, había comenzado a utilizar una serie de diapositivas que incluían fotografías de la gran estatua del Buda, en Kamakura, Japón, y había encontrado una manera simple y realista de articular frente a las audiencias profesionales y el público en general los orígenes y esencia de esas enseñanzas: cómo el Buda mismo no era un budista; de qué modo la palabra «buda» hacía referencia a alguien que había despertado, y de qué manera el mindfulness, al cual habitualmente se llamaba «el corazón de la meditación budista», tenía muy poco o ninguna relación con el budismo *per se*, y todo que ver con el despertar, la compasión y la sabiduría. Estas son cualidades universales del ser humano, precisamente lo que la palabra «dharma» señala. La palabra tiene muchos significados, pero puede ser entendida, en primer término, apuntando a las enseñanzas del Buda y la legalidad de las cosas en relación con el sufrimiento y la naturaleza de la mente.

Ahora, más de 30 años después de haber fundado la Clínica de reducción de estrés, la existencia misma de este volumen especial, así como muchas otras interfaces en las cuales estas conversaciones y estudios están teniendo lugar (véase Kabat-Zinn y Davidson, 2011), es evidente que está emergiendo una conversación más profunda, junto con una investigación científica cada vez más robusta. Podemos observar la confluencia acelerada del dharma con las corrientes dominantes de la medicina, el cuidado sanitario, las ciencias cognitivas, las neurociencias afectivas, la neuroeconomía, los negocios, el liderazgo, la educación primaria y secundaria, la educación superior, las leyes, y, de hecho, con la sociedad en su conjunto en este mundo rápidamente cambiante. Por supuesto, estos cambios tienen importantes implicaciones en la clase de entrenamientos requeridos a la hora de exponer de manera hábil las intervenciones basadas en el mindfulness en un espectro de diferentes ambientes, sin omitir o desnaturalizar su esencia dhármica. Volveremos a esta cuestión en la sección final de este artículo.

Actualmente, todos están familiarizados con los gráficos que muestran el crecimiento exponencial del número de artículos científicos que se editan cada año sobre temas relativos al mindfulness (véase la Figura de la pág. 13). Es profundamente gratificante que la totalidad de la familia que ahora llamamos intervenciones basadas en el mindfulness, como son el MBCT, PRBM, ACBM, EACBM, CABM[110] y muchos otros, han sido desarrollados con propósitos específicos y están haciendo contribuciones profundas en continua expansión para aliviar el sufrimiento y profundizar nuestra comprensión sobre la naturaleza de la mente y el corazón humano.

Para que nuestro trabajo sea más efectivo, es importante para nosotros investigar de manera profunda las inevitables limitaciones de nuestras perspectivas individuales y articular la tensión, el misterio y el potencial de cara a una profundización continua de nuestra comprensión y la evolución de nuestros intereses y actividades colectivas, basándonos en los tipos de perspectivas expresados por quienes contribuyen con esta publicación especial.

Es mi deseo que la gente que se vea atraída a este campo llegue a apreciar la profunda transformación potencial del dharma en sus articulaciones más universales y efectivas. El mindfulness solo puede ser entendido de adentro hacia fuera. No es una técnica cognitiva-conductual más que puede ser reducida a un cambio de paradigma comportamental, sino una manera de ser y una manera de ver que tiene profundas implicaciones a la hora de entender la naturaleza de nuestras mentes y nuestros cuerpos, y para vivir una vida como realmente importa (Kabat-Zinn, 2003). Es, básicamente, lo que Francisco Varela denominó la experiencia de primera persona. Sin esta fundación vital, nada de lo que realmente importa está disponible para nosotros de maneras que sean potencialmente sanadoras, transformadoras, compasivas y sabias. Por supuesto, en última instancia, no hay un adentro y no hay un afuera, solo un mundo sin costuras, despierto y consciente.

> Un ser humano es parte de la totalidad, llamada por nosotros «el universo», una parte limitada en el tiempo y el espacio. Se experimenta a sí mismo, sus pensamientos y sentimientos como algo separado del resto; una clase de engaño óptico de su consciencia. Este engaño es una clase de prisión para nosotros, que nos restringe a nuestros deseos personales y al afecto hacia unas pocas personas que están cerca de nosotros. Nuestra tarea debe ser liberarnos a nosotros mismos de esta prisión y ampliar nuestro círculo de compasión para abarcar a todas las criaturas vivientes y la totalidad de la naturaleza en su belleza. Nadie es capaz de lograr esto completamente, pero el esfuerzo en pos de ese logro es en sí mimo una parte de la liberación y la base de la seguridad interna.
>
> Albert Einstein
>
> *New York Times*, 29 de marzo de 1972

Motivación

Cuando en la actualidad reflexiono acerca de esto, pienso que desde el comienzo hubo una razón primaria y convincente para lograr que el mindfulness confluyera en la corriente principal de la sociedad. Se trataba de aliviar el sufrimiento y catalizar una mayor compasión y sabiduría en nuestras vidas y en nuestra cultura. Desde mi perspectiva, este es todavía el principal beneficio que lograremos si este momento continúa, y la investigación y la adaptación del mindfulness continúan creciendo (véase más abajo lo que quiero decir con esto) resultando en mayor profundidad, integridad y potencial. Sin embargo, el misterio en torno al modo en que esto pudo ocurrir, o, para el caso, el modo en que cualquier otra cosa ocurre, es en cierto sentido opaco. Habiendo incluso desempeñado un papel en su despliegue, encuentro la indeterminación y lo impersonal, no obstante, su naturaleza muy personal, muy misteriosos. Lo que es todavía más importante, no estoy seguro que pueda decirse de manera completamente precisa como una historia o sendero fijo y definitivo – me parece que requiere un conjunto de diagramas de Feynman de varias trayectorias recordadas. Necesitaríamos sumar todas las historias, memorias, documentos y artefactos de ese tiempo para empezar a aproximarnos a la verdad de las cosas. Me encanta eso.

Sin duda, no se trata de rememorar únicamente mi vida, dar cuenta solo de mis memorias, sino de las vidas, las memorias, las relaciones y los anhelos de mis colegas y amigos, quienes llegaron a involucrarse en mis primeros años en la Clínica de reducción de estrés, como también de los relatos e itinerarios de las personas, a lo largo y ancho, que ahora mismo están involucradas de un modo u otro trabajando en las diversas conexiones que están representadas en este volumen especial. Tal como yo lo entiendo, todos nosotros somos participantes del despliegue de este misterioso proceso que puede no tener un comienzo preciso, y tampoco un final. Las diversas implicaciones, participaciones y cuidados por parte de quienes contribuyen a esta publicación, y por parte de nuestros colegas próximos y lejanos, y por parte de los lectores de esta publicación, entrañan que todos tenemos cierto grado de responsabilidad en la integridad del dharma, tal como se refleja en nuestras vidas y en nuestros trabajos. Me parece que esa es la mejor manera de mantener viva y de proteger su integridad y vitalidad, llevándolo en nuestros propios corazones, en nuestra peculiar manera, que compartimos como colegas y como miembros de una *sangha* global distributiva de solapadas, aunque no enteramente compartidas, perspectivas, preocupaciones y propósitos comunes. A veces describo esta interconectividad como la red de Indra en funcionamiento (Kabat-Zinn, 1999). Puede ser una metáfora apropiada de la interconectividad del universo, pero su esencia permanece deliciosamente misteriosa.

En lo que sigue, ofrezco algunos trazos narrativos que han sido importantes para mí a la hora de reflexionar sobre el despliegue del MBSR y que reflejan los elementos distributivos y multiplicadores que le dieron valor; para mí y para muchos otros, un valor sin precio. No será una remembranza lineal de esos trazos, sino más bien impresionista, aunque de algún modo reflexiva. Quizá, tomados en conjunto, en la manera en la que son ofrecidos, puedan llegar a enfocar e iluminar temas más amplios y desafíos que estamos afrontando en el creciente campo de las intervenciones basadas en el mindfulness y sus papeles en medicina, psicología, la ciencia y la sociedad en su conjunto.

Además de la motivación básica analizada más arriba, hay numerosas motivaciones secundarias que me llevaron a seguir este camino. Estas incluían, su potencial para elucidar y profundizar nuestra comprensión de la conexión mente-cuerpo a través de una nueva dimensión de la investigación científica, y también la posibilidad de desarrollar una forma de derecho de ganarme la vida rectamente en una coyuntura particular en mi vida, así como, si tuviera éxito, un modo de ganarse rectamente la vida para un número creciente de otras personas que serían atraídas a un trabajo de este tipo, por su potencial profundidad y autenticidad. Y estuvo presente también el hecho de estar enamorado de la belleza, la simplicidad y la universalidad del dharma, y llegar a verlo como un camino valioso y significativo para una vida bien vivida, una vida de devoción al potencial del despertar y al alivio del sufrimiento, y por ello, de regreso en círculo, a la motivación original.

Prever lo posible

Comencé, con lo que originalmente se llamó el Programa de reducción de estrés y relajación, en septiembre de 1979. No salió de la nada... hubo muchos años de reflexión y meditación, y también de darle vueltas al asunto interna y externamente, antes de que surgiera como una posibilidad en mi mente. Una vez establecido en el hospital, en pocos años, fue renombrado como la Clínica de reducción de estrés, para normalizarla y enfatizar que era un servicio clínico, como cualquier otro, en el departamento de Medicina. Estábamos orgullosos de las nuevas señales del hospital que indicaban el camino a nuestra clínica, una pequeña indicación de que nos habíamos mezclado en la corriente dominante del cuidado sanitario. Más tarde, a medida que más y más programas comenzaron a formarse, basados en nuestro trabajo, comenzamos a hablar de nuestra labor en términos más genéricos como MBSR, o *reducción de estrés basado en el mindfulness.* Desde el comienzo, estuvo motivado por un fuerte impulso por mi parte, como expliqué anteriormente, de unir la práctica del dharma con el trabajo de mi vida, para formar una totalidad unificada, como una expresión de una correcta manera de ganarse el sustento rectamente, y al servicio de algo útil que el mundo, sentía yo, necesitaba sobremanera.

Incluso como estudiante graduado del MIT (1964-1971), había estado considerando durante años «cuál es mi trabajo con un X capital», mi «misión kármica» en este planeta, por decirlo de algún modo, sin lograr una respuesta clara de ningún tipo. Era como un *koan* personal para mí, y se convirtió, cada vez más, en el hilo conductor en mi vida, día y noche, a medida que los años pasaban. «¿Qué es lo que se supone que tengo que hacer con mi vida?», no dejaba de preguntarme a mí mismo. «¿Qué es lo que amo tanto que pagaría por poder hacerlo?». Sabía que no continuaría con mi carrera en biología molecular, aun cuando amaba la ciencia y sabía que decepcionaría a mi consejero galardonado con el Nobel en el MIT, Salvador Luria, y a mi padre, él mismo un científico consagrado. Primero fui expuesto al dharma en el MIT, el más improbable de todos los lugares, en 1966, y comencé una práctica de meditación diaria desde entonces (Kabat-Zinn, 2005a, 2005b). Mientras tanto, hice lo que pude para conseguir un trabajo, sobre todo después de mi boda y de haber comenzado una familia con mi mujer, Myla. Eso incluyó dos años como miembro de la facultad en el departamento de Biología en la Universidad de Brandeis, enseñando genética molecular y ciencia para no científicos (lo que me permitió enseñar meditación y yoga, como caminos de experiencia en primera persona de la biología), y luego como director del Centro Zen de Cambridge, bajo la guía del maestro Zen Seung Sahn, de quien fui también estudiante y maestro de Dharma en entrenamiento. Asimismo enseñé clases de yoga y mindfulness semanalmente en la Iglesia de Harvard Square, al tiempo que exploraba otras cosas, como impartir talleres ocasionales de yoga, estiramiento y meditación para atletas, especialmente corredores.

En 1976, fui a trabajar a la nueva Universidad de Massachusetts, Escuela de Medicina.[111] Mientras tanto, mi *koan* acerca de lo que en realidad debería estar haciendo con mi vida en términos de recto modo de ganarme el sustento se iba desplegando en mi interior.

En un retiro de *vipassanā* de dos semanas en la Insight Meditation Society (IMS) en Barre, Massachusetts, en la primavera de 1979, mientras estaba sentado en mi habitación, una tarde, aproximadamente en el décimo día del retiro, tuve una «visión» que duró, quizá, 10 segundos. No sé realmente cómo llamarla, por ello la denomino «visión». Era rica en detalle y parecía más bien una vívida vista instantánea, de conexiones e implicaciones casi inevitables. No llegó como una suerte de ensueño, o como parte de la corriente de pensamiento, sino como algo bastante diferente, que hasta el día de hoy no puedo explicar completamente y tampoco siento que necesite hacerlo.

Vi en un destello no solo un modelo que podía ponerse en práctica, sino también las implicaciones a largo plazo de lo que ocurriría si esta idea básica era correcta y podía implementarse en un ambiente probado; es decir, podría encender nuevos campos de investigación científica y clínica, y extenderse en hospitales, centros médicos y clínicas de todo el país y alrededor del mundo, proveyendo maneras correctas de ganarse el sustento a miles de practicantes. Debido a que era tan increíble, no le mencioné esta experiencia a nadie. Pero después del retiro tenía un sentido más claro de cuál podía ser mi misión kármica. Era tan convincente que decidí seguirla sin reservas, lo mejor que pudiera.

La mayor parte de lo que vi en aquellos 10 segundos ocurrió, en gran medida, debido al trabajo y el amor de todas las personas que entraron en contacto con la Clínica de reducción de estrés una vez que esta nació, queriendo contribuir cada uno a su manera y con su propia trayectoria kármica, y su amor a la naciente y siempre creciente empresa del MBSR, el bienestar y la continuidad de la cual siempre, en cierto sentido, fueron vacilantes e inciertos, debido a los caprichos de la Escuela de Medicina y la política hospitalaria (un pie en el patín, el otro en una cáscara de banana, cómo solía decir).

Me pareció, en aquel momento fugaz, aquella tarde en la Insight Meditation Society, que sería valioso trabajar simplemente para compartir la esencia de la meditación y la práctica del yoga, como las había estado aprendiendo y practicando, en aquel momento desde hacía ya 13 años, con aquellos que nunca se acercarían a lugares como la Insight Meditation Society o el Centro Zen, y que nunca serían capaces de escucharla a través de las palabras y las formas que son utilizadas en los centros de meditación o, incluso en aquella época, en los centros de yoga, que eran unos pocos y dispersos pero también muy singulares.

Un flujo de pensamientos siguió al momento extendido de aquella fotografía. ¿Por qué no intentar hacer de la meditación algo de sentido común, para que cualquiera se sienta atraído hacia ella? ¿Por qué no desarrollar un vocabulario estadounidense[112] que hablara al corazón de la cuestión, y no se centrara en los aspectos culturales de la tradición donde el dharma había emergido, no importa cuán hermoso pudiera ser, o en los términos de los debates milenarios en torno a las finas distinciones del Abhidharma? No se trataba de que esto no fuera importante, en última instancia, sino de que centrarse en estos aspectos causaría impedimentos innecesarios a aquellas personas que estaban lidiando básicamente con el sufrimiento y buscaban algún tipo de liberación. Por otro lado, ¿por qué no hacerlo en los hospitales de los centros médicos donde yo estaba trabajando en aquel momento? Después de todo, los hospitales funcionan como «imanes de *dukkha*» en nuestra sociedad,[113] atrayendo el estrés, los sufrimientos de todo tipo, las enfermedades y las dolencias, especialmente cuando han alcanzado niveles en los que resulta ya imposible ignorarlos (Kabat-Zinn, 2005c). ¿Qué mejor lugar que un hospital para hacer disponible el dharma a las personas, de maneras en las que pudieran efectivamente entenderlo, y ser inspirados a través de una invitación práctica a explorar si es posible hacer algo *por nosotros mismos* como complemento a los tratamientos médicos más tradicionales, ya que la entera *raison d'être* del dharma consiste en dilucidar la naturaleza del sufrimiento, y la raíz de sus causas, como también proporcionar un camino práctico de liberación del sufrimiento? Todo esto emprendido, por supuesto, sin mencionar jamás la palabra «dharma».

Los primeros años

Con el objetivo de crear un puente entre estas dos epistemologías, la ciencia y el dharma, me sentí impulsado en los primeros años del MBSR a señalar la obvia conexión etimológica de las palabras *medicina* y *meditación*, y articular para las audiencias médicas sus significados raíz (Bohm, 1980; Kabat-Zinn, 1990). En ese contexto, parecía útil adoptar la terminología que ya había sido adoptada de autorregulación (Shapiro, 1980) y describir la meditación operacionalmente, en términos de autorregulación de la atención (Goleman y Schwartz, 1976). A partir de ahí, era de sentido común, e incluso axiomático, señalar que la mayor parte del tiempo apenas estamos presentes en nuestros cuerpos y en nuestras vidas tal como estas se despliegan, y que no hemos cultivado los recursos interiores que tenemos a nuestra disposición, que podrían resultar en un beneficio profundo [...], como son la sabiduría, el discernimiento, la encarnación y los aspectos no autocentrados de la consciencia misma. La intención y el enfoque detrás del MBSR nunca estuvieron dirigidos a explotar, fragmentar o descontextualizar el dharma, sino más bien a recontextualizarlo dentro del marco de referencia de la ciencia, la medicina (incluida la psiquiatría y la psicología) y la asistencia sanitaria, de modo que pudieran mejorar su utilidad para la gente que no pudiera escuchar o introducirse a través de los portales tradicionales del dharma, fueran ellos médicos o pacientes, administradores hospitalarios o compañías de seguro.

Y como nombrar es muy importante a la hora de entender las cosas, aceptarlas o rechazarlas, sentí que la empresa, en su totalidad, necesitaba ser llevada a cabo bajo un término que aglutinara lo suficiente como para contener la multiplicidad de elementos clave que parecían esenciales a la hora de presentar un programa clínico exitoso en el clima cultural de 1979. *Reducción de estrés* parecía ideal, en vista de que más o menos todo el mundo puede relacionarse con ello de manera instintiva, aunque la palabra «reducción» podía ser de algún modo inapropiada. El término *estrés* tenía también el elemento de *dukkha* incrustado dentro de él. De hecho, algunos especialistas budistas traducen el término «dukkha» en los textos de su tradición como 'estrés' (véase, por ejemplo, Thanissaro Bhikku, 2010). Además, había ya una creciente literatura dedicada a la psicofisiología del estrés reactivo y la regulación del dolor (Goleman y Schwartz, 1976; Melzack y Perry, 1975; Schwartz, Davidson y Goleman, 1978). Sin embargo, como ha exclamado más de un participante en el MBSR en alguna ocasión, después de varias semanas de programa: «¡Esto no es una reducción de estrés! ¡Es toda mi vida!». De hecho, los nuevos testimonios demuestran que el estrés crónico ejerce efectos potencialmente perjudiciales para la salud del cerebro, el comportamiento y las habilidades cognitivas a lo largo de toda la vida, con instancias particulares de aguda vulnerabilidad (Lupien *et al.*, 2009). Como ha demostrado la galardonada con el Nobel Elizabeth Blackburn, el estrés crónico incrementa el ritmo de degradación de los telómeros al final de todos nuestros cromosomas, y de este modo acelera el envejecimiento biológico a nivel celular y sub-celular, llevando a un acortamiento significativo de la duración de la vida (Epel *et al.*, 2004).

A medida que las cosas se desarrollaban, crecía el sentimiento de que algo más era necesario para diferenciar nuestro enfoque de muchos otros programas que también utilizaban el término «reducción de estrés» o «gestión de estrés» pero que no tenían de ningún modo la base del dharma. Por ese motivo, en un cierto momento a comienzos de la década de 1990, nos pareció práctico comenzar a llamar formalmente lo que estábamos haciendo reducción de estrés basado en mindfulness (MBSR), aunque, de hecho, desde el comienzo, en los artículos que producía la Clínica de reducción de estrés habíamos estado refiriéndonos a lo que hacíamos como entrenamiento en la «meditación del mindfulness» (Kabat-Zinn, 1982; Kabat-Zinn y Chapman-Waldrop, 1988; Kabat-Zinn, Lipworth y Burney, 1985; Kabat-Zinn *et al.*, 1986). El término «meditación del mindfulness» había sido usado ya en varias ocasiones en la literatura psicológica (Brown y Engler, 1980; Deatherage, 1975).

Los artículos tempranos sobre MBSR citaban, no solamente las raíces Theravada (Kornfield, 1977; Nyanaponika, 1962), sino también las raíces en el Mahayana, la tradición Soto Zen (Suzuki, 1970) y la tradición Rinzai Zen (Kapleau, 1965), además de los linajes de las corrientes tempranas china y coreana, así como ciertas corrientes de la tradición yóguica (Thakar, 1977), incluido el Vedanta (Nisargadatta, 1973), y las enseñanzas de J. Krishnamurti (Krishnamurti, 1969, 1979) y Ramana Maharshi (Maharshi, 1959). Mi principal maestro Zen, Seung Sahn, era coreano, y enseñaba los enfoques Soto y Rinzai, incluyendo el uso amplio del *koan* y «combates de Dharma» basados en intercambios de *koan* entre maestro y estudiante (Seung Sahn, 1976). Esta forma contribuyó, en parte, al elemento de intercambio interactivo momento a momento en las sesiones entre maestro y participante en las cuales exploran juntos, con gran detalle y de manera desafiante, la experiencia de primera persona de la práctica y sus manifestaciones en la vida cotidiana. Esta notable característica del MBSR y otras intervenciones basadas en mindfulness se llaman «indagación» o diálogo[114] (Kabat-Zinn, 2005d; Ocok, 2007; Williams *et al.*, 2007).

Algunas obras no citadas en los artículos tempranos, pero que produjeron una impresión significativa en mi apreciación del dharma en aquel momento, y en el modo en el cual debía ser articulado, con un vocabulario simple y coloquial, incluían *Meditation in Action* (Trungpa, 1969), *The Miracle of Mindfulness* (Hanh, 1976) y *The Experience of Insight* (Goldstein, 1976). Los estudios tempranos que ayudaron a contextualizar el trabajo del MBSR dentro del naciente marco de la investigación científica de la meditación y sus aplicaciones clínicas potenciales incluyeron los artículos tempranos de Dan Goleman y Richard Davidson (Davidson y Schwartz, 1976; Goleman y Schwartz, 1976), la obra de Benson (Benson, 1976) y el trabajo de Roger Walsh, incluido su trascendental artículo de 1980 (Walsh, 1977, 1978, 1980).

Nombrar lo que estábamos haciendo en la clínica de reducción estrés *basada en mindfulness* suscitó numerosas cuestiones. Una de ellas se refiere a la sabiduría de utilizar la palabra *mindfulness* de manera intencionada como un término aglutinador que describa nuestro trabajo y que nos permita conectarlo explícitamente con lo que siempre he considerado que es el dharma universal, el cual es de la misma extensión, si no idéntico, que las enseñanzas del Buda, el Buddhadharma. Con «termino aglutinador» quiero significar una expresión que pueda ser utilizada en ciertos contextos como titular de un lugar para la totalidad del dharma, que sea capaz de cargar simultáneamente sus múltiples sentidos y tradiciones, no al servicio del refinamiento y la confusión de diferencias reales, sino como un medio potencialmente habilidoso para reunir las corrientes vivas, encarnadas, de las comprensiones del dharma y la medicina clínica. La intención era que fuera relevante desde un punto de vista del sentido común y lo suficientemente accesible para beneficiar potencialmente a cualquiera que pudiera estar sufriendo de manera abrumadora y estuviera lo suficientemente motivado como para emprender cierto grado de exigencia en su trabajo, en la forma de una práctica diaria de mindfulness en los *laboratorios* del programa del MBSR y en la vida misma. El desafío para los participantes consistía, justamente, en llevar a cabo el trabajo semana a semana, en otras palabras, practicar el programa tal como este había sido desplegado, y observar qué ocurría. El énfasis siempre estuvo puesto en la consciencia del momento presente, y en aceptar las cosas tal como son, sea cual sea su realidad, en vez de preocuparnos por lograr un resultado futuro que deseamos especialmente, y con independencia de lo deseable que este logro pudiera parecer (véase Cullen, 2006, 2008). Uno de los principios más importantes a los que estábamos comprometidos era, y aún lo es, nunca pedir más a los pacientes en términos de práctica diaria de lo que nosotros mismos, como instructores, estábamos dispuestos a comprometernos en nuestras vidas cotidianas.

Siempre sentimos que los detalles en relación con el uso de la palabra *mindfulness* en los diversos contextos en los que nosotros la utilizamos podía ser analizado posteriormente por los especialistas e investigadores expertos en estas áreas, interesados en hacer este tipo de distinciones y resolver los temas importantes que hubieran sido confundidos o exacerbados por las tempranas omisiones intencionales o las glosas que minimizan los matices históricos, filosóficos y culturales; temas que aún pueden resultar críticos para una comprensión más profunda de la mente y de su relación con el cerebro y el cuerpo, como se insinúa en muchos artículos de este volumen, así como una más profunda comprensión del dharma, tal como es profundizado de modo elegante y elocuente en los artículos eruditos en este volumen a partir de diversas perspectivas del budismo clásico. Este volumen especial es, quizá, un primer paso para entablar ese tipo de diálogo que necesitamos articular con el fin de recordarnos la fidelidad e imaginación que exige el trabajo de extender nuestra obra de dharma en el mundo, en un círculo siempre en expansión en diversos escenarios y circunstancias, incluidos los negocios, el liderazgo, la educación, etcétera.

En los primeros años, encontré un gran apoyo para la dirección que estaba tomando en las obras de Nyanaponika Thera (1962). En particular, en lo que entonces pensaba (y aun siento) como un soberbio y elegante compendio de la centralidad del mindfulness. En sus palabras, Mindfulness es

> El indefectible maestro para *conocer* la mente, y por ello el punto de partida;
> La perfecta herramienta para *moldear* la mente, y por ello su punto de enfoque;

> La noble manifestación de logro de la *libertad* de la mente, y por ello su punto culminante.

Visto de este modo, mindfulness es la visión, el camino y el fruto, todo en uno.

También sentí que era más importante describir con bastante detalle el mindfulness en los artículos científicos tempranos sobre el MBSR, y citar sus diversos orígenes en varias tradiciones contemplativas, que ofrecer una definición concisa y definitiva. Y cuando ofrecí definiciones del mindfulness, como cuando impartía charlas profesionales, y luego en libros, eran siempre definiciones *funcionales*, cuyo objetivo no consistía en afirmar un acuerdo definitivo con el Abhidharma o cualquier otra enseñanza clásica ocupada a limitarlo al estado mental que conoce o recuerda, si la atención está o no en el objeto seleccionado, o cualquier otro aspecto del recordar, como ha sido descrito por varios de los autores que han contribuido a este volumen (Dreyfus, Gethin, Olendzki). Mi entrenamiento en Zen sistemáticamente enfatizaba la consciencia no dual que trasciende sujeto y objeto, relacionada con la perspectiva innatista a la que hace referencia John Dunne en este volumen y lo que, según creo, pretende Nyanaponika con la «noble manifestación del logro de la libertad de la mente». En términos concretos, lo que se requería era un énfasis instrumental y funcional respecto a lo que está *involucrado* en el gesto de la atención, por utilizar la elegante frase de Francisco Varela (Depraz, Varela y Vermesch, 1999; Varela, Thompson y Rosch, 1991). Por lo tanto, en diferentes momentos fueron expresadas diversas variantes de las definiciones de trabajo habitualmente citadas: a) prestar atención en una manera particular:

a propósito, al momento presente, y de manera no enjuiciadora (Kabat-Zinn, 1994); b) la consciencia que surge al prestar atención, a propósito, en el momento presente, de manera no enjuiciadora (Kabat-Zinn, 2005e). Ninguna definición exclusiva del mindfulness aparece en *Vivir con plenitud las crisis*. En vez de eso, elegí describirlo operacionalmente, desde diversos ángulos, dependiendo del contexto. En algún sentido, todo el libro es una definición del mindfulness.

Por lo que respecta al tema de la «memoria» como elemento intrínseco del *sati*, siempre he sentido que una función natural de la consciencia del momento presente es recordar el pasado inmediato. Por lo tanto, el elemento de *retención* que Georges Dreyfus enfatiza en su artículo no parecía ni útil ni necesario que figurara en una definición de trabajo del mindfulness en Occidente, en parte, dado lo cognitivos que solemos ser, y el modo limitado en el que experimentamos el dominio de ser (en el momento presente) sin ninguna otra orden más que estar presentes, sin las lentes de lo que nos agrada y nos desagrada, y de nuestras opiniones, las cuales habitualmente colorean y filtran la experiencia directa. De ahí el marcado énfasis en la *consciencia no enjuiciadora* en las definiciones operacionales. No enjuiciar no pretende implicar para el principiante que hay un estado ideal en el cual los juicios dejan de aparecer. Por el contrario, señala que puede haber muchos muchos juicios y muchas opiniones que surjan momento a momento, pero que no tenemos que juzgarlos o evaluarlos o reaccionar frente a ellos, excepto, quizá, reconociéndolos en el momento en el que surgen, como placenteros, desagradables o neutrales (la segunda base o establecimiento del mindfulness). Esto puede llevarnos, naturalmente, a descubrir de manera directa la experiencia de una elección liberadora. En cualquier momento es posible aferrarse y autoidentificarse con lo que acontece, o no hacerlo. Siempre es una opción. Y esto puede llevarnos a otro descubrimiento deslumbrante: a veces el no aferramiento ocurre de manera espontánea, gracias a la cualidad intrínsecamente liberadora de la consciencia pura que lo realiza sin esfuerzo alguno.

Por esta razón, y por la afinidad personal con varias corrientes del Chan y del Zen, hubo desde el comienzo en el MBSR un énfasis en la no dualidad, y en la dimensión no instrumental de la práctica, y por ello, también, en el no hacer, no esforzarse, no saber, no aferrarse a los resultados, incluso a los resultados positivos desde el punto de vista de la salud, y a investigar por debajo del nombre y la forma, y el mundo de las apariencias, y en consonancia con las enseñanzas del *Sutra del Corazón*, que destaca la naturaleza intrínsecamente vacía, incluso de las Cuatro Nobles Verdades y el Óctuple Sendero, y de la liberación misma, al tiempo que supera la tentación nihilista o positivas a favor de un camino medio (véase Kabat-Zinn, 2003, 2005f; Wallace y Hodel, 2008). El énfasis en la tradición Chan en la transmisión directa fuera de los sutras o las enseñanzas ortodoxas (Luk, 1974) también refuerza el sentido de que lo que está involucrado en la práctica del mindfulness es, en última instancia, no solo una cuestión del intelecto, la cognición o la erudición, sino el completo espectro de la experiencia directa, auténtica, de la primera persona, nutrida, catalizada, reforzada y guiada por la perspectiva de segunda persona, de un maestro bien entrenado, experimentado y empático. Por consiguiente, el MBSR está fundado en una perspectiva no autoritaria, no jerárquica que permite que emerja claridad, comprensión y sabiduría, lo que podríamos llamar el dharma esencial, en el intercambio entre el instructor y los participantes, y dentro de la práctica de meditación del participante tal como es guiada por el instructor. De hecho, de manera completamente deliberada, ofrecemos una extensa orientación para la práctica de meditación del MBSR en las semanas tempranas del programa, en las clases y en las meditaciones guiadas grabadas en CD.

Un ejemplo concreto de la orientación del camino medio en el MBSR puede ser percibido cuando prestamos atención a la manera en que el instructor se relaciona con los participantes y con la totalidad de su empresa. Aunque nuestros pacientes vienen con diferentes problemas, diagnósticos y padecimientos, hacemos todos los esfuerzos que están en nuestra mano para aprehender su totalidad intrínseca. A menudo decimos que, desde nuestra perspectiva, mientras continuemos respirando, hay más cosas «correctas» que cosas «erróneas» con nosotros, no importa qué es erróneo en nuestras vidas. En este proceso, hacemos todos los esfuerzos que estén en nuestra mano para tratar a cada participante como un ser humano completo, en vez de tratarlo como un paciente, o un diagnóstico, o alguien que tiene un problema que necesita solucionarse. MBSR está fundado completamente en una orientación y un enfoque no reparador. Es menos acerca de *curar,* y más acerca de *sanar,* que yo defino como un *llegar a un acuerdo con las cosas tal como estas son* en plena consciencia. A menudo vemos que la sanación sucede por sí misma a lo largo del tiempo, cuando nos alineamos con lo que es más profundo y mejor en nosotros mismos y con el resto, conscientes momento a momento, sin apego por el resultado. O, alternativamente, y lo que es más probable, vemos y no juzgamos, en cualquier grado que nos resulte posible, cuán fuerte es nuestro apego a un resultado particular, y luego llevamos esa cualidad de la consciencia a todos los aspectos de nuestra vida, nuestro trabajo y nuestras relaciones, del mejor modo que nos sea posible.

El hecho de que atender de este modo, con coherencia y estabilidad, resulte realmente difícil en el mundo para los seres humanos no lo hace menos atractivo o importante. Podríamos decir que, si mindfulness no se convierte de alguna manera en nuestro modo de funcionamiento por defecto, entonces, con certeza, lo opuesto, la falta de consciencia, o falta de atención, retendrá su papel. El resultado inevitable es quedar atrapado, en muchos momentos, en un modo de piloto automático, reactivo y robótico, que tiene el potencial de consumir fácilmente y colorear nuestra vida y casi todas nuestras relaciones. Uno de los descubrimientos más importantes del MBSR es que nuestros pacientes comprenden esto de modos espectaculares, y asumen la motivación de vivir una vida de mayor consciencia que se extiende más allá de las ocho semanas del programa. La mayor consciencia posible incluye, por supuesto, nuestra interconectividad intrínseca como seres, y por ello la posibilidad de una mayor compasión espontánea hacia los otros y hacia nosotros mismos. Para muchos, esto también incluye que la meditación formal se convierta en una característica continua de su vida diaria, a menudo durante años y décadas después de su experiencia inicial en el MBSR.

El MBSR y otras intervenciones basadas en mindfulness modeladas sobre estas son, intrínsecamente, un compromiso participativo: invitamos al paciente a *participar* en su propio movimiento hacia niveles más profundos de salud y bienestar, comenzando con la realidad de las circunstancias presentes, no importa donde se encuentre. Tiene, por lo tanto, el carácter de invitación, y depende del anhelo del paciente para aprovechar esos recursos innatos profundos que todos tenemos por el mero hecho de ser humanos, la capacidad de aprender, de crecer, de sanarnos, y nuestra capacidad inherente de transformación a través del cultivo sistemático de la consciencia misma y sus secuelas. Pensamos en ella como en una medicina participativa en su mejor versión: el equipo de asistencia sanitario lleva sus recursos a la mesa de trabajo, y el paciente/participantes lleva los suyos (Kabat-Zinn, 2000). Vertemos energía en la forma de atención, en lo que es «correcto con nosotros» en el momento presente (lo cual requiere *reconocimiento* de que debe haber algo «correcto» con nosotros) y permitimos que el resto del equipo sanitario y el hospital se ocupen de cuidar lo que es «erróneo». Es una división de trabajo que vale la pena, y un buen lugar donde comenzar el proceso, en el que reclamamos las múltiples dimensiones de nuestro ser y las encarnamos en nuestra vida cotidiana, no importa con lo que tengamos que llegar a un acuerdo, todo ello como una parte íntima del «currículo» de la práctica en cualquier evento.

En la primavera de 1979, después de la visión que experimenté en el retiro en IMS, me encontré individualmente con tres médicos en el hospital, los directores de las clínicas de Cuidados Primarios, Dolor y Ortopedia, con el fin de comprender de qué modo ellos entendían su trabajo, qué significaba para ellos el éxito de sus respectivas clínicas en relación con los pacientes, y que es lo que podríamos estar perdiéndonos en nuestra experiencia hospitalaria, tanto desde el punto de vista de los pacientes como para ellos mismos. Cuando les pregunté por el porcentaje de sus pacientes que sentían que habían sido ayudados, la respuesta típica fue que entre un 10 y un 20 %. Me sorprendió, y les pregunté qué ocurría con el resto. Me dijeron que en su mayor parte mejoraban por sí solos, o nunca mejoraban. Entonces les pregunté si considerarían la posibilidad de que me remitiesen los pacientes cuando resultara apropiado, para que participaran en un programa que les enseñaría cómo cuidar de sí mismos del mejor modo, como complemento a lo que el sistema de asistencia sanitaria pudiera o no hacer por ellos. Estaría basado en un entrenamiento relativamente intenso de meditación budista, sin el budismo (como me gustaba presentarlo), y yoga. Su respuesta fue muy positiva. Basándome en esos encuentros, propuse un programa que fuera establecido bajo el auspicio del cuidado ambulatorio en el hospital, que tendría el formato de un curso de ocho semanas al cual los médicos referirían los pacientes que ellos consideraran que no estaban respondiendo a su tratamiento, y que en cierto sentido estuvieran cayendo a través de las grietas del sistema de asistencia sanitaria (en gran medida, un sistema de cuidado de la enfermedad) y que no estuvieran recibiendo o no se sintieran plenamente satisfechos con su cuidado sanitario. Por ello, se constituyó el MBSR en el otoño de 1979, y esos primeros tres directores clínicos con visión de futuro, Tom Winters, Bob Burney y John J. Monahan, enviaron exclusivamente los primeros ciclos de pacientes, hasta que la comunidad médica tuvo noticia de ello dentro del hospital, y más tarde la comunidad médica en general. Durante aquel primer año, el jefe de Medicina, James E. Dalen, sugirió que se convirtiera en parte del departamento de Medicina. Fuimos invitados con entusiasmo a formar parte de la corriente dominante. Esto fue antes de que los nuevos signos ascendieran en el hospital, por supuesto.[115]

Ética

A veces se pregunta sobre la fundación ética del MBSR. ¿Ignoramos acaso el aspecto fundamental del Dharma, a favor de algunas pocas técnicas meditativas muy selectas, nuevamente descontextualizando los elementos de un todo coherente? Desde mi perspectiva, no estamos haciendo eso. Primero, es inevitable la responsabilidad personal de cada persona que se compromete en este trabajo a atender cuidadosa e intencionalmente, en términos de comportamiento ético, el modo en que vivimos realmente nuestras vidas, a nivel personal y a nivel profesional. Tal como yo lo estoy describiendo aquí. Una consciencia de la propia conducta y de la calidad de nuestras relaciones, interna y externamente, en términos de su potencial para causar daño, es un elemento intrínseco del cultivo del mindfulness.

Al mismo tiempo, me parece que una base ética se establece naturalmente en una estructura y en un escenario de MBSR de diversos modos. Por ejemplo, dentro del contexto de la medicina y el cuidado sanitario, ya tenemos un marco de referencia profundo y un código profesional de conducta en la tradición hipocrática, fundado en el principio de *primum non nocere*, lo primero es no dañar, y poner las necesidades de los pacientes por encima de las nuestras. Estos principios son axiomáticos y fundacionales dentro del contexto del MBSR, se ofrezcan en un escenario hospitalario, o en cualquier otro sitio.

Por supuesto, se requiere cierto grado de mindfulness para percibir siquiera que uno está realizando un acto dañino, sea por encargo o, de manera más sutil, por omisión.

También animamos a establecer un entorno de trabajo, en la clínica y en el centro de mindfulness, en el cual no dependemos solo de nuestra propia consciencia, sino también de la consciencia de los otros, de la franqueza, la buena disposición a comunicarse acerca de las circunstancias difíciles, con el fin de mantenernos individual y colectivamente honestos. Se construye en el tejido en el que percibimos nuestro trabajo y en el compromiso con nuestros pacientes, nuestros colegas y con nosotros mismos. Además, como señalamos anteriormente (véase la nota 113), la promesa hipocrática, en cierto sentido, refleja el voto del *bodhisattva*, dispuesto a atender completamente el sufrimiento y la liberación de un número infinito de seres antes de atender a su propio sufrimiento. Desde una perspectiva no dual, los innumerables seres, y uno mismo, no están separados, y nunca lo estuvieron. Esta perspectiva puede y necesita ser tomada en serio, y debe ser amablemente apoyada por las intenciones explícitas respecto al modo en que nos comportamos en relación con nosotros mismos, interna y externamente.

De este modo, y también por razones culturales relacionadas con cómo, en nuestra sociedad, resulta habitual profesar una postura moral externa diferente a la que uno no se adhiere internamente, parece apropiado en nuestro entorno que la base ética de la práctica sea más implícita que explícita, y que sea mejor expresada, apoyada y ampliada a través del modo en que, el instructor de MBSR y su grupo de trabajo en la clínica encarnan, en sus propias vidas y en el modo en que se relacionan con sus pacientes, los profesionales, el personal del hospital y todo el mundo, y, por supuesto, en cómo nosotros nos relacionamos con nuestra experiencia interior. En última instancia, la responsabilidad de vivir una vida ética se apoya en los hombros y en los corazones de cada uno que elige comprometerse en el trabajo de las intervenciones basadas en mindfulness. Aunque también tenemos que pensar en una responsabilidad distributiva del Dharma. Y la primera línea de defensa en términos de potencial transgresión o traición es siempre la consciencia de la propia motivación y las emociones; y las tendencias universales del aferramiento, la aversión, el engaño; y el autocentramiento en el yo, que tan fácilmente puede colorear nuestros momentos y cegarnos a las raíces causales del sufrimiento en las que podemos estar participando sin darnos cuenta de ello.

Siempre he sentido que el MBSR ocurre en su mejor y más saludable versión, cuando cada instructor asume la responsabilidad de asegurar su integridad, su calidad y sus estándares en las prácticas. Esto no debe convertirse en un ideal o una carga, sino más bien mantenerse como una experiencia próxima y real en la vida cotidiana, sostenida por la consciencia de la bondad y el discernimiento. En mi experiencia, que es sin duda limitada y circunscrita, la responsabilidad y la encarnación de este compromiso han sido asumidas por los maestros de MBSR alrededor del mundo en un grado extraordinario. Para mí, cuando cada uno de nosotros cuidamos nuestro trabajo, cuidamos el dharma a través de la práctica y el amor, el dharma que está en el corazón de nuestro trabajo florece y se cuida a sí mismo. Atendido por cada miembro de la Sangha de instructores, practicantes, investigadores, todos juntos... define una responsabilidad distributiva que se convierte en una gran alegría y una continua invitación a que no haya separación entre nuestra práctica y nuestra vida. Algunos maestros de mindfulness que son médicos han caracterizado esta postura como la base de la profesionalidad en medicina, y de manera atrevida señalan el potencial para su desarrollo de un sistema sanitario más compasivo, libre de estrés y propenso a errores (Epstein, 1999; Krasner *et al.*, 2009; Sibinga y Wu, 2010).

Linaje y entrenamiento para maestros de intervenciones basadas en mindfulness

Los primeros años de MBSR y el desarrollo de otras intervenciones clínicas basadas en mindfulness fueron competencia de un pequeño grupo de personas que se entregaron a la práctica y las enseñanzas del mindfulness, básicamente motivadas por el amor, por la pasión hacia la propia práctica, poniendo sus carreras y su bienestar económico, a sabiendas y alegremente, en riesgo por ese amor, derivado habitualmente de los profundos encuentros en primera persona con el dharma y sus prácticas meditativas, a menudo a través del estudio con maestros budistas de tradiciones y linajes bien definidos, o maestros asiáticos en otras tradiciones que valoran la sabiduría del mindfulness, como el sufismo, los yogas, el vedanta, y el taoísmo. Afortunadamente, hay incluso más opciones, en esta era, para aquellos que desean seguirlas, estudiarlas y practicarlas con maestros respetados en las raíces tradicionales de Asia, así como con experimentados maestros budistas occidentales de Dharma, y, por supuesto, para sentarse durante prolongados retiros en maravillosos centros de Dharma en Asia y en Occidente.[116] Personalmente, considero que, para los maestros, las prácticas meditativas periódicas relativamente prolongadas de retiros guiados (entre 7 y 10 días, y en ocasiones más largas) son una necesidad absoluta para el desarrollo de su propia práctica meditativa, su comprensión y efectividad. En términos del «currículo» del entrenamiento del mindfulness para convertirse en un maestro MBSR, es un requisito de laboratorio. Pero aunque la participación en largos retiros periódicos puede ser necesaria y extremadamente importante para el propio desarrollo y comprensión, en sí misma, no es suficiente. El mindfulness en la vida cotidiana es el último desafío y práctica. Por supuesto, se trata de dos aspectos complementarios que se refuerzan y profundizan mutuamente. Y una vez más, podemos recordarnos a nosotros mismos que en última instancia no hay separación entre ellos, porque la vida misma es una totalidad sin costuras.

La práctica del mindfulness es un compromiso de por vida. El crecimiento, desarrollo y la maduración, como practicante de mindfulness y maestro del mindfulness, son parte crítica del proceso. No siempre está libre de dolor. Como sabemos a partir de nuestra experiencia directa, la autoconsciencia puede hacernos sumamente humildes. Por lo tanto, la motivación a perseverar, de cara a lo que necesitamos afrontar y de lo que, sabia y compasivamente, tenemos que trabajar, debe madurar también en el proceso. Esto nos lleva a ciertas preocupaciones críticas con respecto a las enseñanzas del mindfulness en escenarios no budistas y sobre los modelos mentales o mapas que los instructores de las intervenciones basadas en mindfulness deberían usar para navegar en estos escenarios.

El problema de los mapas: una nota para los instructores basados en mindfulness

Primero, quiero decir que no hay nada malo en los mapas. Amo los mapas, y puedo estudiarlos minuciosamente durante horas. Son increíblemente útiles, absolutamente esenciales en algunos momentos, y para algunas personas, un placer maravilloso el contemplarlos durante horas. Soy una de esas personas. Este tipo de contemplación puede producir una profunda comprensión. Pero, como dice el dicho, no son el territorio. Esto es enormemente importante a la hora de enseñar MBSR y otras intervenciones basadas en mindfulness.

Como todas las intervenciones basadas en mindfulness están basadas en un entrenamiento relativamente intenso de la consciencia en el contexto del marco de referencia del dharma universal (y como he estado reivindicando aquí, que no es diferente a ninguna forma esencial del Buddhadharma), en cierto modo, los diversos mapas del territorio del dharma pueden ser enormemente útiles para los instructores de MBSR. Paradójicamente, también pueden ser una problemática interferencia.

El mayor problema no es solo que el mapa no es el territorio, sino que puede ocultar seriamente nuestra habilidad, como instructores basados en mindfulness, para ver y comunicarnos con el territorio de manera original y directa, fuera de toda enseñanza formal o transmisión directa, si prefiere, y por ello, una encarnación del currículo real. Nuestro mapa interno, si no somos conscientes de ello, o si estamos muy apegados a él, puede imponernos, sin que lo notemos, un sistema de coordenadas paciente/participante que puede llevarnos a idealizar la meta que debemos lograr o realizar, en vez de dejar que la realización y el logro cuiden de sí mismos. Nuestra tarea es cuidar del territorio de la experiencia directa en el momento presente y el aprendizaje que surge. Esto sugiere que el instructor está continuamente comprometido en la tarea de trazar el territorio internamente, a través de un contacto y un discernimiento íntimo momento a momento, de primera persona, al mismo tiempo que mantiene en su mente los mapas formales del dharma del territorio en la medida en que siente que es valiosa, pero sin apoyarse en ellos de manera explícita para el marco de referencia, el vocabulario o el vehículo destinado a trabajar con lo que es más notable e importante en la clase en cualquier momento. Una parte de ello estará naturalmente basada en pensamientos, pero otra buena parte estará basada en la intuición, más encarnada, como si saliera del espacio del *no-saber* en vez de salir exclusivamente del conocimiento conceptual. Esto puede ser un verdadero desafío a menos que los mapas formales del dharma estén profundamente arraigados en el propio ser a través de la práctica no solo cerebral, sino cognitiva.

Por ejemplo, en el contexto de la seguridad emocional que intentamos establecer dentro de las clases de MBSR, sugerimos a la persona que mire directamente la experiencia de dolor y tome consciencia de las sensaciones del cuerpo, sean las que sean, y descanse simplemente en esa consciencia sin sentirse obligada a hacer algo, lo cual lleva a la persona, directamente, a la práctica de la mente del principiante. Ningún mapa es necesario. Solo la invitación a mirar, y quizá ver; oír, y quizá escuchar; notar, y quizá sentir, cultivando de este modo una exquisita intimidad o familiarización con la experiencia real, a medida que esta se despliega. Por supuesto, se trata de un acto radical, y, para ello, una gran cantidad de apoyo y de guía es necesaria con el fin de mantener a la persona comprometida con esta práctica incluso, al comienzo, durante un breve período de tiempo. Ese es el motivo por el cual las intervenciones basadas en mindfulness, como el MBSR, son impartidas en un escenario grupal con formato de «cursos», los cuales se extienden en un período de tiempo, con el fin de facilitar una curva de aprendizaje y una profundización del desarrollo de la estabilidad y la comprensión en el contexto de un soporte total, que no es otro que la *sangha* (Santorelli, 1999). En el caso del dolor, el instructor puede, como habitualmente hacemos en las clases de MBSR, reforzar la motivación de los participantes y la comprensión del potencial transformativo de la conexión mente-cuerpo, citando pruebas que lo apoyen, en este caso de aquellos estudios que demuestran, por ejemplo: 1) que los meditadores de Zen muestran cambios estructurales en su cerebro (en términos de grosor cortical) relacionados con la disminución de la sensibilidad respecto al dolor térmico en regiones del cerebro relacionadas con el dolor, utilizando fMRI (Grant *et al.*, 2010), y 2) que los meditadores experimentados, al utilizar un foco abierto de atención, en otras palabras, asumiendo una postura de bienvenida a todo lo que surge en su campo de consciencia, lo que llamamos la consciencia sin elección en MBSR, muestran una reducción en los autoinformes de experiencias desagradables, pero no de la intensidad en la respuesta a la estimulación al dolor térmico (Perlman *et al.*, 2010). En otras circunstancias, como parte de los elementos didácticos del MBSR orientados a temas específicos de trasfondo y los descubrimientos relevantes en las investigaciones para los participantes en el programa (Kabat-Zinn, 1982; Kabat-Zinn, 1990), podemos citar otros estudios de los cambios cerebrales relativos al entrenamiento con MBSR (Hölzel *et al.*, 2010; Hölzel *et al.*, 2011), o de mejoras en la calidad de vida, la depresión y la fatiga de las personas con esclerosis múltiple (EM) después de un entrenamiento de MBSR (Grossman *et al.*, 2010).

No necesitan mucho tiempo los principiantes en la práctica del mindfulness para descubrir que la mente pensante tiene vida propia, y que puede ser arrastrada lejos de la atención desnuda de las sensaciones del cuerpo, como de la habilidad de descansar en la consciencia, independientemente de lo que ocurra. Pero con el tiempo y una práctica continuada, diálogo e instrucción, no es inusual que hasta los principiantes vean ellos mismos, de manera espontánea, o cuando se les señala, que la mente en efecto tiene vida propia, y que, al cultivar y estabilizar la atención en el cuerpo, incluso brevemente, a menudo el resultado es la aprehensión de la transitoriedad, la naturaleza constantemente cambiante de las sensaciones, incluso de las más desagradables. Además, da lugar al surgimiento de la experiencia directa de «el dolor no soy yo», y, por ello, a la opción de la no identificación no solo en relación con las sensaciones, sino también con las emociones virulentas que la acompañan y los pensamientos que pueden surgir al atender y juzgar la experiencia. Por lo tanto, nos volvemos íntimos con la naturaleza de los pensamientos y las emociones, y con los estados mentales, como la aversión, la frustración, la inquietud, la codicia, la duda, la pereza, el sopor y el aburrimiento, por nombrar solo unos pocos, que constituyen el territorio del tercer fundamento del mindfulness, sin tener que mencionar nunca el mapa clásico de los cuatro fundamentos o establecimientos del mindfulness, ni los cinco obstáculos, ni los siete factores del despertar.

Por ese motivo, cuando trabajamos con personas en las instituciones médicas o psicológicas, utilizamos «estrés» y la sugerencia de que la «reducción de estrés» es posible como el núcleo del marco de referencia que ofrecemos. De ese modo, podemos sumergirnos directamente en la experiencia de *dukkha* en todas sus manifestaciones, sin necesidad de mencionar *dukkha*; sumergirnos directamente en la última fuente de *dukkha* sin mencionar su etiología clásica, y, sin embargo, ser capaces de investigar el ansia y el aferramiento de primera mano, proponer la investigación acerca de la posibilidad de aliviar, si no extinguir, la aflicción o el sufrimiento (cesación), y explorar, empíricamente, un posible camino para lograrlo (la práctica de la meditación del mindfulness entendida en sentido amplio, incluida la postura ética de *śīla*, la base del *samadhi* y, por supuesto, *prajñā*, la sabiduría, el Óctuple Sendero) sin nunca tener que mencionar las Cuatro Nobles Verdades, el Óctuple Sendero o *śīla*, *samadhi* o *prajñā*.

En este sentido, el Dharma puede ser autorrevelado a través del cultivo de la habilidad y la práctica formal e informal en un contexto de apoyo basado en el dialogo, la indagación y las instrucciones hábiles, que son todas ellas, en una pieza, una totalidad. Podemos hablar y reforzar la atención a la experiencia del cambio y la transitoriedad porque son autoevidentes, y desarrollar una apreciación colectiva de su alcance a través de diálogos y conversaciones entre los participantes de las clases. La ley de la transitoriedad se revela a sí misma sin ninguna necesidad de hacer referencia al marco de referencia budista u otras lentes. Lo mismo ocurre con las Cuatro Nobles Verdades, quizá denominadas de mejor modo como las cuatro realidades (Gethin, 1998). Lo mismo ocurre con la noción de *anattā*, aunque aquí estamos ante algo un poco delicado y peligroso que debe ser tratado con cuidado y habilidad, permitiendo que emerja a partir de los informes de la experiencia de los propios participantes, en vez de afirmarlo como un hecho. A menudo comienza con el darse cuenta, no de manera insignificante, de que «no soy el dolor», «no soy la ansiedad», «no soy el cáncer», etcétera. Fácilmente podemos preguntarnos: «Muy bien, entonces, ¿quién soy yo?». Esta es la práctica central del Chan chino (Sheng-Yen, 2001), del Zen coreano (Buswell, 1991; Seung Sahn, 1976), el Zen japonés (Kapleau, 1965), y también de Ramana Maharshi (1959). No se necesita nada más... simplemente preguntar y cuestionar... la indagación y la investigación en la naturaleza de la existencia propia no solo a través del pensamiento, sino también a través de la consciencia misma.[117]

De la misma manera, podemos ser amorosos y compasivos como maestros, instructores y guías, e introducir el cultivo de la bondad amorosa, especialmente hacia nosotros en tiempos de contracción y convulsión mental, como también la compasión, la alegría y la ecuanimidad, sin mencionar nunca las Cuatro Inmensurables, o recurrir necesariamente a los modos clásicos en los que estas son cultivados. Lo mismo ocurre con la generosidad, la gratitud y otros estados mentales positivos.

Con todo esto, a lo que apunto es a que podemos ser enormemente beneficiosos si tenemos una sólida formación personal en el Buddhadharma y sus enseñanzas, como sugieren las secciones anteriores. De hecho, es prácticamente esencial e indispensable para los maestros del MBSR y otras intervenciones del mindfulness. Sin embargo, muy poco o nada de ello puede ser llevado a la clase, excepto en esencia. Y si la esencia está ausente, entonces, no importa lo que uno esté haciendo, o piense que está haciendo, sin duda no está basado en mindfulness del modo en que nosotros lo entendemos.

Eso significa que no podemos seguir un enfoque estrictamente Theravada, ni un enfoque estrictamente Mahayana, ni un enfoque estrictamente Vajrayana, aunque los elementos de estas tres grandes tradiciones y sus sublinajes dentro de ellas son relevantes y pueden informarnos acerca del modo en el cual nosotros, como personas únicas, con una historia única en el dharma, enfocamos determinados momentos de la enseñanza, en la práctica, en las meditaciones guiadas y en los diálogos acerca de las experiencias que surgen en la práctica formal e informal entre las personas de nuestra clase. Sin embargo, nunca apelamos a la autoridad o a la tradición, solo a la riqueza del momento presente, mantenido cuidadosamente en la consciencia, y la profunda y auténtica autoridad de la experiencia de cada persona, mantenida amablemente en la consciencia.

Esta orientación entre las intervenciones basadas en mindfulness tiene elementos del enfoque Chan del no hacer y el no esforzarse, llamados «el método del no método», y del diálogo y la investigación paradójica del «combate del Dharma» mencionado anteriormente, tan característico de los linajes de Seng-Ts'an y Hui Neng, del tercero y sexto patriarcas del Zen de la tradición Chan en el siglo VI y VII en China (Kabat-Zinn, 2010; Luk, 1974; Mu Soeng, 2004; Sheng-Yen, 2001; Suzuki, 1956). Todos los mapas son puestos a un lado como un acto de amor y sabiduría, queriendo decir con ello que no tenemos ya ningún apego a lo que retratan, y por ello somos capaces de ejemplificar y encarnar la esencia del territorio del ser humano en todas sus dimensiones, al tiempo que transmitimos a otros, a través de nuestra visión directa y el respeto a su intrínseca naturaleza búdica, que no hay en realidad ningún lugar donde ir, nada que hacer y nada que lograr... el portal de cualquier logro auténtico. Esto es intrínseco a cualquier intervención basada en mindfulness, lo que podríamos llamar su *médula.*

De qué manera, entonces, debemos entender toda la cuestión del linaje, especialmente el *linaje* de nuestros pacientes y clientes, porque su linaje es muy probable que comience contigo, su maestro. ¿Qué es lo que entiendes tú como tu linaje? ¿Qué es lo que nutre tu práctica del dharma y tu comprensión temprana? ¿Qué es lo que ahora la nutre? Quizá el dharma, en su sentido y lenguaje más amplio y universal, sin importar los detalles de tu historia personal referida al dharma, sea tu linaje. Los medios hábiles puede que requieran de ti que tomes responsabilidad de todo ello, sin palabras, quizá con una sonrisa interior, libre de autosatisfacción, o logro de cualquier tipo, pero con el deleite de que el linaje real no tiene forma, y con los ojos de la totalidad y el corazón bondadoso, sabiendo que, literalmente, todo y todos son ya Buda, ya patriarcas, ya el dharma, ya tu maestro. No tienes nada que hacer, excepto soltarlo, y lo único que puedes hacer al fin y al cabo es regalarte a ti mismo. No hay ningún cargo para ello, siendo tú y el dharma ya libres.

> [...] observándote a ti mismo en tu vida cotidiana, con vigilancia e interés, con la intención de entender en vez de juzgar, con plena

aceptación de lo que pueda emerger, porque está aquí animas a lo profundo a que surja a la superficie y enriquezca tu vida y tu consciencia con sus energías cautivas. Este es el gran trabajo de la consciencia; elimina los obstáculos y pone en libertad las energías para entender la naturaleza de la vida y de la mente. La inteligencia es la puerta de la libertad, y la atención vigilante es la madre de la inteligencia.

Nisargadatta Maharaj (1973)
Cita que figura en la última página del manual de MBSR

BIBLIOGRAFÍA

BARDACKE, N. (en prensa). *Mindful birthing: Training the mind, body and heart for childbirth and beyond.* Nueva York: Harper Collins.

BENSON, H. (1975). *The relaxiona response.* Nueva York: Morrow.

BOHM, D. (1980). *Wholeness and the implicate order.* Londres: Routledge Kegan Paul, 19-26.

BOWEN, S., CHAWLA, N. & MARLATT, G. (2011). *Mindfulness-based relapse prevention for addictive behaviours.* Nueva York: Guilford Press.

BROWN, D. & ENGLER, J. (1980). A Rorschach study of the stages of mindfulness meditation. *Journal of Transpersonal Psychology*, 12, 143-92.

BURNETT, R. & CULLEN, C. (2010). *The mindfulness in schools project.* Obtenido de http://www.mindfulnessinschools.org

BUSWELL, R. J. R. (1991). *Tracing back the radiance: Chinul's Korean way of zen.* Honolulu: University of Hawaii Press.

CULLEN, M. (2006). Mindfulness: The Heart of Buddhist Meditation? Conversation with Jan Chozen-Bays, Joseph Goldstein, Jon Kabat-Zinn and Alan Wallace. *Inquiring Mind*, 22, 4-7ff.

CULLEN, M. (2008). On mindfulness:. En *Emotional awareness: A conversation between the Dalai Lama and Paul Ekman* (págs. 61-3). Nueva York: Times Books.

DEATHRAGE, G. (1975). The clinical uses of mindfulness meditation techniques in short-term psychotherapy. *Journal of Transpersonal Psychology*, 2, 133-44.

DEPRAZ, N., VARELA, F. & VERMERSCH, P. (1999). The gesture of awareness: An account of its structural dynamics. En M. VELMANS (ed.), *Investigating phenomenal consciousness* (págs. 121-36). Ámsterdam: John Benjamins.

EPEL, E., BLACKBURN, E., LIN, J., DHABHAR, F., ADLER, N., MORROW, J. y otros (2004). Accelerated telomere shortening in response to life stress. *Proceedings of the National Academy of Sciences, USA*, 101, 17312-15.

EPSTEIN, R. (1999). Mindful practice. *Journal of the American Medical Association*, 282, 833-9.

FARB, A., SEGAL, Z.V., MAYBERG, H., BEAN, J., MCKEON, D., FATIMA, Z. y otros (2007). Attending to the present: Mindfulness meditation reveals distinct neural modes of self-referencing. *Social Cognitive and Affective Neuroscience*, 2, 313-22.

GETHIN, R. (1998). *The Foundation of Buddhism.* Oxford: Oxford University Press.

GOLDSTEIN, J. (1976). *The experience of insight: A natural unfolding.* Santa Crus: Unity Press.

GOLEMAN, D. & SCHWARTZ, G. (1976). Meditation as an intervention in stress reactivity. *Journal of Consulting and Clinical Psychology*, 44, 456-66.

GRANT, J., COURTEMANCHE, J., DUERDEN, E., DUNCAN, G. & RAINVILLE, P. (2010). Cortical thickness and pain sensitivity in Zen meditators. *Emotion*, 10, 43-53.

GROSSMAN, P., COWAN, M. & SHANKMAN, R. (s.f.). *Mindful scholl.* Obtenido de http://www.mindfulschools.org

GROSSMAN, P., KAPPOS, L., GENSICNKE, H., D'SOUSA, M., MOHR, D., PENNER, I. y otros (2010). MS quality life, depression, and fatigue improve after mindfulness training: a randomized trial. *Neurology*, 75 (13), 1141-49.

HANH, T. N. (1975). *The miracle of mindfulness: A manual of meditation.* Boston, MA: Beacon Press.

HÖLZEL, B., CARMODY, J., EVANS, K., HOGE, E., DUSEK, J., MORGAN, L. y otros (2010). Stress reduction correlates with structural changes in the amygdala. *Social cognitive and Affective Neuroscience*, 5 (1), 11-17.

HÖLZEL, B., CARMODY, J., VANGEL, M., CONGLETON, C., YERRAMSETTI, S., GARD, T. y otros. (2011). Mindfulness practice leads to increases in regional gray matter density. *Psychiatry Research Neuroimaging*, 19 (1), 36-43.

J., K. (1979). *The wholeness of life.* Nueva York: Harper and Row.

KABAT-ZINN, J. (1982). An outpatient program in behavioral medicine for chronic pain based on the practice of mindfulness meditation. *general Hospital Psychiatry*, 4, 33-47.

KABAT-ZINN, J. (2005e). *Coming to our senses* (pág. 108). Nueva York: Hyperion.

KABAT-ZINN, J. (2005d). Dialogues and discussions. En J. KABAT-ZINN, *Coming to our senses* (pág. 448-50). Nueva York: Hyperion.

KABAT-ZINN, J. (2005c). Dukkha magnets. En J. KABAT-ZINN, *Coming to our senses* (págs. 130-3). Nueva York: Hyperion.

KABAT-ZINN, J. (2005a). Dying before you die. En J. KABAT-ZINN, *Coming to our seses* (págs. 486-90). Nueva York: Hyperion.

KABAT-ZINN, J. (2005b). Dying before you die-deux. En J. KABAT-ZINN, *Coming to our senses* (págs. 491-3). Nueva York: Hyperion.

KABAT-ZINN, J. (2009). Foreword. En F. DIONNA (Ed.), *Clinical Handbook of mindfulness* (págs. xxv-xxxiii). Nueva York: Springer.

KABAT-ZINN, J. (2010). Foreword. En D. McCown, D. Reibel, & M. Micozzi (Edits.), *Teaching mindfulness* (págs. xix-xxii). Nueva York: Springer.

KABAT-ZINN, J. (1990). *Full catastrophe living: Using the wisdo of your body and mind to face stress, pain and illness* (15th aniversary ed., 2005 ed.). Nueva York: Dell.

KABAT-ZINN, J. (1999). Indra's net at work: The mainstreaming of Dharma practice in society. En G. Watson, S. Batchelor, & G. Claxton (edits.), *The psychology of awakening* (págs. 225-49). Londres: Random House/Rider.

KABAT-ZINN, J. (2003). Mindfulness-based interventions in context: Past, present, and future. *Clinical Psychology: Science and Practice*, 10, 144-56.

KABAT-ZINN, J. (2000). Participatory medicine. *Journal of the European Academy of Dermatology and Venereology*, 14, 239-40.

KABAT-ZINN, J. (1994). *Wherever you go there you are.* Nueva York: Hyperion.

KABAT-ZINN, J. & CHAPMAN-WALDROP, A. (1988). Compliance with an outpatient stress reduction program: Rates and predictors of completion. *journal of Behavioural Medicine*, 11, 333-52.

KABAT-ZINN, J., LIPWORTH, L. & BURNEY, R. (1985). The clinical use of mindfulness meditation for the self-regulation of chronic pain. *Journal of Behavioral Medicine*, 8, 163-90.

KABAT-ZINN, J., LIPWORTH, L., BURNEY, R. & SELLERS, W. (1986). Four year follow-up of a meditation-based program for the self-regulation of chronic pain: Treatment outcomes and compliance. *Clinical Journal of Pain*, 2, 159-73.

KAISER-GREENLAND, S. (2010). *The mindful child.* Nueva York: Free Press.

KAPLEAU, P. (1965). *The three pillars of Zen* . Boston, MA: Beacon.

KORNFIELD, J. (1977). *Living Buddhist masters.* Santa Cruz: University Press.

KRASNER, M., EPSTEIN, R., BECKMAN, H., SUCHMAN, A., CHAPMAN, B., MOONEY, C. y otros. (2009). Association of an educational program in mindful communication with burnout, empathy, and attitudes among primary care physicians. *Journal of the American Medical Association,* 302, 1284-93.

KRISHNAMURTI, J. (1969). *Freedom from the unknown.* Nueva York: Harper and Row.

KRISTELLER, J., BAER, R. & QUILLIAN-WOLEVER, R. (2006). Mindfulness-based approaches to eating disorders. En R. Baer (Ed.), *Mindfulness-based treatment approaches: A clinician's guided to evidence base and applications* (págs. 75-91). San Diego, CA: Elsevier.

LUK, C. (1974). *The transmission of the mind outside the teachings.* Nueva York: Grove Press.

LUPIEN, S., MCEWEN, B., GUNNAR, M. & HEIM, C. (2009). Effects of stress throughout the lifespan on brain, behavior and cognition. *Nature Reviews: Neuroscience,* 10, 434-45.

MAHARSHI, R. (1959). *The collected works of Ramana Maharashi.* (O. A., ed.) Nueva York: Weiser.

MCBEE, L. (2008). *Mindfulness-based elder care.* Nueva York: Springer.

MELZACK, R. & PERRY, C. (1975). Self-regulation of pain: The use of alpha feedback and hypnotic training for the control of chronic pain. *Experimental Neurology,* 46, 452-69.

MENAHEMI, A. & ARIEL, E. (s.f.). *Doing time, doing Vipassana.* (K. Films, Productor) Obtenido de http://www.karunafilms.com/Dtdv/Distribution.htm

MU, S. (1004). *Trust in mind: The rebellion of Chinese Zen* . Boston, MA: Wisdom .

NISARGADATTA, M. (1973). *I am that* (Vol. 1 y 2). Bombay: Chetana.

NYANAPONIKA. (1962). *The heart of Buddhist meditation: A handbook of mental training based on the Buddha's way of mindfulness.* Londres: Rider & company.

PERLMAN, D., SALOMONS, T., DAVIDSON, R. & LUTZ, A. (2010). Differential effects on pain intensity and unpleasantness of two meditation practices. *Emotion,* 10, 65-71.

PHILLIPS, J. (2008). *Letters from the Dhamma brothers: Meditation behind bars.* Onalaska, WI: Pariyatti.

SAHN, S. (1976). *Dropping ashes on the Buddha.* Nueva York: Grove Press.

SAMUELSON, M., CARMODYJ., KABAT-ZINN, J. & BRATT, M. (2007). Mindfulness-based stress reduction in Massachusetts correctional facilities. *The Prison Journal*, 2, 254-68.

SANTORELLI, S. (1999). *Heal thy self: Lessons on mindfulness in medicine.* Nueva York: Bell Tower, NY.

SCHWARTZ, G., DAVIDSON, R. & GOLEMAN, D. (1978). Patterning of cognitive and somatic processes in the self-regulation of anxiety: Effects of meditation versus exercise. *Psychosomatic Medicine*, 40, 321-8.

SEGAL, Z., WILLIAM, J. & TEASDALE, J. (2002). *Mindfulness-based cognitive therapy for depression: A new approach to preventing relapse.* Nueva York: Guilford Press.

SHAPIRO, D. (1980). *Meditation: Self-regulatory strategy and altered state of consciousness.* Nueva York: Aldine.

SHENG-YEN. (2001). *Hoofprint of the ox: Principles of the Chan Buddhist path as taught by a modern Chinese master.* Oxford: Oxford University Press.

SIBINGA, E. & WU, W. (2009). Clinician mindfulness and patient safety. *Journal of the American Medical Association*, 304, 2532-3.

STANLEY, E. & JHA, A. (2009). Mind fitness: Improving operational effectiveness and building warrior resilience. *Join Force Quarterly*, 55, 141-55.

STANLEY, E., SCHALDACH, J., KIYONAGA, A. & JHA, P. (2011). Mindfulness-based mind fitness training: A case study of a high stress pre-deployment military cohort. *Cognitive and Behavioral Practice, DOI* (10.1016), j.cbpra2010.08.002.

THANISSARO, B. (2010). Obtenido de http://www.accesstoinsight.org/tipitaka/sn(sn38(sn38.014.than.html. http://accesstoinsight.org/ptf/dhamma/sacca/index.html

TRUNGPA, C. (1969). *Meditation in action* . Boston: Shambala.

UCOK, O. (2007). *Dropping into being: Exploring mindfulness as lived experience. 5th annual international conference on Mindfulness for Clinicians, Researchers and Educators: Integrating Mindfulness-Based Interventions into Medicine, Healthcare and Society.* Worcester, MA: Manuscrito en preparación .

VARELA, F., THOMPSON, E. & ROACH, E. (1991). *The embodied mind: Cognitive science and the human experience.* Cambridge, MA: MIT Press.

WALLACE, B. & HODEL, B. (2008). *Embracing mind: The common ground of science and spirituality.* Boston: Shambala.

WALSH, R. (1977). Initial meditative experience I . *Journal of Transpersonal Psychology*, 9, 151-92.

WALSH, R. (1978). Initial meditative experience II. *Journal of Transpersonal Psychology,* 10, 1-28.

WALSH, R. (1980). The consciousness disciplines and the behavioral science: Questions of comparison and assessment . *American Journal of Psychiatry,* 137, 663-73.

WILIIAMS, J., CRANE, R., SOULSBY, J., BLACKER, M., MELEO-MEYER, F. & STAHL, R. (2007). *The inquiry process-aims, intentions and teaching considerations.* comunicación personal .

Notas

1. En el original, National Health Service (NHS). [*N. del T.*]
2. Este encuentro fue organizado por Richard Davidson, Zindel Segal y Amishi Jha, con el soporte del Instituto Fetzer.
3. En el original, National Institute of Health (NIH). [*N. del T.*]
4. En el original, Mindfulness-Based Stress Reduction (MBSR). [*N. del T.*]
5. MBCT es la sigla que hace referencia al programa Mindfulness-Based Cognitive Therapy. [*N. del T.*]
6. ICS se refiere en inglés a la Interacting Cognitive Subsystems theory. [*N. del T.*]
7. Este interrogante es aún más acuciante para hablantes de otras lenguas que han normalizado el término inglés «mindfulness» para referirse a la práctica que estamos discutiendo, en muchos casos eludiendo sus posibles traducciones a las lenguas vernáculas. En castellano se han utilizado algunas de las siguientes traducciones: «atención plena», «plena consciencia», «presencia plena», o «consciencia abierta». [*N. del T.*]
8. DN 22.21 (II 313; LDB 348-49). MN 141.30 (III 252; MLDB 1100-1101). SN 45:8 (V 9-10; CDB 1529). Véase también el apéndice.
9. DN 22.1 (II 290; LDB 335). MN 10-1 (I 55; MLDB 145).
10. Monier-Williams (2005, 1272).
11. Rhys Davids (1910). Citado a partir de la versión *online* sin paginar.
12. SN V 197 (CDB 1671). La fórmula también ocurre en AN 5:14 en AN 7:4 como una definición del «poder del mindfulness». Curiosamente, los paralelismos chinos con SN 48:9 (SĀ 646 en T II 182b 19) y AN 5:14 (SĀ 675 en T II 185c12) definen la facultad y el poder de mindfulness respectivamente a través de las cuatro bases del mindfulness. Esto debió haber ocurrido a través de la estandarización hecha en un tiempo en el cual el sentido de memoria se habría difuminado aún más en el trasfondo.
13. SN V 198 (CDB 1672).
14. SN V 200 (CDB 1673).
15. SN V 67 (CDB 1571).
16. SN V 329-33 (CDB 1780-85).
17. Paṭis I 20. Aunque incluida en el Canon Pāli, la *Paṭisambhidāmagga* está fechada obviamente en un período posterior al de las antiguas *Nikāyas*, las cuales contienen los discursos del Buda. La obra tuvo una importante influencia sobre *Visuddhimagga*, que habitualmente la cita.
18. *Vism* 464. Véase *Ñānamoli* (1991, 14.141).
19. No me atrevo a utilizar la palabra «consciencia» sin calificación como representación de *sati*, debido a que esta palabra ha sido elegida para representar numero-

sos términos técnicos del Pāli, que van de *viññaṇa* (consciencia) y *citta* (mente) hasta *sati, sampajañña y vijjā* (conocimiento penetrante).

20. La memoria del Buda está en AN 6:10, AN 6:25, etc. La contemplación del carácter repulsivo del cuerpo se encuentra en DN 22.5 (LDB 337) y MN 10.10 (MLDB 147) y otros. Mindfulness de la muerte se encuentra en AN 6:19 y AN 6:20. Sn v 151 dice acerca de la meditación de amor bondadoso: *etaṃ satiṃ adhiṭṭheyya*, «uno debe resolver en este mindfulness».
21. MN 117.10-15 (III 72-73; MLDB 935-36).
22. Gunaratana (2002, 138, cursiva del autor).
23. Gunaratana (2002, 140).
24. Nyanaponika (1962, 29). Aquí y más abajo, me tomo la libertad de transcribir en minúsculas las primeras letras de los términos técnicos que Nyanaponika, siguiendo la costumbre alemana, escribe en mayúsculas.
25. Nyanaponika (1962, 30). Una definición prácticamente idéntica la encontramos en Nyanaponika (1968, vii).
26. Nyanaponika (1968, 1).
27. Nyanaponika (1968, 8).
28. *Manasikāra* también ocurre en otro contexto, cuando tiene como prefijo *ayoniso* o *yoniso. Ayoniso manasikāra* es 'reflexión descuidada', atender a un objeto de un modo que causa que emerjan las contaminaciones no surgidas, y que aquellas que han emergido se incrementen.
29. http://en.bab.la/dictionary/german-english/achtsamekeit.
30. Fronsdal (1995).
31. *Véase* Mahasi Sayadaw (1971, 3-12).
32. DN 22.4 (II 292; LDB 337). MN 10.8 (I 57; MLDB 147). El mismo pasaje ocurre en muchos discursos sobre el «entrenamiento progresivo». Véase, por ejemplo, DN 2.65 (I 70-71; LDB 100); MN 27.16 (I 181; MLDB 274); AN 4:198 (II 210).
33. SN 36.7, 36.8 (IV 210-14; CDB 1266-69)
34. SN 47:35 (V 180-81; CDB 1657). *Véase* también AN 4:41 (II 45), que llama a esto el desarrollo de la concentración que lleva hacia la atención plena (mindfulness) y la comprensión clara.
35. Los cuatro tipos de comprensión clara son discutidos en profundidad en Nyanaponika (1962, 45-55). He traducido la explicación de los comentarios en Bodhi (2008, 94-130).
36. DN 16.2.25 (II 100; LDB 245).
37. *Saṃyutta Nikāya* 35:93.
38. Bodhi (1993). En lo que sigue, la tendencia de enumerar cada uno de los términos técnicos siguiendo sus nombres pali y sánscrito se reemplaza por la traducción inglesa simple. Véase Bodhi (1993) en lo que respecta al pali, y Pruden (1991) para el sánscrito. Véase también Olendzki (2010, 163ff).
39. *Milindapañho* 2:1.8.
40. *Abhidharmakośa* 2:24 (Pruden, 1991, 189-90). Aquí los universales son llamados *mahābhūmikas*.

41. Véase, por ejemplo, el *Mahahatthipadopama Sutta, Majjhima Nikāya* 28.
42. *Majjhima Nikāya 48:* «Este es el camino que lleva al origen de la personalidad: uno considera (toda experiencia) de este modo: "Esto es mío, esto soy yo, este soy yo mismo". Este es el camino que lleva al cese de la personalidad: uno considera (toda experiencia) de este modo: "Esto no es mío, este no soy yo, este no soy yo mismo"». Nótese que el funcionamiento de la consciencia permanece sin cambio.
43. *Saṃyutta Nikāya* 12:12: "Venerable señor, ¿quién hace contacto... quién siente... quién ansía...? "No es un interrogante válido. No digo "uno hace contacto... uno siente... uno ansía..." Si uno me preguntase,"Venerable señor, con qué condición deviene el contacto... con qué condición deviene el sentimiento... con qué condición deviene el ansia? – esto sería un interrogante válido." Véase, también, *Visuddhimagga* 16:90: *kāriko na... vijjati; gamako na vijjati...* etc. (un hacedor no se encuentra; un caminante no se encuentra). [*N. del T.* En el original: "a do-er is not found; a go-er is not found". Lo que se pretende es mostrar la ausencia de agencia. *Do* es el verbo hacer, y *go* es el verbo ir. Los sufijos *er* hacen referencia al agente de dichas acciones].
44. Para el tema de la diversidad dentro del budismo, véase, por ejemplo, Hallisey y Reynolds (1989) y López (2005).
45. Para más información sobre estas y otras características de los comentarios, véase la introducción de Ganeri (2007).
46. El artículo de Georges Dreyfus en esta edición especial de *Contemporary Buddhism* es una fuente excelente para la interpretación del *Abhidharma,* tal como es aplicado en la práctica contemporánea (Dreyfus, 2001). Otros incluyen, Wallace (2006). Por lo que respecta al *Abhidharmasamuccaya,* la traducción francesa de Rāhula (Asaṅga, 2001) es la mejor fuente inglesa del *Abhidharmasamuccaya,* mientras que la traducción francesa de la Vallée Poussin (Vasubandhu, 1990) es la única traducción inglesa disponible del *Abhidharmakośa.* Véanse, también, los resúmenes de Potter (2002) por lo que respecta a otros recursos académicos.
47. Además de «consciencia reflexiva» (*reflexive awareness,* en inglés) otras traducciones de *svasaṁvitti* incluyen «consciencia de sí» y «autoconocimiento». Sobre Dharmakīrti, véanse, Dreyfus (1997) y Dunne (2004).
48. Un importante paralelo lo encontramos en el papel que desempeñan las obras del autor indio Chandhrakīrti a la hora de justificar las interpretaciones tibetanas del pensamiento Madhyamaka, aun cuando estas obras no eran fácilmente reconciliables con muchas de las interpretaciones tibetanas. Véase Vose (2009).
49. Mi exposición al MBSR es el resultado del entrenamiento formal en el programa semanal «MBSR en medicina Mente-Cuerpo» y las obras de Jon Kabat-Zinn, quien amablemente ha aclarado la noción del Mindfulness de acuerdo con MBSR en el curso de numerosas conversaciones, y a través de correspondencia electrónica.
50. Para un tratamiento especializado del debate entre innatismo (o «aproximación repentina») y constructivismo (o «aproximación gradual») en el contexto del budismo tibetano, véase, Ruegg (1989).

51. Véanse, Higgins (2008) y Mathes (2008) para más información sobre las fechas de estas figuras y la noción de *amanasikāra*. Véase, también Jackson (2004, 2005) para un excelente resumen del Mahāmudrā y traducciones de la obra poética de Saraha.
52. Un comentarista especialmente notable es Śākyabuddhi (siglos VII y VIII de nuestra era), quien explícitamente afirmó que el estado de absorción meditativa consiste en una consciencia reflexiva no dual de la mente misma (Dunne, 2004, página 406, nota 15). Para más información sobre las teorías budistas relevantes de la formación de conceptos, véase, Dunne (en prensa).
53. Véase, sobre «fusión cognitiva», el capítulo 3 de Hayes y otros (2003).
54. Véase, el *Pramāṇavārttika* de Dharmakirti (3.6), traducido en Dunne (2004, 394).
55. El texto de Dakpo Tashi Namgyel es el famoso *Phyag chen zla zer* (véanse referencias).
56. *Phay chen zla zer* 244b-247a. Nótese aquí que la intención de Dakpo Tashi Wangyel consiste en reconciliar las nociones del Mindfulness que encontramos en el *Abhidharma* con la práctica no dual.
57. Véase Gyatso (1999) en referencia al tema del papel del contexto en la experiencia contemplativa tibetana.
58. En el marco de SIC, en un mismo momento, solo puede ser «dominante» un tipo de memoria de trabajo.
59. Edel Maex es psiquiatra y estudiante de Zen.
60. Kabat-Zinn (1990).
61. Thich Nhat Hanh (1990).
62. *Lotus Sūtra,* capítulo 12. Hay muchas traducciones inglesas del Sūtra del Loto. Una de las más hermosas es la de Reeves (2009).
63. *Udāna,* 5.5.
64. *N. del T.* La sigla en inglés es *CBT,* la cual corresponde a *Cognitive Behaviour Therapy.*
65. *Lotus Sūtra,* capítulo 3
66. *Kālāma Sutta: Aṇguttara Nikāya,* 3.65.
67. Saṃyutta Nikāya, 56.11.
68. Teasdale *et al.*, (2002).
69. Benson *et al.*, (1974).
70. *Aṅguttara Nikayā,* V.57
71. Chadwick *et al.*, (2009).
72. Keown (1992/2001).
73. Gilbert (2010).
74. *Sūtra del Loto,* capítulo 10.
75. Mumonkan, caso 3.
76. *Saṃyutta Nikāya* XLV.2.
77. En la palabra «pray-formance» se combinan la oración (*pray*) con la acción artística (*performance*). [*N. del T.*]
78. Jacquelynn Bass, 2005, xiii.
79. Tomado del informe sobre su beca en prácticas contemplativas, escrito en 2009.

80. De acuerdo con la autora, el término «beholding», familiar en la lengua inglesa, tiene las connotaciones de aprecio y cuidado. [*N. del T.*]
81. Última estrofa de «The substance You Taste», de *The Hand of Poetry* (Khan, 1993).
82. Coleman y Moyne (1995, Poemas en el capítulo 20).
83. Para una discusión más detallada de la noción «el Dharma es deber», véase Khan (1962, vol. I, capítulo VII, «El propósito de la vida», 213-17).
84. Para una explicación histórica de la transformación comunitaria surgida *en* medio del desastre, véase Solnit (2009).
85. Khan (1978, véase capítulo 3: «Man, the Master of His Destiny: Training and Mastery»).
86. Khan (1978).
87. Mitchell (1988, capítulo 36), traducido por Stephen Mitchell.
88. R = ítem de resultado reverso.
89. Las siglas en inglés son: MBSR, MBCT, DBT, ACT que corresponden a Mindfulness-Based Stress Reduction; Mindfulness-Bases Cognitive Therapy; Dialectical Behavioural Therapy; Acceptance and Commitment Therapy. [*N. del T.*]
90. El séptimo volumen que contiene las entradas de *smar* y *smṛiti* fue publicado entre 1872 y 1875.
91. La traducción de Gogerly de fragmentos del *Dhammacakkappavattana Sutta* tal como se encuentra en el Mahāvagga del Vinaya (Vin I 8-14) fue primero publicado como parte de una pieza titulada «On Buddhism» (Gogerly, 1845, 23-25); fue impreso posteriormente en Gogerly (1908, 65-66), y se refiere a ella Rhys Davids (1881, 144).
92. Esta traducción de 1881 del *Mahāparanibbāna Sutta* fue reimpresa, aparentemente sin ninguna modificación, en Rhys Davids (1910, 71-191); sobre esta traducción véase 85, 89, 130 («actividad intelectual»), 130 («pensamiento»), 128, 129 («meditación seria»). T. W. Rhys Davids, *Buddhism: Being a sketch of the life and teachings of Gautama, the Buddha* fue publicado en 1877 (Londres) y posteriormente revisado y reimpreso muchas veces; solo he tenido acceso a la edición de 1882 (Londres: SPCK) en la cual se refiere a *sati* con la expresión «recta atención plena [mindfulness]» (108), «cuatro meditaciones serias» (172) y «recuerdos» (173).
93. Tradujo *sato sampajāno* como totalmente 'atento [mindul] y dueño de sí mismo.'
94. Rhys Davids (1910, 332-46).
95. *Véase* Boddhi (1995, 12); Nyanaponika (1962, 85-107).
96. Bodhi (1995, 12). Otros trabajos que conformaron la temprana recepción budista occidental del mindfulness incluyen Shattock 1958 (que ofrece una explicación del entrenamiento del autor en el método de visión profunda de Mahāsi Sayādaw) y Thich Nhât Hạnh (1976).
97. «Sin embargo, ¿qué es lo que determina esta impulsión con respecto a lo saludable y lo pernicioso? Aludir y establecer. Porque, cuando estamos en [el momento de] aludir [la mente] ha aludido de manera apropiada y en [el momento de] establecer [la mente] ha establecido de manera apropiada, no puede ser que

una impulsión perniciosa ocurra; [de manera similar] cuando en [el momento de] aludir [la mente] ha aludido de manera inapropiado y en [en el momento de] establecer [la mente] ha establecido de manera inapropiada, no puede ser que una impulsión beneficiosa ocurra». (As 277-78: *idaṃ pana javanaṃ kusalattāya vā akusalattāya vā ko niyāmetī ti? Āvajjanam c'eva vṭṭhappanañ ca. Āvajjanena hi yoniso āvajjite voṭṭhappanena yoniso vavatthāpite javanaṃ akusalaṃ bhavissatī ti aṭṭhānam etam. Āvajjanena ayoniso āvajjitte voṭṭhappanena ayoniso vavatthāpite javanaṃ kusalaṃ bhavissatī ti pi aṭṭhānam etaṃ ubhayena pana yoniso āvajjite vavatthāpite ca javanaṃ kusalaṃ hoti, ayoniso akusalan ti viditabbaṃ.)*

98. *Véase,* Kabat-Zinn (1990-1993). Es interesante que el OED (www.oed.com) cita ahora un uso especializado del «mindfulness»: «Esp. con referencia a la filosofía del Yoga y el budismo: estado meditativo en el que se está completamente consciente del momento y se es autoconsciente y atento de esta consciencia; un estado de intensa concentración en el propio proceso de pensamiento: autoconsciencia». Una de las más tempranas citas que se da de este uso es Rowe (1983), un libro escrito por un psicólogo clínico acerca del tratamiento de la depresión; el pasaje citado (pág. 182) forma parte de una sección acerca del uso de la meditación mindfulness para lidiar con la depresión.
99. Para una discusión reciente de las influencias budistas de Kabat-Zinn, véase Gilpin (2008, 232). Además de la «meditación de la visión profunda» Theravāda, Kabat-Zinn (1982, 34) y Kabat-Zinn, Lipworth y Burney (1985, 165) también citan Soto Zen, prácticas de yoga expresadas en las obras de Krishnamurti, Vimila Thakar y Nisargadatta Maharaj.
100. Segal, Williams y Teasdale (2002, 325) refiere a *Seeking the heart of wisdom: The path of insight meditation,* de Goldstein y Kornfield.
101. Kabat-Zinn, (1994, 4); citado, por ejemplo, por Segal, Williams y Teasdale (2002, 40).
102. Attasālinā 147, 405; para un análisis completo sobre el término *apilāpanatā,* véase Gethin (2001, 38-39).
103. Cf. Anālayo (2003, 48).
104. Para un análisis del mindfulness en el contexto de samatha, véase Kuan (2008, 58-80).
105. Para esto, véase también Cousins (1996).
106. Encontramos «el único camino» (Rhys Davids, 1910, 327); «este es el único camino» (Soma, 1967, 1); «solo hay un camino» (Horner, 1954, 71).
107. D II 83; III 101; S V 108, 160-1; A III 387; V 195; Nett 94; véase Gethin (2001, 58-9, 169, 172, 258).
108. En este contexto, para reconocer el carácter universal y la aplicabilidad del Dharma, utilizo el término con «d» minúscula, excepto en aquellas circunstancias específicas en las que significa las enseñanzas tradicionales budistas en un contexto explícitamente budista.
109. Desde el comienzo, hubo un tiempo en el que pensaba en lo que estábamos

haciendo en la clínica de reducción de estrés como una clase de teatro de guerrilla dentro de la medicina, la asistencia sanitaria y el hospital, y en un sentido más amplio, lidiando con aquellos universos en una danza continua que se asemejaba al arte marcial del aikido, con su característico dar y recibir, entrando y mezclando, y su objetivo inquebrantable de vigilancia, ausencia de fundamento, fluidez, y aplicación apropiada de la energía focalizada, todo al servicio de la sabiduría en circunstancias difíciles; la sabiduría del no dañar y la resolución pacífica de conflictos de intereses.

110. MBCT: Terapia Cognitiva Basada en Mindfulness, en castellano TCBM (Segal, Teasdale y Williams, 2002); PRBM: Prevención de recaída basada en mindfulness, en inglés MBRP: Mindfulness-Based Relapse Prevention (Bowan, Chawla y Marlatt, 2011); ACBM: Alumbramiento y crianza basada en mindfulness, en inglés MBCP: Mindfulness-Based Childbirth and Parenting (Bardacke, en prensa); EACBM: Entrenamiento de alimentación consciente basado en mindfulness, en inglés MBEAT: Mindfulness-based Eating Awareness Training (Kristeller, Baer y Quillian-Wolever, 2006); CABM: Cuidado de ancianos basado en mindfulness, en inglés MBEC: Mindfulness-Based Elder Care (McBee, 2008).

111. Fui a trabajar como investigador asociado, investigador postdoctoral en el departamento de Biología anatómica y celular, en el laboratorio de Rob Singer, quien hoy se encuentra en el Albert Einstein College of Medicine. Acepté ese trabajo porque necesitaba trabajar, teníamos una conexión indirecta en el MIT y, para endulzar el trato, me prometió que podía participar en la enseñanza de anatomía topográfica a los estudiantes de primer año de medicina, lo cual significaba estar un paso por delante de los estudiantes a la hora de realizar las disecciones de cadáveres. Como maestro de yoga, y también como alguien que estaba interesado en lo que llamamos *maranasati* o mindfulness de la muerte, se trata de una experiencia «para morirse». Y por ello fui a trabajar al laboratorio de Rob. La otra parte de la historia es que había conocido a Rob antes por sugerencia de alguien que no conocía, pero que se presentó como amigo de uno de mis hermanos, y luego procedió a decir qué es lo que debía estar haciendo con mi vida, ya que él lo sabía y yo no lo sabía, lo cual acabó siendo más correcto de lo que había imaginado. Su nombre era Earl Etienne. Era un joven profesor de Fisiología en la UMass Medical School, sabio, mundano, un ser verdaderamente sorprendente. Muchos años después, se presentó en una de las conferencias médicas que daba en el MBSR del Centro Médico de California Pacífico. Lo descubrí entre la audiencia y espontáneamente le dediqué la charla a él y públicamente le expresé mi gratitud por su papel catalizador, en primer lugar, por hacer posible mi presencia en UMass. Si no hubiera estado allí, dudo que el MBSR, al menos en su configuración actual, hubiese surgido en el mundo. Para mí, este es uno de los innumerables ejemplos de la interconectividad de las emergencias, y cómo el vacío reifica una entidad independiente que sentirá la necesidad del crédito individual por cualquier emergencia compleja. Puede ser correcto hasta aquí, pero por supuesto no es toda la historia. Quizá toda la historia es tan compleja

que nunca podrá ser completamente conocida. Trágicamente, Earl Etienne murió joven, algunos años después.

112. En aquella época, pensé en ello como en un llegar a un acuerdo. Ahora mismo, no estoy muy seguro de qué adjetivo utilizar. Quizá sirva el término «secular», aunque da la impresión de ser dualista, en el sentido de separarse a sí mismo de lo sagrado. Veo el trabajo del MBSR como sagrado tanto como secular, en el sentido de que son sagrados la promesa hipocrática y el voto del Bodhisattva, y las relaciones del médico y el paciente, y del maestro y el estudiante. Quizás necesitamos una nueva «lingüisticidad» para nuestras visiones, aspiraciones y nuestro trabajo común. Sin ninguna duda, se trata exclusivamente de lo «americano» en los Estados Unidos. Cada país y cada cultura tendrá sus propios desafíos a la hora de dar forma al lenguaje para su propio núcleo esencial, sin desnaturalizar la totalidad del dharma.

113. Los hospitales no son los únicos imanes de *dukkha* en la sociedad: las escuelas, las prisiones y las instituciones militares también pueden describirse de ese modo. Ahora mismo existe un movimiento creciente decidido a llevar el mindfulness a la educación primaria (Burnett y Cullen, 2010; Grossman *et al.*, 2010; Kaiser-Greenland, 2010), a las fuerzas armadas (Jha *et al.*, 2010; Stanley y Jha, 2009; Stanley *et al.*, 2011), y a las prisiones (Menahemi y Ariel, 1997, Philips, 2008; Samuelson *et al.*, 2007).

114. Saki Santorelli contribuyó de maneras profundamente creativas e incisivas a esta forma de investigación en el MBSR.

115. Veinte años después, tal como fue narrado en esta edición especial de manera poderosa e iluminadora, Saki Santorelli se encontró afrontando la disolución institucional de la Clínica de reducción de estrés. Sorprendentemente, condujo un camino a través de ciclos de caos, incertidumbre y pérdida hacia una nueva vida, incluso más vigorosa, un verdadero fénix emergiendo de las cenizas. La asombro y gratitud de todos nosotros, a quienes nos importa el destino de la clínica y su papel en el mundo, es enorme.

116. Aquí estoy, utilizando el verbo «sentarse» como un término que aglutina toda la gama de prácticas formales e informales y el momento a momento de la experiencia de cualesquiera y todas las cosas que surgen al introducirse en un retiro.

117. Los estudios de MBSR sugieren que el entrenamiento del mindfulness puede influenciar y modelar diferentes modos de autorreferencia anatómicamente en distintas redes, una medial, otra lateral dentro del córtex cerebral (Farb *et al.*, 2007). Estos descubrimientos podrían, en última instancia, contribuir a una comprensión más rica dentro de la psicología del término «sí mismo» y sus significados, y por ello a una nueva y más profunda apreciación de sus expresiones funcionales y su naturaleza relativista y dinámica. Esto en sí mismo podría transformar el campo de la psicología.

Información para cita bibliográfica

Los capítulos de este libro fueron originalmente publicados en *Contemporary Buddhism: An interdisciplinary Journal*, volumen 12, n.º 1 (mayo 2011). Para citar este material le recomendamos utilizar los números de página originales de cada artículo del siguiente modo:

Capítulo 1
Introduction. Mindfulness: diverse perspectives on its meaning, origins, and multiple applications at the intersection of science and dharma
J. Mark G. Williams y Jon Kabat-Zinn
Contemporary Buddhism, volumen 12, n.º 1 (mayo 2011), págs. 1-18

Capítulo 2
What does mindfulness really mean? A canonical perspective
Bhikkhu Bodhi
Contemporary Buddhism, volumen 12, n.º 1 (mayo 2011), págs. 19-39

Capítulo 3
Is mindfulness present-centred and non-judgmental? A discussion of the cognitive dimension of mindfulness
Georges Dreyfus
Contemporary Buddhism, volumen 12, n.º 1 (mayo 2011), págs. 41-54

Capítulo 4
The construction of mindfulness
Andrew Olendzki
Contemporary Buddhism, volumen 12, n.º 1 (mayo 2011), págs. 55-70

Capítulo 5
Toward an understanding of non-dual mindfulness
John Dunne
Contemporary Buddhism, volumen 12, n.º 1 (mayo 2011), págs. 71-88

Capítulo 6
How does mindfulness transform suffering? I: the nature and origins of dukkha
John D. Teasdale and Michael Chaskalson (Kulananda)
Contemporary Buddhism, volumen 12, n.º 1 (mayo 2011), págs. 89-102

Capítulo 7
How does mindfulness transform suffering? II: the transformation of dukkha
John D. Teasdale and Michael Chaskalson (Kulananda)
Contemporary Buddhism, volumen 12, n.º 1 (mayo 2011), págs. 103-124

Capítulo 8
Mindfulness-based cognitive therapy:culture clash or creative fusion?
Melanie Fennell and Zindel Segal
Contemporary Buddhism, volumen 12, n.º 1 (mayo 2011), págs. 125-142

Capítulo 9
Compassion in the landscape of suffering
Christina Feldman and Willem Kuyken
Contemporary Buddhism, volumen 12, n.º 1 (mayo 2011), págs. 143-155

Capítulo 10
Meditation and Mindfulness
Martine Batchelor
Contemporary Buddhism, volumen 12, n.º 1 (mayo 2011), págs. 157-164

Capítulo 11
The Buddhist roots of mindfulness training: a practitioner view
Edel Maex
Contemporary Buddhism, volumen 12, n.º 1 (mayo 2011), págs. 165-175

Capítulo 12
Mindfulness and loving-kindness
Sharon Salzberg
Contemporary Buddhism, volumen 12, n.º 1 (mayo 2011), págs. 177-182

Capítulo 13
Mindfulness in higher education
Mirabai Bush
Contemporary Buddhism, volumen 12, n.º 1 (mayo 2011), págs. 183-197

Capítulo 14
«Enjoy your death»: leadership lessons forged in the crucible of organizational death and rebirth infused with mindfulness and mastery
Saki F. Santorelli
Contemporary Buddhism, volumen 12, n.º 1 (mayo 2011), págs. 199-217

Capítulo 15
Mindfulness, by any other name...: trials and tribulations of sati in Western psychology and science
Paul Grossman and Nicholas T. Van Dam
Contemporary Buddhism, volumen 12, n.º 1 (mayo 2011), págs. 219-239

Capítulo 16
Measuring mindfulness
Ruth A. Baer
Contemporary Buddhism, volumen 12, n.º 1 (mayo 2011), págs. 241-261

Capítulo 17
On some definitions of mindfulness
Rupert Gethin
Contemporary Buddhism, volumen 12, n.º 1 (mayo 2011), págs. 263-279

Capítulo 18
Some reflections on the origins of MBSR, skillful means, and the trouble with maps
Jon Kabat-Zinn
Contemporary Buddhism, volumen 12, n.º 1 (mayo 2011), págs. 281-306

Nota sobre los autores

RUTH A. BAER, departamento de Psicología, Universidad de Kentucky, Lexington, Estados Unidos

MARTINE BATCHELOR, maestra budista y autora, sudoeste de Francia

VEN. BHIKKHU BODHI, monasterio Chuang Yen, Nueva York, Estados Unidos

MIRABAI BUSH, Center for Contemplative Mind in Society, Williamsburg, Estados Unidos

MICHAEL CHASKALSON (KULANANDA), Center for Mindfulness Research and Practice, Escuela de Psicología, Universidad de Bangor, Gran Bretaña

GEORGE DREYFUS, departamento de religión, William College, Williamstown, Estados Unidos

JOHN DUNNE, departamento de Religión, Universidad de Emory, Estados Unidos

CHRISTINA FELDMAN, cofundadora y maestra, Gaia House Meditation Retreat Centre, Devon, Gran Bretaña

MELANIE FENNELL, Oxford Mindfulness Centre, Universidad de Oxford, Departamento de Psiquiatría, Warnerford Hospital, Gran Bretaña

RUPERT GETHIN, Theology and Religious Studies, Universidad de Bristol, Gran Bretaña

PAUL GROSSMAN, departamento de Medicina psicosomática, división de Medicina interna, Universidad de Basel, del hospital de Basel, Suiza

JOHN KABAT-ZINN, Center for Mindfulness, Universidad de Massachusetts Escuela de Medicina, Estados Unidos

WILLEM KUYKEN, Mood Disorders Centre, Escuela de Psicología, Universidad de Exeter, Gran Bretaña

EDEL MAEX, psiquiatra Ziekenhuis Netwerk Antwerpen, Bélgica

ANDREW OLENDZKI, director ejecutivo, Barre Center for Buddhist Studies, Massachusetts, Estados Unidos

SHARON SALZBERG, Insight Meditation Society, Massachusetts, Estados Unidos

SAKI F. SANTORELLI, Center for Mindfulness in Medicine, Health Care and Society, Universidad de Massachusetts, Escuela de Medicina, Estados Unidos

ZINDEL SEGAL, Centre for Addiction and Mental Health, Universidad de Toronto, Ontario, Canadá

JOHN TEASDALE, investigador retirado; excientífico de investigación, Medical Research Council's Cognition and Brain Sciences Unit, Cambridge, Gran Bretaña

J. MARK G. WILLIAMS, Oxford Mindfulness Centre, Universidad de Oxford, departmento de Psiquiatría, hospital Warneford, Gran Bretaña

NICHOLAS T. VAN DAM, departamento de Psicología, Universidad en Albany, SUNY, Nueva York, Estados Unidos